建筑供应链、项目相关方关系与项目绩效

张涑贤 著

中国建筑工业出版社

图书在版编目（CIP）数据

建筑供应链、项目相关方关系与项目绩效 / 张涑贤著. —北京：中国建筑工业出版社，2023.10
ISBN 978-7-112-29308-7

Ⅰ.①建… Ⅱ.①张… Ⅲ.①建筑企业—物流—供应链管理—研究—中国②建筑工程—工程项目管理—经济绩效—研究—中国 Ⅳ.①F426.9

中国国家版本馆CIP数据核字（2023）第208051号

本书界定了建筑供应链的概念，构建了低碳建筑供应链的模型，充实了项目承包模式的相关理论，研究了PPP项目相关方之间关系的作用机理，为建筑企业运用大数据分析技术研究提供了新思路。本书内容共分6章，分别为供应链与建筑供应链概述、低碳建筑供应链构建及其评价、建筑供应链关系质量对项目绩效的影响研究、PPP项目关系性规则对合作行为的影响研究、PPP项目中组织情绪能力对项目价值增值的影响研究、影响大数据分析使用的因素及其对工程项目绩效的作用研究。

本书主要读者为土建学科专业背景的本科生、研究生；高等院校及科研院所相关专业教学、科研人员；建筑企业设计院、工程咨询公司、房地产公司等相关企事业单位的从业人员。

责任编辑：张　晶　吴越恺
责任校对：芦欣甜

建筑供应链、项目相关方关系与项目绩效
张涑贤　著
*
中国建筑工业出版社出版、发行（北京海淀三里河路9号）
各地新华书店、建筑书店经销
北京雅盈中佳图文设计公司制版
建工社（河北）印刷有限公司印刷
*
开本：787毫米×1092毫米　1/16　印张：$21\frac{3}{4}$　字数：399千字
2024年3月第一版　2024年3月第一次印刷
定价：**68.00**元
ISBN 978-7-112-29308-7
（41992）

版权所有　翻印必究
如有内容及印装质量问题，请联系本社读者服务中心退换
电话：（010）58337283　QQ：2885381756
（地址：北京海淀三里河路9号中国建筑工业出版社604室　邮政编码：100037）

前　言

建筑业是国民经济中的支柱产业，建筑业的产品是国民经济发展的重要物质基础，中国建筑业背景下，项目相关方之间的关系影响项目绩效已成为不争的事实。建筑业产品的特殊性决定了其实施过程的特殊性，其直观表现即项目相关方之间的关系特征凭借建筑供应链的结构而呈现。在我国对建筑业节能减排、PPP模式等相关政策的大力支持及互联网+大数据等相关技术的推广应用下，构建并评价低碳建筑供应链、探究不同模式建筑供应链所呈现的项目相关方关系对项目绩效的影响机制以及建筑企业对大数据的分析使用等诸多问题的解决成为可能。

本书内容共分6章，分别为供应链与建筑供应链概述、低碳建筑供应链构建及其评价、建筑供应链关系质量对项目绩效的影响研究、PPP项目关系性规则对合作行为的影响研究、PPP项目中组织情绪能力对项目价值增值的影响研究、影响大数据分析使用的因素及其对工程项目绩效的作用研究等。本书主要内容可划分为四个模块：①界定了建筑供应链的概念及特征，构建了低碳建筑供应链的模型及其评价指标体系；②以建筑企业为核心，研究了项目建造阶段建筑供应链关系质量对项目绩效的影响机理；③考虑PPP项目相关方构成的特殊性，探究了其相关方之间的关系性规则、组织情绪能力对项目价值增值及合作行为等之间的影响机理；④分析了建筑企业使用大数据的影响因素，研究了大数据分析使用对工程项目绩效的影响。

与国内外已出版的同类书籍比较，本书在"工程项目绩效""绩效影响机理""关系""供应链"等研究方面存在以下不同：①已有书籍多侧重于工程项目绩效评价指标体系的构建，鲜有探究工程项目绩效的影响机理；②已有书籍关于"绩效影响机理"的研究，多以其他变量作为绩效的前置影响因素，鲜有从"关系"的视角探究其对绩效的影响机理；③已有书籍关于"关系"的研究，多是从关系的内涵、外部分类、路径、影响因素、结果变量等角度，探索关系本身，鲜有探究工程项目相关方之间的关系及其测量维度；④已有书籍关于"供应链"的研究众多，但多见于制造业、服务业等领域，而专门针对建筑供应链及其结构特征的研究凤毛麟角。

本书探究了项目相关方关系对项目绩效的影响，其主要学术思想体现在：①界定了建筑供应链的概念，构建了低碳建筑供应链的模型，为建筑供应链的低碳水平的评价提供了新的思路；②剖析了不同建筑供应链的结构所呈现的项目相关方之间的关系特征，充实了项目承包模式的相关理论；③研究PPP项目相关方之间关系的作用机理，为提升PPP项目的绩效提供重要理论参考；④构建了建筑企业大数据分析使用的影响机理模型，拓展了大数据分析使用的研究视野。

本书从行业、企业和项目三个层次研究项目相关方关系对项目绩效的影响机理，由宏观到中观到微观，逻辑层次分明，结构完整；本书多采用实证研究法，在构建相关理论模型的基础上，设计、发放各类调研问卷，累计分析近1500份有效问卷，得出了项目相关方关系对项目绩效影响的一系列重要研究结论。

本书的完成，要特别感谢国家自然科学基金项目（70472037，70672056）和陕西省科技计划项目（2022JM-428）对我们研究工作的资助；感谢西安交通大学苏秦教授、河南大学宋永涛副教授、西北农林科技大学王文隆副教授对研究工作的大力支持；感谢西安建筑科技大学工程管理研究团队成员范鑫、杨元元、石碧园、侯婷婷、赵琪琪等为本书付出的辛勤劳动；姚佳慧、李悦、曹海若等同志协助做了大量的统稿工作。本书成稿过程中，参考了大量国内外相关研究成果，已在参考文献中注明，在此一并衷心致谢！

由于编著者水平有限，本书难免有疏漏和不当之处，敬请广大读者提出宝贵意见。

张沌贤
2023年9月于西安建筑科技大学

目 录

1 供应链与建筑供应链概述 ·· 1
　1.1 供应链概述 ·· 1
　1.2 建筑供应链概述 ·· 2

2 低碳建筑供应链构建及其评价 ·· 15
　2.1 引言 ·· 15
　2.2 理论基础与文献综述 ··· 17
　2.3 低碳建筑供应链的构建 ·· 26
　2.4 低碳建筑供应链评价指标体系的构建 ······················· 34
　2.5 低碳建筑供应链评价模型的建立 ······························ 50
　2.6 研究结论与展望 ·· 57

3 建筑供应链关系质量对项目绩效的影响研究 ····················· 59
　3.1 引言 ·· 59
　3.2 文献综述 ··· 66
　3.3 理论模型与假设提出 ··· 86
　3.4 研究方法 ··· 98
　3.5 实证分析与结果 ·· 110
　3.6 结果讨论 ··· 130
　3.7 研究结论与展望 ·· 145

4 PPP项目关系性规则对合作行为的影响研究 ········· 149
4.1 引言 ········· 149
4.2 理论基础与文献综述 ········· 155
4.3 研究假设与理论模型 ········· 165
4.4 研究设计与数据检验 ········· 171
4.5 实证分析与结果讨论 ········· 189
4.6 研究结论与展望 ········· 197

5 PPP项目中组织情绪能力对项目价值增值的影响研究 ········· 201
5.1 绪论 ········· 201
5.2 理论基础及文献综述 ········· 208
5.3 理论模型与研究假设 ········· 223
5.4 研究设计与数据检验 ········· 226
5.5 实证分析与结果讨论 ········· 234
5.6 研究结论与展望 ········· 237

6 影响大数据分析使用的因素及其对工程项目绩效的作用研究 ········· 241
6.1 引言 ········· 241
6.2 理论基础及文献综述 ········· 242
6.3 建筑企业大数据分析使用的影响因素探索 ········· 254
6.4 大数据分析使用对工程项目绩效的影响研究 ········· 282
6.5 研究结论与展望 ········· 295

参考文献 ········· 300

1 供应链与建筑供应链概述

1.1 供应链概述

供应链的概念最初提出于20世纪80年代,由制造业的发展而来。早期的观点认为供应链是制造企业中的一个内部过程,随着市场竞争的日益激烈及科学技术的进步,供应链的概念范围从企业内部的一个过程扩大到与其他企业之间的联系以及供应链的外部环境中,强调更大范围、更为系统的转换过程。Towill认为供应链就是一个系统,该系统由以下几部分组成,即材料供应、产品生产、服务分配以及与顾客联系的材料的前馈流和信息的反馈流。在这个概念中,外部的需求一般情况下就是促进更好的效率和/或增加价值的目的;Spekman等从战略的视角对供应链进行了阐述,认为作为战略武器的供应链的核心,是通过不放弃顾客满意的投资最小化,为组织开发一个可持续的竞争优势,开发一个供应链的战略,应以理解采购策略、信息流、新产品协调、并行采购、团队协议、长期需求规划、行业合作以及员工开发等元素为基础;Muya给出的供应链的概念更加详细,包括顾客和供应商之间的信息流,到顾客的材料、服务或产品流,以及从顾客到供应商的资金流,并会在供应链中完整的交易,如图1-1所示。

20世纪末供应链的研究逐渐兴起,众多学者从不同角度对其内涵进行了分析。从结构和流程的角度讲,Beamon B M将供应链定义为一种集成制造过程,其中多种商业实体(即供应商、制造商、分销商和零售商)共同合作以完成"获取原材料→将原材料转化为指定的最终产品→将最终产品交付给零售商→销售给客户"的过程。也有学者从价值的角度讨论供应链的含义,Hartmut S将供应链定义为由材料、信息和资金等资源通过流动相连的企业网络,每个企业的目标是为产品、商品或服务增加价值。Samaranayake P也表达了相似看法,将供应链视为客户、制造商和供

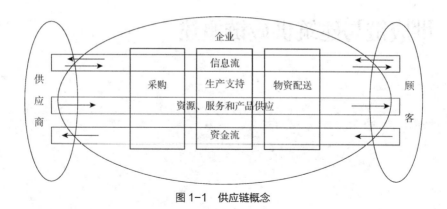

图1-1 供应链概念

应商之间的材料和信息流的整合，以最小的成本实现价值最大化。Ruben等也认为供应链是从原材料供应到生产、销售最终到达用户手中的过程，是由信息流和材料流两条主线构成的，并且给出了制造业供应链的一般构造，如图1-2所示。

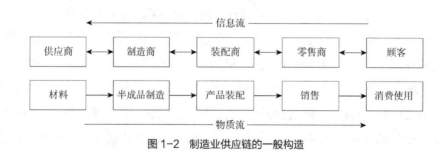

图1-2 制造业供应链的一般构造

1.2 建筑供应链概述

1.2.1 建筑供应链概念的界定

由建筑产品及其生产的特点决定了建筑业不同于制造业的特点，具体表现在建筑业的生产高度分散（High Fragmentation）、生产力较低（Low Productivity）、成本和时间超支（Cost and Time Overruns）、容易产生冲突和争论等（Conflicts and Disputes）。Akintola等提出，建筑供应链管理仍旧是初期阶段，但是一些供应链管理的哲学意识是明显的。供应链管理在建筑业成功的困难主要体现在：施工现场的文化、高层管理者承诺缺乏、支持机构不适当以及供应链管理哲学知识的缺乏等。Saad等提出，尽管建筑业从业者有很多关于供应链的知识，但是他们需要更好的概念理解和新的更系统的方法来应用供应链。

将供应链的概念引入建筑行业，结合建筑行业产品和生产的特殊性，国内外不同的学者从不同的角度对建筑供应链进行了定义。Akintola等提出建筑供应链的相关方包括：承包商（Contractors）、供应商（Suppliers）和建设单位（Clients）；Ruben等将建筑供应链定义为一个协议网络，并提出建筑供应链的传统的构造，如图1-3所示。

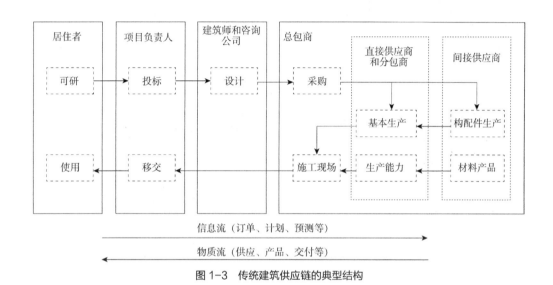

图1-3 传统建筑供应链的典型结构

Edum-Fotwe等提出组成建筑供应链的几个关键阶段，包括顾客需求、设计阶段（包括初步设计、可行性研究、详细设计、融资以及土地征用和办理许可证等）、建造阶段（包括主要设备的购买、现场和服务的开发、满足顾客需求的建筑物的形成、交付使用、运营以及翻修和重建），整个过程按照顾客和供应商为最终产品服务的顺序排列，如图1-4所示。实际上，从信息采购的角度讲，这几个过程是循环的，每个阶段涉及建筑供应链中的几个角色，以完成该阶段的主要工作。在建筑供应链的每个阶段涉及的信息处理的主要角色见表1-1。

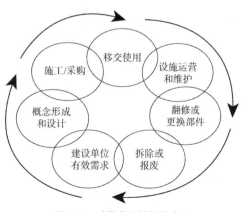

图1-4 建筑供应链关键阶段

建筑供应链中的信息角色　　　　　　　表1-1

概念阶段	建造阶段	维护阶段	更换部件阶段	报废阶段
建设单位	总包商	建设单位	建设单位	拆除承包商
项目经理	本地分包商	内部管理	项目经理	
安全/质量咨询者	指定分包商	维修承包商	安全/质量咨询者	
建筑设计者	项目经理	设施咨询	建筑设计者	
土建设计者	材料供应商	保险代理机构	土建设计者	
结构设计者	设备供应商		结构设计者	
机械设计者	设计者		机械设计者	
电气设计者	财政机构		电气设计者	
专业设计者	保险代理机构		专业设计者	
成本咨询者	监察机构		成本咨询者	
财政机构			监察机构	
保险代理机构			总包商	
监察机构			本地分包商	
			指定分包商	
			材料供应商	
			设备供应商	

Cheng等认为建设项目的每一个参与者都可以看作是供应链上的客户同时也是供应链上的供应商，所以将建筑供应链看作建设项目中提供资源的不同参与者的连接。Malik等在文献中提到，根据Muya对于供应链的定义，Muya还将建筑供应链分为三种类型，即：①主要供应链（基本供应链，the Primary Supply Chain）：交付最终形成建筑产成品实体的材料；②支持链（the Support Chain）：指设备、专门技术和形成建筑产品的建筑材料的提供；③人力资源供应链（Huamn Resourse Supply Chain）：为建筑产品的生产提供劳务的供应。顾松林等围绕着建筑企业生产过程，结合建筑企业的生产流程和特点，提出建筑企业基本生产过程（施工生产类）与辅助生产过程（安装维修服务类）的单链供应链结构以及二者整合形成的双链结构，如图1-5所示。

Geoffrey等指出，供应链管理是执行企业流程设计的组织网络的管理，而在建筑部门，该网络经常极端复杂，尤其是对于一个大的项目，涉及项目中的供应组织的数量甚至达到成百上千个，他们提出一个主要承包商在核心的典型的建筑供应网

1 供应链与建筑供应链概述

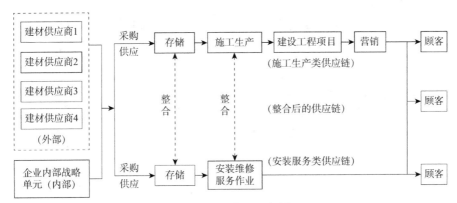

图1-5 整合建筑供应链结构图

络，即建筑供应链的主要原理，如图1-6所示。可见，总包商与材料供应商、产品分包商等均有关系。

王要武、郑宝才等基于建设项目全寿命周期的角度，以房地产开发企业为核心，认为建筑供应链是房地产企业从政府获得土地开始，至项目竣工验收后，通过项目承包，由施工企业完成工程建设，由房地产企业进行销售，并由消费者选择合适的物业公司进行物业管理，直至扩建和建筑物的拆除等所有建设过程的所有活动涉及的单位组成的建设网络。结合中国建筑行业特点，提出了包括政府、物业管理公司及消费者在内的建筑供应链双链结构，如图1-7所示。

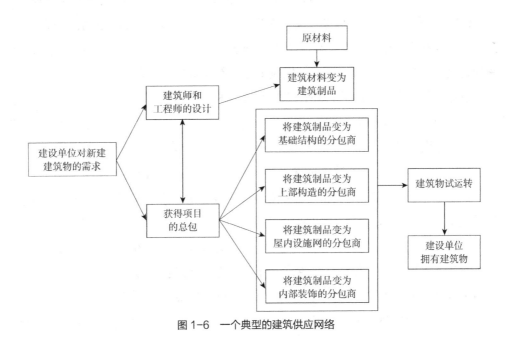

图1-6 一个典型的建筑供应网络

5

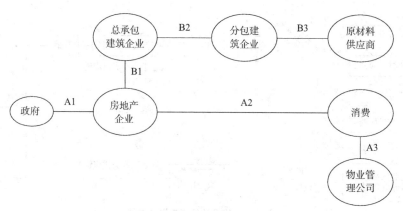

图1-7　建筑供应链双链结构示意图

王要武和薛小龙，Xue和Li，Xue和Wang等，从建设项目全寿命周期的角度给出一种广义的建筑供应链的定义：建筑供应链由所有建筑过程组成、从最初业主/建设单位的需求，通过设计和建造过程，到项目的维修、更换和报废的估价。它由很多建筑过程中涉及的组织构成，包括：建设单位/业主（Clients/Owner）、设计单位（Designer）、总包（Gerneral Constractor，GC）、分包商（Subcontractor）和供应商（Suppliers），其中，GC是建筑供应链的核心，业主和设计单位是建筑供应链中的另两个重要部分，除了总包的直接供应商，分包也被认为是总包的供应商，同时，分包商有自己的供应商。建筑供应链的阶段涉及业主需求、设计、建造和交付使用。建筑供应链不仅是B2B关系的建筑企业的链，也是一个多组织和多关系的网络，包括信息流、材料、服务和产品流，以及在业主、设计单位、总包、分包及供应商之间的资金流。据此定义得出的建筑供应链总体结构如图1-8所示。同时，根据现行的建筑业运行机制和供应链管理在建筑业应用的可操作性等，他们的研究还给出建筑供应链狭义的定义，即"建筑供应链是指以承包商为核心，由承包商、设计商和业主围绕建设项目组成的一个主要包括设计和施工两个关键建设过程的建设网络"。

结合我国建筑行业的具体情况，国内学者们给出了我国建筑供应链的一般模型。其中，王挺、谢京辰等给出的模型包含了我国建筑业供应链上的各个参与方，包括业主、咨询机构、设计方、承包商、材料供应商以及政府机构、融资部门等。其中，业主参与的活动是项目启动与使用，咨询机构主要做招标代理、项目移交事宜，设计方完成建设工程项目的建筑设计、结构设计以及水暖电等的专业设计，承包商负责项目的施工，依工程的实际情况，还可能把专业难度较大的，或某部分工程分包出去，材料供应商主要给承包商（包括总包和分包）供应原材料、构配件、

1 供应链与建筑供应链概述

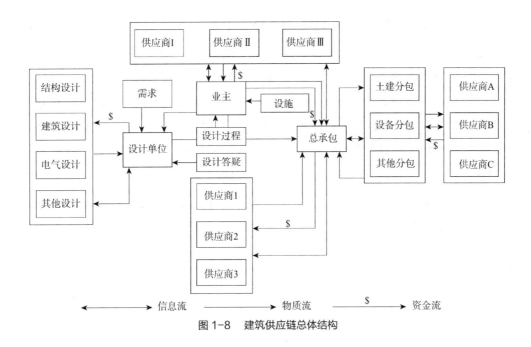

图 1-8 建筑供应链总体结构

半成品以及设备等。此模型涉及的参与方全面,且体现了资金流、物流与信息流的整合,所以,完整性比较好。如图 1-9 所示。

在此基础上,赵晓菲给出了更全面的建筑供应链的定义,即:"建筑供应链是在从项目定义到项目运营直至扩建和拆除的整个项目生命周期内,由项目全体参与

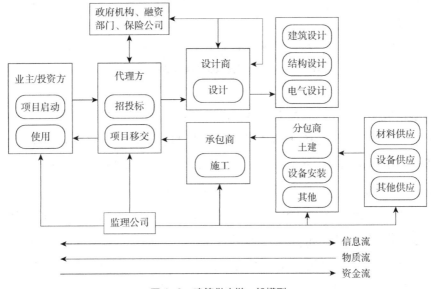

图 1-9 建筑供应链一般模型

方组成,以满足业主需求、实现整体效益最大化为目标的一个功能网络结构"。其中,建筑供应链的参与方涉及业主、设计商、承包商、供应商、金融机构、政府行政机构等。其中,业主是整个项目的发起者;设计商,包括建筑设计、结构设计、水、暖、电等专业设计分包商;承包商,包括总承包商、土建分包商、设备分包商;供应商,包括材料设备供应商和劳务供应商;制造商是指将原材料加工成半成品或建筑构配件;原材料供应商;金融机构包括贷方和保险公司等;政府行政机构主要涉及与建设工程项目实施过程相关的各个管理与技术部门。

Wang 和 Lin 等提出以总包为核心的建筑供应链框架,总包的上游是咨询企业、设计企业、业主和监理企业等,总包的下游是材料和设备的供应商、分包商等。上游对于项目主要是"需求",而下游对于项目是"供应"的任务。该建筑供应链框架如图 1-10 所示。

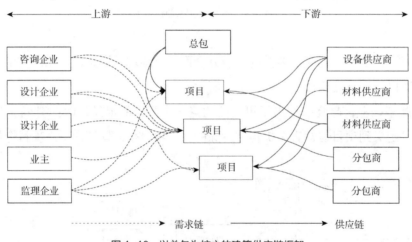

图 1-10 以总包为核心的建筑供应链框架

众多研究中,Parrod 等学者直接提出"项目供应链"之说。"项目供应链"的定义即通过一个设计好的信息流和物流,从原材料到最终项目顾客的项目所有实施过程的全部交付实现的网络,如图 1-11 所示。项目供应链即项目导向(Project-Oriented)的供应链,与制造业中产品导向(Product-Oriented)的供应链是对应的,项目供应链中的角色包括总包(Principal Contractor),顾客(the Client)和他们自己的顾客,供应商(the Supplier)和他们自己的供应商,分包商(the Subcontractor)和他们自己的分包商。其中,总包掌管项目管理。学者们针对具体问题的研究,可以只关注项目供应链中两个角色之间的具体问题的研究,如图 1-12 所示。

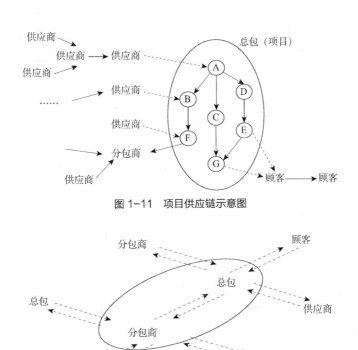

图 1-11 项目供应链示意图

图 1-12 总包/分包关系和外部角色示意图

Loosemore 认为建筑供应链中的相关方包括业主/建设单位（Owner/Clients）、设计/咨询者（Design/Consultant）、总包商（Primary Contractor，PC）、分包商（Subcontractor）、供应商（Supplier），各个参与方在建筑供应链中的角色位置是不同的，具体表现为总包/客户（Principal/Client，CL）、项目管理（Project Management，PM）、设计/其他咨询商（Design/other Consultant，Cons）、分包商（Subcontractor，SC）、材料/设备的供应商（Material/Equipment Supplier，Sup）、材料/构配件的制造商（Material/Component Manufacturer，Man）。

Xue 和 Shen 等提出，大型建筑企业的集中采购方法为一些大项目所应用，高层管理的采购部门负责收集各个项目部门的供应计划，并且负责从供应商那里采购。所以，可以认为项目部门是顾客，每一个项目部门的需求可以认为是建筑供应链中的顾客需求，这样，由总包和供应商组成的建筑供应链就可以认为是由零售商和制造商组成的一类供应链，如图 1-13 所示，显示了建筑供应链和一般供应链之间的关系。这里由总包和供应商组成的建筑供应链就是一个二级的建筑供应链（Two-Level Construction Supply Chain）。

综上所述，国内外学者对于建筑供应链的研究，源于制造业供应链相关研究

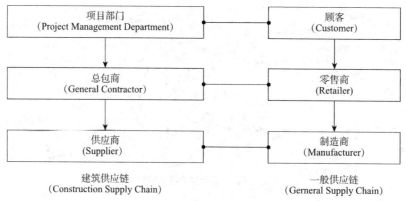

图 1-13 建筑供应链与一般供应链之间的关系

的启发,建筑供应链的定义,建筑供应链中相关方的界定,随研究问题的不同而不同,总体来说,对于建筑供应链定义的研究有以下特点:

(1) 建筑供应链体现了建筑产品形成的过程;

(2) 建筑供应链中体现建筑产品形成过程涉及的各相关方;

(3) 研究问题的角度不同,建筑供应链或是网络组织,或是二级供应链。

关于"建筑供应链"定义的主要研究,总结见表 1-2。

"建筑供应链"定义的主要研究　　　　表 1-2

序号	文献	研究问题	建筑供应链定义	相关方
1	Akintola 等	供应链合作与管理在英国建筑业的应用		承包商(Contractors)、供应商(Suppliers)、建设单位(Clients)
2	Ruben	建筑供应链的解释;供应链管理在建筑中的四个作用	建筑供应链是一个协议网络	项目负责人、建筑师、咨询公司、总包商、供应商、分包商
3	Edum-Fotwe, Thorpe 和 McCaler	建筑供应链中关键角色的信息采购活动	组成建筑供应链的几个关键阶段,包括顾客需求、概念/设计阶段、建造阶段、维护阶段、报废阶段等	建设单位、项目经理、咨询者、设计者、供应商、分包商、财政机构、保险代理机构、监察机构
4	Malik, Khalfan 和 Chimay	建筑供应链中并行工程的敏捷性评价	建筑供应链三种类型:主要供应链、支持链和人力资源供应链	
5	顾松林	建筑施工企业的物流及供应链改革	结合建筑企业的生产流程和特点,提出建筑企业基本生产过程(施工生产类)与辅助生产过程(安装维修服务类)的单链供应链结构以及二者整合形成的双链结构	建材供应商、建筑安装企业、顾客

续表

序号	文献	研究问题	建筑供应链定义	相关方
6	Geoffrey 和 Sarah 等	建筑供应链伙伴关系：技能、知识和需求	供应链管理是在执行企业流程时设计的组织网络的管理，而在建筑部门，该网络经常极端复杂	用户、建筑设计师、结构设计师、材料供应商、建筑总包商、分包商
7	王要武、郑宝才	建筑供应链合作伙伴关系的选择	建筑供应链是房地产企业从政府获得土地开始，至项目竣工验收后，通过项目承包，施工企业完成工程建设，由房地产企业进行销售，并由消费者选择合适的物业公司进行物业管理，直至扩建和建筑物的拆除这些建设过程的所有活动涉及的单位组成的建设网络	房地产开发企业、总承包建筑企业、分包建筑企业、原材料供应商、物业管理公司、政府、消费者
8	王要武和薛小龙，Xue 和 Li，Xue 和 Wang 等	建筑供应链协调	广义：建筑供应链由所有建筑过程组成，从最初业主/建设单位的需求，通过设计和建造过程，到项目的维修，更换和报废的估价。狭义：建筑供应链是指以承包商为核心，由承包商、设计商和业主围绕建设项目组成的一个主要包括设计和施工两个关键建设过程的建设网络	建设单位/业主（Clients/owner）、设计单位（Designer）、总包（Gerneral Constractor, GC）、分包商（Subcontractor）和供应商（Suppliers）
9	王挺、谢京辰	建筑供应链管理模式的应用	涉及的参与方全面，体现了资金流、物流与信息流的整合完整性比较好	业主、咨询机构、设计方、承包商、材料供应商以及政府机构、融资部门
10	赵晓菲	国内外建筑供应链管理的比较	建筑供应链是在从项目定义到项目运营直至扩建和拆除的整个项目生命周期内，由项目全体参与方组成，以满足业主需求、实现整体效益最大化为目标的一个功能网络结构	业主、设计商、承包商、供应商、金融机构、政府行政机构
11	Wang 和 Lin 等	建筑中的基于 RFID 的动态移动供应链控制和管理系统	以总包为核心的建筑供应链框架，上游对于项目主要是"需求"，而下游对于项目是"供应"的任务	总包的上游：咨询企业、设计企业、业主和监理企业等；总包的下游：材料和设备的供应商、分包商等
12	Parrod, Thierry 和 Fargier 等	项目供应链中总包与分包的合作关系	"项目供应链"：通过一个设计好的信息流和物流，从原材料到最终项目顾客的项目所有实施过程的全部交付实现的网络	总包（Principal Contractor）、顾客（the Client）和他们自己的顾客、供应商（the Supplier）和他们自己的供应商、分包商（the Subcontractor）和他们自己的分包商

续表

序号	文献	研究问题	建筑供应链定义	相关方
13	Loosemore	建筑供应链中风险分配的感知		业主/建设单位（Owner/Clients）、设计/咨询者（Design/Consultant）、总包商（Primary Contractor，PC）、分包商（Subcontractor）、供应商（Supplier）
14	Xue 和 Shen	建筑供应链中不同库存政策的信息共享的比较	项目部门是顾客，每一个项目部门的需求即建筑供应链中的顾客需求，由总包和供应商组成的建筑供应链就是由零售商和制造商组成的一类供应链	总包和供应商组成一个二级的建筑供应链

建筑生产的特殊性决定了建筑供应链一般是通过招标的形式确定供应链上的设计商、供应商和承建商等众多的参与者。在 20 世纪 90 年代，中国政府以 Lubuge 工程为契机，成立了工程项目管理系统（Construction Project Management System，CPMS）。CPMS 具备的特征即业主责任制、工程监理制、投标和承包制。在 CPMS 中，有三个主要相关方，即项目业主（Project Owner，PO）、工程监理公司（Construction Supervision Company，CSC）和承包商（Construction Contractor，CC）。

结合以上文献的研究特点，本研究对于建筑供应链的界定，是基于建设单位或业主通过招标确定的以建筑企业为核心的其他各个相关方，包括设计单位、监理单位、材料供应商和分包商等组成的多组织和多关系的网络结构。其中，建筑企业即通常意义的施工总承包单位，即总承建商，文献中有多种描述，包括 General Contractor（GC）、Main Contractor（MC）、Principal Contractor（PC）或 Primary Contractor（PC）。总承建商掌管着施工阶段的项目管理工作，主要负责项目的土建施工和设备的安装；设计单位负责项目的建筑设计、结构设计、水、暖、电等专业设计工作；监理单位，是一个独立的有职业资格的第三方，常驻施工现场，代表建设单位监督/管理着工程项目的所有方面，比如质量、进度、成本及合约管理等；材料供应商主要给承包商（包括总包和分包）供应原材料、构配件、半成品以及设备等；分包商从施工总承包方承揽某些技术难度大、专业性比较强的分部工程，或提供劳务。在项目建造的过程中，建筑企业是核心，掌管着此阶段的项目管理工作。建筑企业与设计单位、监理单位、材料供应商和分包商分别组成一个二级的建筑供应链。本研究对于建筑供应链相关方的界定如图 1-14 所示。

1 供应链与建筑供应链概述

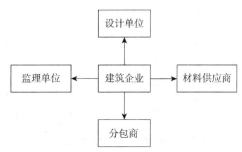

图 1-14 本研究建筑供应链相关方界定示意图

1.2.2 建筑供应链的特征

Ruben 提出建筑供应链（Construction Supply Chain）是一个定制（Make-to-Order）的供应链，因为建筑行业的高度不确定性，使得建筑供应链这种临时的多样化组织显示出与一般供应链不同的特征，主要表现在以下几个方面：

1. 集中性

建筑供应链把材料运到建筑现场，在现场装配材料与半成品，施工现场只有一件产品，一次性地开展工作的，产品生产出来以后即竣工验收，将建筑产品即建设工程项目对其顾客即业主进行交付使用。而制造业则是在同一个工厂里有多种产品，生产完成以后，通过分销商、零售商销售到中间或最终的顾客或消费者手中。

2. 临时性

建筑供应链的临时性是由"项目"的定义决定的，对于"项目"最普遍的定义是项目管理协会（Project Management Institute，PMI）提出的，即"项目是一个创造一个唯一产品和服务的临时性的任务"。针对每一个建设工程项目，各个参与方都要组织新的项目小组，待项目完成后此项目小组即撤销。即建筑供应链通常是一个临时的供应链，其典型的特征是不稳定。

3. 复杂性

供应链的运营需要正确地识别各个相关方及其之间的关系，而建筑供应链通常有很多参与者，为满足客户需求，很多企业被整合在一起。建设工程项目的实施过程包括项目可行性研究、决策、设计、施工、竣工验收等主要阶段，每个阶段依次涉及的相关方包括咨询公司、设计单位、施工单位，此外，还有供应商、监理单位以及政府机构等。所以，建筑供应链是为满足业主需求，由整个生命周期各参与方形成的一个网络组织，其结构是复杂的。

4. 态度性

态度就是供应链各参与方当前的参与各种经营活动的表现，这些活动包括是否支持合约、解决争论的程序，以及对组织和个人行为的影响。Soka 将此行为分为企业间关系的两个极端，即保持距离式契约关系（the Arms Length Contractual Relationship，ACR）和责任型契约关系（the Obligation Contractual Relationship，OCR）。存在供应链管理（SCM）的各个相关方之间是责任型契约关系（OCR），态度表现为前瞻性的（Proactive）、合作（Co-Operative）、信任（Trust）、双向信息（Two-Way Information）、共同责任（Mutual Obligation）、尊贵必将回报（Honour Bound to Repay）、长期关注（Long-Term Focus）、相互依赖（Interdependence）、共同命运（Co-Destiny）；不存在供应链管理（Non-SCM）的各个相关方之间则是保持距离式契约关系（ACR），态度表现为反冲的（Reactive）、竞争性的（Compitilive）、不信任的（No Trust）、单向信息（One-Way Information）、契约责任（Contractual Obligation）、利用（Take Advantage）、短期关注（Short-Term Focus）、独立的（Independence）、幸存的（Survival）。

5. 协作性

组织之间最重要的关系就是契约，契约关系足以交付一个完整项目，但是，以最低的成本、合理的工期有效地交付一个完整的项目，就必须要求协作（Collaboration），协作是当前竞争优势的体现。协作高于合作（Co-Operate）和协调（Co-Ordinated），是一种新的用来提高组织竞争优势的战略，协作要求供应链各参与方建立高度的信任机制、约束机制和信息共享机制，并且具有共同的组织目标。建筑供应链的特殊性决定了其中的各个参与方更加需要协作。

2 低碳建筑供应链构建及其评价

2.1 引言

2.1.1 研究背景

近年来，建筑业在蓬勃发展的同时对环境造成了巨大压力。国际能源署（IEA）和全球建筑工程联盟（GABC）在第二十三届联合国气候变化大会（COP23）上指出，2016年全球总建筑面积约为2350亿平方米，其中多数为高排放、高能耗建筑。建筑在施工及运营过程中碳排放量占全球碳排放总量的39%，因此建筑业节能减排是降低全球碳排放的关键所在。具体到我国，随着城市化进程的不断推进，我国建筑业得到迅猛发展。国家统计局数据显示，2010年至2020年以来我国新增施工面积不断攀升，建筑业能源消耗也居高不下。高能耗的结果就是建筑业碳排放的日益增加。研究表明，近年来我国建筑业直接或间接碳排放量占碳排放总量的比值长期稳定在50%左右，由此可见，建筑业对我国碳排放的影响十分巨大。

基于此背景，我国对建筑业节能减排的政策支持不断加大。早在2006年我国就出台了《绿色建筑评价标准》，标志着我国绿色建筑评价工作的开始。而后在2014年我国又出台了修订版的《绿色建筑评价标准》和《建筑工程绿色施工规范》等行业相关条例，并相继下发《"十三五"控制温室气体排放工作方案》《建筑业发展"十三五"规划》等政策文件。2017年10月召开的十九大会议则再次强调要建立绿色低碳循环发展的经济体系，并将低碳发展提高到新的高度。这些标准以及规划政策的出台，为建筑业良性发展指明了方向。

但是建筑业的碳减排绝不仅局限于建筑物本身，而是涉及建筑物从概念规划到建造交付直至回收拆除的全过程。全过程碳减排的实现，仅仅依赖个别参与主体是远远不够的，它需要有效的工具对其涉及的各个环节进行协调管理，建筑供应链作为一种高效的管理工具，凭借其在物质流、信息流、技术流及资金流等方面的强大整合能力，对建筑业低碳转型发展起到至关重要的作用。

但是，目前我国建筑供应链的管理模式仍较为粗糙，且更多地关注管理效率及管理方法等方面的问题，并未将环境因素纳入考虑范围。因此，在建筑业低碳转型发展的大背景下，将低碳理念引入建筑供应链之中，探讨低碳建筑供应链的构建及其低碳水平的评价问题，成为推进建筑业碳减排、实现低碳转型发展的必行之路。

2.1.2 研究意义

1. 理论意义

目前，学术界对于建筑供应链碳排放问题的研究较少，本章则将低碳理念引入建筑供应链之中，提出低碳建筑供应链的概念，并从不同的角度探究了低碳建筑供应链中各环节及各主体间的相互关系，构建了低碳建筑供应链的结构模型。然后以构建的低碳建筑供应链模型为基础，从五个方面提出了低碳建筑供应链评价指标体系，并采用适宜的方法对建筑供应链的低碳水平进行了评价，从而丰富了建筑供应链领域的相关研究。

2. 实践意义

目前国内对于建筑供应链碳排放问题尚未出台相关管理及评价标准，在实际应用中，如何构建低碳的建筑供应链，并对建筑供应链的低碳水平进行合理评估仍需进一步研究。基于此，本章初步构建出低碳建筑供应链的结构模型，探讨了低碳理念下建筑供应链各环节间、各主体间的相互关系，并建立了切实可行的评价体系，搭建了从低碳理念到低碳实践的桥梁，为低碳建筑供应链的构建及低碳水平的评价提供了新的思路，具有重要的现实意义。

2.1.3 研究内容与研究方法

本章首先对低碳建筑供应链的概念进行了界定，并从物质流、信息流、技术流、资金流和碳流的角度探究了低碳建筑供应链各环节及各主体间的相互关系。其次，构建了低碳建筑供应链的模型。最后，以前文低碳建筑供应链的模型为基础，建立了低碳建筑供应链评价模型。具体研究内容如下：

1. 研究内容

（1）低碳建筑供应链的界定和构建：通过对建筑供应链和低碳供应链的研究，界定了低碳建筑供应链的概念及特点，并从物质流、信息流、技术流、资金流和碳流的角度分析了低碳建筑供应链各环节及各主体之间的关系，构建了低碳建筑供应链的结构模型，为后续从各环节的角度出发建立低碳建筑供应链评价指标体系奠定了基础。

（2）低碳建筑供应链评价指标体系的确立与优化：以前文低碳建筑供应链模型中的各环节为基础，结合国内外相关文献及评价标准，同时参考了专家及行业从业人员的意见，从策划与设计环节、采购环节、施工环节、回收环节以及供应链协同五个方面初步建立了低碳建筑供应链评价指标体系，然后利用因子分析的方法对评价指标进行筛选，使得最终确立的指标更为合理有效。

（3）低碳建筑供应链评价模型的构建：在前文对指标体系进行筛选优化的基础上，本章采用结构熵权法，通过定性与定量相结合的方式确定了各评价指标的权重，并在此基础上利用模糊综合评价的方法确定了低碳建筑供应链的评价模型。

2. 研究方法

本章采用的具体方法有：

（1）文献研读法。本章采用文献研读法对国内外大量相关文献进行了研读与梳理，主要涉及建筑供应链、低碳供应链、低碳建筑供应链及既有相关评价体系等方面，也包括与调查量表设计有关的文献。

（2）问卷调查法。通过对建筑业从业人员进行问卷调查，获取评价指标构建的基础数据，以此对低碳建筑供应链指标体系进行筛选。

（3）数理统计方法。采用数理统计方法，通过 SPSS 软件对调查问卷进行因子分析，进而对指标进行筛选。

（4）综合评价法。对于前文构建的指标体系，首先通过结构熵权的方法确定各评价指标的权重，而后利用模糊综合评价法对指标体系进行综合分析。

2.2 理论基础与文献综述

2.2.1 理论基础

21 世纪初，英国在其官方报告中首次提出低碳经济的新理念，至此开启了人类低碳时代的新纪元。此后越来越多的学者致力于低碳领域的相关研究，低碳供应链的概念也应运而生。低碳供应链（LCSC）是在闭环供应链与绿色供应链的概念基础上提出的，它将"低碳"理念引入供应链之中，相比于绿色供应链更加聚焦，以全新的视角探讨了供应链中碳排放的问题。但是，目前学界对于低碳供应链尚未形成公认的定义和理论，众多学者从不同角度阐述了对低碳供应链的理解。Tetsu K等认为低碳供应链的构建需要考虑整条供应链碳排放水平，其重点是对供应链中碳排放指标的关注，反映了供应链构成主体与环境的相容度。黄利莹认为低碳供应链是在绿色供应链的基础上，把碳排放和可持续发展的概念引入供应链的各个环节，从而实现低碳化运作的新型供应链模式。杨文佳认为低碳供应链相较于绿色供应链，更强调人类应遵循自然规律，不能任意向自然过度索取。

结合前人的相关研究，可以从以下角度对低碳供应链的概念进行阐释：第一，低碳供应链是低碳经济理念与供应链理论相结合的产物，它充分考虑了供应链各活动环节中碳排放指标，具有鲜明的环境特征。相较于传统供应链理论而言，其参与涉及内容更广、管理难度更大、理念更丰富；相较于闭环供应链和绿色供应链，其关注重点更加聚焦。第二，低碳供应链的构建需对各环节中的碳足迹予以重点关注，因此除物流、资金流、信息流和技术流外，"碳流"成为其特有的重要组成部分。第三，低碳供应链的最终目的是在为消费者提供符合要求的产品并实现供应链各主体增值收益的同时，尽可能地降低供应链的碳排放量，减少对环境的负面影响。

低碳供应链与传统供应链、闭环供应链及绿色供应链的侧重点各不相同，为更好地理解低碳供应链的内涵，本节从供应链的驱动力、供应链的结构以及供应链的特色三个方面对四种供应链进行了详细对比，具体见表2-1。

供应链模式对比　　　　　　　　　　　表2-1

比较内容	传统供应链	闭环供应链	绿色供应链	低碳供应链
驱动力	经济利益，致力于以最小化成本实现利润最大化	经济利益与环境效益，致力于以最小化成本实现利润最大化的同时保证资源的高效利用	经济利益与环境效益，致力于以最小化成本实现利润最大化的同时减少对环境的负面影响	经济利益与环境效益，致力于以最小化成本实现利润最大化的同时尽可能减少碳排放量
结构	物质流呈单向性	物质流呈逆向闭合性	物质流呈逆向闭合性	物质流呈逆向闭合性
特色	未考虑环境因素	引入资源因素	引入了环境因素，视角更丰富	引入碳排放指标，视角更聚焦

2.2.2 文献综述

20世纪80年代，随着市场需求的多元化发展，企业间的竞争愈发激烈。为提升生产和管理效率，"供应链"的概念应运而生。随着环境问题日益凸显，人们开始将环境因素纳入供应链研究范围之中。1996年，密歇根州立大学的制造研究协会在"环境负责制造"的相关研究中首次提出了"绿色供应链"的概念，与此同时，"闭环供应链"也进入大众视野。在此基础上，学者们结合低碳经济的发展理念，将视角聚焦于"碳"元素，更加具象化地引出了"低碳供应链"的概念。然而，低碳供应链的研究主要集中于制造业及物流业，鲜有与建筑业相关的研究，"低碳建筑供应链"的概念并未被明确界定，也尚未形成统一的评价标准。基于此，结合本章研究主题，本节将从低碳供应链、建筑供应链以及现有评价指标体系三个方面对国内外研究现状进行总结评述，为低碳建筑供应链的构建及评价提供借鉴。

1. 国外研究现状

（1）低碳供应链相关研究

近年来，随着人们环保意识的提高，低碳供应链逐渐成为研究热点。针对碳排放量测量和碳减排的问题，众多学者从不同方面展开了研究。

1）低碳供应链碳排放测量方面。Kuo等学者指出，最常用的碳排放量测算方法是"碳足迹"，碳足迹测量了供应链从原材料的开采和加工，到生产、装配、使用、处理和回收产品过程中的二氧化碳排放。其中，二氧化碳基本数据可以参考以下标准：ISO（2006）、PAS 2050：2008（BSI2008）和ISO（2012）。该文章指出，计算其排放需要三类数据：国家或地区的能源使用和排放、企业的排放、每个产品生命周期内排放的二氧化碳气体。

Li等通过计算化石能源和电能这两种高碳能源的碳排放量来代替广东汽车供应链的碳足迹测算，运用数学公式分别计算设计研发、零部件采购、生产制造、物流配送、使用维护、回收处理环节的碳排放，然后对供应链的碳排放进行了分析并提出了建议。

Sundarakani等采用长程拉格朗日和欧拉运输方法构建出分析模型，然后利用分析模型和有限差分方法来组建近似的三维无限足迹模型，并以一个简单的算例验证了该方法在碳排放测量中的应用。实例结果表明，供应链各阶段的碳排放量对整体水平有着不同的影响，其中设计阶段应得到更多的关注。

2）低碳供应链碳减排方面。目前，国外在碳减排方面的研究较多，具体可以从以下角度进行综述：

供应商选择方面：Shaw 等通过对与低碳供应链采购环节直接相关的供应商的选择问题进行研究，发现在选择供应链上游的材料供应商时，建立合适的筛选标准能够有效减少碳排放量；Prosman 等则更进一步，从三个方面提出了供应链上低碳供应商的选择标准：一是供应商能否提供环保型低碳材料，二是供应商是否能够不经过其他供应商直接提供所需产品，三是供应商对废弃物的回收处理水平；Lamba 等则结合大数据采用混合整数非线性规划（MINLP）的方法建立了供应商动态选择模型，从供应商选择的角度为降低供应链碳排放水平提供了指导。

库存管理方面：Alhaj 等使用通用代数建模系统建立了供应链库存选址决策模型，并通过对不同情景的模拟发现碳排放的增加会造成供应链成本的显著增加，合理的库存选址虽然在一定程度上增加了库存成本，但是多余的支出可以通过减少碳排放进而降低供应链总成本得到弥补；Chen 等针对由一个供应商和一个零售商组成的两级供应链，建立了基于经济订货量的碳排放量模型（EOQ），并研究了三种不同的合作方式下供应链系统碳排放上限与企业库存订货量的相互影响；Benjaafar 等学者则将不同形式的碳约束引入供应链系统的库存问题之中，分析了不同条件下库存规划对供应链碳排放的影响。

低碳运输方面：Glock 通过数值算例和灵敏度分析探究了车辆属性差异对运输过程中碳排放量的影响。此外其进一步研究表明路线规划、车辆行驶距离长短以及车辆负荷的高低都会影响运输过程中的碳排放水平，因此供应链的各合作伙伴需对运输路径及方式进行统一协调，以降低供应链的碳排放水平；Gurtu 等则将研究范围扩大至全球供应链，其研究结果表明，跨区域运输的非协调性是造成全球供应链碳排放不断增加的重要原因，合作运输可以有效降低全球供应链的碳排放量。

低碳供应链网络设计方面：Rahmani 通过构建模型探究了供应链碳减排背景下产品在生产和运输阶段的低碳供应链网络设计问题，其模型检验结果表明，供应链碳排放主要受两个方面的影响，一是地址及低碳设备的选择，二是产品生产及材料运输方式的选择；Kuo 等为实现供应链生产能力、成本及碳排放量的帕累托最优，通过超网络遗传算法对以碳排放量为约束条件的低碳供应链网络的设计问题进行了研究，并通过案例验证了其构建的网络模型的预测能力；Pishvaee M S、Kostin 等学者利用模糊数学理论探讨了低碳供应链在选址设计、资源分配和库存路径规划等方面的网络设计问题，并对其分别进行了讨论。

供应链协调方面：Yang 等学者通过两条竞争性供应链的对比分析探究了不同供

应链关系对碳排放水平的影响,结果显示,相对于跨供应链的横向合作关系而言,同一供应链内的纵向合作关系更加有利于碳减排;Qi 等学者则研究了同一供应链下供应商和零售商对于供应链碳排放水平的影响,结果发现供应链的碳限额并非越低越好,当碳限额处于一定合理值时,供应链成员会将碳限额作为其最佳碳排放量,并做出相应决策,此时会达到供应链碳排放水平和经济效益的帕累托最优。因此合理设置供应链的碳限额,将对供应链碳减排产生积极促进作用;Jiang 通过报童模型探究了顾客消费需求及行为对碳排放的影响,结果发现当顾客需求从对价格的敏感转变为对碳排放的敏感时,制造商最优价格相同,但最优生产量、最优单位碳排放量和最大期望利润均会下降。虽然总碳排放量减少,但其减少量并不会随着需求的增加而增加,而是取决于模型参数;Anderson 等使用两阶段 Stackelberg 博弈模型研究了消费者环保意识与供应链竞争的关系。结果显示随着消费者环保意识的增加,零售商和优越的环保运营商将受益,而劣质环保公司的盈利能力则会下降,因此提高消费者环保意识对于降低供应链碳排放水平具有重要作用。

(2)建筑供应链相关研究

目前,对于建筑供应链中碳排放量测量的研究相对较少,在建筑供应链碳减排方面则多以供应链涉及的环节和主体为主。

1)建筑供应链碳排放的测量方面。Crawford 使用投入产出模型测量了澳大利亚住宅建筑供应链各个过程的能源消耗情况,从侧面解决了建筑供应链中的碳排放量难以直接测量的问题。模型运算结果表明,间接的能源消耗至少占建筑供应链总能耗的 96%,直接能源消耗仅占 4%,因此建筑供应链节能减排更需要重视间接资源的消耗;Chenga 则在前人基础上更进一步,将供应链 SCOR 模型和 Web Service 技术相结合,并将碳排放指标加入其中,提出了建筑供应链碳足迹监测体系,然后以某钢结构建筑的供应链为案例对其适用性进行了验证。

2)建筑供应链碳减排方面。对于建筑供应链碳减排的研究,主要涉及以下四个方面:

策划设计环节:Egilmez 首先利用基于投入产出模型的生命周期评价法(EIO-LCA)量化了美国既有住宅、商业和工业建筑的温室气体排放量,然后采用混合整数线性规划(MILP)的方法探讨了建筑供应链各主体的理想碳减排量及其影响因素。研究发现,在策划阶段,建设方的合作伙伴选择(主要是能源供应商选择)、管理水平及资金投入水平是影响建筑供应链二氧化碳排放量的重要因素。Shadram 等则从设计环节出发,构建了一个集成的 BIM 设计框架,可以实现建筑设计和能源评估两个部分平行运作。具体说来，该框架从三个关联的子过程出发创建了一个半自动化流程，用于在建筑物生命周期的设计开发阶段实现最小化能耗设计，从而在一定程度上降低碳排放量。此外，研究者们还提到，在供应链体系中应用集成的BIM框架，有利于各参与方的信息共享和传递，甚至可以实现协同作业。

建筑供应链采购环节：Dadhich等学者为探究英国常用建筑材料石膏板的碳排放问题，对英国某材料供应商及施工承包商进行了充分调研。在此基础上，利用MRIO模型对石膏板从设计、生产、运输至施工现场仓库直至最后报废回收全生命周期的碳排放进行了测量。结果表明，石膏板等原材料是否节能环保是影响供应链碳排放量的最主要原因。同时，加强建筑供应链上下游的信息沟通对探寻供应链碳排放的主要影响因素具有重要作用；Seo等通过建模对供应链铝合金门窗碳排放问题进行了研究。结果显示，门窗户制造过程的碳排放占其全部碳排放的11%，而交通运输环节仅占0.45%。因此在采购环节合理选择建筑材料对于降低建筑供应链的碳排放水平具有重要影响。

建筑供应链施工与回收环节：Dong通过生命周期评价方法从四个方面比较了在建筑施工环节中采用装配式施工方式与采用混凝土现浇施工方式的碳排放水平差异问题。结果显示，采用装配式施工方式时，预制构件相比于现浇混凝土每立方米可减少10%的碳排放量，同时预制钢模板比现浇混凝土采用的木模板性能更佳，因此积极采用装配式施工方式可以有效减少施工环节的碳排放量。Kucukvar将投入产出模型与生命周期评价理论相结合，通过对回收、填埋、焚烧三种建筑垃圾处理方式的对比分析，探究了施工过程中不可回收废弃物的处理问题。结果表明，填埋相对于焚烧而言碳排放量更低，且有色金属的回收能显著减少供应链的碳排放。

建筑供应链协同：Hermawan通过对建筑供应链碳足迹的追踪，从全生命周期的角度对印度基础设施建设中的建筑供应碳排放量问题进行了研究。结果显示，建筑供应链的碳减排需要供应链全体成员共同努力，上游供应商在采购环节能否提供环保型建筑材料，下游施工承包商在施工环节是否具有低碳意识，政府是否能够出台及时有效的管理措施，都会影响整条建筑供应链的碳排放水平。

（3）相关评价指标体系

目前基于供应链层次的评价指标体系主要集中于绩效评价等方面，与供应链的碳排放及环境问题相关的评价研究相对较少，且多集中于绿色供应链的评价。

Zhu参考了环境管理方面的既有评级体系及行业标准，并结合多家企业的成功案例，从绿色选材、供应链合作伙伴选择、清洁生产及绿色营销四个方面建立了供应链绿色度评价指标体系，为合理评价供应链的绿色程度奠定了基础；Kusi-Sarpong等则从经济、社会和环境三个方面出发，构建了涵盖绿色信息技术、供应链伙伴选择、运营和物流一体化、内部环境管理、生态创新实践、回收实践及其下属三级指标的绿色供应链评价指标体系，并利用该体系对加纳的采矿业供应链进行了评估。

与供应链层次的评价指标体系相比，针对具体建筑产品的评价体系相对较多，多涉及绿色建筑的评价问题。虽然并未强调建筑供应链中的碳元素，但仍然可以从构建框架、指标选取等方面为本研究主题提供参考。如：英国BREEAM评价体系是世界上首个绿色建筑评价体系，该评价体系主要从管理、健康和舒适性、能源、污染、土地利用和生态、运输、材料、水资源、垃圾九个方面对建筑物进行评价；美国LEED评价体系被认为是世界各类绿色建筑评价标准、建筑可持续性评价标准及建筑环保评价标准中最为全面系统且最具科学性的指标体系，该体系主要包括绿色选址、节水、能源与大气、材料与资源、室内环境品质、创新与设计等方面；法国HQE评价体系即高环境质量评价体系，它从生态施工、资源管理、舒适性及健康性四个方面对建筑物的性能进行评价。法国HQE评价体系与美国LEED评价体系、英国BREEAM评价体系共称为世界绿色建筑三大评价体系。

2. 国内研究现状

（1）低碳供应链相关研究

在低碳供应链方面，国内学者大多从经济与财务角度研究其成本和决策问题，基于碳排放角度的文献主要探讨了以下三方面内容：

1）供应链采购环节的供应商选择方面。库丽宏等指出，采购环节的材料、设备、能源供给是产生环境有害物质的主要来源，供应链对于供应商的选取将在很大程度上影响整条供应链的低碳水平；尹政平将采购过程中低碳供应商的选择指标具体细分为基本指标、必选指标以及可选指标三个部分，在此基础上采用专家评判法和AHP方法，构建了低碳供应商评价和选择的动态调整机制；杨传明从产品与服务、经营与管理、碳足迹优化、供应链合作和环境友好程度五大方面构建了低碳供应链环境下供应商的评价体系，然后综合运用熵值法、数据包络法以及模糊理论对低碳供应链的供应商进行了评价和选择。

2）供应链协同方面。赵道致等学者研究了碳减排的投资激励问题，认为供应链可以通过合作促进减排投资；杨仕辉和肖导东通过构建低碳约束下以生产商为主导的双渠道供应链博弈模型，探讨了低碳供应链的渠道选择以及协调优化问题；

王彦春等构建了低碳供应链参与方的决策模型，结论显示：与分散决策相比，集中决策能够同时保证高利润率与高碳减排效率；朱莹等运用随机微分博弈模型对低碳供应链的斯坦尔伯格博弈与协同合作博弈分别进行分析，结果发现协同技术创新对提高低碳供应链的低碳水平具有重要意义；刘名武等则针对低碳技术的选择与共享，利用轨迹函数探究了市场条件下企业实现经济和减排双效益所需低碳技术的特征条件，并建立了供应链低碳技术减排投入与合作的动态优化模型；曹二保、胡畔通过构建时间偏好不一致时供应链企业跨期决策的动态规划模型，探究了不确定需求下集中式决策时制造商和零售商合作减排的策略均衡，以及分散化决策时双方基于斯坦尔格微分博弈的反馈策略均衡。结果表明，在集中式决策的情形下，制造商和零售商致力于降低碳排放的努力程度要高于分散化决策的情形。

3）低碳供应链的构建方面。张捷、张斌斌将内蒙古煤炭行业的低碳供应链从煤炭开采环节、洗选加工环节、储存环节、运输环节以及煤炭消费环节进行构建，并对各阶段温室气体排放的主要来源进行了详细分析。徐丽群指出，构建低碳供应链应首先明确供应链中的主要碳排放环节及对应的运营主体。在此基础上，她设计了包含碳减排责任划分与成本分摊模块的低碳供应链构建系统框架。

（2）建筑供应链相关研究

在建筑供应链方面，国内学者对碳足迹和碳排放量测量的研究极少，多集中于供应链中碳排放权交易等问题。从环境的视角来看，学者对建筑供应链的探讨主要集中于绿色建筑供应链方面，且以绩效评价以及运作分析两方面为主。具体如下：

1）绿色建筑供应链绩效评价方面。杨长兴从内部、外部以及整体三个方面建立了绩效评价指标体系。其中内部绩效评价体系包括材料成本、建造与运营周期、绿色建筑质量等指标，外部绩效评价体系包括项目干系人合作关系指数、满意度指数等指标，整体绩效评价体系包括敏捷性、技术创新、环境影响等指标；陈伟伟等利用改进型BSC模式构建了绿色建筑供应链的绩效评价体系，首先用SPSS软件对指标进行主成分分析和筛选，然后运用不确定AHP区间法建立目标优化模型，再结合遗传算法进行综合评价。

2）绿色建筑供应链的构建及运作分析方面。高佩宇等从全寿命周期的角度构建了绿色建筑供应链的基本框架，并指明设计、材料采购与施工是绿色建筑供应链构建的关键阶段；阮连法等利用模糊集理论的VIKOR方法重点描述了绿色建筑供应链在材料采购环节中的供应商选择模式，并利用该模式做出实验决策；曹小琳等则参考建筑供应链的运行流程,构建了包括设计环节、采购环节、施工环节、回收环节、运营环节在内的绿色供应链管理系统,并对以上各个阶段以及整体的运作机制进行了详细阐述与分析。

(3)相关评价指标体系

与国外类似,国内对供应链的评价研究主要以绩效评价及供应商选择评价为主,仅有少量文献从供应链中的"低碳度"和"绿色度"等环境友好型角度出发开展研究。

张新提出用"低碳度"的概念来表征供应链的低碳水平,并从供应链低碳运行规划指标、供应链物质流动时间指标、供应链企业资源布置指标、废弃物回收指标、环境属性指标、社会认可程度指标、供应链效益指标七个方面构建了低碳供应链评价指标体系。

唐凡等学者在对绿色供应链相关概念进行界定的基础上,结合了环境管理相关政策法规及学者意见,以环境、资源、经济、运营及社会为二级指标,在此基础上细分出38个三级指标,最终构建了供应链绿色度评价指标体系。然后通过综合评价方法建立绿色度评价模型,并以安徽省82家企业为案例验证了其指标体系的可行性。

梁艳艳则以某公司绿色供应链为具体案例,根据绿色采购、绿色制造、绿色交付及绿色回收的全过程构建了该公司供应链绿色度评价指标体系,然后利用模糊层次分析对该公司供应链绿色度做出评价,并提出相关建议。

张明珠则从绿色成本价值比、环境管理系统、绿色产品、生态效益和绿色规范五个角度建立了供应链"绿色度"评价指标体系,并运用模糊TOPSIS方法对珠三角制造业企业供应链进行了模拟评价。

此外,由于建筑供应链缺乏相关的环境评价体系,故此处总结了制造业绿色供应链行业标准以及各类绿色建筑评价标准,具体如下:

《绿色制造 制造企业绿色供应链管理 导则》GB/T 33635—2017由我国绿色制造技术标准化技术委员会于2017年正式发布,是我国首个制造业绿色供应链国家标准。该导则涵盖制造业产品从概念设计、生产制造、交付使用直至报废回收再处理的全生命周期,具有较强的适用性。

绿色供应链CITI指数(Corporate Information Transparency Index)主要以在华知名品牌公司为评价对象,以各公司供应链环境管理的效果为评价内容,由公众环境研究中心(IPE)和自然资源保护协会(NRDC)合作开发,是目前国内最具权威性的绿色供应链评价体系之一。

各类从建筑产品层面出发的绿色建筑评价标准则，也能为本章研究提供一定的参考。其中，《绿色建筑评价标准》GB/T 50378—2019统筹考虑了建筑全生命周期内节能与能源利用、节地与室外环境、节材与材料资源利用、节水与水资源利用、室内环境质量、运营管理（住宅建筑）、全生命周期综合性能（公共建筑），是目前国内最具权威性的绿色建筑评价体系；我国台湾地区的绿色建筑评估系统（又称"EEWH系统"）与《绿色建筑解说与评估手册》是台湾地区现行绿色建筑评审的基准，在该评价体系中，指标被划分为生态指标群（Ecology）、节能指标群（Energy Saving）、减废指标群（Waste Reduction）和健康指标群（Health）四大类。

2.2.3 研究述评

通过对国内外已有研究的回顾和整理，发现目前学术界对低碳供应链和建筑供应链的研究可以从两个角度进行概括：一是供应链局部的角度，主要体现在对供应链某个环节或某个主体的研究，如供应链采购环节的运输问题、供应商选择问题等；二是供应链整体的角度，主要体现在供应链的整体协同及评价等问题，如供应链中的伙伴关系问题、供应链绩效评价问题等。这些成果为本章研究提供了丰富的参考资料，但仍存在以下问题：

（1）总体而言，以环境的视角研究建筑供应链的文献相对较少，主要集中于绿色建筑供应链等方面。对于建筑供应链中碳排放问题的研究则多以供应链的局部环节为主，且鲜有文献对低碳理念下建筑供应链的结构形式进行探讨，因此研究范围及深度尚需拓展。

（2）对于低碳视角下建筑供应链的评价问题，目前的研究十分有限。与其相关的评价研究主要集中于绿色建筑供应链等方面，且以绿色建筑供应链的绩效评价居多，或者仅涉及对绿色建筑供应链的某一环节或某一参与方的评价，在供应链整体层面缺乏可供参考的评价体系，研究内容仍需充实。

2.3 低碳建筑供应链的构建

将低碳理念引入建筑供应链之中，会使建筑供应链产生新的变化，因此，本节在前人研究的基础上提出并界定了低碳建筑供应链的概念，然后从物质流、信息流、技术流、资金流以及碳流五个方面探讨了低碳建筑供应链中各环节、各主体间的联系，并构建出低碳建筑供应链的模型，为后续低碳建筑供应链的评价研究奠定了基础。

2.3.1 低碳建筑供应链概念界定

目前对于低碳建筑供应链的研究十分有限，尚未形成统一的概念。本节结合前文对建筑供应链与低碳供应链的相关界定，并借鉴其他行业低碳供应链的概念及内涵，以及学者对低碳建筑供应链的理解，对低碳建筑供应链作出如下界定：低碳建筑供应链是以满足客户需求为目的，通过对建筑工程在策划、设计、采购、施工及回收等环节中物质流、信息流、技术流、资金流及碳流的控制，实现建筑工程各相关方协同合作的功能性建设网络。具体如图2-1所示。

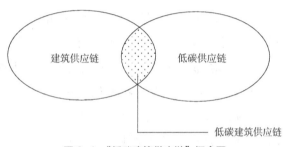

图2-1 "低碳建筑供应链"概念图

由以上分析，可以从以下三个方面对低碳建筑供应链的概念进行阐释：第一，低碳建筑供应链是建筑供应链与低碳供应链的有机融合，它将碳排放指标纳入传统建筑供应链之中，其目标是在满足用户对建筑产品需求的基础上尽可能降低其建造过程中供应链上的碳排放量，符合建筑业节能减排的发展理念。第二，低碳建筑供应链涉及建筑工程的策划、设计、采购、施工及回收等多个环节，它们共同构成了一个闭环的网状供应链，实现各环节的低碳是实现低碳建筑供应链的基础。第三，从供应链构成的角度上讲，低碳建筑供应链继承了传统建筑供应链的特点，并在传统建筑供应链物质流、信息流、技术流及资金流的基础上增加了"碳流"这一维度，因此其构成更加多样化。

2.3.2 低碳建筑供应链模型构建

低碳建筑供应链涉及策划、设计、采购、施工及回收多个环节，同时强调各环节及主体间的相互协同与联系，具有复杂性和动态性等特点。低碳建筑供应链的模型构建问题应充分考虑以上特点，尽可能全方位、多角度地描述供应链中各环节、各参与主体之间的相关关系，充分体现低碳建筑供应链的特点。

基于此，本节结合前文界定的低碳建筑供应链的概念，全面观察和分析物质、信息、技术、资金、碳元素在低碳建筑供应链中各环节、各主体间的流动方向，深入地、动态地探究供应链各环节、各主体间的联系，最终形成低碳建筑供应链的集成模型，展现低碳建筑供应链的结构特点。

1. 低碳建筑供应链物质流模型

物质流是指实物资源在供应链中的流动过程。实物资源是低碳建筑供应链的物质载体，通过实物资源在供应链各环节、各主体间的流动，可以实现原材料到最终产品的转化。它主要包括生产资料的供给与运输、资源回收、产品交付三个部分。在低碳建筑供应链的实际操作过程中，低碳策划与设计环节并没有明显的实物资源转移，而从低碳采购环节开始，供应方提供的生产资料则需转移至施工方才能发挥其实际价值，生产资料的供给与运输是整个供应链中第一个明显的物质流动过程，也是整个供应链体量最大的物质流动过程。在低碳施工环节，不可避免地会产生建筑剩余材料以及建筑垃圾等废料，经过回收再利用，它们可以通过多种方式重新回归低碳建筑供应链，继续随建筑供应链的物质流运转，从而提升了资源的利用效率以及利用价值，是供应链低碳属性的重要体现。当以上环节全部完成，即可实现建筑产品交付，这是物质流动的最后一个部分，也意味着供应链对应的建筑工程的结束。低碳建筑供应链物质流模型如图2-2所示。

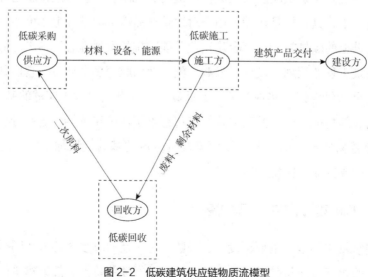

图2-2　低碳建筑供应链物质流模型

2. 低碳建筑供应链信息流模型

信息流是指各类信息在供应链中的流动过程，信息流动的作用在于尽可能地消除各活动环节、各参与方的信息不对称，加强信息互通，从而实现协同合作并提高生产效率。事实上，无论是信息流动的种类还是信息流动的范围，信息流都是整个供应链中覆盖最广、内容最多的流动层面。供应链内部一般只要涉及业务往来就会有信息交流，此外，供应链内部与供应链外部也会有信息的传递与利用（如政策法规信息、行业市场信息等）。图2-3所示信息流仅表示供应链内部的信息流动内容及方向。

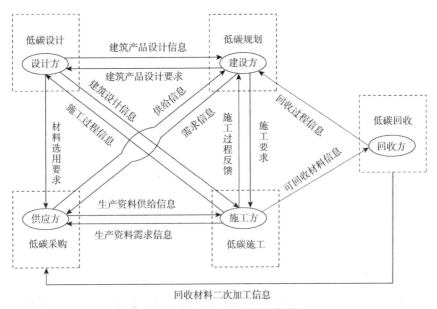

图2-3 低碳建筑供应链信息流模型

从信息流的构成上看，低碳建筑供应链的信息流包含了较多低碳方面的相关内容；从信息流涉及的范围来看，供应链的所有环节及参与主体都存在信息流动，且双向信息流较多，这表明各环节及各主体间的业务关联紧密，信息交流频繁。

3. 低碳建筑供应链技术流模型

技术流是指各种技术手段在供应链不同环节中的应用。技术是主体完成任务的措施或助力，任何一种技术都有与之相对应的技术作用环节。因此，技术流主要从技术实践方及技术作用环节的角度来描述。在低碳建筑供应链中，低碳策划技术、低碳设计技术对应于策划及设计环节，低碳采购技术由供应方实施于低碳采购环节，目的在于向施工方提供满足要求的生产资料的同时，尽可能提高采购效率并降低采购及运输过程中的碳排放。低碳施工技术则是低碳建筑供应链技术流的重点，适宜的低碳建造工艺能有效降低资源损耗和施工环节碳排放。在低碳回收环节，回收方的低碳回收再利用技术可以有效提升资源利用率，是降低供应链碳排放量的重要手段。

在低碳建筑供应链中，各参与主体将各自低碳技术作用于供应链的各个环节，并随着环节的推进汇聚成低碳建筑供应链的技术流，具体如图 2-4 所示。

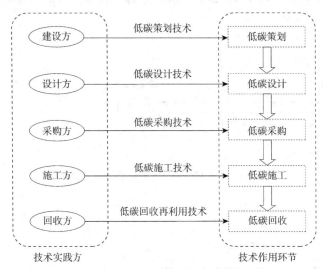

图 2-4　低碳建筑供应链技术流模型

4. 低碳建筑供应链资金流模型

低碳建筑供应链的资金流有狭义和广义之分。狭义的资金流是指在供应链内部各个环节中，供需双方之间随着物质流、技术流及信息流的流动而产生的各项费用的结算情况，其资金流向以单向居多。广义的资金流则包含了供应链外部金融机构与供应链各构成主体之间的资金流动情况，主要是指供应链各主体的融资等行为，其资金流向以双向居多。无论是广义的资金流还是狭义的资金流，其结果都是在通过供应链各环节的运作后实现价值增值，其模型如图 2-5 所示。

5. 低碳建筑供应链碳流模型

碳流用于描述具体研究对象的碳排放分布情况。建筑供应链中的碳流主要体现了建筑供应链在各环节中的碳排放分布情况，是低碳建筑供应链的鲜明特点之一。在建筑供应链中，建筑生产资料是产生碳排放的主要原因，因此碳流是在物质流的流动过程中产生的。如图 2-6 所示，供应链的碳排放主要分布于低碳采购、低碳施

2 低碳建筑供应链构建及其评价

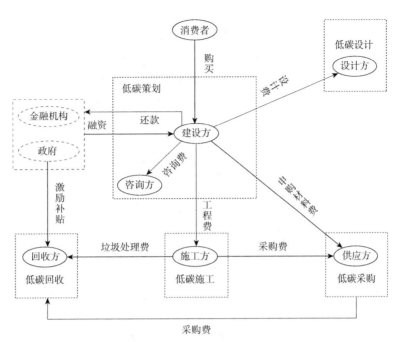

图 2-5 低碳建筑供应链资金流模型

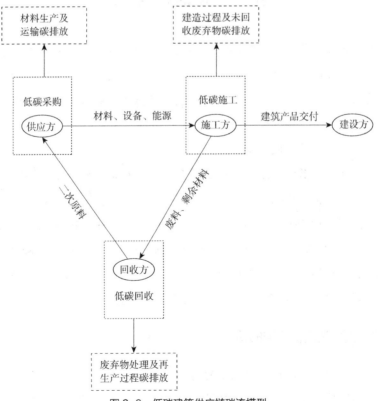

图 2-6 低碳建筑供应链碳流模型

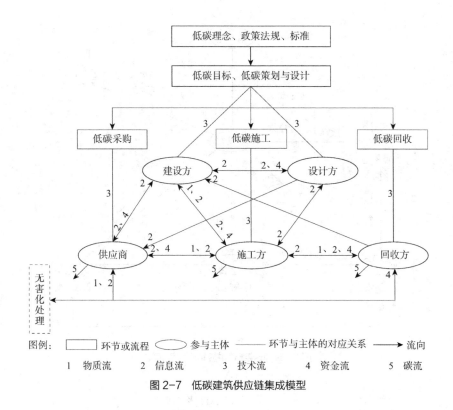

图 2-7 低碳建筑供应链集成模型

工以及低碳回收等环节。在供应链的低碳采购环节，碳排放主要产生于建筑生产资料的生产及运输等过程；在低碳施工环节，碳排放主要包括两方面，即建造过程的碳排放以及未回收废弃物造成的隐性碳排放；在低碳回收环节，碳排放则主要产生于废弃物处理及再生产等过程。

6. 低碳建筑供应链集成模型

本节结合前文对低碳建筑供应链的概念界定，在低碳建筑供应链物质流、信息流、技术流、资金流及碳流模型的基础上，对各环节及其对应主体的关系进行具体分析，并充分借鉴建筑供应链的结构模型以及其他行业供应链的既有经验，提出了低碳建筑供应链集成模型如图2-7所示。其中，供应链各环节与其对应主体间标注技术流，其他流则标注于供应链各主体之间。该模型图综合描述了低碳建筑供应链各环节、各参与主体以及五大流之间的关联，可以有效表征低碳建筑供应链的结构及特点。

2.3.3 低碳建筑供应链的特点

1. 低碳建筑供应链与建筑供应链的对比

相比于传统建筑供应链，低碳建筑供应链更多地考虑了环境因素。环境因素的加入导致建筑供应链在物质流、信息流、技术流、资金流及碳流方面产生了新的变化，具体分析如下：

物质流：低碳建筑供应链相对于传统建筑供应链增加了"低碳"这一环境因素，这就要求建筑产品在建造过程中使用的原材料、能源、机械设备等相比于传统建筑供应链更加环保节能，因此在物质流的构成上与传统建筑供应链有较大区别。

信息流：当前建筑业的发展越来越注重信息的重要性，建筑供应链的信息化管理水平成为决定供应链整体效益的重要因素之一。对于低碳建筑供应链而言，供应链各参与主体的统一与协调是实现供应链低碳化的基础，而信息共享则成为其重要保证。与传统建筑供应链相比，低碳建筑供应链更加强调关于碳信息的交流，如低碳信息共享、低碳技术共享等，因此其信息流更加紧密与多元化。

技术流：低碳建筑供应链对建筑产品的设计、建造、维护和拆除等全过程提出了较高的低碳要求，这些低碳要求的实现需要技术作为保障，因此相对于传统建筑供应链而言，其技术难度更高、技术要求更加严苛、技术参与主体更多、技术流的起点与流向更具多样性。

资金流：低碳建筑供应链的物质流、技术流以及信息流的特殊性决定了其资金流的特殊性。低碳建筑供应链需要更多的资金投入低碳生产资料购买、低碳技术研发以及低碳信息平台的构建等方面，因此相对于传统建筑供应链而言，低碳建筑供应链中的资金流数额更加庞大。

碳流：传统建筑供应链由于未考虑"碳"因素，因此并不存在碳流。低碳建筑供应链则重点强调碳元素在供应链中的流通与走向，因此碳流成为低碳建筑供应链的鲜明特色。

2. 低碳建筑供应链与低碳供应链的对比

相比于低碳供应链，低碳建筑供应链所涉及的领域较为局限。低碳建筑供应链主要应用于建筑行业，而低碳供应链则广泛应用于制造业、建筑业以及交通运输业等多个领域。由于建筑业与制造业和交通运输业存在显著的不同，因此低碳建筑供应链具有其独特性：

物质流：建筑物在建造过程中与地基直接相连，这就决定了建筑产品的建造与运营地点具有固定性。因此在项目建设过程中，低碳建筑供应链的物质流最终会体现出较强的集中性。这与制造业低碳供应链有显著差别，一般而言，工业产品在经历规模性生产后需通过经销商送达消费者手中，因此其流动性较强，流动范围也较广。

信息流：建筑产品的复杂性决定了低碳建筑供应链的构成主体较多，而传统的制造业低碳供应链的结构则相对简单。因此相比于制造业低碳供应链，信息流在低碳建筑供应链中的传播范围更加广泛，管理难度也更大。

技术流：相比于传统工业产品，建筑产品在建设过程中技术难度更高，此外，低碳要求的存在也导致建筑供应链技术要求更加严苛，因此与制造业低碳供应链相比，低碳建筑供应链技术流的构成更加丰富。

资金流：相对于一般工业产品而言，建筑产品的规模更大，资源消耗更多。因此低碳建筑供应链在构建过程中资金需求更大，资金流流动也更加密集。

碳流：低碳建筑供应链涉及建筑产品的设计、建造、运营及拆除全过程，相对于制造业低碳供应链而言，其持续时间更长，涉及范围更广，因此低碳建筑供应链中的碳流在时间维度和范围维度上更加复杂。

2.4 低碳建筑供应链评价指标体系的构建

近年来，关于建筑业低碳转型发展的呼声日益高涨，建筑供应链凭借其强大的整合能力成为建筑业低碳转型发展的重点所在。建立一套综合全面且具有一定操作性的低碳建筑供应链评价指标体系，并以此为基础对建筑供应链的低碳水平进行合理的评价，对于从各环节降低建筑供应链的碳排放量，进而推动建筑业低碳转型发展具有重要作用。

2.4.1 低碳建筑供应链评价指标体系构建原则

低碳建筑供应链评价指标体系的建立需要遵循一定的原则，具体如下：

1. 全面性原则

低碳建筑供应链评价指标体系是一个全面且系统的体系。它涉及供应链运作的各个环节，同时兼顾建筑供应链各参与方之间的相互影响。因此，评价体系不仅应包括直接的显性因素，还应包括对供应链低碳水平产生间接影响的各种潜在因素，同时各评价指标应做到含义清晰、指向明确，以构建有效且全面的评价体系。

2. 客观性原则

客观性原则要求在构建低碳建筑供应链的评价指标体系时，对每个指标的选取应结合建筑供应链的具体特征，以尽可能地做到客观公平与实事求是，指标的选取应做到尽量有依据，切忌完全依照个人偏好选取指标，保障指标的科学性和准确性。

3. 相关性原则

相关性原则要求选取的指标应与低碳建筑供应链的各个生产活动有紧密关联，切合实际，每个指标在其对应的角度能较好地反映供应链的低碳水平，保障指标的有效性与合理性。

4. 可行性原则

可行性原则主要体现在以下两个方面：一是选取指标时有渠道可循，并非随意主观臆想，即能够通过文献搜集、问卷调查、专家访谈等方法对指标的确定做出指引；二是已选指标的信息易于获取和收集，否则无法利用该指标对主题做出正确的评估和判断。总而言之，就是要保证整个评价过程的可操作性。

5. 定性与定量相结合

在构建评价体系的过程中，对每个指标的含义作出明确的解释，是为定性；通过专家咨询等方法，依据不同指标在评价体系中的轻重程度对其做出合理的权重分配，是为定量。确定指标时应主要关注定量指标，对于无法进行定量研究的指标，可以采取定性分析的方法，以弥补无法量化的缺陷。通过定性与定量相结合的方式，使整个评价体系更具有科学性和说服力。

6. 静态分析与动态分析相结合

任何事物都应以发展的眼光去看待，指标选取也不例外。随着建筑业的发展以及建筑供应链理论研究的不断深入，新的概念、行业规范、工艺及材料设备等均会在一定程度上发生改变，其评价指标也应随之不断变化。因此指标的确定在充分反映当前现状的同时，应尽可能地考虑建筑供应链未来的发展趋势，并且当外部环境发生变化时，指标的筛选和比重的确定也应随之灵活调整。即评价体系是针对一段时间内的状况构建的，具有一定的时效性，而非对任何时期均适用。

上述指标体系的选取原则对低碳建筑供应链评价指标体系的构建起到了指引作用，是低碳建筑供应链评价指标体系构建思路的主要依据。

2.4.2 低碳建筑供应链评价指标体系构建思路

依据低碳建筑供应链评价指标体系构建原则，本章以前文低碳建筑供应链模型中的各环节为基础构建低碳建筑供应链的评价指标体系。这是因为供应链中的各个环节同时涵盖物质流、信息流、技术流、资金流及碳流多个方面，体现了供应链的关联性，因此，从各环节的角度出发可以有效表征建筑供应链的低碳水平。

在评价指标体系的构建过程中，由于缺乏低碳建筑供应链的直接相关文献，本章借鉴了前人在建筑供应链、低碳供应链的评价中与环境及碳排放相关的评价指标和评价框架，并参考了绿色供应链 CITI 指数、《绿色制造 制造企业绿色供应链管理 导则》GB/T 33635—2017、《中国房地产绿色供应链指数研究报告》等多个相关文件，从中选取部分适宜的指标并结合研究对象加以调整，从供应链各环节的角度构建出低碳建筑供应链评价指标体系。

此外，建筑供应链是一种基于产品的供应链。因此，低碳建筑供应链的评价问题与产品建设过程的低碳实施情况息息相关，是对建设项目的低碳水平进行的评价。对低碳建筑供应链的评价不能以独立的眼光看待，而应从联系的、关联的视角进行评价。

2.4.3 低碳建筑供应链评价指标初选

目前国内鲜有低碳建筑供应链评价指标体系的相关研究，因此探究低碳建筑供应链评价指标体系的构建具有重要的学术和实践意义。本节依据前文低碳建筑供应链评价指标体系的构建原则及构建思路，结合已有文献、专家意见以及国内实际情况，以建筑供应链各环节为切入点，从低碳策划与设计、低碳采购、低碳施工、低碳回收以及供应链协同五个方面出发，初步建立了低碳建筑供应链评价指标体系，如图 2-8 所示力求对建筑供应链的低碳水平做出科学详尽、真实客观的评价。

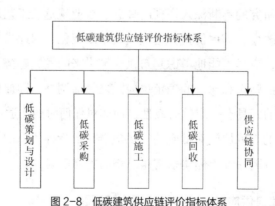

图 2-8 低碳建筑供应链评价指标体系

1. 低碳策划与设计

策划与设计环节虽是建筑供应链的开端，但其影响力却贯穿建筑供应链始末。前期策划是建筑产品的起源，同时也影响着建筑供应链的结构，因此对评价建筑供应链的低碳水平具有重要作用。设计环节是建筑物从概念到实现的中介，作为建筑供应链的重要组成部分，设计环节虽然只占用极少的资源，但却影响着建筑物未来多达数十年的资源消耗。因此将低碳理念引入设计环节，可以从源头上影响建筑供应链低碳水平。基于此，在低碳策划与设计这一子目标层下，本节将从前期策划以及低碳设计两个方面对评价指标体系的构建问题进行探讨：

（1）前期策划

前期策划是建筑供应链的起始环节，对建筑产品而言，主要涉及低碳产品策划；对供应链的构成主体而言，则主要涉及供应链的伙伴选择问题。

低碳产品策划是指建设方及投资方等对建筑产品的定位是否具有鲜明的低碳特点。建筑产品是建筑供应链的生命体，是建筑供应链存在的根本意义。作为建筑供应链的重要组成部分，在前期策划环节是否积极落实低碳建筑产品的研发与策划，直接决定了建筑供应链的低碳特征是否显著，因此低碳产品策划是评价低碳建筑供应链的重要指标之一。

供应链伙伴选择决定了建筑供应链的构成情况。建筑供应链是由多个主体构成的网状结构，合作伙伴的低碳行为及特性会显著影响建筑供应链的低碳水平，因此在具体建设过程中需要对合作伙伴进行选择，如对设计单位、材料及设备供应商、监理方、施工方等进行筛选。故供应链伙伴选择是低碳建筑供应链评价的有效指标之一。

（2）低碳设计

低碳设计存在于建筑产品的概念环节，决定了建筑产品的低碳属性，而建筑产品是评价建筑供应链的重要方面，故低碳设计对低碳建筑供应链的评价具有十分重要的作用。基于此，在低碳设计这一准则层下，本节将结合建筑供应链的特点，从低碳交互设计机制、生态环境设计、通风设计、采光设计、建筑布局及能耗系统设计六个方面对评价指标进行阐释。

传统建设项目的设计机制相对独立，建筑的设计任务仅由设计方独立完成，效率较低，且后期设计变更等因素会对建造过程产生较大影响，无形之中增加了施工过程的资源消耗及碳排放量。低碳交互设计机制则将业主、设计方、施工方等连接起来，通过供应链中各主体在设计环节的联合参与，将各方的低碳理念注入供应链的起始环节，从源头上控制建筑供应链的低碳水平，充分体现了建筑供应链的优势。

生态环境设计主要针对建筑物外围环境而言，例如建筑物外围植被设计、雨水花园设计等。植被等可以有效吸收二氧化碳，是固碳的重要途径之一。由此可见，生态环境设计是影响建筑供应链低碳水平的重要因素。

通风设计与能源消耗水平直接相关，间接影响碳排放量。近年来空调器等常见家用电器在方便人们生活的同时造成了建筑能耗和碳排放量的持续增加。因此众多学者提出改变机械调温的设计理念，转而通过建筑通风设计，用更加自然的方式节能减排。合理的建筑通风设计可以起到自然降温的作用，从而避免能源过度消耗，进而降低建筑供应链的碳排放水平。

建筑采光是影响建筑能耗的重要因素之一。合理的建筑采光设计可以增加建筑物室内光照面积，通过太阳光的充分利用减少照明设备的使用，有效降低电力消耗，在节约能源的同时减少碳排放。

建筑布局能够间接影响场地内周围建筑物的采光和通风情况，进而影响建筑节能效果。与此同时，不同的建筑布局方式，也会对施工过程产生影响。例如密度较低的建筑布局方式可能会影响施工场地布设方案，增加施工过程中的运输距离，导致碳排放量的增加。因此，建筑布局的选择将会对建筑供应链的碳排放水平产生影响。

能耗系统设计可以从减少建筑产品碳排放的角度影响建筑供应链的低碳水平。研究显示，建筑碳排放受到了建筑能耗的直接影响，而能耗系统设计又是建筑能耗最主要影响因素。能耗系统设计强调建筑在使用过程中应尽可能采用清洁能源及可再生能源，例如应用风能、太阳能、生物质能等来驱动制冷及制热设备，减少化石能源的消耗，从而降低碳排放。同时能耗系统设计还需要考虑建筑能源回收问题，通过对部分能源的回收与二次利用提高能源利用率，构建节能的建筑产品。

2. 低碳采购

采购环节主要为供应链后期施工环节提供了物质来源，是低碳建筑供应链物质流的重要组成部分。研究显示，建筑材料、能源、设备等生产资料对建筑碳排放具有重要影响，可见低碳采购是建筑供应链低碳水平评价的重要一环。在这一子目标层下，本节从供应链生产资料供给以及供应链生产资料转移两方面对指标体系的构建进行探讨：

（1）供应链生产资料供给

供应链生产资料供给包括低碳原材料供给、节能设备供给、清洁能源供给以及二次原料供给四个方面。

建筑材料的生产与使用是建筑碳排放的主要来源之一，建筑材料的碳排放伴随物质流贯穿建筑供应链的始末。低碳原材料供给就是在供应链采购环节以降低碳排放水平为目标，向建筑供应链相关主体提供具有低碳排放、易回收利用等特点的环保材料的过程，它直接影响了建筑供应链的碳排放水平。

低碳采购的内容除包括低碳材料外，还包括为供应链中各相关主体提供的节能设备。节能设备的使用可以有效降低供应链的碳排放量，同时质量较好的机械设备可以减少损坏，从而长期保持良好的减排效果。

能源大量消耗是造成碳排放量不断增加的重要原因。低碳能源的研发与使用是减少建筑碳排放的有效途径。建筑工程技术复杂，耗能巨大，因此在低碳采购环节积极研发与供应清洁能源，对保证供应链后续的低碳运作、降低供应链的碳排放水平具有重要影响。

二次原料供给是指利用技术手段，将废弃或未使用的建筑材料重新收回再加工，把产成品以二次原料的新形式重新供给到供应链的各参与主体，以此减少资源浪费，降低建筑供应链的碳排放量。

（2）供应链生产资料转移

生产资料转移则从供应链的角度出发，重点关注生产资料在建筑供应链运输过程中对环境的影响，是物质流的重要体现，主要包括运输碳排放和运输损耗两个方面。

生产资料在运输过程中会由于消耗化石能源而产生二氧化碳，且运输过程的碳排放是供应链整体碳排放的重要组成部分。与其他供应链相比，建筑供应链的复杂性决定了其生产资料的累计运输距离相对较长，在运输过程中产生的碳排放总量更为庞大，运输碳排放显然是低碳建筑供应链评价中不可忽视的重要方面。

与此同时，由于建设项目体量巨大，需要的生产资料数量及种类繁多。大量运输难免会对生产资料及运输设备造成损耗，直接导致资源浪费，资源利用率不足，间接影响建筑供应链的碳排放水平。

3. 低碳施工

施工环节是建筑物从概念走向实体的物化过程，是评价建筑供应链低碳水平的重要方面。施工环节是否低碳，其施工管理方式、施工技术以及资源消耗情况如何均会对建筑供应链整体碳排放产生深远影响。因此低碳施工子目标层可分为施工管理、施工技术以及资源消耗三个方面。

（1）施工管理

从施工过程的角度出发，施工管理对于低碳建筑供应链的影响主要包括低碳施工方案的制定、施工过程低碳检验两个方面。

施工方案涵盖了建筑物从无到有整个工程建造过程的全部环节，是对施工过程进行的全方位指导。将"低碳"的元素引入施工方案的制定，对后续项目施工的实际操作过程有着重要的指引作用，为提升施工环节乃至建筑供应链的低碳水平奠定了良好的基础。

施工过程低碳检验是指建筑供应链相关方（如施工方、建设方、监理方等）在建设项目施工过程中通过制定低碳考核标准并保持持续跟进，促进施工方自身以及建筑供应链其他相关主体积极采取低碳措施，以实现施工过程的低碳化，从而降低建筑供应链的碳排放水平。

（2）施工技术

施工技术包括施工过程中的低碳建造工艺的运用以及对施工人员低碳建造技术的培训两个方面。

低碳建造工艺从技术角度影响了施工过程中的碳排放量。近年来低碳建造工艺不断改进，迅速发展，其中应用较广的装配式建筑方式正受到建筑业不断推崇。它通过在工厂完成建设项目预制构件的生产，实现能源节约的同时，还可以有效减少建筑垃圾的残留，降低碳排放量。由此可见，低碳建造工艺的应用是低碳建筑供应链评价的重要方面。

低碳建造技术的培训是通过影响工程人员的业务能力从而将低碳技术应用到实处。近年来，低碳建造技术得到了快速发展，为更好地掌握及运用先进的施工技术，在施工环节有效控制碳排放量，就需要加强对施工人员低碳建造技术的培训力度。因此，低碳建造技术培训可以作为表征建筑供应链碳排放水平的有效指标。

（3）资源消耗

建筑产品是施工环节的最终产出物，但是由于建筑产品在建造过程中涉及多个供应链环节，其碳排放总量难以确切计算，因此此处用资源消耗总量代替。

资源消耗总量是指建筑供应链从前期策划设计环节到施工环节的全过程中消耗的各种资源折算成统一标准后的总数额。资源消耗是产生二氧化碳排放的主要动因，因此可以将资源消耗总量作为评价低碳建筑供应链的指标。

4. 低碳回收

低碳回收环节主要针对建筑材料而言，建筑材料在供应链流通及使用过程中主要包括两个方面，一是在整个供应链中产生的废料，二是在整个供应链中由于未使用完全而产生的余料。因此本节将从供应链废料回收及供应链剩余材料回收两个方面展开探讨。

（1）供应链废料回收

供应链废料回收包括供应链可回收废料比及供应链可回收废料转化率两个方面。

供应链可回收废料比是指建筑供应链在施工及建筑物拆除各个阶段产生的废弃材料占采购环节供给材料的比率。一般而言，整个建筑供应链产生的废弃材料越多，其材料利用率越低，产生的资源浪费越多，相应的建筑供应链的碳排放量也越多。

供应链可回收废料转化率强调废弃材料回收后的再生产转化问题。供应方将建筑废料回收后，通过技术手段对其进行处理，将其转化为可以利用的建筑原材料，并再次供应给建筑供应链相关方。一般而言，可回收废料转化率越高表明材料的循环利用率越高，即材料浪费越少，建筑供应链碳排放水平越低。

（2）供应链剩余材料回收

供应链剩余材料回收包括供应链剩余材料比及供应链剩余材料回收利用率两个方面。

供应链剩余材料比是指建筑工程完成后的剩余材料与供应商供给的材料总量之比，反映的是建筑供应链对材料的利用程度。供应链各环节准确预判材料使用量，可以提高材料使用率，降低供应链剩余材料比，从而有效降低建筑供应链的碳排放量。

供应链剩余材料回收利用率是指被回收重新投入建设工程的材料占供应链剩余材料总量的比例。一般来说，即使供应链各环节基本实现信息对称，也不能保证可以完全准确地预算出全过程材料需求总量，此时，剩余材料的回收利用就成为提升资源利用率及供应链的低碳水平的重要途径。具体说来，当某一施工现场有多余的未使用材料时，可以通过建筑供应链中的逆向物流将其回收至材料供应商或供应链其他主体处，从而在减少经济成本的同时避免了材料浪费，对降低建筑供应链碳排放水平具有重要作用。

5. 供应链协同

低碳建筑供应链是网状结构的组织，具有一定的复杂性与关联性，并非仅由供应链各个环节或各主体简单叠加而成。供应链的某一个环节中主体的行为也会对供应链上下游其他主体产生影响。因此建筑供应链低碳行为协同是影响建筑供应链低碳水平的重要因素。此外，除供应链低碳行为协同外，供应链中各环节以及主体间的文化协同亦会影响建筑供应链的低碳水平。基于此，本节从供应链低碳行为协同及供应链低碳文化协同两个方面对供应链协同进行探讨。

（1）供应链低碳行为协同

建筑供应链中各环节及主体间的行为协同是低碳建筑供应链的重要特性之一。

建筑供应链协同是供应链各环节中相关主体为更加高效地实现项目目标，同时获取更多剩余收益而进行的彼此间协调努力的过程。包括供应链信息共享、供应链企业碳披露、供应链低碳技术协同研发与利用以及供应链碳减排资金投入比四个方面。

供应链信息共享是指采用先进的信息技术手段，通过对建筑供应链中相关技术、经济和管理等信息的沟通和交流，实现建筑供应链的高效、信息化运作。供应链信息共享是供应链信息流的重要组成部分。研究显示，在构建低碳供应链的过程中，信息不对称可能导致供应链整体效率降低，并造成合作伙伴间的信任缺失，从而影响供应链整体碳减排效果。因此，通过多种手段提高信息共享程度对降低建筑供应链的碳排放水平具有重要的推动作用。例如，在BIM（Building Information Modeling）技术构建的云平台上，各主体可以通过建设项目信息的云共享实现供应链各环节的集成协同管理，提高建设效率的同时，减少不必要的工程返工，从而降低碳排放量。由此可见，供应链各环节及主体的低碳信息共享对于建筑供应链低碳水平有重要影响，是评价低碳建筑供应链的有效指标之一。

碳披露是环境披露的具体内容之一。供应链企业碳披露就是供应链各主体企业主动对外公示其碳排放情况，以使供应链其他相关方及社会各界可以深入了解企业的低碳信息，是低碳建筑供应链碳流的重要体现。供应链企业碳披露可以促进建筑供应链核心企业识别并管理对于建筑供应链碳排放水平影响较高的企业，从主要相关方入手降低碳排放水平。此外，企业的碳披露行为还能够促使供应链中各主体更加重视自身的低碳行为，形成良性的竞合关系。由此可见，选择供应链企业碳披露作为低碳建筑供应链的评价指标具有一定的可行性。

低碳技术是建筑供应链技术流的重要组成部分，建筑供应链碳排放水平的降低依赖于供应链各个环节中低碳技术的应用情况。一般而言，建筑供应链主体间的技术合作越频繁，低碳技术的研发与利用程度越高，则该供应链碳排放水平越低。

供应链碳减排资金投入比是指建筑供应链中与碳减排相关的资金投入与供应链总资金投入的比值，是从资金流的角度反映建筑供应链的碳排放水平的有效指标。一般而言，该比率越高说明供应链各环节中碳减排投入越大，建筑供应链碳排放水平也就越低。

（2）供应链低碳文化协同

供应链的低碳水平不仅受到供应链低碳协同行为的影响，还会受到供应链低碳文化的影响，低碳文化是构建低碳建筑供应链的前提条件。但是低碳文化不仅作用于供应链的某个主体或者环节，低碳文化需要供应链各方协同努力，只有做好低碳文化协同，才能有效提高建筑供应链的低碳水平。基于此，本节从低碳意识、低碳声誉和低碳引导三个方面探讨供应链低碳文化协同准则层下的指标体系构建问题。

低碳意识是低碳行为的基础，建筑供应链各主体只有具有强烈的低碳意识才会积极落实低碳行为，同时也会影响供应链中其他相关方的意识形态。由此可见，低碳意识可以在一定程度上反映建筑供应链的低碳水平。

低碳声誉是建筑供应链低碳水平的间接反映，一般来说，低碳声誉较好的企业在供应链中的碳排放量也较低，低碳声誉较差的企业碳排放水平则相对较高。因此可以通过供应链企业的低碳声誉间接衡量建筑供应链的低碳水平。

低碳引导是指供应链中各主体向企业内部员工、供应链中其他相关方以及社会大众宣传低碳理念，引导员工、其他企业以及社会大众向低碳行为方式转变，它可以同时从多个方面降低建筑供应链的碳排放水平。

2.4.4 低碳建筑供应链评价指标优化

以上低碳建筑供应链初选评价指标的获得以定性的方式为主，可能存在指标含义重复、重点不突出以及指向不明等情况，因此本节首先根据专家意见对指标体系作初步调整，然后在问卷调查的基础上采用因子分析的方法，对涉及低碳策划与设计、低碳采购、低碳施工、低碳回收以及供应链协同的11个二级指标和30个三级指标进行处理，以得到最终评价指标体系。

1. 基于专家意见的指标调整

在得到最终评价指标之前，本节通过专家问询法向具有丰富实践经验的行业从业人员进行问询。针对30项初选指标语言及内容的规范性、表述清晰性等进行部分修改，以初步确定指标设计的合理性，最终得到初选的评价指标体系，为后续的数理统计方法分析奠定基础。经向5位建筑行业专家问询，对以下指标提出初步修改：

（1）资源消耗总量可以侧面反映建筑供应链的低碳水平，但是该指标属于绝对性指标，而非相对性指标。由于每条建筑供应链所涉及的建设工程的规模、复杂程度以及建设环境均不相同，因此在资源消耗方面往往存在较大差异。大型建设工程相比小型工程资源消耗量虽然较多，但对于其较大的建设体量而言，其供应链低碳水平相较于后者仍有可能较低。若仅仅以绝对性指标衡量低碳水平，则缺乏说服力。因此专家建议将资源消耗总量改为单位产值资源消耗量和单位建筑面积资源消耗量。具体解释如下：

单位产值资源消耗量以建设工程总资源消耗量与项目总产值的比值来表示。作为定量指标，它侧面描述了建设工程的碳排放情况，可用于衡量建设工程的经济收入给环境带来的影响程度，是低碳建筑供应链评价的重要方面。

单位建筑面积资源消耗量是通过建设工程总资源消耗量与项目总建筑面积的比值作为定量指标来侧面描述建设工程碳排放情况，用于衡量建设工程的实体产出给环境带来的影响程度，可以有效表征建筑供应链的低碳水平。

（2）专家指出低碳采购中的运输碳排放指标难以测量，且该指标的设立无法体现建筑供应链的优势。因此，专家建议将运输碳排放改为供应链联合配送，该指标一方面可以侧面表征运输过程中的碳排放情况，同时可以更好地体现建筑供应链的特点。其含义具体解释如下：

供应链联合配送是指供应方联合体根据建筑供应链中各主体的实际需求，对建筑生产资料进行小规模、短距离的集中配送的模式。该方法主要应用于供应链中的单个主体对建筑生产资料的需求量较少，导致车辆无法实现满载的情况。供应链联合配送是在确定建筑供应链各主体需求的基础上，结合供应方联合体的实际库存等情况，合理规划路径，选择合适的配送方式，以减少配送工具空载及迂回配送情况的发生，进而实现配送过程的节能减排，是表征建筑供应链低碳水平的有效指标。

2. 问卷调查与因子分析

（1）问卷调查

采用问卷调查法获取因子分析所需的数据，调查问卷采用 Likert 量表形式。该量表具有通俗易懂、数据易处理等特点，故应用较广泛。通过 5 级量表来测量 31 个三级指标对于建筑供应链低碳水平的反映程度，从强到弱依次记为：强、较强、一般、较弱、弱，其对应分值为 5、4、3、2、1。

问卷发放对象主要包括建筑供应链中的供应商、设计单位、房地产开发公司、施工单位及该领域相关学者等。以上调查对象涉及低碳建筑供应链的各个环节，对建筑供应链的低碳水平具有重要影响，以其作为调查对象更具针对性。问卷采用多种途径收集数据。网络收集主要是在"问卷星"网站对问卷进行设计后通过邮件和社交软件等方式发送至目标调查对象，此外数据收集还采用电话访问以及纸质问卷发放等方式进行。问卷共发放 260 份，回收 217 份，无效问卷 23 份，有效问卷回收率为 74.62%。

（2）因子分析

为使构建的低碳建筑供应链评价指标体系更加科学合理，需要通过因子分析对初始评价指标进行处理,将含有共同信息的指标合并,进而减少含义交叉项的存在。在前文构建的低碳建筑供应链初始评价指标体系基础之上,结合问卷调查的数据,利用因子分析法中 KMO 值检验以及巴特利特球形检验(Bartlett Test of Sphericity)对各指标进行统计分析,找出含义交叉项,确定因子分析对象。然后提取含义交叉指标的公因子,明确相互关系,并结合其在低碳建筑供应链中的实际作用对公因子重新命名,以得到最终评价指标体系。

在进行因子分析之前,首先需要对数据进行 KMO 值检验以及巴特利特球形检验。KMO 值越接近于 1 说明指标间共同因素越多,因此越适合做因子分析。巴特利特球形检验是针对相关系数矩阵和单位矩阵的差异性进行的显著性水平检验,越显著表明越适合做因子分析。一般而言,KMO 值大于 0.5,表明较适合做因子分析,小于 0.5 表示不适合做因子分析。巴特利特球形检验统计量的显著性水平小于 0.01,表明数据有效,适合做因子分析,大于 0.01 则不适合。对 KMO 大于 0.5 及巴特利特球形检验值小于 0.01 的指标进行因子分析,可以在一定程度上对指标进行筛选及合并,因此具有一定的可行性。

本节对 11 项二级指标下的 30 项三级指标进行了统计检验,其结果见表 2-2。

全部二级指标的KMO值及巴特利特检验值　　　　表2-2

一级指标	二级指标	统计量结果	
		KMO值	巴特利特球形检验值
低碳策划与设计	前期策划	0.476	0.103
	低碳设计	0.551	0.004
低碳采购	供应链生产资料供给	0.542	0.007
	供应链生产资料转移	0.487	0.119
低碳施工	施工管理	0.502	0.182
	施工技术	0.497	0.062
	资源消耗	0.472	0.127
低碳回收	供应链废料回收	0.383	0.083
	供应链剩余材料回收	0.495	0.096
供应链协同	协同管理	0.500	0.137
	低碳文化	0.462	0.168

由表 2-2 可知，在 11 项二级指标中，低碳设计、供应链生产资料供给以及施工管理三个二级指标需要进行因子分析。但是由于施工管理指标的 KMO 值测度不明显，且其显著性水平远大于 0.01，因此该指标不再进行因子分析，仅针对低碳设计、供应链生产资料供给两项指标进行因子分析。

低碳设计二级指标的检验结果见表 2-3，从表中可以看出，其 KMO 值为 0.551（大于 0.5），巴特利特统计值为 0.004（小于 0.01），因此可以进一步做因子分析，其因子分析结果见表 2-4。

低碳设计的KMO及巴特利特球形检验　　　　　　　　　　　　　表2-3

取足够度的Kaiser-Meyer-Olkin度量		0.551
Bartlett 球形度检验	近似卡方	187.471
	自由度 df	15
	显著性 Sig.	0.004

低碳设计的总方差解释表　　　　　　　　　　　　　表2-4

成分	初始特征值			提取荷载平方和		
	总计	方差%	累积%	总计	方差%	累积%
1	1.282	21.535	21.535	1.282	21.535	21.535
2	1.157	19.212	40.747	1.157	19.212	40.747
3	1.108	18.367	59.114	1.108	18.367	59.114
4	1.061	17.854	76.968	1.061	17.854	76.968
5	0.863	14.439	91.407			
6	0.529	8.593	100.000			

表 2-4 反映了低碳设计二级指标下各公因子的累积解释方差值。一般而言，提取的公因子要求特征值大于 1，且各公因子的累积解释变量达到 60% 以上。具体在低碳设计指标中，由表 2-4 可知，因子 1 至因子 4 的特征值均大于 1，若仅以因子 1 至因子 3 为公因子，则累积解释变量仅为 59.114%，未达到 60%。此处提取四个公因子，其总方差解释率达到 76.968%，即四个因子共可解释因变量变异的比例为 76.968%，大于 60%，符合标准。

为更好地明确公因子的含义，使得提取的公因子更加符合实际意义，本节在上述分析基础上采用正交旋转法对初始因子进行处理，经过三次正交旋转后低碳设计的总方差解释见表2-5。

因子旋转后低碳设计的总方差解释表　　　　　　　　　表2-5

成分	初始特征值			旋转荷载平方和		
	总计	方差%	累积%	总计	方差%	累积%
1	1.282	21.535	21.535	1.193	20.349	20.349
2	1.157	19.212	40.747	1.182	20.174	40.523
3	1.108	18.367	59.114	1.162	19.122	59.645
4	1.061	17.854	76.968	1.071	17.323	76.968

由表2-4和表2-5可知，初始的四个公因子累积方差解释率为76.968%，旋转后并未发生改变。与此同时，经旋转后的各公因子特征值仍大于1，符合条件。其旋转后的最终因子载荷矩阵见表2-6。

旋转后的低碳设计因子载荷矩阵　　　　　　　　　　　表2-6

因子	成分			
	1	2	3	4
低碳交互设计机制	0.897	0.382	0.068	0.386
生态环境设计	0.116	0.289	0.745	0.029
通风设计	0.179	0.194	0.217	0.679
采光设计	0.147	0.127	0.102	0.741
建筑布局	0.032	−0.461	0.633	0.013
能耗系统设计	0.450	0.950	−0.112	0.447

对表2-6分析可知，因子1在低碳交互设计机制中载荷最高，因此可将因子1命名为低碳交互设计机制。同理，因子2命名为能耗系统设计。因子3在生态环境设计与建筑布局中载荷较高，此处可命名为室外设计。因子4在通风设计与采光设计中载荷较高，因此可命名为室内设计。

供应链生产资料供给二级指标的检验结果见表2-7，其KMO值0.542，巴特利特球形检验结果为0.007，符合标准。其因子分析结果见表2-8。

供应链生产资料供给的KMO及巴特利特球形检验表 　　　表2-7

取足够度的Kaiser-Meyer-Olkin度量		0.542
Bartlett 球形度检验	近似卡方	103.965
	自由度 df	6
	显著性 Sig.	0.007

供应链生产资料供给的总方差解释表 　　　表2-8

成分	初始特征值			旋转荷载平方和		
	总计	方差%	累积%	总计	方差%	累积%
1	1.185	28.225	28.225	1.185	28.225	28.225
2	1.078	27.523	55.748	1.078	27.523	55.748
3	1.066	26.969	82.717	1.066	26.969	82.717
4	0.671	17.283	100.000			

由表2-8可知，因子1的特征值为1.185，因子2的特征值为1.087，因子3的特征值为1.066，其特征值均大于1。同时，三个因子共同包含了供应链生产资料供给二级指标下82.717%的信息，符合标准。由于初始公因子已经可以很好地解释各指标的含义，且符合实际意义，因此此处无需再进行因子旋转。其因子载荷矩阵见表2-9。

供应链生产资料供给因子载荷矩阵 　　　表2-9

因子	成分		
	1	2	3
低碳原材料供给	0.735	0.315	0.254
节能设备供给	0.281	0.813	0.473
清洁能源供给	0.303	0.402	0.781
二次原料供给	0.641	0.267	0.296

表2-9显示，公因子1在低碳原材料供给以及二次原料供给两个指标中的载荷较高，因此可以将该因子命名为低碳原材料供给。公因子2在节能设备供给指标中的载荷较高，因此可以命名为节能设备供给。公因子3在清洁能源供给中载荷较高，故可命名为清洁能源供给。

2.4.5 低碳建筑供应链评价指标体系

在对低碳建筑供应链初选评价指标进行优化处理后，最终构建出低碳建筑供应链评价指标体系，该评价指标体系中子目标层共包含 5 个一级指标，准则层共包含 11 个二级指标，子准则层共包含 28 个三级指标。各指标及其主要含义见表 2-10。

低碳建筑供应链评价指标体系　　　　表2-10

目标层	子目标层	准则层	子准则层	主要含义
低碳建筑供应链评价指标体系	低碳策划与设计	前期策划	低碳产品策划	该指标是指建设方或投资方等对建筑产品的定位是否具有鲜明的低碳特点，是通过供应链中的建筑产品反映建筑供应链低碳水平的指标
			供应链伙伴选择	该指标在策划阶段影响了建筑供应链的构成情况，合作伙伴的低碳行为及特性会显著影响建筑供应链整体的低碳水平
		低碳设计	低碳交互设计机制	该指标是指通过供应链上下游各主体在设计环节的联合参与，注入低碳理念，减少不必要设计变更，从而影响建筑供应链的低碳水平
			室外设计	该指标主要针对建筑物室外环境而言，是通过供应链中的建筑产品反映建筑供应链低碳水平的指标
			室内设计	该指标主要针对建筑物室内环境而言，是通过建筑供应链中的建筑产品反映建筑供应链低碳水平的指标
			能耗系统设计	该指标在建筑产品能耗系统设计时注重清洁能源的使用，是通过供应链中的建筑产品反映建筑供应链低碳水平的指标
	低碳采购	供应链生产资料供给	低碳原材料供给	该指标是指向建筑供应链提供具有低碳排放、易回收利用等特点的环保材料
			节能设备供给	该指标是指向建筑供应链提供节能设备，以减少资源消耗
			清洁能源供给	该指标是指向建筑供应链提供可回收再利用的清洁能源
		供应链生产资料转移	供应链联合配送	该指标是指根据建筑供应链上下游企业的实际需求，结合供方联合体的实际库存情况，合理规划路径及配送方式，以减少配送工具空载及迂回配送现象，可间接影响建筑供应链的低碳水平
			运输损耗	该指标是指在运输过程中对生产资料及运输设备等的损耗情况，一般而言损耗越大，供应链的低碳水平越低
	低碳施工	施工管理	低碳施工方案制定	该指标对建筑供应链的施工环节起指引作用，为提升施工环节乃至建筑供应链的低碳水平奠定了良好的基础
			施工过程低碳检验	该指标是指建筑供应链相关方（如施工方、建设方、监理方等）在建设工程施工过程中通过制定低碳考核标准并保持持续跟进来影响建筑供应链的低碳水平
		施工技术	低碳建造工艺运用	该指标是指供应链相关主体从技术角度降低施工环节中的碳排放量，进而影响建筑供应链的低碳水平
			低碳建造技术培训	该指标是指通过对工程人员的进行技术培训，进而影响施工环节及建筑供应链的低碳水平

续表

目标层	子目标层	准则层	子准则层	主要含义
低碳建筑供应链评价指标体系	低碳施工	资源消耗	单位建筑面积资源消耗	该指标是指以工程建设过程中建筑供应链上的总资源消耗量与建筑产品总建筑面积的比值来侧面描述整条建筑供应链的碳排放情况,可以有效表征建筑供应链的低碳水平
			单位产值资源消耗	该指标是指以工程建设过程中建筑供应链上的总资源消耗量与建筑产品总产值的比值来侧面描述整条建筑供应链的碳排放情况,可以有效表征建筑供应链的低碳水平
	低碳回收	供应链废料回收	供应链可回收废料比	该指标是指建筑供应链在各环节产生的可回收废料占采购环节供应链总供给材料的比率
			供应链可回收废料转化率	该指标强调建筑供应链中废弃材料回收后的再生产转化问题
		供应链剩余材料回收	供应链剩余材料比	该指标是指建设工程完工后,供应链中的剩余未利用材料与供应商供给的材料总量之比,反映的是建筑供应链中材料的利用程度
			供应链剩余材料回收利用率	该指标是指被回收重新投入建设工程的剩余材料占供应链中剩余材料总量的比例
	供应链协同	供应链低碳行为协同	供应链低碳信息共享	该指标是指建筑供应链通过对相关技术、经济和管理等信息的沟通交流,实现建筑供应链的高效、信息化运作,是建筑供应链信息流的重要体现
			供应链企业碳披露	该指标是指供应链中各企业主动对外公示其碳排放情况,促进核心企业识别并管理对于建筑供应链碳排放水平影响较高的企业,还能促使供应链各企业更加重视自身的低碳行为,形成良性的竞合关系,是建筑供应链碳流的重要体现
			供应链低碳技术协同研发与利用	一般而言,建筑供应链主体间技术合作越频繁,低碳技术的研发与利用程度越高,该供应链碳排放水平越低,是建筑供应链技术流的重要体现
			供应链碳减排资金投入比	该指标是指建筑供应链中与碳减排相关的资金投入与供应链总资金投入的比值,是建筑供应链资金流的重要组成部分
		供应链低碳文化协同	低碳意识	低碳意识是低碳行为的基础,可以影响建筑供应链的低碳水平
			低碳声誉	低碳声誉是建筑供应链低碳水平的间接反映
			低碳引导	一般而言,供应链低碳水平越高,越趋向于引导员工、其他企业及社会大众向低碳行为方式转变

2.5 低碳建筑供应链评价模型的建立

低碳建筑供应链的评价具有较强的复杂性,其评价模型的构建首先需要以科学的且具有可操作性的评价指标体系为基础,然后采用合理有效的评价方法进行运算，最终完成对低碳建筑供应链的评价。在 2.4 节建立的低碳建筑供应链评价指标体系的基础之上，通过对常用方法的对比和分析，选择适用于本研究内容的权重计算及评价方法，最终建立完整的低碳建筑供应链评价模型。

2.5.1 模型方法选择

模型方法的选择主要包括权重计算方法选择和评价方法选择两个方面。

1. 权重计算方法选择

在评价指标确定后首先需要计算各指标的权重，目前指标的赋权方法包括主观赋权法和客观赋权法两类。主观赋权法更依赖于决策者的个人认知，常以专家的经验为基础进行评判。较强的主观随意性是这种赋权方法的主要缺陷，但也正是基于专家的专业性，其意见往往更具说服力，增强了权重设置的合理性。客观赋权法的指标权重则来源于实际数据，通过逻辑计算找寻数据间的关系，进而确定它们的相对"贡献度"，不涉及决策者的主观意愿，具有极强的客观性，提高了精确度。但是，这种方法完全依赖于客观数据而忽略了现实的动态变化，因而可能出现理论数据与实际情况相偏离的现象。目前常用的权重计算方法见表 2-11。

常用权重计算方法　　　　表2-11

评价方法	方法特点
德尔菲法	通过专家主观感受赋予权重，没有复杂的计算过程，方法简单。但是该方法过于主观，产出结果缺少精确性
层次分析法	相比德尔菲法而言增加了评价的客观性，但是在处理指标数量较多以及指标间相互影响关系不明确的问题时准确性较差
熵值法	可有效增加权重的客观性，相对于其他赋权方法而言，其结果可信度更高。但对于指标无法完全定量的问题，若无专家指导，可能导致计算结果失真
结构熵权法	定性与定量相结合，继承了熵值法的客观性，并避免了其可能存在的结果失真的问题，对于既有定性指标又有定量指标的问题具有良好的适用性

低碳建筑供应链评价指标体系中既包括定性指标也包括定量指标，因此对其指标赋权时不能独立地采用过于主观或过于客观的评价方法，而是需要同时进行主观考量与客观考量。经前文对常见权重计算方法的对比分析可知，结构熵权法可以很好地满足本书的需求。它将主观赋权法与客观赋权法相结合，既增强了权重的解释性，又提高了赋权的精确度，是充分融合了定性与定量分析的指标权重确定方法。

2. 评价方法选择

评价指标权重确定后需要结合合适的评价方法才能构建最终的评价模型。目前常用的评价方法见表 2-12。

常用评价方法　　　　表2-12

评价方法	方法特点
秩和比法	该方法以秩和作为计算结果来衡量多指标问题的综合评价效果，具有较强客观性。秩和比法适用范围较广，但要求数据满足正态分布，否则会影响其结果的有效性
数据包络分析	该方法主要通过数学方法在多个决策单位之间进行比较，可以评价复杂的、具有多输入多输出关系的决策单位，其主要目标是解决多个方案的比选问题
模糊综合评价	该方法可以将信息不清晰以及难以量化的指标转化为模糊的概念，然后通过数学方法建立映射关系对对象进行定量处理，进而进行科学、合理的量化评价
人工神经网络	该方法是一种通过模拟人类形象思维对数据进行处理的算法。具有极强的自学能力和处理并行数据的能力，但是该方法需要大量的数据样本进行训练，因此适用性相对有限

低碳建筑供应链的评价涉及多个方面，且其中存在众多非精确的模糊关系。不仅有指标衡量的模糊性，还有建筑供应链各主体主观认知的模糊性。因此相对于其他评价方法，模糊综合评价方法更加适合解决低碳建筑供应链的评价问题。模糊综合评价的基本原理是运用模糊数学的方法，将传统的元素与集合间的"包含"或"属于"关系转变为隶属度函数以表示某元素属于某集合的程度，数值上则借助于在区间 0 到 1 上的取值来反映元素对评价等级的隶属度。从哲学的角度来看，模糊综合评价方法可以将难以定量衡量的模糊事物通过模糊关系的合成间接转变为具有明确隶属边界、能够定量处理的结果，非常适用于低碳水平这一不清晰概念的评价。

2.5.2　评价模型建立

本节对结构熵权法和模糊综合评价的原理进行了解释，并结合具体评价内容对评价过程进行阐述，建立了低碳建筑供应链的评价模型。

1. 确立要素集

依据 2.4.5 节构建的低碳建筑供应链评价指标体系，对 5 个一级指标，11 个二级指标，28 个三级指标确立要素集如下：

$S = \{S_1, S_2, S_3, S_4, S_5\}$

$S_1 = \{S_{11}, S_{12}\}$

$S_{11} = \{S_{111}, S_{112}\}$; $S_{12} = \{S_{121}, S_{122}, S_{123}, S_{124}\}$

$S_2 = \{S_{21}, S_{22}\}$

$S_{21} = \{S_{211}, S_{212}, S_{213}\}$; $S_{22} = \{S_{221}, S_{222}\}$

$S_3 = \{S_{31}, S_{32}, S_{33}\}$

$S_{31} = \{S_{311}, S_{312}\}$; $S_{32} = \{S_{321}, S_{322}\}$; $S_{33} = \{S_{331}, S_{332}\}$

$S_4 = \{S_{41}, S_{42}\}$

$S_{41} = \{S_{411}, S_{412}\}$; $S_{42} = \{S_{421}, S_{422}\}$

$S_5 = \{S_{51}, S_{52}\}$

$S_{51} = \{S_{511}, S_{512}, S_{513}, S_{514}\}$; $S_{52} = \{S_{521}, S_{522}, S_{523}\}$

2. 基于结构熵权法的指标权重确定

结构熵权法是在对指标进行了系统的层级和类别划分的基础上，综合利用模糊调查法和专家分析法，充分发挥其信息控制的优势，对各部分指标按其重要程度排序，从而形成"典型排序"。然后对专家的"典型排序"进行整理，形成初始排序矩阵，并利用信息熵函数公式减少排序的不确定性和"噪声"，计算各指标的隶属度，从而实现排序的定性向定量转化。最终经过"认知盲度"分析和数值归一化处理得到指标权重。结构熵权法的具体运行步骤如下：

（1）形成"典型排序"

采用德尔菲法，根据多位专家调查结果设计出"指标排序表"（表2-13）。组织 n 名具有权威性、公正性、代表性的专家，依据他们自身的经验和既有知识，独立地按照指标的重要程度分别对各层级指标进行排序（不同的指标的重要性可以相同），如表2-13中 a_{ij} 表示第 i 个专家对第 j 个指标的重要度评价，a_{ij} 的取值为1，2，$\cdots$，m 之间的一个自然数。经过整理后形成指标体系的"典型排序"。

指标排序表　　　　　表2-13

专家	指标1	指标2	$\cdots$	指标m
专家1	a_{11}	a_{12}	$\cdots$	a_{1m}
专家2	a_{21}	a_{22}	$\cdots$	a_{2m}
$\cdots$	$\cdots$	$\cdots$	$\cdots$	$\cdots$
专家n	a_{n1}	a_{n2}	$\cdots$	a_{nm}

(2)"典型排序"的"盲度"分析

"盲度"分析的目的在于消除原始数据存在的"噪声"和不确定性。针对专家给出的主观结论，利用信息熵函数公式对这些排序数据进行处理，以降低"典型排序"潜在的偏差和不确定性，使数据更为准确和客观。具体过程如下：

1）确定初始排序矩阵

将专家指标排序表汇总，得到初始排序矩阵 A：

$$A = (a_{ij})_{n \times m} = \begin{bmatrix} a_{11} & \cdots & a_{1m} \\ \vdots & \ddots & \vdots \\ a_{n1} & \cdots & a_{nm} \end{bmatrix}, \quad i = 1, 2, 3, \cdots, n; j = 1, 2, 3, \cdots, m \quad (2\text{-}1)$$

2）计算隶属度矩阵

为实现初始排序矩阵 A 的定性定量转化，构建隶属度函数：

$$\varphi(x) = -c p_m(x) \ln p_m(x) \quad (2\text{-}2)$$

其中，$x = a_{ij}$，若第 i 个专家认为指标体系中的第 j 个指标最为重要，则 $a_{ij} = 1$，若认为该指标的重要性程度排在第 3 位，则 $a_{ij} = 3$，依此类推。令 $p_m(x) = \frac{\alpha - x}{\alpha - 1}$，取 $c = \frac{1}{\ln(\alpha - 1)}$，代入并化简得：

$$\tau(x) = 1 - \varphi(x) / \frac{\alpha - x}{\alpha - 1} = \frac{\ln(\alpha - x)}{\ln(\alpha - 1)} \quad (2\text{-}3)$$

α 为转化参数量，m 为实际最大顺序号，取 $\alpha = m+2$。例如，当 $m = 5$ 时，表示 5 个指标纳入排序，即最大顺序号为 5，同时有 $\alpha = 7$。

易得 $\tau(x) \in [0, 1]$，$\tau(x)$ 是初始排序矩阵 A 中的元素 a_{ij} 对应的隶属度函数值，可根据式（2-3）计算出隶属度矩阵 $B = (b_{ij})_{n \times m}$。此步骤是定性向定量转换的过程，可以将定性的"典型排序"转化为定量的隶属度数值。

模糊理论中重要步骤之一就是隶属函数的确定，结构熵权法的科学性很大程度上取决于权重算法中隶属函数的准确性。构建的隶属函数[式（2-2）]是由信息熵公式等价变化得到的，因此原理上没有改变原始公式的属性，从而保证了结果的科学性。

3）进行"盲度"分析

根据结构熵权法，假设全部 n 个专家对第 j 个指标的意见一致，即"话语权"相同，计算其平均认识度 b_j：

$$b_j = (b_{1j} + b_{2j} + \cdots + b_{nj})/n \qquad (2\text{-}4)$$

定义第 i 个专家对第 j 个指标由认知产生的不确定性为"认识盲度",将其记作 Q_j,且

$$Q_j = |\{[\max(b_{1j}, b_{2j}, \cdots, b_{nj}) - b_j] + [\min(b_{1j}, b_{2j}, \cdots, b_{nj}) - b_j]\}/2| \qquad (2\text{-}5)$$

易得,$0 \leq Q_j \leq 1$。通过计算"认识盲度"可以消除部分专家主观评价的影响。将全部参与评价的专家(共 n 个)关于第 j 个指标的总体认识度记作 β_j,有

$$\beta_j = b_j(1 - Q_j) > 0 \qquad (2\text{-}6)$$

则专家们对指标的评价向量为 $\beta = (\beta_1, \beta_2, \cdots, \beta_m)$。

通过计算总体认识度 β_j,进一步剔除了定性的"典型排序"中专家评价的"噪声"数据干扰,促进了群决策的一致性,使定量转化过程更具有收敛性。

(3)归一化处理

将 β_j 归一化处理,即可得到该层级下第 j 个指标的权重 w_j:

$$w_j = \beta_j / \sum_{j=1}^{n} \beta_j \qquad (2\text{-}7)$$

易得 $0 \leq w_j \leq 1$,进一步地,指标集的权向量为 $W = (w_1, w_2, \cdots, w_m)$。

3. 基于模糊综合评价的模型建立

在前文确立了要素集以及各要素的权重后,首先通过构建评价集并由专家对评价指标进行评估,得到模糊评价矩阵 R。然后通过复合运算将模糊评价矩阵 R 与利用结构熵权法确定的指标权重 W 相结合,得到评价向量 H。最后,在对最大隶属度的有效性进行判定后,选择合适的方法确定最终的评价结果。以下为具体运算步骤:

(1)确立要素集与评价集

在构建的指标要素集基础上,根据模糊综合评价的内容,将评价等级划分 e 个层级,由此确定的评价集为 $L = \{l_1, l_2, l_3, \cdots, l_e\}$。结合具体研究内容,将建筑供应链的低碳评价划分为低碳水平低、较低、一般、较高、高五个层次,对应记为"$L = \{l_1, l_2, l_3, l_4, l_5\}$"。

(2)确定模糊评价矩阵

假设共有 N 个专家参加该项目的模糊综合评价,在第 i 个指标的评价结果中,有 n_j 位专家的评价为 l_j,且有

$$N = n_1 + n_2 + n_3 + \cdots + n_e \qquad (2\text{-}8)$$

则可得到第 i 个指标对评价 l_j 的隶属度 r_{ij} 为：

$$r_{ij} = n_j/N \qquad (2-9)$$

其中，对于任意 i 都有

$$r_{i1} + r_{i2} + r_{i3} + \cdots + r_{ie} = 1 \qquad (2-10)$$

依照此方法对同一级下的所有指标进行评估，则可以确定该级指标的模糊评价矩阵 R 为：

$$R = (r_{ij})_{m \times e} = \begin{bmatrix} r_{11} & \cdots & r_{1e} \\ \vdots & \ddots & \vdots \\ r_{m1} & \cdots & \alpha_{me} \end{bmatrix} \qquad (2-11)$$

（3）计算评价向量

结合前文运用结构熵权法得到指标的权重向量 $W = (w_1, w_2, \cdots, w_m)$，以及与其对应的模糊评价矩阵 R，通过矩阵运算得出上一级指标的评价向量 H：

$$H = WR = (w_1, w_2, \cdots, w_m) \begin{bmatrix} r_{11} & \cdots & r_{1e} \\ \vdots & \ddots & \vdots \\ r_{m1} & \cdots & \alpha_{me} \end{bmatrix} = (h_1, h_2, \cdots, h_m) \qquad (2-12)$$

（4）确定评价结果

在经过层层递推得到最终评价对象的评价向量后，需检验数据的最大隶属度原则的有效性，而后根据检验结果选择合适的方法以确定最终评价结果。其中，最大隶属度原则的有效度 u 计算公式如下：

$$u = (e\gamma - 1)/[2\delta(e-1)] \qquad (2-13)$$

在式（2-13）中，γ 表示该指标的评价向量里的最大隶属度，δ 表示第二大隶属度。

$$最大隶属度原则 = \begin{cases} 比较有效 & 0.5 \leq u < 1 \\ 低效 & 0 < u < 0.5 \\ 完全无效 & u = 0 \end{cases}$$

当指标的有效度高于 0.5 时，利用最大隶属度原则确定评价结果；当指标有效度低于 0.5 时，利用置信度准则确定评价结果。其中置信度准则的具体运用过程如下：指标评价向量 H 中的元素 h_i 表示该指标对应于 l_i 评价等级的隶属度，λ 为置信度，则有：

$$y_0 = \begin{cases} min\{y: \sum_{i=1}^{y} h_i \geq \lambda, \ 1 \leq y \leq e\}, \ l_1 > l_2 > \cdots > l_e \\ max\{y: \sum_{i=1}^{y} h_i \geq \lambda, \ 1 \leq y \leq e\}, \ l_1 < l_2 < \cdots < l_e \end{cases} \quad (2\text{-}14)$$

置信度准则认为越"强"越好，而且"强"应当占相当大的比例。置信度取值范围通常为 0.6 ~ 0.8。

2.6 研究结论与展望

2.6.1 研究结论

为促进建筑业的低碳转型发展，本章从建筑供应链的角度出发，确定了"低碳建筑供应链构建及评价研究"这一主题，并形成以下主要研究结论：

（1）构建出低碳建筑供应链的模型。本章首先对国内外建筑供应链、低碳供应链等相关理论进行了梳理和总结，在此基础上引出低碳建筑供应链，并对其概念进行了界定。然后从物质流、信息流、技术流、资金流和碳流的角度对供应链的运作环节以及构成主体进行分析，探究环节间、主体间的关联，综合形成了低碳建筑供应链集成模型，为后续的研究奠定了基础。

（2）构建出低碳建筑供应链的评价指标体系。本章以前文低碳建筑供应链模型中的各环节为基础，通过研读整理国内外建筑业及相关领域的环境评价指标体系，从中选取与建筑供应链及碳排放相关的指标，并结合研究主题与专家意见加以初步调整，使指标含义和指向更为明确，增强了指标的专业性和合理性。然后在问卷调研的基础上运用因子分析的统计学方法对指标体系进一步优化，消除了指标间含义交叉的部分，最终构建出包含 5 个一级指标、11 个二级指标、28 个三级指标的低碳建筑供应链评价指标体系。

（3）构建出低碳建筑供应链评价模型。本章在综合参考了层次分析法、熵值法、结构熵权法等权重确定方法，以及数据包络分析、人工神经网络、模糊综合评价等评价方法后，依据主观与客观相结合、定性与定量相结合的基本原则，最终确定了"结构熵权法 + 模糊综合评价法"的组合评价模型。

2.6.2 不足与展望

本章界定了低碳建筑供应链的概念，构建了低碳建筑供应链的结构模型。在此基础上建立了低碳建筑供应链的评价模型，为今后研究建筑供应链中的碳排放问题提供了参考。但仍存以下不足：

（1）本章构建的低碳建筑供应链结构模型仅为一般模型，因此无法全面描述不同的建筑项目或建设模式中低碳建筑供应链的具体结构形式，针对性有待加强。

（2）目前对建筑供应链低碳水平评价的研究尚且薄弱，可参考文献相对有限，因此指标获取的权威性有待加强。此外低碳建筑供应链的构成主体较为复杂，碳排放水平测量难度较大，因此指标在选取过程中需要充分考虑数据是否容易获取，从而对指标含义的准确性及可选取范围带来了影响。

根据本章已有研究内容，并结合建筑供应链的研究现状，今后的研究可以从以下几方面进行深入探讨：

（1）进一步完善低碳建筑供应链的构建问题。本章提出的低碳建筑供应链模型只是一般模型，建筑供应链因具体建设项目建造模式的不同会呈现出不同的结构特点，如 EPC 模式下低碳建筑供应链的结构形式可能会有新的变化，因此后续研究可以予以关注。

（2）进一步完善低碳建筑供应链的评价问题。任何评价体系的构建唯有与时俱进才具有科学性和说服力，本章评价指标的选取仍可进一步完善，因此后续研究可以尝试从更多角度探究低碳建筑供应链评价指标的选取问题。

（3）推进低碳建筑供应链评价体系的应用。评价体系的构建是为实际应用而服务的，因此后续研究可以针对评价体系如何在用户、建筑供应链各主体以及政府三方之间合理应用而展开。

3 建筑供应链关系质量对项目绩效的影响研究

3.1 引言

建筑业是国民经济中的支柱产业,建筑业的产品是国民经济发展的物质基础。从 20 世纪 80 年代至今,我国建筑业总产值占 GDP 的比重逐年上升;通过建造大量房屋建筑、道路、桥梁等其他构筑物,建筑业为人们的生产生活提供了物质保证;建筑产品的生产过程也是物质资料的消费过程,建筑业的蓬勃发展对国民经济其他行业有很强的拉动效应;建筑业容纳大量的劳动力,对国民经济的发展也具有调节作用。所以,建筑业在推动国民经济增长和社会全面发展中发挥着重要的作用。

3.1.1 研究背景

1. 现实背景

(1) 建设工程项目的生产过程特殊

建设工程项目,即建筑业的产品,涉及很多领域,包括房屋建筑、公路工程、铁路工程、民航机场、港口与航道工程、水利水电工程、电力工程、矿山工程、冶炼工程、石油化工、市政公用、通信与广电工程、机电安装工程、装饰装修工程等。相对于制造业的产品而言,建筑产品具有其特殊性,进而决定了建设工程项目生产过程的特殊性。具体表现在以下几个方面:

1) 建筑产品的固定性决定了生产过程的流动性。建筑产品不能像制造业的产品,在厂房生产出来,流通到消费者手中,只能在使用地点进行建造。由此决定的施工生产的流动性,具体表现为各工种的工人在一个工程项目的不同部位上进行流动,工人在一个工地现场范围内各个施工对象上进行流动以及建筑企业的施工队伍在不同的建筑工地、不同的建设地区间辗转流动。

2）建筑产品的多样性决定了生产的单件性。类型不同的建筑产品，其施工工艺肯定是不同的，只能单件生产；即便是同类型的建筑产品，也会因其建设条件的差异而使建筑产品或多或少表现出差异。所以建筑产品不可能进行批量生产。每一件产品都必须根据用户要求，进行单独的设计和施工。

3）建筑产品体形庞大决定了其生产周期较长。建筑产品体形庞大，功能复杂，工程量大，占用和消耗的人力、物力和财力就多，约束条件也多。建筑产品的生产周期，少则几个月，多则一年、几年甚至十几年不等。这在一定程度上加大了产品实现过程的风险性。

此外，与制造业的产品相比较，建筑产品还表现出使用寿命长、作业条件差、机械化自动化水平低以及协作关系复杂等特点。一项建筑物或构筑物，无论其结构类型是钢结构、钢筋混凝土结构，还是砖混结构，交付使用后，少则使用十几年，多则几十年，甚至上百年才会丧失使用价值；建筑产品的生产受季节、气候、地质、自然条件变化的影响，只能露天作业；其手工作业也较多，劳动强度大；建筑产品生产的过程中，在建筑企业内部，要在不同时期、不同地点和不同产品上组织多工种综合作业，在企业外部，要同建设单位（即用户）、勘察设计单位、材料供应商、分包商、监理单位等协作配合，具有广泛的社会综合性，所以，其生产过程的涉及面广，协作关系复杂。

（2）项目相关方之间的关系对项目绩效有影响

我国的现代项目管理最先是通过19世纪80年代中期的世界银行基金项目Lubuge发电站项目引入的。Lubuge工程项目首先在中国应用国际竞标价格并运用了项目业主和独立的项目组织的概念。该项目的伟大成功就在于其在中国建筑业引起了众所周知的巨大震动。但是，由建筑产品及其生产的特点决定了建筑业不同于制造业的特点，具体表现在建筑业的生产高度分散（High Fragmentation）、生产力较低（Low Productivity）、成本和时间超支（Cost and Time Overruns）、容易产生冲突和争论（Conflicts and Disputes）等。近几年，根据有关统计资料显示，中国经济的快速扩张，推动了很多建筑活动的产生，使得中国建筑业成为世界上最大的建筑业之一。与此同时，中国的工程项目诸如成本超支、进度延期、质量较低以及相关方不满意的报道也频繁出现。工程项目如果不能满足质量要求按期完工，轻则影响项目的投产使用，降低业主的投资效益，重则危害公众的生命财产安全。

建筑产品的特殊性决定了项目绩效的影响因素是极其复杂的。如前所述，建筑产品的生产过程中涉及面广，协作关系复杂的特点表现尤为突出，实践证明，在中国的建筑市场中，各个相关方之间的关系对项目绩效的影响不容忽视。这里的"关系"，笼统地讲，强调的是基于共同的利益和兴趣的各种社会联系。一个建设工程项目的寿命周期要经过可行性研究阶段、决策阶段、设计阶段、施工阶段以及竣工验收、投入使用阶段，每个阶段涉及不同的相关方，包括咨询单位、设计单位、施工总包商、分包商、材料和设备供应商以及政府机构等。在建设工程项目的施工建造阶段，建筑企业会适时与设计单位磋商施工过程中遇到的各种关于项目设计的问题，也可能会根据施工的情况随时进行设计变更，监理单位也会全过程全方位监督建筑企业的质量、进度、成本、安全等问题，如果项目的规模足够大，或者项目包含专业性强的、技术难度大的分部分项工程，施工总包还会将相应的分部分项工程分包出去，建设工程项目实施过程中用到的设备、建筑材料品种繁多，所以，建筑企业与材料和设备的供应商还会产生关系。由此可见，建设工程项目相关方的关系结构，表现为多组织、多方关系错综复杂的网络结构。这些相关方之间的交流是否顺畅、合作是否愉快、是否适应彼此的工作方式、是否有融洽的关系氛围以及是否彼此信任等，对于一个建设工程项目能否按时保质安全地完成，有着重要的影响。

2. 理论背景

（1）建筑供应链反映了项目相关方及其关系特征

建设工程项目及其生产过程的特点决定了项目相关方及其之间关系的复杂性，但是，纵观国内外的文献，明确针对项目相关方及其关系的研究并不多见。20世纪末期，随着供应链理论在建筑业的应用，建筑供应链的相关问题成为学术界研究的热点。不同学者对建筑供应链概念的界定，均反映了项目实现过程中所涉及的相关方，建筑供应链的结构，也反映了这些相关方之间的关系特征。如 Akintola 和 George 等提出建筑供应链的相关方包括：承包商（Contractors）、供应商（Suppliers）和建设单位（Clients）；Edum-Fotwe，Thorpe 和 McCaler 等提出，在建筑供应链的几个关键阶段中，涉及的相关方是不同的，前后涉及建设单位、设计单位、总包商、分包商、咨询者等；Geoffrey，Andrew 和 Sarah 等指出，供应链管理是在执行企业流程时设计的组织网络的管理，而在建筑部门，该网络通常极端复杂；王要武，Xue 和 Li，Xue 和 Wang 等从建设项目全寿命周期的角度给出一种广义的建筑供应链的定义，并指出建筑供应链是由很多建筑过程中涉及的组织构成，包括：建设单位/业主（Clients/Owner）、设计单位（Designer）、总包（Gerneral Constractor, GC）、分包商（Subcontractor）和供应商（Suppliers），同时，他们还给出建筑供应链狭义的定义，其中涉及的相关方由承包商、设计商和业主构成；王挺、谢京辰等也给出了我国建筑业供应链上的各个参与方，包括业主、咨询机构、设计方、承包商、材料供应商以及政府机构、融资部门等；赵晓菲定义的建筑供应链的参与方涉及业主、设计商、承包商、供应商、金融机构、政府行政机构等。Loosemore认为建筑供应链中的相关方包括业主/建设单位（Owner/Clients）、设计/咨询者（Design/Consultant）、总包商（Primary Contractor，PC）、分包商（Subcontractor）、供应商（Supplier）。可见，不同的学者对建筑供应链中涉及的相关方的界定有所不同。

建筑供应链的结构，反映了项目相关方之间的关系特征，但是，在建筑供应链背景下，项目相关方之间的关系如何度量，是学术界亟待解决的问题。有学者用"供应链关系"反映供应链背景下企业之间的关系并提出度量的维度，如Meng开发的供应链关系评估模型，提出供应链关系的重要方面包括：采购（Procurement）、目标（Objectives）、信任（Trust）、合作（Collaboration）、交流（Communication）、解决问题（Problem Solving）、风险分担（Risk Allocation）和持续改进（Continual Improvement）等；Meng将供应链关系描述为10个领域，即共同目标（Mutual Objectives）、收获与痛苦分担（Gain and Pain Sharing）、信任（Trust）、无抱怨的文化（No-Blame Culture）、一起工作（Joint Working）、沟通（Communication）、问题解决（Problem Solving）、风险分配（Risk Allocation）、绩效测量（Performance Measurement）和持续改进（Continous Improvement）。在制造业背景下，早在21世纪初，学者Fynes与Burca就提出用不同的理论框架来解释供应链关系的特征，这些理论包括交易成本理论（Transaction Cost）、政治经济学（Political Economy）、经济社会学（Economic Sociology）、社会交换（Scoial Exchange）以及资源依赖理论（Resource Dependence）等。Fynes与Burca还明确研究了"供应链关系质量"的相关问题，将"供应链关系质量"定义为"关系中所有成员投入一个积极的、长期的工作关系和合作化结构的程度"，并且用信任、适应性、交流、合作等维度度量；进一步，Fynes与Voss提出"交流""合作""承诺""信任""适应性"和"相互依赖"六个维度，作为B2B关系质量的关键维度，同时也将此定义为供应链关系质量的维度；Su和Song，宋永涛等也明确提出供应链关系质量是一个高阶的概念，由交流、信任、合作、适应性和关系氛围构成，这些维度代表了供应链上企业之间关系的所有方面。

项目相关方的关系，其实质就是企业之间的B2B的关系，能否借鉴上述制造业已有的研究成果来度量项目相关方的关系呢？很多年前，已有研究提到了"建筑供应链关系"反映了"项目相关方的关系"，如 Akintoye 提出，有效的建筑供应链关系中，包括的主要因素有：信任、供应的可靠性、高层管理支持、相互的共同利益、流畅的信息流、联合企业计划、需求和供应之间更近的关系、整合的信息系统、人力开发、更频繁的会议。而建筑供应链关系的主要障碍则表现为高层管理承诺的缺乏、概念理解的缺乏、对支持系统不适当的组织结构、伙伴的低的承诺、战略的利益不明确和缺乏适当的信息技术。Meng 研究了英国建筑业中供应链关系的变化，已经由过去传统的对抗转化为合作，并且设计一些模型企图测量和改进建筑业中的供应链关系。该模型提供了供应链关系改进的路标，可以帮助建筑组织确定他们当前的关系及识别将来关系改进的关键领域；国内学者许劲、任玉珑等也提出"项目关系"是指业主、承包商和监理单位之间的关系，其实质上是一种交易所形成的专业服务背景下的 B2B 商业伙伴关系，由此界定项目关系质量由信任、承诺、交流、合作与公平五个关键要素构成。

对以上研究进行分析可见，"项目相关方关系"的研究已初见端倪，但严重不足。尚没有研究明确提出通过什么途径，来反映项目的各个相关方，以及解决项目各个相关方关系的度量问题。而当前在制造业领域已有的"供应链关系质量"理论，其实质就是供应商和制造商的两个主体之间的关系，并没有真正反映出"供应链"的背景下的特殊问题。建筑供应链的结构中，反映了项目实现过程的所有相关方，体现了供应链的特点。但是，考虑建筑供应链多组织多关系网络结构的特点、实际测量的可操作性以及项目相关方之间关系的测量，我们仍以某个相关方为核心，对两两相关方之间的关系进行测量。

（2）项目相关方关系对项目绩效影响的研究匮乏

影响项目绩效的前置因素的研究比较多，但是，将"关系"和"项目绩效"结合在一起的研究，国内外的文献并不多见。Gransberg 等研究了伙伴关系（Partnering）对项目绩效的影响；Chen 和 Partington 是为数不多的在工程项目领域讨论"关系（Relationship）"的，他们指出，在项目管理的环境下，中国的项目经理更加喜欢客户（Clients/Owner）满意，更愿意开发与客户的个人关系及长期的合作，这也是解决在项目实施过程中客户与承包商之间的冲突的必由之路；借鉴此研究，Wang 和 Huang 将"各方关系"作为项目成功的指标，但不是作为影响项目绩效的前置因素；与此类似地，Jin 和 Ling 也将"关系绩效"定义为"项目成功"的一类指标，而不是影响"项目成功"的前置因素，关系绩效（Relationship Performance）包含沟通

(Communication)、风险识别（Risk Exposure）、改变订单或者抱怨（Change Orders or Claims）、诉讼（Litigation）、相互理解（Mutual Understanding）、顾客满意（Client's Satisfaction）、学习文化（Learning Culture）等；许劲、任玉珑等研究了项目关系质量与项目绩效之间的关系，用实证分析了项目关系质量中的信任、承诺、交流、公平等维度对项目的利益相关者绩效、质量绩效、过程与创新学习绩效等的影响；Eriksson 和 Westerberg 研究了合作采购程序对工程项目绩效的影响，提出一个概念模型，指出在项目不同的采购阶段，建设单位和承包商（亦即买方和卖方）之间的合作程度，对项目的不同方面的绩效有不同的影响；Meng 对英国建筑业进行了调查，研究了供应链关系管理对项目绩效的影响，研究"关系"对"绩效"的影响，试图通过改善某方面的关系来改善项目绩效。

综上可见，为数不多的将"关系"和"项目绩效"放在一起的研究，"关系"多是作为"项目绩效"度量指标出现，而不是"项目绩效"的前置因素。虽然也有零星的研究提到"关系"对于"项目绩效"的影响，但是，远远不够，这些研究并不能对"项目相关方关系"进行全面肯定的诠释，更不能明确"项目相关方关系"对"项目绩效"的影响机理。

3.1.2 研究问题的提出及意义

1. 研究问题的提出

在上述研究的现实和理论背景下，本章在现有理论和研究的基础上，针对理论研究和管理实践尤其是我国项目管理实践中存在的项目相关方的关系影响项目绩效的问题，对以下问题进行深入探讨：

项目相关方的关系对项目绩效的顺利实现很重要，其如何影响项目成功呢？项目相关方的关系如此复杂，如何度量？不同相关方之间关系的具体表现对项目绩效的影响程度有何不同？不同相关方之间的关系对项目具体绩效的影响有何不同？当项目管理的模式不同的时候，各个相关方之间关系的特征是不一样的，不同的关系特征对项目绩效有何影响？如何影响？

2. 研究目标和研究意义

通过本章的研究，希望能够：①明确在项目管理实践中的众多项目相关方关系中，哪方面的关系最重要；②明确在项目相关方关系的具体表现中，哪一种表现最重要；③明确在采取不同的承包模式时，项目管理实践者应如何协调相应相关方的关系，以期保证项目绩效顺利实现。

本章研究在理论和实践两个层面上具有重要意义。

首先，遵循了建筑供应链、关系质量的研究思路，具有规范的研究基础。创新性地以关系质量为切入点，以建筑供应链节点企业之间的关系质量对项目绩效的影响，反映现实中项目相关方的关系对项目绩效的影响，更加全面地揭示了建设工程项目绩效的影响因素及影响机理。另外，充分考虑建筑供应链的特殊性，即不同的承包模式，其建筑供应链的路径是不同的，由此决定的建筑供应链上涉及的各个相关方的关系特征是不同的，进一步探讨不同承包模式下相关方之间不同的关系特征如何影响项目绩效。本章的研究能够弥补本领域现有理论研究中的不足，深化对建设工程项目绩效影响机理的认识。

其次，在实践层面，本章的研究结果将为建设工程项目实施过程中，如何协调各个相关方的关系，保证项目绩效顺利实现提供有价值的指导。本章的研究充分考虑建筑供应链的特殊性，尤其是不同承包模式下建筑供应链上各个相关方之间关系特征不同的特点，通过揭示建筑供应链上各个相关方之间关系如何影响项目绩效的规律，有助于项目管理实践者及时发现并改进相关关系中的薄弱环节，同时，有针对性地重点维护和改进某些相关方之间的关系，从而通过改善项目相关方之间关系的途径保证项目各项绩效的顺利实现，有很强的实践意义。

3.1.3 研究内容

围绕主要问题和研究目标，本章的主要研究内容如下。

（1）回顾关系质量、建筑供应链、供应链关系质量以及项目绩效及其影响机制的相关研究，确定建筑供应链涉及的各个相关方，建筑供应链关系质量的测量维度，以及项目绩效的测量维度。

（2）回顾建设工程项目承包模式的相关研究，分析不同承包模式的建筑供应链的结构及其所反映的各个相关方之间不同的关系特征，探讨由此对项目绩效的影响。

（3）在现有理论和文献述评的基础上构建建筑供应链关系质量对项目绩效影响的概念模型并提出相应的假设。

（4）用结构方程模型基于理论的实证证实能力，研究建筑供应链的相关方之间的关系质量对项目绩效的影响，并用结构方程模型处理类别变量的调节效应，检验项目承包模式对关系质量对项目绩效的调节作用。在此基础上，进一步深入研究不同的关系质量对项目具体的质量绩效、进度绩效、经济绩效、安全绩效和社会影响绩效的影响有何不同，比较分析不同关系质量中的交流、合作、适应性、关系氛围和信任对项目绩效的影响有何不同，以期全面探究建设工程项目相关方之间的关系对项目绩效的影响机理。

3.2 文献综述

3.2.1 关系质量相关研究

1. 关系质量内涵界定

随着关系营销的发展，关系质量的研究应运而生。学者们从不同的角度对关系质量进行定义，依赖于其所处的背景，关系质量的定义会有所不同。这一点 Julie 在其文献中亦指出，即关系质量虽然已经大量应用在买方-卖方的关系中，但对关系质量的定义还缺乏系统的理论框架。Gummesson 认为关系质量就是企业与客户互动的质量，这是最早研究关系质量问题的观点之一。Crosby 等认为关系质量是服务销售人员减少感知不确定性的能力，这一研究是以人寿保险业为背景，从人际关系的角度出发的。所以认为高的关系质量意味着顾客充分信任服务销售人员，因为对服务销售人员以往的表现满意而对其未来的表现充满信心。Hennig 等则试图从更一般的意义上提出关系质量的概念，认为关系质量应被看作是关系对顾客关系型需求的满足程度，归结为顾客对营销者及其产品的信任、承诺，此外，关系质量的定义必须考虑交互的有效性、交易成本的减少、社会需求的满足等重要功能，关系质量和产品质量的定义一样，可以被视为关系满足相关顾客需求的合适程度。刘人怀和姚作为认为关系质量是感知总质量的一部分，是关系主体根据一定的标准对关系满足各自需求程度的共同认知评价。Julie 在 B2B 的买-卖情境下，从买方感知的角度，将关系质量定义为卖方在所有时间对所有关系满意的程度。Holmlund 认为，在 B2B 情境下，关系质量是商业关系中合作双方的重要人士，根据一定的标准对商业往来效果的综合评价和认知。还有一些学者对关系质量的定义也提出了各自看法，如 Smith 认为，关系质量是关系双方对关系满足伙伴需求和预期程度的全面评估；Johnson 则认为，关系质量描述了企业间的关系深度和整体氛围。综上可见，学者们对关系质量的定义尚没有形成共识，而对关系质量定义必须依其所处的情景而定。

2. 关系质量维度综述

多数学者都认同关系质量是一个多维度的概念。Sternberg 首先认为关系质量包括一些有较大差别但又相互联系的维度，是一个高阶的构架。Woo 和 Ennew 认为，在不同的顾客群体和商业市场中存在着不同类型的关系，正因为此，研究者对关系质量的认识不尽一致。所以在不同的背景下研究关系质量时，应突出各种关系的特点。

在 B2C 背景下，学者们已在零售业、银行业、医疗服务业、金融服务业、人寿保险业等领域对关系质量的维度进行了实证研究，普遍认可在 B2C 背景下信任、满意和承诺是关系质量的主要维度。信任是对交易伙伴的可靠和正直有信心的认知，满意是消费者在接受一项服务并愉快地完成后，对该情境各种特征的综合感觉，承诺是双方想要维持有利关系的欲望。但是，Robers 等提出，虽然在 B2C 背景下，信任、满意、承诺很好地描述了企业和消费者之间的关系，但是这三者在 B2B 背景下却只能描述企业和企业之间关系的一部分。所以，学者们在 B2C 背景下对关系质量维度形成的一致性，并未在 B2B 背景下得到延续。

在 B2B 背景下，关系质量的维度要着重考虑企业之间的关系特点。Hankansson 和 Snehota 等认为企业关系的特点包括两大类：即结构性的和过程性的。其中，结构性的特点包括复杂性、持续性、对称性和非正式性等；而过程性的特点则包括合作、适应性、冲突、常规化和社会交互。亦即，随着关系的发展，关系主体会对彼此的产品、做事方式和态度等有一定程度的适应，这种彼此的适应同时也是彼此承诺的一种体现；在任何关系中，冲突不可避免，但冲突的同时，彼此之间也会存在着合作；当关系发展到一定程度时，彼此的行为就会趋向制度化。B2B 背景下关系质量的关键维度不同于 B2C 背景下，Dorsch 等认为，在 B2B 背景下，关系质量的维度除 B2C 背景下已经认可的信任、满意和承诺之外，还应包括顾客导向、道德形象和机会主义行为；Woo 和 Ennew 则认为 B2B 背景下应该从更一般、更全面的角度看待企业与企业之间的关系，此关系拥有更多的情感和社会因素，所以，B2B 背景下关系质量的维度应该包括合作、适应性与关系氛围。Lages 等认为 B2B 关系质量的关键维度是沟通质量、信息共享、关系满意度和长期的关系稳定性；Rauyruen 等则将关系质量作为 B2B 下顾客忠诚度的前置因素，而认为 B2B 的关系质量维度是信任、满意、承诺和服务质量。Cannon 和 Perreault 用法律约束、彼此合作、企业间的信息交换、企业间日常运作连接、买方对关系的适应性和卖方对关系的适应性这 6 个维度作为 B2B 关系质量的概念模型，反映在某一特定的关系下企业之间的行为或行为趋势，以此描述企业之间关系发生和传递的方式。基于关系双方交互的视角，欧洲的国际工业营销与采购研究小组（International/Industrial Marketing and Purchasing Group，IMP）提出了一个关系交互模型，在 IMP 的交互模型中，用交互过程中的短期情节和长期关系行为、交互的氛围、交互过程参与者以及交互发生的环境4组变量描述企业与企业之间的交互。由于企业间在业务操作层面上有更为频繁的往来，所以企业间的关系存在着更多的交互活动，随着企业之间关系变得越来越密切，一些特定的行为或行为趋势就会随之出现，这些在选择企业间关系质量的维度时应该有所考虑。Young等基于近关系理论，将B2B关系质量的维度划分为关系强度、关系频率、关系多样性、关系持久性、关系灵活性和关系公平性6个维度。其中，关系强度（Relationship Strength）指的是合作伙伴之间关系契约的强度；关系频率（Relationship Frequency）指在给定时间内，双方发生的与合作相关的活动的次数；关系多样性（Relationship Diversity）指的是关系双方合作活动涉及的范围大小及复杂性；关系持久性（Relationship Duration）指合作双方合作关系可察觉的时间维度，体现在合作关系已持续的时间以及双方对将来合作的预期；关系灵活性（Relationship Facilitation）指合作双方灵活处理合作过程中发生的超过合作契约约束活动的能力；关系公平性（Relationship Symmetry）指合作双方在沟通和使用对方资源等方面是否享有公平的待遇。

3. 关系质量与其他因素关系研究

关系质量产生的背景是服务营销领域，所以关系质量前置因素的研究多见于该领域，其中服务质量这一变量备受关注。服务质量以确定企业与企业之间的长期关系为导向，在B2C背景下，Crosby等认为顾客所感知的服务质量会正向影响关系质量，这一观点在零售领域和专业服务背景中已得到了证实，Roberts和Spiros等指出服务质量只是对于企业一次性交互过程中绩效的衡量，而关系质量则强调的是服务之上的关系中的无形方面。若顾客与服务提供者之间的交互具有长期性，则关系质量会给服务增加价值；在B2B背景下，Woo和Ennew指出关系质量会很好地促进企业与企业之间的服务质量。徐翼等验证了B2B下客户服务质量对关系质量的影响，认为B2B下的客户服务质量也可看作企业与企业之间交互过程中的绩效衡量，也是B2B的关系质量的前置因素。也有研究涉及电子商务背景下的服务质量与关系质量的关系研究，论证了消费者感知到的网络服务质量是顾客是否会转移到其他企业的决定因素。Shankar等指出网站特征是影响关系的重要因素，其会影响在线信任，进而影响网站消费者的满意和忠诚。Wolfinbarger等认为网络服务质量用订单网站设计、顾客服务、实现/可靠性、隐私/安全性4个维度来衡量，其中，可靠性、安全性、对顾客的直接服务是驱动网站设计质量的因素，会显著影响顾客满意度和顾客忠诚。

除服务质量之外，关系质量与顾客忠诚、顾客满意以及重购意向等变量之间关系的研究也比较多见。Shamdasani 等从关系的视角提出了一个关系质量影响因素的研究模型，结果发现公司接触人员的特征、物理环境和顾客环境均对关系质量有正向的显著影响；Smith 在买卖关系情境下研究了关系质量、关系纽带和关系管理之间的关系，发现关系纽带中的社会纽带对关系质量有显著影响，而关系管理中的交流和关系投资也是关系质量的主要决定因素；金玉芳构建了网站质量各维度对关系质量影响的理论模型，研究了网站质量对关系质量的影响，从关系营销的视角研究了顾客对不同网站质量构成的评价对关系质量、重购意向的影响；曹忠鹏等研究了关系质量对顾客忠诚及口碑影响的效果，研究证明，关系质量对顾客忠诚存在正向的影响，关系质量中各个维度之间也是相互影响的，并且通过顾客忠诚对顾客的正向口碑存在着正向的影响。

关系质量、服务质量及其他因素之间关系的研究，还体现在内部营销领域。内部营销主张企业应该将员工视为内部顾客，重视并尊重他们。Berry 和 Parasurama 等学者认为，内部营销是在组织内部创造市场氛围以确保内部顾客的需求和欲望得到满足的过程。关于内部服务质量的测量，不同学者也提出了不同的观点。Zeithaml 提出，对外部服务质量测量方法做适当的改编，可以借此来测量为员工所提供的内部服务质量；Chaston 试图用 SERVQUAL 模型测量企业内部服务质量，探究此存在的潜在不足及其原因；Parasuraman 等提出，内部服务质量同样具有有形性、响应性、可靠性、移情性以及保证性等特点；黄培伦等沿用 Brady 和 Cronin 的观点，将内部服务质量的维度分为实体环境质量、交互质量以及结果质量，以中国商业环境为背景，提出内部服务质量、关系质量对内部顾客忠诚的影响机制整合模型。研究表明，内部服务质量的维度之间确实存在层级叠加作用，而服务质量则会通过信任这一中介变量影响内部顾客的满意、承诺。内部关系质量中，内部顾客的承诺水平对内部顾客的忠诚度有直接正向影响。

在 B2B 的情境下，现有研究重点探讨了组织间关系与绩效之间的关系。有效管理组织间关系，是企业建立和维持自身竞争优势而亟待解决的重要课题。所以此领域多见的是关系质量与合作绩效等因素之间关系的研究。武志伟和陈莹等基于近关系理论，分析了企业间关系质量与绩效的测度，探究了企业间关系质量对合作绩效的影响，借鉴 Young 等提出的 B2B 关系质量的维度，提出合作绩效的评价指标。结果表明，普通关系专用性投资和人情关系投资之间存在相互促进的关系；普通关系专用性投资可以显著提高关系持久性和关系公平性，人情关系投资则对关系强度的提升具有正面影响；关系持久性和关系公平性对合作绩效的提升也表现出明显的正向作用。

企业间关系研究的理论基础多见于社会资本、近关系理论等，因理论基础不同，研究结论也有较大的差异。在企业合作与关系质量之间，还引入其他因素一并进行研究。张首魁、党兴华等从企业间的关系结构与关系质量的维度入手，研究了技术创新的企业间关系质量、关系结构对企业间知识转移的影响。在研究关系结构与关系质量对企业间知识转移影响一致性的基础上，进一步探索了当关系结构与关系质量对企业间知识转移的影响不一致时，关系结构与关系质量如何匹配，会更有利于合作创新企业间的知识转移。此研究借鉴武志伟和陈莹等的研究，将关系质量的维度定义为信任、沟通和承诺。研究结果表明，关系结构的强弱，关系质量的好坏之间的不同匹配，对企业之间合作技术创新活动开展的影响是不同的。

以上研究可见，制造业、服务业背景下关系质量的相关研究较多，而建筑业背景下关系质量的相关研究鲜有发现。

3.2.2 建筑供应链关系质量相关研究

直接提出"供应链关系质量"的概念的文献并不多见，"建筑供应链关系质量"的概念未见明确提出。相当一部分文献，将"供应链关系质量"与"供应链关系"未加明确区分。中文的"关系（Guanxi）"，用英文的relationship，connections，contracts，都不太容易确切地表达，它起源于强烈强调人际关系，已经建议其作为基于共同的利益和兴趣的关系和社会联系。Meng开发的供应链关系评估模型，提出供应链关系的重要方面包括：采购（Procurement）、目标（Objectives）、信任（Trust）、合作（Collaboration）、交流（Communication）、解决问题（Problem Solving）、风险分担（Risk Allocation）和持续改进（Continual Improvement）等，将供应链关系评估的层级分为三级，即简单评估、标准评估和综合评估；Meng将供应链关系描述为10个领域，即共同目标（Mutual Objectives）、收获与痛苦分担（Gain and Pain Sharing）、信任（Trust）、无抱怨的文化（No-Blame Culture）、一起工作（Joint Working）、沟通（Communication）、问题解决（Problem Solving）、风险分配（Risk Allocation）、绩效测量（Performance Measurement）和持续改进（Continous Improvement）。Fynes与Burca提出，不同的理论框架用于解释供应链关系的特征，这些理论包括交易成本理论（Transaction Cost）、政治经济学（Political Economy）、经济社会学（Economic Sociology）、社会交换（Scoial Exchange）以及资源依赖理论

（Resource Dependence）等。这些理论均对供应链关系有所贡献，在供应链关系的构成元素的识别上，交易成本理论将关系看作是治理结构，以减少不确定和有利特征的危害；政治经济理论认为二元的渠道关系是基于环境和多变形式的动态过程；经济社会学认为关系是以社会为导向，由个体信任起重要作用的个体形成的网络；社会交换理论认定关系是由相互满意的需要而引起的；资源依赖理论认为组织是追求开发和重组唯一的和独特的资源，资源也许存在于组织以外的领域，这些领域关系导致这些资源的挪用。这些理论包含了关系中相互过程的一些指标，对于这些关系的评估涉及一系列的相关因素包括关系价值、关系质量和伙伴关系等。

文献中关系质量的维度始终如一地包括信任、适应、交流和合作。这些研究IMP GROUP已经做了，并且IMP GROUP认为关系质量是关系气候（Climate）或氛围（Antomosphere），在这里的关系氛围由信任、适应、交流和合作构成。Anderson指出，"信任"是企业相信别的企业可以执行使自己的企业积极作用的行为，而不会执行对自己企业起负面效果的行为。Sako的研究，将信任分为三种类型，即契约信任（Contractual Trust）、能力信任（Competence Trust）和友好信任（Goodwill Trust），契约信任中，各方面遵守详尽的口头和书面协议；能力信任则建立在彼此完成任务的能力的基础之上；而友好信任更多的是表达同伴之间心甘情愿去做而不是迫于形势。信任不是独立变量，相反，它更多地由一些其他详尽的关系指标反映；叶飞和徐学军等借鉴前人的研究成果，还定义了"供应链信任"，认为其是供应链中的供应商、制造商、分销商与客户之间彼此之间的信任，是一方相信其合作伙伴意愿而且能够完成他们的义务和做出承诺，同时也是一种相信合作双方自愿承担责任且没有任何一方会利用对方弱点的信心；"适应性"是指发生在当买方与供应商投入交易特定的投入；"交流"是正式与非正式信息有意义及在企业之间及时地分享；"合作"指的是企业一起工作达到沟通目标的状态（情境、局面、状况）。这些维度之间互相强化。在一个存在的关系中，所有的维度将是肯定相关并且是供应链关系质量的指标。所以，Fynes和Burca等将"供应链关系质量"定义为"关系中所有成员投入一个积极的、长期的工作关系和合作化结构的程度"，并且用信任、适应性、交流、合作等维度度量；Fynes和Voss还用"交流""合作""承诺""信任""适应性"和"相互依赖"6个维度，作为B2B关系质量的关键维度，同时也定义此为供应链关系质量的维度，其中，"相互依赖"指的是企业为保持一个交换关系的需求，以获取和达到期望的目标，两个企业之间的依赖性是利润比率、市场战略和任何一个企业退出成本的函数；"承诺"是交易伙伴代表关系付出努力和建议将来方向的愿望，此愿望即企业企图建造一个关系，此关系在面临意料之外问题的时候会持久。Su 和 Song 用验证性因子分析检验了"供应链关系质量的维度模型"，认为供应链关系质量是一个高阶的概念，由交流、信任、合作、适应性和关系氛围构成。宋永涛等认为，交流、信任、合作、适应性和关系氛围代表了关系的所有方面，交流、信任和合作代表了关系的相关过程，适应性和关系氛围则代表了关系过程中的经济和社会的因素。并用实证的方法验证了供应链关系质量是一个高阶的概念，由交流、合作、信任、适应性和关系氛围构成。学者们对"供应链关系质量"维度的界定见表 3-1。

"供应链关系质量"的相关研究　　　　　　　　　表3-1

序号	文献	研究问题	供应链关系质量的维度
1	Fynes 和 Buica	环境不确定性、供应链关系质量和绩效的关系	信任、适应性、交流、合作
2	Fynes 和 Voss	供应链关系质量对质量绩效的影响	交流、合作、承诺、信任、适应性、相互依赖
3	Su 和 Song	供应链关系质量对合作行为的影响	交流、信任、合作、适应性、关系氛围

有研究涉及"建筑供应链关系"，但未见明确提出"建筑供应链关系质量"。Akintoye 提出，有效的建筑供应链关系中，包括的主要因素有：信任、供应的可靠性、高层管理支持、相互的共同利益、流畅的信息流、联合企业计划、需求和供应之间更近的关系、整合的信息系统、人力开发、更频繁的会议。而建筑供应链关系的主要障碍则表现为高层管理承诺的缺乏、概念理解的缺乏、对支持系统不适当的组织结构、伙伴的低的承诺、战略的利益不明确和缺乏适当的信息技术；Meng 研究了英国建筑业中供应链关系的变化，已经由过去传统的对抗转化为合作，并且设计一些模型企图测量和改进建筑业中的供应链关系，构建了用于评估建筑供应链关系的系统模型，该评估模型包括评估标准、关系层级、详细描述评估级别和评估程序几个要素，评估等级分为简单评估、标准评估和综合评估，关系层级分为三级。该模型提供了供应链关系改进的路标，可以帮助建筑组织确定他们当前的关系及识别将来关系改进的关键领域；国内学者许劲、任玉珑等提出"项目关系质量"，沿用 CPMS 中对于项目相关方的界定，即一个建设项目最重要的利益相关者是业主、建设监理和建筑承包商，从而项目关系是指业主、承包商和监理单位之间的关系，其实质上是一种交易所形成的专业服务背景下的 B2B 商业伙伴关系，由此界定项目关

系质量是一种感知关系质量,即项目中有影响的个人对项目实施期间交互作用的联合认知评价,包括信任、承诺、交流、合作与公平5个关键构成要素。

已有研究对于建筑市场产品和服务的交易都是在B2B情境下进行的,这一点也是由建筑产品的特殊性决定的。围绕着建设工程项目实施的过程,各个相关方之间的交易也必然是在B2B的情境下完成的。"关系质量"是"关系"的具体体现,基于已有的"供应链关系质量"的研究成果,本研究中"建筑供应链关系质量"即建筑企业与设计单位、建筑企业与监理单位、建筑企业与材料供应商以及建筑企业与分包商的B2B的关系质量。这样的界定,既体现了建筑供应链的多组织多关系网络结构的特殊性,又便于变量的测量。在项目实施的过程中,建筑企业与设计单位、与监理单位、与材料供应商、与分包商之间就工程项目的设计、质量、进度、成本、利润、安全、材料和设备的供应、技术和劳务的分包问题,一定存在着沟通、信息交换,会随时处理彼此的矛盾并对合作前景有一个预期,虽然项目本身是一次性的,但是在项目实施的合作过程中,彼此也存在着适应性,这种适应性决定着本次合作是否顺利进行以及对将来合作有没有信心,项目实施的过程中,彼此关系也表现出是否密切融洽、彼此是否信赖等。同时,也便于不同的关系质量变量之间的比较,本研究中建筑供应链关系质量的维度均用交流、合作、适应性、关系氛围和信任来测量。本研究建筑供应链及其关系质量维度构成如图3-1所示。

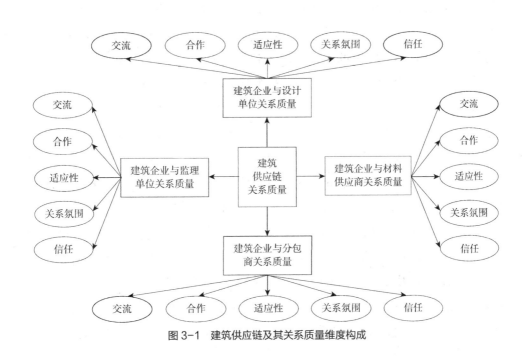

图3-1 建筑供应链及其关系质量维度构成

3.2.3 项目绩效及影响机制研究

1. 项目绩效相关研究

关于"绩效"的研究由来已久，也有很多突出的成果，如企业绩效、供应链绩效等。但是，在建筑业领域，涉及"绩效"的研究，却有它的特殊性。因为建筑工程有如此多不同类型的产品，有不同的生产方法，所以，测量建筑业的生产绩效和/或承包商是一个复杂的过程，定量更是困难。但是，关于建筑业领域的绩效，还是有一些成功的研究。

与"项目绩效"关系密切的一个概念是"项目成功"，已有很多关于"项目成功"及其影响因素的研究。"项目成功"是一个项目经理进行项目管理的核心概念，但是其定义仍不清楚。对于"项目成功"传统的定义，即涉及时间、成本、质量的定义，证明是不充分的。近年来，关于"项目成功"有了更多综合的定义。Baker定义"项目成功"：如果一个项目遇到了高水平的技术性能，并且/或者被赋予实名，项目结果在很多人之间满意，包括双方组织的关键人物、客户的关键人物、项目团队的关键人物以及用户或项目成就的客户，项目就被认为是全部的成功。此定义涉及项目成功的项目技术方面的满意，而管理方面的诸如成本、质量等方面的未提及；Freeman和Beale认为成功意味着不同的人达到的目的不一样，建筑师认为成功是外形美观，工程师认为是技术的能力，人力资源管理者认为是员工的满意度；Wateridge认为，因为过去几乎没有人认真考虑过项目成功的标准，所以定义项目成功是很困难的；Liu和Walker认为，对于"项目成功"，因为不同的人的感知是不一样的，所以不能轻易断定一个项目是否成功；Lim和Mohamed注意到，对于每个人来说，对项目结果的期望不同，从而对项目成功和失败的感知是不一样的，所以把项目成功的感知分为两类，即宏观观点的感知和微观观点的感知：宏观观点提出的问题是"是否达到了最初的项目概念？"，微观观点则在更小的组成部分层面上的处理业绩的问题，经常指的是项目建设阶段的结论，涉及工程中的各个部分。他们认为宏观观点和微观观点之间的关系是树木和森林的关系。

对于"项目成功"的测量不同的学者也提出不同的观点：Sidwell列出一些一般用来评价一个项目的标准，包括：时间（Time）、成本（Cost）、美学（Aesthetics）、功能（Function）、质量（Quality）、顾客满意（Client's Satisfaction）、团队成员的关系（Team Member's Relation）；Morris和Hough认为项目成功包括项目功能（包括财政功能和技术功能）、项目管理（包括预算管理、进度管理、技术标准）和承包商经营绩效(包括短期的绩效、长期的绩效)等;Pinto 和 Slevin 提出,对一个项目来说,用三方约束的方法评价过于简单化,他们提出顾客满意是一个重要的标准;Freeman 和 Beale 识别了 7 个用于测量项目成功的标准,其中的 5 个常用的标准是:技术绩效(Technical Performance)、执行的效率(Efficiency of Excution)、管理和组织的含义(Managerial and Organizational Implications)、个人成长和制造商的能力(Personal Growth and Manufactuer's Ability)、运营绩效(Business Performance);Wateridge 讨论了 IT 项目经理如何描述项目失败:"项目没有满足预算和进度计划即失败",这表明项目经理要关注于与项目过程有关的短期标准,即关心满足时间和预算的约束,而不是与"产品"有关的长期标准;Shenhar 等提出,理解项目成功的两个部分对于测度成功是必要的,这两部分即"项目管理的成功"(Project Management Success)和"产品成功"(Product Success),或两者兼而有之。"项目管理的成功"根据成本、进度、质量来测度,被看作是效率的内部测量,"项目成功"是就项目的外部效力而言的。所以,项目成功的测量不再仅限于传统的标准,即时间、成本和质量。建议一个项目仅当时间、成本和质量目标均满足时才可以是一个成功的项目;Lim 和 Mohamed 将项目成功的标准分为宏观标准和微观标准,宏观标准涉及效率和项目产品运营阶段的实际利润,微观标准涉及时间、质量、成本、绩效和安全;Shenhar 发现了 4 个项目成功的标准:项目功效(Project Efficiency)、顾客利益(Custemor's Benefit)、组织成功(Organizational Success)以及组织将来的潜能(Future Potential to Organization);Westerveld 提出,测量项目成功传统的方法是金三角方法,即用时间(Time)、预算(Budget)和要求的质量(Requiered Quality)来测量;Ling 提出设计 – 招标 – 建造项目成功的 4 个类别的标准,分别是成本(Cost)、时间(Time)、质量(Quality)和管理责任(Administrative Burden);Yu 指出很多研究将项目成功的标准扩大到了别的方面,如组织目标、相关方满意、顾客利益、组织将来的潜能;而在一般的管理文献中,中国管理实践严重受到"关系(Guanxi)"管理机制的影响,意味着项目的不同的相关方之间有特殊的关系。根据文献中关于"关系"的讨论,中国的项目相关方应将彼此之间好的关系开发作为项目成功的一个目标,项目成功标准中包含"关系"维度应当对项目管理学术和实践者理解项目管理的实践是有帮助的;Pheng 在前人研究的基础上,则用成本、时间、质量和客户满意几个标准来评价项目的成功。Wang 和 Huang 提出项目成功的 5 个指标,即成本、质量、时间、各方关系(Relation/Guanxi)和全部成功(Overall Success)。Jin 等定义了测量项目成功的 13 个绩效指标,分为 4 类,分别是:成本绩效(Cost Performance)、进度绩

（Schedule Performance）、质量绩效（Quality Performance）和关系绩效（Relationship Performance）等；Ling，Low 和 Wang 等提出，反映项目成功的 6 个绩效指标，分别是预算绩效、进度绩效、质量绩效、业主满意、利润率和公众满意；Doloi，Iyer 和 Sawhney 指出，"项目成功"的意义与组织或其他成功的意义是不同的，对于"项目成功"最著名的测量，来自于建设项目交付的感知，表现为 4 个主要维度：及时交付（On-Time Delivery）、预算内交付（On Budget Delivery）、可接受的质量结果（Acceptable Quality Outcomes）以及全部的成本节约（Overall Cost Saving）。关于"项目成功"测量的主要研究见表 3-2。

"项目成功"测量的主要研究　　　　表3-2

序号	文献	"项目成功"的测量
1	Sidwell	时间、成本、美学、功能、质量、顾客满意、团队成员的关系
2	Morris 和 Hough	项目功能、项目管理、承包商经营绩效
3	Freeman 和 Beale	技术绩效、执行的效率、管理和组织的含义、个人成长和制造商的能力、运营绩效
4	Shenhar	项目管理的成功、产品成功
5	Lim 和 Mohamed	时间、质量、成本、绩效、安全、实际利润
6	Shenhar	项目功效、顾客利益、组织成功、组织将来的潜能
7	Westerveld	时间、预算、要求的质量
8	Ling	成本、时间、质量、管理责任
9	Yu	组织目标、相关方满意、顾客利益、组织将来的潜能
10	Pheng	成本、时间、质量、客户满意
11	Wang 和 Huang	成本、质量、时间、各方关系、全部成功
12	Jin 等	成本绩效、进度绩效、质量绩效、关系绩效
13	Ling，Low 和 Wang 等	预算绩效、进度绩效、质量绩效、业主满意、利润率、公众满意
14	Doloi，Iye 和 Sawhney	及时交付、预算内交付、可接受的质量结果以及全部的成本节约

专门对于项目绩效的测量的研究也比较多，Konchar 和 Sanvido 用单位成本（Unit Cost）、建造速度（Construction Speed）、交付速度（Delivery Speed）、成本增长（Cost Growth）、进度增长（Schedule Growth）、几个质量（Several Quality）来测量项目绩效；Chan 等设定了一个固定的测量项目绩效的框架，包含一些附加的维度，即用户期望（User Expectation）、参与者满意（Participant's Satisfanction）、环境绩效（Environment Performance）、健康和安全（Health and Safety）和商业价值

(Commercial Value)；Odusami 和 Iyagba 等指出，一个项目的"整体绩效（Overall Performance）"包括时间、成本、绩效、客户应用、满意和效力等；Cheung 和 Suen 描述了一个基于网络的工程项目绩效监控系统（a Web-Based Construction Project Performance Mornitoring System, PPMS），其目的就是帮助项目经理进行工程项目的控制。在 PPMS 中识别的项目绩效的测量类别包括：人、成本、时间、质量、安全和健康、环境、顾客满意和沟通；关于项目绩效测量的工具，常用的有澳大利亚的项目绩效评估框架（Project Performance Evaluation, PPE）和英联邦的关键绩效指标（Key Performance Indicators, KPIs）。其中，PPE 覆盖了比较宽范围的项目绩效参数，包括沟通、成本、时间、质量、安全、抱怨和争端的解决、环境以及合同关系；KPIs 的绩效参数包括时间、成本、质量、顾客满意、订单变化、运营绩效、健康和安全等。Ling 和 Chan 等在除了用时间绩效、成本绩效和质量绩效外，增加了业主满意（Owner's Satisfaction）和业主的管理责任（Owner's Administration Burden）来测量项目绩效；Barraza 等认为除了将成本、进度、质量、利润 4 个标准看作最终的项目绩效之外，还应有过程的项目绩效，即安全和返工；Ling, Low 和 Wang 等选了 5 个绩效，即成本绩效（Cost Performance）、时间绩效（Time Performance）、质量绩效（Quanlity Performance）、业主满意（Owner Satisfaction）和利润率（Prifit Margin），以最小化地减少项目绩效之间的重叠；KyuMan 和 TaeHoon 等提出项目绩效体现在成本方面和时间方面，其中，成本方面包括获奖率（Award Rate）、单位成本（Unit Cost）和成本增长（Cost Growth），而时间方面则涉及进度增长（Schedule Growth）和建造速度（Construction Speed）；Kim 和 Han 等指出项目绩效指标（Performance Index）包括利润水平（Level of Profit）、成本变化（Cost Variation）和进度绩效水平（Level of Schedule Performance）；许劲、任玉珑等从内部过程、质量、利益相关者以及创新与学习 4 个视角建立项目绩效评估指标，其中，过程绩效考虑从概念到移交给业主的项目过程，目标是提高作业过程效率和管理过程效率，因此传统三角测量中的成本与时间被包括在该维度内，质量视角的绩效与满足或超过所述项目过程和结果的目标有关，学习与创新视角评价项目在组织学习、创新与可持续发展方面的贡献，利益相关者视角根据利益相关者成功类型而确定其绩效评价目标和测量指标；Tam, Shen 和 Kong 用质量绩效（Quality Performance）、时间管理绩效（Time Management Performance）、成本控制绩效（Cost Control Performance）以及沟通和协调绩效（Communication and Coordination Performance）来测量项目绩效；Eriksson 和 Westerberg 提出项目绩效共 6 个变量，即成本（Cost）、时间（Time）、质量（Quality）、环境影响（Environment Impact）、工作影响（Work Impact）和创新（Innovation）；Din，Abd-Hamid 和 Bryde 认为，"项目绩效"包含"项目管理实践（PM Practice）"、"财政管理实践（FM Practice）"和"项目成功（Project Success）"。其中，"项目管理实践"包括：领导、职员、政策和战略、伙伴和资源、项目生命周期管理过程、关键绩效指标；"财政管理实践"包括：财政计算程序、财政应急计划、贷款数额、膨胀津贴和价格升级、价格升级的影响、积极财政回报的可用性；"项目成功"包括进度以内交付（within Schedule）、预算以内交付（within Budget）、有效率的管理、按所需质量交付（within Quality）、正常工作（Works Accordingly）、计划中的用户使用（Use by Intended User）、对用户的利益、对客户绩效的影响、对公司经营结果的影响以及吸取的教训等；Meng 指出，"项目绩效"包括时间、成本、质量，项目成功广泛运用的标准就是项目按时完成、不超预算以及满足质量需求，相反，如果一个项目不成功，差的绩效则反映在时间延误（Time Delays）、成本超支（Cost Overrun）以及质量缺陷（Quality Defect）。关于"项目绩效"测量的主要研究见表3-3。

"项目绩效"测量的主要研究　　　　表3-3

序号	文献	"项目绩效"的测量
1	Konchar 和 Sanvido	单位成本、建造速度、交付速度、成本增长、进度增长、几个质量
2	Chan 等	用户期望、参与者满意、环境绩效、健康和安全、商业价值
3	Odusami 和 Iyagba 等	时间、成本、绩效、客户应用、满意、效力
4	Cheung 和 Suen	人、成本、时间、质量、安全和健康、环境、顾客满意和沟通、抱怨和争端的解决、合同关系、订单变化、运营绩效
5	Ling 和 Chan 等	时间绩效、成本绩效、质量绩效、业主满意、业主的管理责任
6	Barraza 等	成本、进度、质量、利润、安全和返工
7	Ling，Low 和 Wang 等	成本绩效、时间绩效、质量绩效、业主满意、利润率
8	KyuMan 和 TaeHoon 等	成本、时间
9	Kim 和 Han 等	利润水平、成本变化、进度绩效水平
10	许劲、任玉珑等	内部过程、质量、利益相关者、创新与学习
11	Tam，Shen 和 Kong	质量绩效、时间管理绩效、成本控制绩效、沟通和协调绩效
12	Eriksson 和 Westerberg	成本、时间、质量、环境影响、工作影响、创新
13	Din，Abd-Hamid 和 Bryde	项目管理实践、财政管理实践、项目成功
14	Meng	时间、成本、质量

由以上研究可见，从某种意义上讲，"项目成功"与"项目绩效"的含义是相同的。一般地，业主（Owner）、用户（User）、相关方（Stakeholder）和公众（the General Public）是从宏观角度着眼于项目成功的群体，而开发商（the Developer）、非经营者（Non-Operator）和承包商（Contractor）是从微观角度着眼于项目成功的群体。本章在前人研究的基础之上，基于总承包商，即建筑企业的视角，沿用"项目绩效"的概念并侧重于项目建造阶段绩效的表现，从质量绩效、进度绩效、经济绩效、安全绩效和社会影响绩效几个维度来测量项目绩效。其中，"质量绩效"指的是项目在实施过程中返工率少，一次检验合格率比较高以及没有重大质量事故发生；"进度绩效"指该工程项目可以按时开工，按时或提前竣工交付使用；"经济绩效"包括了项目的成本和利润，指项目实施过程中，在保证质量和工期的前提下，可以执行消耗量定额，节约成本，提高利润；"安全绩效"指项目实施过程中，能遵守安全生产的有关规定，不会发生伤亡事故；"社会影响绩效"包含了环境绩效，主要指工程在建造过程中对周围环境会不会造成粉尘或噪声的污染，有没有受到过投诉，建造过程中为获各项奖而采取的措施以及预期获奖的后续影响等。本章中"项目绩效"的维度构成如图3-2所示。

2. 项目绩效影响机制研究

关于项目绩效影响的研究比较多，有的是关于具体的项目绩效，如成本绩效、时间绩效、安全绩效的影响的研究，有的是关于项目的整体绩效的影响的研究。Proverbs提出，成本绩效是衡量项目是否成功的重要标志，因为建筑业是劳务密集型行业，所以，降低劳务成本是降低整个工程成本的有效途径，Proverbs基于

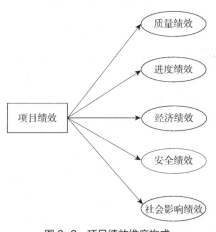

图3-2 项目绩效维度构成

对法国、德国、英国的承包商的分析，用方差分析方法（ANOVA），开发了一个劳务成本降低的模型——欧洲成本最小化模型；Ling 研究了影响设计-建造项目绩效的影响因素，发现承包商的特点是大多数项目绩效指标的决定性因素。这些特点包括关键人员的管理能力、工作关系以及员工水平等；Iyer 和 Jha 通过对 55 个项目成功和失败的属性进行因子分析，获得 7 个成本绩效的关键成功因素，即项目经理能力、高层管理支持、项目经理的协调及领导技能、参与者的监控和反馈、项目参与者之间的协调、业主能力以及有利的氛围条件；反面影响项目成本绩效的有：项目参与者之间的冲突、知识的忽略和缺乏、项目缺乏详细的属性、不存在合作、敌对的氛围条件、缺乏及时决策、投标阶段侵略性的竞争、投标预备时间短等；Leu 基于承包商项目经理的视角，提出成本绩效的影响因素包括：业主期望、范围定义、工程变更、管理、设计变更、建造过程、设计评审、设计界面；基于工程咨询公司项目经理的视角，成本绩效指标则需要注意：业主期望的定义、变更订单管理；Chan 等对香港高层住宅建筑做了问卷调查，用多元回归方法，为工程时间绩效（Construction Time Performance，CTP）开发了一个标杆模型，模型中包含影响工程时间绩效的主要系数包括项目范围、项目复杂性、项目环境和管理属性等；Leu 基于承包商项目经理的视角，提出进度绩效的影响因素包括：范围定义、管理、业主期望、工程变更、涉及接口、建造过程、设计变化、设计评审及其他；基于工程咨询公司项目经理的视角，进度绩效指标则需要注意：业主期望的定义、工程变更的管理以及管理控制；Aksorn 和 Hadikusumo 对大中型项目进行调研，识别了 16 个安全规划的关键成功因素，用因子分析的方法，将 16 个因素归为 4 类，即工人参与、安全预防和控制系统、安全布置和管理承诺，认为这 4 类因素对安全绩效有影响；Ling，Low 和 Wang 等，用多元线性回归的方法，分别对项目的预算绩效、进度绩效、质量绩效、业主满意、利润率和公众满意 6 个绩效指标建立回归方程，研究项目管理 9 大知识体系中的关键项目管理活动对绩效的影响，这些项目管理活动主要体现在项目有关的因素、项目程序、人力有关的因素和外部环境等。

对于整体项目绩效影响的研究也比较多。Dulaimi 和 Langford 研究了项目经理的行为与项目绩效的关系；Gransberg 等研究了伙伴关系（Partnering）对项目绩效的影响；Brown 和 Adams 研究了项目管理构建（BPM）对项目产出的影响；Odusami，Iyagba 和 Omirin 用描述性统计和 person 相关分析的方法研究了项目领导的专业、项目领导的资质、项目领导的领导方式以及项目团队构成与整体项目绩效的关系。结果表明，项目领导的专业与整体项目绩效无显著关系，而项目领导的资质、项目领导的领导方式以及项目团队构成与整体项目绩效均有显著的关系；Wang 和 Wei 等用我国台湾地区和美国的样本研究了在组织技术学习和管理的环境中用户多样性对项目绩效的影响，结果表明，用户多样性对组织技术学习有正向影响，用户多样性对项目绩效有正向影响，管理评审对组织技术学习有正向影响，管理评审对项目绩效有正向影响，组织技术学习对项目绩效有正向影响；Pheng 和 Chuan 在研究建筑业中项目经理的环境因素和绩效时，借鉴 Sayles 和 Chandler，Martin 和 Morris 等的研究成果，总结前人提出的影响项目成功的关键因素，涉及项目经理能力、作业时间、控制系统和责任、项目监控、持续的参与项目、目标、组织哲学、管理支持、职责适当授权、团队选择、资源适当分配、信息机制、计划评审、清楚的项目目标、技术不确定的革新、政治、团体参与、进度持续紧急、财政金融、法定协议和合同、问题合同、问题解决等；Wang 和 Huang 以中国建筑监理工程师的感知视角，研究了主要相关方的项目绩效与项目成功的关系，主要相关方包括项目业主、工程监理公司和工程承包商，项目业主的项目绩效，即采购项目管理和支持项目管理；工程监理公司的项目绩效包含技术绩效、组织绩效、人力绩效和整合绩效；工程承包商的项目绩效包含技术绩效、组织绩效、人力绩效和规范绩效；而项目成功则从时间、成本、进度、各方关系以及全部成功几个方面度量；Pheng 和 Chuan 研究了建筑业中项目经理的环境因素和绩效，其目的是通过识别影响项目经理绩效的工作环境的变量研究项目经理绩效改进的领域，借鉴了 Anton 和 Belassi 等的研究成果，列举了项目成功的因素，包括在设计和建造方面的计划努力、项目经理的目标承诺、项目团队的积极性、项目经理的技术能力、范围和工作的定义、控制系统；将项目成功的因素分为四组：与项目经理有关的因素、与项目有关的因素、与组织有关的因素、与外部环境有关的因素；Jin 和 Ling 用多元线性回归（MLR）的方法，研究了中国基于项目绩效决定因素的关键关系，提出 14 个影响项目绩效的相关风险因素是：伙伴的不能胜任、伙伴的开发、不合适的工程合同、投标中不公平、伙伴的项目成员缺乏人际交往技巧、伙伴的不信任、不充分的沟通、伙伴的短期关注、伙伴违约、来自伙伴的过量要求、与伙伴争论、伙伴的过度干涉、文化冲突、伙伴人事的变化；16 个影响项目绩效的关系建立的关键是：寻求好的合作经历记录的伙伴、与当地伙伴建立良好的关系、在项目初期让承包商参与、设计一个明晰的合同、获得高层管理的支持、坚持共同的目标、避免腐败的明确条款、保持有效率的沟通、教给员工人际交往的技巧、寻求伙伴共同的文化、为建立关系维持工作坊、联合起来解决问题、坚持以定义的责任、用一个过程评价系统、权威授权给员工、培养学习的氛围；Leu将统计过程技术用于项目绩效的评价，用73个项目的数据，提出影响项目绩效的项目特点包括：项目持久性、项目预算、平均每月人工时间、主管部门预算/总预算、外包预算/总预算、辅助部门的数量、外包商数量、业主类型、项目类型、主管部门、支付方式、投标方法等；Cho，Hong和Hyun用结构方程模型的方法，研究了项目特征对项目绩效的影响，提出项目特征体现在项目环境特征和项目参与特征，其中，项目环境特征包括项目规模、预算安排的时间、项目类型、工程复杂性水平、重复元素百分率、招标时项目范围定义的复杂性、工作范围复杂性、业主设计准备水平、现场位置、准备招标的时间；而项目的参与者特征包括：工程管理的业主能力、业主管理的责任、业主有相同项目的经验、设计变更控制的业主水平、项目团队之间的沟通、承包商实收资本、承包商工程管理的能力等；许婷构建了基于演化博弈方法的业主与承包商之间的竞合模型，认为如果业主与承包商能在一起合作，既可以降低项目成本，更能创造和谐的工程环境，有利于项目绩效的改善以及项目参与各方价值的提高；许劲、任玉珑等研究了项目关系质量与项目绩效之间的关系，通过实证分析，验证了项目关系质量中的信任维度对项目的利益相关者绩效、质量绩效的影响不显著，而对过程与创新学习绩效的负向影响显著；承诺和交流对利益相关者绩效、质量绩效和过程与创新学习绩效的正向影响显著；公平对过程与创新学习绩效正向影响显著，而对利益相关者绩效和质量绩效的负向影响不显著；Doloi和Iyer用结构方程模型评价承包商绩效对项目成功的影响，基于承包商的视角，提出影响项目绩效的因素分为5个主要种类，即人员变量有关的因素、工作条件有关的因素、项目特征有关的因素、环境有关的因素和组织有关的因素，其中，工作条件有关的因素又包括薪水、工作满意、工作安全、工作时间、信息的可获得性；项目特征有关的因素包括项目环境、项目规模、时间可获得性、项目复杂性、项目团队关系、项目的材料和供应、项目的持续时间；组织有关的因素包括公司规模、权威级别、客户类型等；Tam，Shen和Kong认为分包商的层级数量与项目绩效之间有关系，因为责任在分包商的层级之间分散，为了获取利润，基层的分包商只有用便宜或破坏的材料，雇用没有技术的工人并且从事低工艺，这样，就容易形成劣质的产品，所以，对最基层的分包商监管不力可能导致项目绩效降低；Eriksson和Westerberg研究了合作采购程序对工程项目绩效的影响，提出一个概念模型。这里的采购程序即一个工程项目的适合交付的过程，包括设计、招标、评标、分包商选择、支付、合作工具、绩效评价几个阶段，项目绩效包括成本、进度、质量、环境影响、工作环境、创新。文献指出，在项目不同的采购阶段，建设单位和承包商（亦即买方和卖方）之间的合作程度，对项目的不同方面的绩效有不同的影响，构建了一个概念模型，提出几个命题，但未做实证验证；Meng 对英国建筑业进行了调查，研究了供应链关系管理对项目绩效的影响，将供应链关系描述为共同目标、收获与痛苦分担、信任、无抱怨的文化、一起工作、沟通、问题解决、风险分配、绩效测量和持续改进 10 个领域，用卡方检验的方法，研究"关系"对"绩效"的影响，通过改善某方面的关系以期改善项目绩效。项目绩效影响机制的主要研究见表 3-4。

项目绩效影响机制的主要研究 表3-4

序号	文献	"项目绩效"影响机制的主要研究
1	Odusami, Iyagba 和 Omirin	项目领导的专业、项目领导的资质、项目领导的领导方式、项目团队构成
2	Wang 和 Wei 等	用户多样性、组织技术学习、管理评审
3	Wang 和 Huang	项目业主的项目绩效、工程监理公司的项目绩效、工程承包商的项目绩效
4	Pheng 和 Chuan	与项目经理有关的因素、与项目有关的因素、与组织有关的因素、与外部环境有关的因素
5	Jin 和 Ling	14 个影响项目绩效的相关风险因素、16 个影响项目绩效的关系
6	Leu	项目特点（项目持久性、项目预算、平均每月人工时间、主管部门预算/总预算、外包预算/总预算、辅助部门的数量、外包商数量、业主类型、项目类型、主管部门、支付方式、投标方法）
7	Cho, Hong 和 Hyun	项目特征（项目环境特征、项目参与特征）
8	许劲、任玉珑等	项目关系质量（信任、承诺、交流、合作、公平）
9	Doloi 和 Iyer	基于承包商的视角，影响项目绩效的因素：人员变量有关的因素、工作条件有关的因素、项目特征有关的因素、环境有关的因素、组织有关的因素
10	Tam, Shen 和 Kong	分包商的层级数量
11	Eriksson 和 Westerberg	合作采购程序
12	Meng	供应链关系管理（共同目标、收获与痛苦分担、信任、无抱怨的文化、一起工作、沟通、问题解决、风险分配、绩效测量、持续改进）

由以上研究可见，在建筑业领域，关于项目绩效影响的研究比较多，主要归类为与项目经理有关的因素、与项目特征有关的因素以及组织层面的因素对项目绩效的影响，大部分用的是实证分析的方法，具体涉及的有描述性统计分析、person 相关性分析、多元线性回归分析、统计过程控制技术、结构方程模型、卡方检验等。但是，在项目绩效的影响机制研究中，"关系"对于项目绩效影响的研究鲜见。

3. 供应链关系质量对绩效影响的相关研究

有相当多的研究工作关注于供应链关系质量的维度的变化以及关系质量与其他因素之间的影响关系，但是针对"供应链关系质量"与"绩效"之间影响关系的研究并不多见。Fynes 构建了环境不确定性、供应链关系质量与供应链绩效的模型，此模型中，供应链关系质量用信任、适应性、交流、合作 4 个维度来度量，环境不确定性表现为需求不确定、供给不确定和技术不确定，而供应链绩效用成本、质量、柔性和交付的可靠性来度量，研究结果表明，供应链关系质量对于供应链绩效有正向的影响，而环境不确定性中的需求不确定和供给不确定对此影响起调节作用，亦即，需求不确定性越高、供给不确定性越高，则供应链关系质量与供应链绩效之间的关系越强烈，而技术不确定性对此关系不起调节作用；Fynes 在以前研究的基础上，将设计质量对一致性质量的影响、设计质量对顾客满意的影响、一致性质量对顾客满意的影响的模型，复制到供应链的背景下，用实证研究了供应链关系质量对质量绩效的影响，对于仅仅关注质量管理实践对质量绩效的影响来说，此研究提出一个影响质量绩效的全新的视角，也为在运作管理和市场营销学科中的伙伴关系模型提供了实证的支持，提示供应商应该尽早尽快地参与进行产品设计与开发过程，以便于能够在产品设计阶段就考虑所提供的产品的质量；Su 和 Song、宋永涛研究了供应链关系质量对合作策略的影响，合作策略具体表现为关系持久性、关系频率和合作多样性。其中，关系持久性表现在两个方面，即对以往关系的满意、继续发展长期合作关系的预期；关系频率反映企业在某一段时期内发生交易或进行合作的次数，将其定义为关系双方在一定时期内进行合作的次数；合作关系的多样性是指关系双方合作活动所涉及范围和复杂性。供应链环境下，Su 和 Song、宋永涛的研究用交流、合作、适应性、关系氛围和信任等 6 个维度来测量制造企业和供应商之间关系质量，发现供应链关系质量对关系持久性、关系频率及合作多样性均有正向的显著影响，说明好的关系质量能够强化供应链企业的合作行为，增强企业之间彼此合作的信心，进一步促进双方拓展新的合作领域和合作范围。

建筑业领域的"供应链关系质量"对"绩效"影响的相关研究很少。Chen 和 Partington 是为数不多的讨论"关系（Relationship）"的，他们指出，在项目管理的环境下，中国的项目经理更加喜欢客户（Clients/Owner）满意，更愿意开发与客户的个人关系及长期的合作，这也是解决在项目实施过程中客户与承包商之间的冲突的必由之路；借鉴此研究，Wang 和 Huang 将"各方关系"作为项目成功的指标，但不是作为影响项目绩效的前置因素；与此类似地，Jin 和 Ling 也将"关系绩效"定义为

"项目成功"的一类指标,而不是影响"项目成功"的前置因素,其中,关系绩效（Relationship Performance）包含沟通（Communication）、风险识别（Risk Exposure）、改变订单或者抱怨（Change Orders or Claims）、诉讼（Litigation）、相互理解（Mutual Understanding）、顾客满意（Client's Satisfaction）、学习文化（Learning Culture）等；许劲、任玉珑明确研究了"项目关系质量"的信任、交流、承诺、合作、公平对"项目绩效"的内部过程、质量、利益相关者和创新与学习的影响；Meng 将"供应链关系管理"作为"项目绩效"的前置因素进行了研究,定义"供应链关系"为共同目标、收获与痛苦分担、信任、无抱怨的文化、一起工作、沟通、问题解决、风险分配、绩效测量和持续改进,而"项目绩效"则用质量、成本、时间等传统的金三角方法来度量。可见,在建筑业领域,有"关系""供应链关系""项目关系质量"和"项目绩效"的相关研究,但是凤毛麟角,明确提出"供应链关系质量",尤其是"建筑供应链关系质量"对"项目绩效"的影响未有发现。

3.2.4 研究述评

梳理国内外的研究文献,有以下几点研究不足：

（1）制造业背景下,供应链概念及其相关研究已经趋于成熟,但是,建筑业背景下,直接提出建筑供应链的文献并不多见,有限的文献关于建筑供应链的研究,多见于建筑供应链的概念界定及特征的分析。在建筑供应链背景下具体的问题相关研究中,研究范围多界定于以某个企业为核心的二级供应链,如分别以房地产企业、建筑企业为核心以及总包-分包的二级供应链,而结合建筑供应链的特殊性,同时涉及多个项目相关方的背景,以全面系统的视角研究建筑供应链相关问题的研究鲜见；

（2）服务业、制造业及其他行业中,B2B、B2C 背景下的关系质量的研究比较多,但是明确提出"供应链关系质量"的研究比较少,建筑业背景下,充分考虑建筑供应链特殊性,明确提出"建筑供应链关系质量"的文献更是未有发现；

（3）影响项目绩效的前置因素文献较多,主要从项目经理、项目特征以及组织的层面研究项目绩效的影响因素,且多是对于项目某一方面绩效,如质量绩效、成本绩效、进度绩效等的影响；同时涉及"关系"或"关系质量"以及"项目绩效"的文献寥寥无几,且在已有的有限的几篇文献中,大多是将各个相关方之间的关系作为项目绩效的测量维度,而不是前置因素。

3.3 理论模型与假设提出

3.3.1 理论模型的构建

1. 模型要素

（1）建筑供应链关系质量

如前所述，由建筑产品的特殊性决定了建筑市场产品和服务的交易都是在 B2B 情境下进行的。"关系质量"是"关系"的具体体现，基于已有的"供应链关系质量"的研究成果，本章中"建筑供应链关系质量"即建筑企业与设计单位、建筑企业与监理单位、建筑企业与材料供应商以及建筑企业与分包商的 B2B 的关系质量。这样的界定，既体现了建筑供应链的多组织多关系网络结构的特殊性，又便于变量的测量，同时便于不同关系质量变量之间的比较，本章中建筑供应链关系质量的维度均用交流、合作、适应性、关系氛围和信任测量。

结合 Fynes、Su 和 Song、宋永涛的研究，对于建筑供应链关系质量的各个维度的概念解释如下。

"交流"是供应链的企业间建立关系必不可少的因素，组织间的交流包括对共同目标的理解和对冲突的处理，有效的交流可以消除争议，纠正错误的认识，为建立成功的关系提供基础保障。Anderson 和 Narus 定义"交流"为企业之间正式或非正式地共享彼此重大的、及时的信息。Lages 等也认为交流是保证企业之间成功交易的最重要的因素，其对关系质量有着正向的影响。Luc 也提出，供应链企业间充分的交流是其合作关系建立和发展的开始。所以，交流是供应链企业之间建立关系必不可少的因素，也可以看作是供应链关系质量的一个驱动因素。供应链企业之间交流得越及时、越有效率，将对企业与企业之间关系的发展和维持越有利。

"合作"是 B2B 关系质量的关键维度，这一点大量的研究已达成共识。Anderson 和 Narus 的研究认为合作涉及企业达到共同目标所处的环境，Young 和 Wilkinson 则定义"合作"为"与有同样兴趣或利益的一方共同进行的所有活动"。企业双方的合作可以表现在各个方面，供应链背景下，关系双方的合作更多地表现在产品的设计开发、战略目标的一致性、信息的共享和对双方冲突和抱怨的及时处理等方面。供应链企业间的合作不是短期的交易行为，而是一个长期的关系行为。在供应链中，企业为了获取外部资源、消除供应链中的不确定性，就需要与供应链中的其他企业之间建立长期的合作关系。

"适应"过程即企业之间双方交互的过程。Hallén 等认为,持续地适应对方的需求是企业之间发展双方长期关系的前提。关系双方的适应性即专用资产投资,这种专用资产投资或交换是双方相互适应的基础。Brennan 认为适应性表示着一方或双方对关系进行了大量的投资,一般情况下,这些投资是不可转让的,这就限制了企业对合作伙伴、顾客等的选择,所以能够在企业之间建立一种持久的经济约束。因此,适应性紧密联系了供应链中企业的关系主体。

"关系氛围"存在于双方的交互过程中,在双方建立和发展关系的过程中,只要有交互,就会产生关系氛围。"合作"和"适应性"代表了关系质量的行为指标,"氛围"则表示了关系的状态。"关系氛围"同样被看作是关系中的一个关键因素,Woo 和 Ennew 认为关系氛围是关系的结果,关系氛围同样是在企业的外部,这一点与环境相同,但是它是关系的直接结果和象征,这一点又区别于环境。Huntley 认为,关系质量不仅局限在关系的相关过程中,不能只用人与人之间的关系及相关的因素来衡量,而应包括关系的各个方面,如交易过程中的经济和社会因素。

"信任"表示顾客相信产品或服务的提供者是可以信赖的,并且能够为顾客的长期兴趣提供服务。由此可见,信任是一种期望或态度,是在双方间的交互过程中逐渐产生的。供应链企业间的信任水平越高,企业间合作关系的发展和维持也越容易。信任可以看作是关系质量的另一个相关驱动因素。供应链背景下,企业之间的信任水平越高,彼此合作关系的发展和维持也就越容易。

(2) 项目绩效

本章基于建筑企业的视角,侧重于项目的建造阶段,在前人研究的基础上,项目绩效从质量绩效、进度绩效、经济绩效、安全绩效和社会影响绩效几个维度来测量。其中,"质量绩效"指的是项目在实施过程中返工率少,一次检验合格率比较高,以及没有重大质量事故发生;"进度绩效"指该工程项目可以按时开工,按时或提前竣工交付使用;Eriksson 和 Iyer 提出经济绩效决定于成本降低的额度,本研究中的"经济绩效"包括了项目的成本和利润,指项目在实施过程中,在保证质量和工期的前提下,可以执行消耗量定额,节约成本,提高利润;"安全绩效"指项目实施过程中,能遵守安全生产的有关规定,不会发生伤亡事故;"社会影响绩效"包含了环境绩效,主要指工程在建造过程中对周围环境会不会造成粉尘或噪声的污染,有没有受到过投诉,建造过程中为获各项奖而采取的措施,以及预期的获奖的后续影响等。

（3）承包模式

工程交易的方式，视不同的角度而有不同的提法。站在建设单位/业主（即甲方）的角度，经常被称为采购方式（Procurement Approaching）、供方选择（Source Selection）、交付方式（Project Delivery Method）等。还有的学者将此称为"合同方法（Contractual Method）"，即与业主签订的合同的内容和主体不同而决定的。常用的采购方式有公开竞争性招标（国际竞争性招标）、有限竞争性招标、询价采购和直接采购等；Saad，Jones和James通过对建筑业的众多相关方包括建设单位（Clients）、建筑师（Architect）、结构工程师（Engineer）、总承包方（Main contractor）、专业分包商（Specialist/Trade Subcontractor）及其他相关方的调查，指出采购方式不同，各个相关方之间的关系类型是不同的。建筑业中的关系类型的发展经历了几个阶段：①传统的、单一阶段，此阶段采购方式为竞争性投标；②两阶段的采购方式，只限于某些谈判者的竞争性投标；③设计和建造采购方式；④供方与买方之间建立伙伴关系。Jin提出交付方式常用的分类有设计—招标—建造（Design-Bid-Build，DBB）、快速跟踪（Fast Tracting）、设计—建造（Design-Build，DB）、建造—运营—转让（Build-Operate-Transfer，BOT）、工程管理（Construction Management）、项目管理（Project Management，PM）及其他。Palaneeswaran，Kumaraswamy和Zhang指出，供方选择路径不同，决定了对供方资格的要求是不同的，例如，在设计—建造（Design-Build，DB）的选择方式中，对供方要求的资格标准是：过去经验、过去绩效、财政情况、质量关注、组织和管理系统、DB团队关系、安全和健康、人力资源管理、争论/抱怨历史、当前在建工作量、环境关注、技术、保险金额、设备、伙伴关系、总部地点等。供方选择的方式不同，由建设单位和承包商所承担的典型的风险和责任也是不同的，不同方式的供方选择中，典型的风险和责任矩阵见表3-5。

不同的供方选择方式中典型的风险/责任矩阵　　　表3-5

风险/责任	DBB		DB		DBM		DBO		BOT	
	建设单位	承包商	建设单位	承包商	建设单位	承包商	建设单位	承包商	建设单位	承包商
设计	√			√		√		√		√
施工		√		√		√		√		√
设计缺陷	√			√		√		√		√

续表

风险/责任	DBB 建设单位	DBB 承包商	DB 建设单位	DB 承包商	DBM 建设单位	DBM 承包商	DBO 建设单位	DBO 承包商	BOT 建设单位	BOT 承包商
设计的施工能力	√		√		√		√			√
批准/许可证	√			√	√	√	√	√	√	√
施工质量控制/质量保证	√	√		√		√		√		√
与其他代理者的工作协调	√				√		√		√	
地质条件	√		√	√	√	√	√	√	√	√
极端天气状况	√		√		√		√		√	√
已建设施的维修	√			√	√		√	√		√
已建设施的运营	√		√				√	√		√
对已建设施顾客的服务质量	√		√		√		√	√		√
法律政治/行政系统的变更	√		√		√		√	√	√	√

基于建筑企业，即承包商的视角，工程交易方式，我国习惯上称之为"承包模式"。目前，我国经常用到的工程项目承包模式有工程总承包（Engineering Procument Construction，EPC）模式、设计采购与施工管理的总承包（Engineering Procument and Construction Management，EPCM）模式、设计—招标—建造（Design-Bid-Build，DBB）模式、设计—建造（Design-Build，DB）模式、建设—移交（Build-Transfer，BT）模式、建造—经营—转让（Build-Operate-Transfer，BOT）模式等。根据 Palaneeswaran 的观点，BOT 的模式还有其他一些变种，如建造—运营—交付（Build-Operate-Deliver，BOD）、建造—运营—出租（Build-Operate-Lease，BOL）、建造—拥有—运营（Build-Own-Operate，BOO）、建造—运营—拥有—维护（Build-Operate-Own-Maintain，BOOM）、建造—拥有—运营—资助—移交（Build-Own-Operate-Subsidize-Transfer，BOOST）、建造—拥有—运营—移交（Build-Own-Operate-Transfer，BOOT）、建造—运营—拥有—移交—培训（Build-Operate-Own-Transfer-Train，BOOTT）、建造—租赁—移交（Build-Rent-Transfer，BRT）、设计—建造—融资—维护（Design-Build-Finance-Maintain，DBFM）、设计—建造—融资—运营（Design-Build-Finance-Operate，DBFO）、设计—建造—运营—移交（Design-Build-Operate-Tranfer，DBOT）、融资—建造—拥有—运营—移交（Finance-Build-Own-Operate-Transfer，FBOOT）、翻新—运营—移交（Refurbish-Operate-Transfer，

ROT）。某些情况下，项目承包模式和融资模式的划分界限并不是那么明显，如私人主动融资（Private Finance Initiative, PFI）项目、公私合伙（Public Private Partering, PPP）项目等类别的划分，则更加侧重的是项目的融资模式。

针对某一类别的项目，国内外学者的研究集中于该类项目的具体问题的研究，且这些项目类别的具体问题的研究多见于 BOT 项目、DBB 项目、DB 项目、PFI 项目、PPP 项目等。例如，很多学者对 BOT 项目的特许期问题进行了研究，李启明和申立银认为，影响特许期的因素包括项目内部环境和外部环境两个方面；Ye 和 Robert 在各种激励措施下，对项目的特许期进行合理设计，以规避完工风险对项目的影响；杨宏伟、周晶和何建敏进一步指出，特许期长短和项目投资金额、建造周期、运营效益、预期收益以及各种风险因素有关；Brickley、Misra 和 Van 通过对项目特许期影响因素的统计分析指出，特许期与项目初期投资、技术难度、类似项目经验、政策限制等因素有关；于国安则认为影响特许期决策的关键因素是政府实施 BOT 项目的目标和项目建设与运营过程中的投资特点；石磊、王东波、戴大双等还对利益外部性和 BOT 模式的有效性做了研究，从理论上分析了基础设施建设和经营过程中存在的利益外部性问题对 BOT 模式的有效性的影响；周晶、陈星光、杨宏伟等结合我国现状，进一步研究了在 BOT 模式下，私营公司追求自身利润最大化，自主决策收费道路的价格，是否能够产生正的社会效益；王东波、宋金波等对 BOT 项目特许期决策方法的研究进行了评述，指出目前在 BOT 项目特许经营协议谈判和运营过程中存在的问题。亓霞、柯永建、王守清等选取了自 20 世纪 80 年代以来在中国实施的 PPP 项目中 16 个主要涉及高速公路、桥梁、隧道、供水、污水处理和电厂等领域的失败的案例，研究了中国 PPP 项目的主要风险因素。

Ling 指出设计—建造（DB）和设计—招标—建造（DBB）在许多国家是主要的项目交付方式。Henry 和 Brothers 对传统的 DBB 项目和 SABER（Simplified Acquisition of Base Engineering Requirements, SABER）项目的成本进行了比较研究。指出，DBB 是一种传统的契约方式，每个项目均竞争性地投标，而 SABER 项目是一个承包商完成多个项目，这些项目均用原始合同中规定的单位价格。结果表明，SABER 项目成本更低，更容易按时完成；Ling 等用来自于 87 个建设项目的具体数据，对 DB 项目和 DBB 项目用多元统计回归的方法构建了绩效预测，并具体用鲁棒模型（Robust Model）预测 DB 和 DBB 项目的建造和交付速度。其中，项目绩效用成本绩效、时间绩效、质量绩效和业主满意来度量，影响项目绩效的因素则包括项目特征、业主和咨询者的特征以及承包商特征等；Hale 和 Shrestha 等以美国典型的海军项目为调研对象，比较了 DB 项目和 DBB 项目哪一种在时间和成本方面更有优势，结果表明，DB 项目的绩效更好。

从 2000 年开始，有文献开始关注，当项目的承包模式不同时，形成的建筑供应链路径也不相同，由此决定的供应链节点企业之间关系的表现也不同。Hall, Holt 和 Graves 进行了私人主动融资（Private Finance Initiative，PFI）和设计—建造—融资—运营（Design-Build-Finance-Operate，DBFO）公司的研究，指出设计—建造—融资—运营（DBFO）是一种新兴的项目采购方式，甲方直接与 DBFO 公司签订合同，并给出了 DBFO 采购模式的供应链，如图 3-3 所示。研究范围不同，项目类别不同，其中的关系主体会有所改变，此图显示的是一个典型的 DBFO 公路项目中的主要关系。比如图中虚线中表示的是该文献的研究范围，而本研究则只关注图中的建筑公司、咨询工程师、建造分包商等之间的关系。

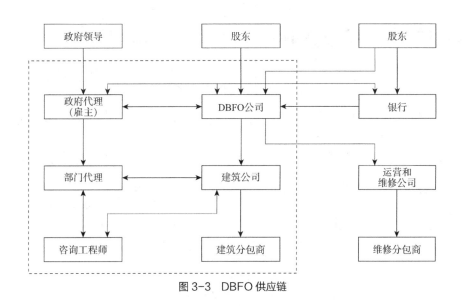

图 3-3 DBFO 供应链

Palaneeswaran，Kumaraswamy 和 Zhang 指出，常用的建筑供应链路径包括设计—招标—建造（Design-Bid-Build，DBB）、设计—建造（Design-Build，DB）、设计—建造—维修保养（Design-Build-Maintain，DBM）、设计—建造—运营（Design-Build-Operator，DBO）、建造—运营—移交（Build-Operator-Transfer，BOT）等，这些模式中，建筑供应链的路径是不同的，典型的建筑供应链联系的比较如图 3-4 所示。

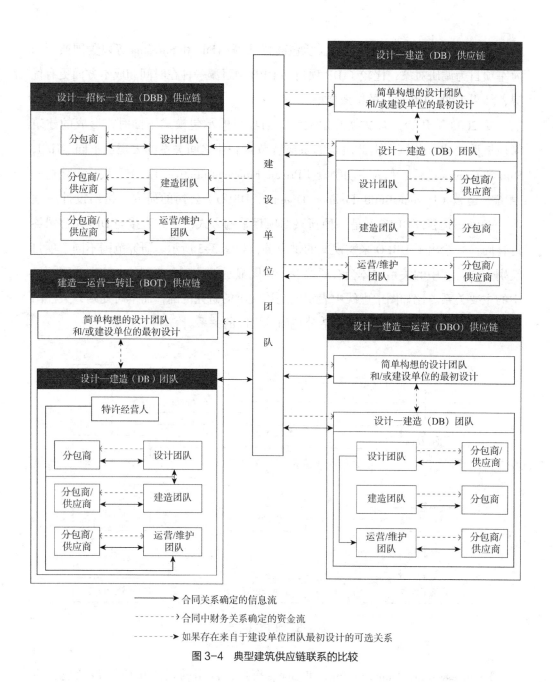

图 3-4 典型建筑供应链联系的比较

相对来讲，设计—招标—建造（DBB）是一种比较传统的项目承包模式，在我国应用范围很广。DBB 的项目承包模式涉及三个主要参与方，即业主、设计方和施工总包。DBB 承包模式的实施过程：①通过设计招标在设计开始时引入设计方（Architect/Engineer，A/E），签订设计合同；②设计方（A/E）实施设计过程，包括方案设计、初步设计和技术设计；③设计方（A/E）进行详细设计，即施工图设计,并且编制完整、规范的施工招标文件,包括工程图纸、技术规范以及合同文件等;④进行施工招标,与中标的施工总包签订施工合同,施工总包就施工对业主负责;工程项目即进入施工阶段,由施工总包视情况进一步选择分包商;⑤竣工验收后的设施管理阶段,由业主负责运行和维护。DBB 承包模式的关键是,在项目评估立项后,由业主选择设计单位进行设计,设计完成后由业主确定施工总承包商,视具体项目,业主可以同时选择多个施工总包方,施工总包也视具体情况选择分包商,分包商对施工总包商负责,施工总包商对业主负责。赵晓菲对国内外建筑供应链管理进行了比较研究,将供应链管理的思想融入 DBB 模式中,提出 DBB 模式中,业主在选择施工总承包商、分包商和供应商等的程序中,均以长期的战略合作为出发点,并以达到整个建筑供应链的效益最大化为目标。DBB 承包模式的建筑供应链如图 3-5 所示,由业主、设计单位、承包商、分包商、建筑材料供应商、劳务分包商等企业构成了供应链的主链;由监理单位、政府机构、金融机构等与承包商构成了建筑供应链的控制链,主要对项目的实施进行控制、监督和支持。在项目生命周期的不同阶段,业主分别选择设计单位、承包商、分包商,材料供应商或是业主选择,或是承包商选择,他们两两之间有不同的契约,彼此不构成联合体。而监理单位则代表业主实施对项目实施的全过程的监控。

近些年又蓬勃发展和广泛应用的项目承包模式是工程总承包模式,即 EPC 模式。EPC 是英文 Engineering(设计)、Procurement(采购)、Construction(施工)的缩写,该模式也称作"交钥匙工程(Turn-Key Project)""工程总承包"等,是指一个总承包商或者承包商联营体与业主签订承揽合同,并按合同约定对整个工程项目

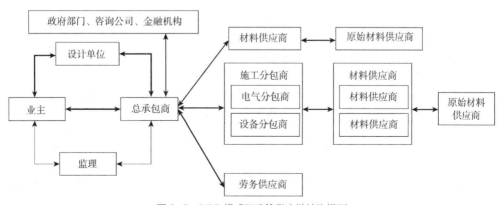

图 3-5 DBB 模式下建筑供应链结构模型

的设计、采购、施工、试运行（试车）等工作进行承包，实现各阶段工作合理交叉，紧密融合，并对工程的安全、质量、进度、造价等方面全面负责，工程验收合格后，由总承包商或者承包商联营体向业主移交工程，业主或业主代表管理工程的实施。EPC 承包模式的特点决定了其适用范围的有限性，该承包模式多集中在石油化工、制造业、交通运输和电力工业等领域的工程项目，这些项目具有以设计为主导、投资额巨大、技术复杂、管理难度大等特点。严格来讲，EPC 模式是设计—建造（DB）模式的变种。DB 模式的合同关系就是业主与设计—施工方，该设计—施工方既可以是单一实体，也可以是一个设计方或者施工总包牵头、多方参与的联合体。设计—施工方就项目的设计和施工整体对业主负责。但是，在 EPC 模式中，设计—施工的联合体还要负责采购，尤其是大型设备的采购，工程总承包商，即 EPC 的联合体，要负责整个工程项目的设计、采购、管理和协调分包商间的关系，EPC 的联合体共同为业主负责，为业主提供一个配备完善的设施，使业主"转动钥匙"即可开始使用。赵晓菲给出了 EPC 承包模式的建筑供应链结构，如图 3-6 所示，可见，在 EPC 承包模式的建筑供应链中，业主按照特定的评价标准选择合适的总承包商，将整个项目的立项、勘察、设计、施工、采购、试运行、竣工移交等全部过程交给总承包商完成，整个供应链以总承包商为核心企业，设计商、分包商、供应商等其他节点企业由总承包商进行选择。同时，监理单位会对整个项目实施过程进行监督。建筑企业与设计单位、供应商以及分包商是一个整体，为实现共同的目标而合作，以共同满足业主的需求。

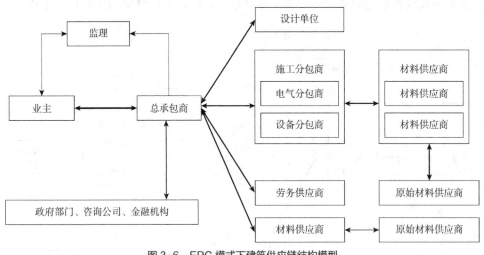

图 3-6　EPC 模式下建筑供应链结构模型

以上分析可见，涉及工程项目的承包模式（交付方式、采购方式）的文献比较少，这些文献主要涉及不同的承包模式的项目，其建筑供应链的路径不同。但是，没有进一步具体分析不同承包模式决定的建筑供应链结构不同所表现的项目相关方的关系特征，会对项目绩效有不同的影响。

2. 模型框架

在上述模型要素分析的基础上，结合本章的关键问题及当前相关研究的现状，提出如图 3-7 所示的概念模型。

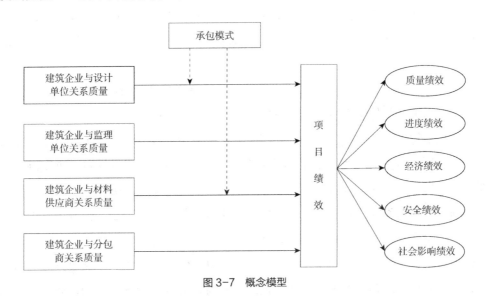

图 3-7 概念模型

该概念模型中，体现了建筑供应链关系质量对项目绩效的影响，并且，结合建筑供应链的特殊性，提出承包模式对这种影响的调节作用。其中，建筑供应链关系质量，具体表现为建筑企业与设计单位关系质量、建筑企业与监理单位关系质量、建筑企业与材料供应商关系质量、建筑企业与分包商关系质量，他们的维度均为交流、合作、适应性、关系氛围和信任，但是每一个关系质量中，这些维度的具体含义有所不同。项目绩效则用质量绩效、进度绩效、经济绩效、安全绩效以及社会影响绩效度量。

3.3.2 假设的提出

1. 建筑供应链关系质量对项目绩效的影响

（1）建筑企业与设计单位关系质量对项目绩效的影响

建设工程项目施工过程中，涉及技术交底、设计变更等问题，需要频繁的信息交换，如果建筑企业与设计单位的沟通顺畅、可以各种方式随时随地及时交流，建筑企业与设计单位均能很好地处理彼此之间的矛盾，双方都会考虑彼此的利益，就同一个项目对双方合作的前景有一个良好的预期，并在项目实施的过程中，双方已经适应了彼此的工作风格和办事方式，已经建立起一定的工作默契，积累了很多彼此打交道的知识和经验，双方合作很愉快，关系很密切融洽，彼此觉得都是值得信赖的，当项目实施中出现问题的时候，双方会积极主动地配合解决，设计单位在行业内也具有良好的信誉，这些因素对于建设工程项目能否按照既定的质量和进度目标完成，并且不超预算，能取得可观的利润，不发生或少发生重大安全事故，实施过程中不会对周围环境造成负面影响等项目绩效的顺利实现很重要。据此，提出以下假设：

H1：建筑企业与设计单位的关系质量对项目绩效有显著的正向影响。

（2）建筑企业与监理单位关系质量对项目绩效的影响

监理工程师即 FIDIC 条款中的工程师，我国从 20 世纪 90 年代中期开始，要求所有的项目必须实施监理。监理在项目实施过程中，总控项目的质量、进度以及合同和信息的管理，并负责协调各方面的关系，其地位与作用至关重要。监理单位派驻现场的监理工程师，是监理工作三控制（质量控制、进度控制、投资控制）和三管理（合同管理、信息管理、安全管理）工作的具体实施者，所以，如果建筑企业与监理单位能及时、主动地提供对方所需的信息，信息交换频繁，交流方式灵活多样，双方能彼此理解对方工作，考虑彼此的利益，合理地处理彼此的矛盾，对于双方合作的前景均有良好的预期，在项目实施过程中，双方已经适应了彼此的工作风格和办事方式，建立起一定的工作默契，积累彼此打交道的知识和经验，双方合作很愉快，关系密切融洽，彼此信赖，对于项目实施过程中出现的问题，双方均会积极主动地配合解决，监理单位在行业内也具有良好的信誉，这些对于监理工作能否顺利执行，项目能否按照既定的质量、进度、成本、利润、安全目标顺利实现，并减少项目实施中对社会的负面影响，有着直接的作用。据此，提出以下假设：

H2：建筑企业与监理单位的关系质量对项目绩效有显著的正向影响。

（3）建筑企业与材料供应商关系质量对项目绩效的影响

材料和设备的供应商供应的物资的质量，直接决定着建设工程项目的质量；材料和设备的价格，直接决定着建设工程项目的成本。如果建筑企业与材料、设备供应商能够及时、准确地提供对方所需的信息，信息交换是频繁的，交流方式多样，围绕着施工工艺流程的需要双方密切合作，出现材料和设备质量问题以及供应问题，不管是谁的责任，双方都会共同解决，对彼此的合作前景有一个良好的预期，已经适应了彼此的工作风格和办事方式，积累彼此打交道的知识和经验，供应商能根据建筑施工的技术方案提供合适的产品，双方合作很愉快，关系密切融洽，彼此信赖，在行业内有良好的信誉。这些都有利于供应商以合理的价格、合格的质量及时地供应工程项目实施中所需的各种材料和设备，以确保项目的绩效。据此，提出以下假设：

H3：建筑企业与材料供应商的关系质量对项目绩效有显著的正向影响。

（4）建筑企业与分包商关系质量对项目绩效的影响

分包商的应用在建筑业很普遍，苏菊宁、蒋昌盛指出，一个工程项目的90%的建筑工程量都由分包商施工的，而总包商逐渐趋于管理和协调；正如Tam和Shen等所述，一个单一的总包（Main Contractor）不可能处理所有相关的项目任务，建设工程项目交付在不同的阶段涉及不同的技术，而这些技术是有不同的组织管理的，越是大的项目，涉及层级越多的分包协议。在工程项目实施过程中，当项目规模比较大、某些分部分项工程需要专门的技术等的情况下，都需要将其中的部分分包出去，或者至少应该有劳务的分包。所以，分包商能否按时保质保量完成自己所分包的内容，是整个项目顺利实施的有效保障。总包与分包之间及时、主动地提供对方所需的信息，沟通顺畅，随时随地交流信息，及时处理工程施工中出现的问题及彼此的矛盾，双方有望在以后的项目中继续合作，并且双方在项目的实施中已经适应了彼此的工作风格和办事方式，建立起一定的工作默契，积累了彼此打交道的知识和经验，合作愉快，关系密切融洽，彼此信赖，在行业内信誉良好，这些对于选择合适的分包商，保障项目各方面绩效顺利实现起着关键的作用。所以，提出以下假设：

H4：建筑企业与分包商的关系质量对项目绩效有显著的正向影响。

2. 承包模式对建筑供应链关系质量对项目绩效影响的调节作用

模型中的承包模式用我国当前流行的EPC承包模式和DBB承包模式。如前所述，当承包模式不同的时候，建筑供应链的形式也是不同的，由此反映的建筑供应链相关方之间的关系特征也有所不同。

根据EPC承包模式的建筑供应链原理，业主按照特定的评价标准选择合适的总承包商，即EPC的联合体，完成整个项目的立项、勘察、设计、施工、采购、试运行、竣工移交等全部过程，所以，在该EPC联合体中，以总承包商为核心企业，设计商、分包商、供应商等其他节点企业均由总承包商进行选择，他们共同对业主负责。所以，在 EPC 承包模式的建筑供应链中，建筑企业与设计单位、材料供应商是一个联合体，所以，建筑企业与设计单位之间、与材料供应商之间的交流可能会更顺畅、信任程度会更深，关系氛围也会更好，彼此会更好地适应彼此的工作风格。

而在 DBB 承包模式下，业主则分别与设计单位、建筑企业签订合同，设备和材料的采购相对也是独立的，当业主选择的设计单位完成项目的设计以后，业主重新组织招标，选择建筑企业进行施工，材料和设备的采购视项目的具体情况，可能由业主采购，也可能由建筑企业采购，甚至设计单位参与采购，建筑企业、设计单位、材料供应商并不构成联合体，业主与他们两两之间签订契约，所以，相对于 EPC 承包模式，DBB 承包模式中的建筑企业与设计单位、建筑企业与材料供应商的交流的顺畅程度、信任程度以及关系氛围的融洽程度，都相对较低，也不会很好地适应彼此的工作风格。

不论在 EPC 承包模式还是在 DBB 承包模式中，监理单位均是业主选择的，会对整个项目实施过程进行监督。分包商是由总包确定的，不论是技术分包、还是劳务分包，分包均对总包负责。所以，不论哪种各承包模式，建筑企业与监理单位、与分包商的关系质量的表现基本没有差异。

根据以上分析，当承包模式不同的情况下，建筑企业与设计单位、材料供应商的关系的表现程度是有差异的，这种差异对于最终项目绩效能否顺利实现，有重要影响。所以，提出以下假设：

H5a：EPC 承包模式下，建筑企业与设计单位的关系质量对项目绩效的影响显著大于 DBB 承包模式下建筑企业与设计单位的关系质量对项目绩效的影响。

H5b：EPC 承包模式下，建筑企业与材料供应商的关系质量对项目绩效的影响显著大于 DBB 承包模式下建筑企业与材料供应商的关系质量对项目绩效的影响。

3.4 研究方法

3.4.1 变量测量

随着实证研究方法在管理研究中的应用越来越广泛，测量这一定量化的手段在管理学研究中的地位也越来越重要。测量就是指在一定的量纲上对测量对象赋值的过程，它是实证研究中问卷设计及数据分析的基础。本章中涉及 5 个主要变量，分别是建筑企业与设计单位的关系质量、建筑企业与监理单位的关系质量、建筑企业与材料供应商的关系质量、建筑企业与分包商的关系质量以及工程项目绩效。

1. 建筑供应链关系质量

相应地，建筑供应链关系质量包括建筑企业与设计单位的关系质量、建筑企业与监理单位的关系质量、建筑企业与材料供应商的关系质量、建筑企业与分包商的关系质量，均为B2B背景下的关系质量。建筑供应链关系质量的测量维度是一致的，均为交流、合作、适应性、关系氛围和信任，但是各个维度中根据关系质量的主体不同，其具体含义也有所不同。

（1）建筑企业与设计单位的关系质量

从项目开始施工到项目交付使用，自始至终贯穿着建筑企业与设计单位的关系质量。设计单位要对建设单位和建筑企业进行设计交底，建筑企业、设计单位、建设单位以及建立单位要一起进行图纸会审，在施工的过程中，设计单位还有代表解决施工中随时出现的问题，不论是设计单位原因，还是建设单位原因，或者是建筑企业的原因，设计变更在实际的项目施工中更是不可避免。这里的"交流"指的是建筑企业与设计单位之间的沟通是否顺畅，信息交换是否频繁以及双方是否可以随时随地进行信息沟通；"合作"则表现的是建筑企业与设计单位是否能很好地处理彼此之间的矛盾，能否会考虑彼此的利益，以及双方对于合作前景是否有良好的预期；"适应性"指的是建筑企业与设计单位在实施同一个项目的过程中是否已经适应了彼此的工作风格和办事方式，双方工作人员（同一个项目的工作人员）是否建立起一定的工作默契，以及双方在共同工作的过程中是否积累了彼此打交道的知识和经验；"关系氛围"指的是在对同一个项目工作和合作的过程中，设计单位项目代表和建筑企业项目部成员是否感觉愉悦，关系是否密切和融洽；"信任"则指的是双方是否彼此信赖处理问题的方式和结果，如果在项目实施的过程中出现了问题，双方是否会主动配合解决，是否在行业内有良好的信誉。

（2）建筑企业与监理单位的关系质量

监理单位的具体职责是三控制、三管理和一协调，"三控制"即质量控制、进度控制、投资控制，"三管理"即合同管理、信息管理和安全管理，"一协调"即项目利益各方的关系协调以及及时合理地处理各项问题。施工现场有监理单位派驻的专门的监理组织，由总监及各专业监理工程师组成。施工现场的监理组织与项目部组织分别代表监理单位和建筑企业，所以，相比之下建筑企业与监理单位的关系表现更为突出。具体来讲，建筑企业与监理单位的"交流"指的是建筑企业与监理单位能否及时、主动地提供对方所需的信息，双方信息交换是否及时频繁，交流方式是否多样及随时随地进行；"合作"指的是建筑企业与监理单位能否很好地处理彼此之间的矛盾，是否都会从彼此的利益出发考虑和解决问题，双方是否对彼此的合作前景有一个良好的预期；"适应性"指的是建筑企业与监理单位在项目实施的过程中，是否已经适应了彼此的工作风格和办事方式，是否已建立起一定的工作默契，是否已经积累了彼此打交道的知识和经验；"关系氛围"指的是双方合作的过程中感觉很愉快和融洽；"信任"指的是双方都觉得彼此是值得信赖的，如果在项目实施的过程中出现问题，彼此会积极配合解决，且在行业内均有良好的信誉。

（3）建筑企业与材料供应商的关系质量

材料和设备的供应是由设计方案决定的。在项目施工过程中，材料和设备供应是否及时，决定着项目是否都能按期完工；材料和设备的质量，决定着项目最终的质量和安全；材料和设备的价格，决定着项目最终的成本。应该说，在项目管理实践中，材料和设备的供应直接影响着项目的绩效。随着承包模式的不同，材料供应商和建筑企业、和设计单位、和监理单位均有直接或间接的关系。建筑企业与供应商的"交流"指的是供应商能否及时、主动地提供设备和材料的质量和价格等的信息，彼此信息交换是否及时，交流方式是否灵活多样；"合作"指的是供应商能否按照施工工艺流程的要求供应合适的产品，在材料和设备供应和使用的过程中，出现问题不论是谁的责任，双方都会共同来解决，彼此对双方合作的前景有一个良好的预期；"适应性"指的是双方在长期的交往中适应了彼此的工作风格和办事方式，积累了彼此打交道的知识和经验；"关系氛围"指的是双方合作过程中是否感觉愉快，关系是否密切融洽；"信任"指的双方是否认为彼此值得信赖，是否诚信及在行业内是否有良好的信誉。

（4）建筑企业与分包商的关系质量

正如 Tam 和 Shen 等所述，一个单一的总包（Main Contractor）不可能处理所有相关的项目任务，建设工程项目交付在不同的阶段涉及不同的技术，而这些技术是有不同的组织管理的，越是大的项目，涉及层级越多的分包协议。分包包括工程分包和劳务分包，一个建设工程项目实施过程中，分包不可避免。总包与分包的"交流"指的是双方都能及时、主动地提供对方所需的信息，沟通顺畅，方式多样，可以随时进行；"合作"指的是该分包商能及时处理总包提出的问题，彼此能很好地处理矛盾，对合作前景有一个良好的预期；"适应性"指的是总包与分包已经适应了彼此的工作风格和办事方式，彼此建立起一定的工作默契，积累了彼此打交道的知识和经验;"关系氛围"指的是总包与分包合作很愉快,关系密切融洽;"信任"指的是总包与分包觉得彼此值得信赖,在项目实施的过程中出现问题,彼此能够积极配合解决,且分包商在行业内具有良好的信誉。

2. 工程项目绩效

本章中,工程项目绩效从质量绩效、进度绩效、经济绩效、安全绩效和社会影响绩效几个方面测量。其中,"质量绩效"指的是项目中的检验批、分部分项工程和单位工程一次检验合格率高,不发生或少发生重大质量事故,返工率低;"进度绩效"指的是项目能够按时开竣工甚至提前完工;"经济绩效"指的是项目实施中工程量不会超过消耗量定额,利润高;"安全绩效"指的是工程项目实施过程中未发生或少发生人员伤亡事故;"社会影响绩效"指项目是否有获奖的目标(争取获得鲁班奖、长安杯、雁塔杯等奖),在项目实施的过程中,不会对周围环境造成噪声、粉尘等污染,不会因为各种原因被投诉,施工现场符合文明工地的标准和要求。

3.4.2 样本选择及数据收集

1. 问卷设计

(1) 项目来源

本章的研究获得国家自然科学基金项目"客户服务的关系质量与顾客满意研究"(项目编号:70472037)和"质量管理实践对企业绩效的影响机理及其动态评估研究"(项目编号:70672056)的资助,结合建筑业以及建筑产品的特点,致力于从理论上和实践上探索、分析和解决建筑工程项目绩效的问题。明确在不同的承包模式下,各个相关方的关系结构特征,进而探索建筑企业与其他相关方的关系质量的维度对项目绩效的影响途径和影响方式,建立更加符合我国当前建筑市场特点的项目各个相关方的关系,以期更好地为我国建筑企业提高建筑工程项目绩效提供参考和借鉴。

(2) 问卷设计过程

采用现有的、经过检验的量表是当前实证研究中非常普遍的做法,该方法在有效地利用现有研究成果,同时还能与以往研究成果进行比较。本章在问卷设计所采用的"关系质量"的量表来源于国外学者成熟的研究成果。原始量表(一般都是英文量表)是根据当地国家、企业的背景而开发出来的,因此直接采用这种英文量表测量情境化的问题。

为了确保测量的信度及效度,"关系质量"测度部分主要采用国外现有文献已使用过的量表，再根据研究的目的加以适当调整，作为收集实证数据的依据。问卷先由英语翻译成汉语，然后再从汉语翻译回到英语并与原问卷量表进行对比，这一过程保证了问卷设计及用词上的恰当性。

首先，从国外已经发表的高水平文献中查找前人使用过的，并被证明是有效的量表；其次，如果不能找到恰当的指标，则根据现有文献中对该变量或类似变量的讨论，归纳出该变量的主要特征作为度量；最后，对于那些来源于国外背景下的测量指标，我们在不改变原意的前提下，在翻译表达上和陈述方式上进行一定的调整。

初始问卷设计完成后，选择了有经验的建筑企业、监理单位以及房地产企业的人员进行访谈，以此检验设计的量表在是否有意义。在此过程通过向调查对象解释变量和具体测量项目的含义，来了解调查对象是否能够理解这些变量的含义、是否理解具体测量项目所描述的问题、是否与该问题描述的工作相关或是否经历过该问题描述的类似的现象。通过访谈，对语言和措辞进行了修订，调整了难以理解的问题，删除了不适用的问题。

上述两种方法有效地解决了本章中测量情境化的问题，保证了本章问卷测量的准确性。本章的主要变量，我们采用李克特 5 级量表（5-point Likert-type Scale）进行测量。对问卷中有关看法、态度或行为表现等主观判断的题目，要求被试者依据直观感觉来打分，不需要仔细斟酌推敲。数字从 1 到 5，数字越小表示"不同意"或"不符合"的意味越强，数字越大表示"同意""是""符合"等肯定的意味越强。采取主观打分的方式进行测量便于测量那些难以用客观数字描述的感知等变量，并且对某个变量的测量更加全面和具有可比性。"建筑供应链关系质量"中的 4 个 B2B 关系质量均用交流、合作、适应性、关系氛围和信任 5 个维度来测量，但是其内容和含义有所区别。问卷来源及内容见表 3-6。

问卷来源及内容　　　　　　　　　表3-6

变量	测量项目	来源
交流	沟通顺畅、信息交换频繁、交流方式多样	Fynes B；Fynes
合作	处理彼此矛盾、考虑彼此利益、合作前景预期	Fynes B；Fynes；Woo
适应性	适应彼此工作风格、建立工作默契、打交道的知识和经验	Fynes；Woo
关系氛围	共同工作愉快、关系密切、关系融洽	Woo
信任	值得信赖、主动配合解决问题、行业内信誉良好	Fynes B；Fynes

"项目绩效"部分的问卷设计中,在查阅国内外相关文献的基础上,深度访谈了建筑企业、监理公司等资深的项目负责人士,经过多次访谈,研究者用关键词分类法,根据调查记录得到的信息,分析调查对象想要表达的真正含义,对其进行大概的分类。然后将此分类交由调查对象检查,再次一起讨论分类的正确性。经过反复的讨论,并且沿用已有文献的概念,我们确定"质量绩效""进度绩效""经济绩效""安全绩效""社会影响绩效"几类数据来测量项目绩效。对随机抽取的部分问卷,做了探索性因子分析,采用主成分分析法、最大方差旋转抽取公因子,删除了在几个因子上载荷都不显著的问项,最终保留了14个问项,作为项目绩效的测量问卷。项目绩效的探索性因子分析结果见表3-7。

项目绩效的探索性因子分析　　　　表3-7

变量	因子				
	质量绩效	进度绩效	经济绩效	安全绩效	社会影响绩效
Quality1	0.198	0.192	0.738	0.289	0.191
Quality2	0.216	0.123	0.804	0.268	−0.050
Quality3	0.476	0.404	0.502	0.149	−0.119
Time1	0.712	0.172	0.187	0.223	0.118
Time2	0.818	0.158	0.217	0.157	0.095
Time3	0.732	0.186	0.082	0.044	0.432
Economic1	0.493	0.339	0.178	0.125	0.521
Economic2	0.282	0.131	−0.006	0.085	0.852
Safety1	0.144	0.125	0.303	0.812	0.168
Safety2	0.201	0.229	0.268	0.769	−0.012
Environment1	0.110	0.704	0.360	−0.013	0.262
Environment2	0.068	0.537	0.403	0.211	0.421
Environment3	0.310	0.653	−0.031	0.419	0.200
Environment4	0.329	0.775	0.120	0.223	−0.036

注:表中灰底内容表示两因子间相关性强烈。

(3)问卷构成

本章的研究进行了大规模的问卷调查。通过前期的文献检索,相关概念模型的构建以及与从事建设工程项目的经验丰富的同仁们的多次请教与切磋的基础上,我们设计了建筑供应链关系质量对项目绩效的影响的调查问卷。问卷属于半开放式的。调查问卷共分4个部分：

1）问卷第一部分为被调研者的一些基本信息，包括年龄、从事项目的年限、当前从事项目的主要承包模式、项目类别。不在选项范围内的承包模式以"其他模式"出现以供被调研者手写。按照我国建造师考试的专业领域，问卷提供的项目类别是14种，包括房屋建筑、公路工程、铁路工程、民航机场、港口与航道工程、水利水电工程、电力工程、矿山工程、冶炼工程、石油化工、市政公用、通信与广电工程、机电安装工程、装饰装修工程。

2）问卷第二部分是"关系质量的度量"，分别测量建筑企业与设计单位、建筑企业与监理单位、建筑企业与材料供应商、建筑企业与分包商的关系质量。每个关系质量分别用交流、合作、适应性、关系氛围和信任测量。此部分问题共计60个。

3）问卷第三部分是项目绩效的度量。建设工程项目的绩效从质量绩效、进度绩效、经济绩效、安全绩效以及社会影响绩效5个方面测量，问题共计14个。

4）问卷第四部分属于开放式的，由被调研者填写哪些方面的关系还会影响建设工程项目的绩效。

2. 样本的确定

调查问卷的发放对象是建筑企业项目部的成员，包括项目经理和技术员、安全员、质量员和材料员四大员。考虑到建设工程项目的分散性，并且为了保证样本的数量，本章的研究调研基于建筑企业的角度，发放对象多元化：①建筑企业项目部成员；②建筑企业有项目经验但是目前不一定在项目部的；③曾经在建筑企业做过项目，但是现在不属于建筑企业职工，属于监理单位、房地产企业或者其他相关企业的。这样从多方面保证了样本的丰富性和调研的效率。

3. 调研过程

为了保证调研的效率，问卷制作了纸质和电子两种形式，纸质问卷直接通过各种途径发放给各个领域的建筑企业，电子问卷与纸质问卷内容一致，但是做了处理，被调研者可以直接点击答案作答，电子形式问卷主要采用E-mail形式给相关人员发放，问卷还上传至某些企业网站上，供被调研者下载作答。

本次调研范围广，时间长，预调研从2009年12月到2010年1月，根据预调研的结果，调整问卷，充实完善，于2010年1月至2010年7月间进行实际的调研。7个多月的时间，积极克服建筑企业项目分散给问卷发放所带来的困难，通过各种途径发放问卷。给建筑企业、监理公司、房地产公司、工程硕士等各个同仁联系，直接或间接将问卷发放给调研对象。

4. 样本的基本特征

本次调研共印制纸质问卷 1200 份，回收 550 份，电子问卷回收 232 份，总共回收问卷 782 份，删除数据严重缺失的问卷以及明显不符合要求的问卷，共计有效问卷 632 份。筛选出 EPC 承包模式的问卷 315 份，DBB 承包模式的问卷 232 份，所以最终研究所用问卷为 547 份。

问卷发放范围涉及中国建筑集团有限公司、中国石油天然气股份有限公司长庆油田分公司、中国一冶集团有限公司、中国电力建设股份有限公司、核工业华东建设工程集团有限公司、陕西建工集团股份有限公司、山东省公路桥梁建设集团有限公司、广东广建项目管理有限公司、四川公路工程咨询监理有限公司、四川攀峰路桥建设集团有限公司、浙江鼎盛交通建设有限公司、西安远洋建设工程有限公司渭南高新分公司等。

调研范围尽可能全面涉及问卷中所涉及的所有工程类别。总体来说，问卷回收率比较低，是因为建筑企业项目比较分散、工作条件比较差等原因所致。

3.4.3 结构方程模型分析

在心理学、行为科学、社会科学及管理研究等领域，经常需要同时处理多个因变量之间的多个因果关系，也经常需要对潜变量，即不可直接观测的变量进行研究，结构方程模型（Structural Equation Modeling, SEM）的发展和应用，很好地解决了这些传统统计方法力所不及的问题。SEM 是验证性因子分析，多元回归分析以及路径分析的组合，SEM 与传统多元统计方法相比具有如下优点：①可以估计多元和相互联系的依赖关系；②可以显示关系中的潜变量，修正估计过程中的测量误差；③可以定义一个模型解释关系中的所有设置。

结构方程模型（Structural Equation Modeling, SEM）是一种基于因果推理的因果模拟方法，能够在调查数据的基础上用外生变量预测内生变量，或者用数据证实外生变量和内生变量间的关系。SEM 能够在考虑测量误差的情况下模拟外生潜变量和内生潜变量的关系，正是其被广泛应用于心理学、行为科学、社会科学和管理研究领域的重要原因。SEM 由一个测量模型和一个结构模型组成。测量模型包含了验证性因子分析，考虑从因子分析中获取的潜变量如何被观测变量表现；结构模型反映了多元回归分析和路径分析，模拟了潜变量和最终结果的关系。根据这些变量是否影响或被其他因素影响，可将变量分为外生变量和内生变量，外生变量指的是影响其他变量的自变量，内生变量指的是一个直接或间接被其他变量影响的变量。一个典型的 SEM 是以外生潜变量、内生观测变量组合在一起的形式表现的。SEM 最大的优势在于其潜变量层的理论解释能力。测量模型的一般形式如下：

$$x = \Lambda_x \xi + \delta \quad (3-1)$$

$$y = \Lambda_y \eta + \varepsilon \quad (3-2)$$

式中　ξ——外生潜变量；

　　　η——内生潜变量；

　　　x——外生潜变量 ξ 的观测变量；

　　　y——内生潜变量 η 的观测变量；

　　　Λ_x——观测变量 x 和潜变量 ξ 间的系数；

　　　Λ_y——观测变量 y 和潜变量 η 间的系数；

　　　δ——外生观测变量 x 的测量误差；

　　　ε——内生观测变量 y 的测量误差。

1. 验证性因子分析

获取样本数据后，需要用验证性因子分析（CFA）来验证以前提出的概念模型是否恰当。这里的验证性因子分析仅处理测量指标与潜变量之间的关系，而潜变量之间的关系仅以相关系数来处理，不涉及具有方向性的预测关系的参数估计。一阶验证性因子分析如图 3-8 所示。

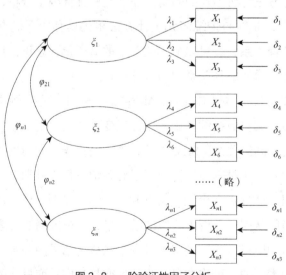

图 3-8　一阶验证性因子分析

在进行验证性因子分析时，为了使潜变量具有相同的单位，将每个潜变量的方差设定为1，潜变量的协方差矩阵进行自由估计。每个测量指标仅受一个潜变量的影响，而残差δ自由估计且残差之间相互独立。数据与测量模型的拟合程度由以下参数来评估：近似均方根残差（RMSEA）、拟合优度指数（GFI）、调整后的拟合优度指数（AGFI）、比较拟合指数（CFI）、规范的拟合指数（NFI）、增量拟合指数（IFI）、相对拟合指数（RFI）。

根据理论建构的需要，可以进行高阶验证性因子分析。在本章中，我们进行了关系质量和项目绩效的二阶验证性因子分析。在进行二阶因子检验之前，首先需要检查一阶因子之间的相关性，若一阶因子间相关很弱，就不需要建立二阶因子。本章中关系质量及项目绩效的一阶因子之间具有很高的相关系数，因而有必要进一步验证二阶因子的合理性。二阶验证性因子分析如图3-9所示。

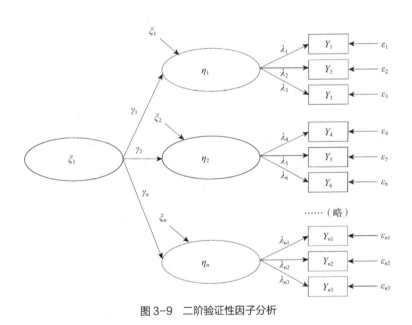

图3-9 二阶验证性因子分析

二阶验证性因子分析模型设定与检验方法与一阶因子模型基本相同。

2. 调节效应的检验

如果因变量Y与自变量X的关系受到变量M的影响，则称M为调节变量。也就是说，Y和X的关系因M而异，M可影响Y与X之间关系的方向（正或负）或强弱。调节效应示意图如图3-10所示。

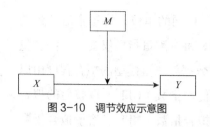

图3-10 调节效应示意图

调节效应意味着两个变量间的因果关系会随着调节变量而变化。从统计上讲应该测量存在调节变量的情况下自变量对因变量的不同影响。测量调节效应的方法依赖于自变量和调节变量的类型，Baron和Kenny将调节效应的检验分为4种类型：①调节变量和自变量都是类别变量；②调节变量是类别变量而自变量是连续变量；③调节变量是连续变量而自变量是类别变量；④调节变量和自变量都是连续变量。

（1）调解变量和自变量都是类别变量

在这种情况下，作为二分变量的自变量对因变量的影响会随着调节变量的取值而发生改变。对这种类型的调节效应可以采用2×2方差分析的方法进行检验。

（2）调节变量是类别变量而自变量是连续变量

传统的测量方式是在调节变量不同的取值下，分别测量自变量与因变量的相关关系，然后比较调节变量不同的取值下两组关系的差异。该方法存在明显的不足：首先，该方法假设在调节变量不同的取值下自变量的方法一样；其次，当因变量的总测量误差是调节变量的函数时，可能会导致虚假的调节效应。

由于相关分析具有上述局限性，而回归系数则不受自变量方差和因变量测量误差的影响，因此学者们建议采用回归分析来检验调节效应，通过检验回归方程系数的差异来判断是否存在调节效应。即使采用回归分析，当因变量测量存在误差时，仍然可能使结论产生偏差。因此当前更多的研究建议采用结构方程的分组模型来检验调节效应。具体方法为：将两组的结构方程回归系数限制为相等得到一个卡方（χ^2）和相应的自由度（df）；然后去掉该限制，得到一个新的卡方（χ^2）和相应的自由度（df）。判断χ^2变化是否显著，如果χ^2变化显著，则说明存在调节效应。

（3）调节变量是连续变量而自变量是类别变量

在这种情况下，由于调节变量有很多取值，很难通过数据估计自变量的变化和调节变量的函数关系，因此必须事先知道调节变量如何影响自变量。自变量和因变量的关系存在三种类型，如图3-11所示。

1）线性关系

线性关系可以通过交互效应的检验方法来验证，即在自变量和因变量的回归方程中加入自变量和调节变量的乘积项。假设Y是因变量，X是自变量，Z是调节变量，即用X、Z和建立因变量Y的回归方程。

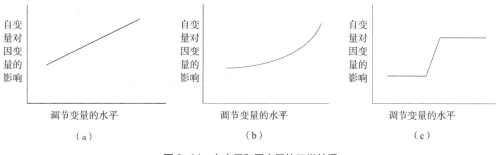

图 3-11 自变量和因变量的三类关系
(a) 线性关系;(b) 二次关系;(c) 阶跃关系

2) 二次关系

二次关系可以通过分层回归的方式,在回归方程中分别加入自变量和调节变量的乘积项、调节变量的平方项以及自变量和调节变量平方项的乘积项,即用 X、Z、XZ、Z^2 和 XZ^2 建立因变量 Y 的回归方程。

3) 阶跃关系

阶跃关系可以按照第一种类型,通过方差分析的方法检验。

(4) 调节变量和自变量都是连续变量

当自变量和因变量的关系是阶跃关系时,首先需要确定在调节变量取何值时自变量和因变量的关系会发生阶跃,然后根据该值将调节变量看作二分变量,可以将问题转化为调节变量是类别变量而自变量是连续变量的调节效应问题。

当自变量和因变量的关系是线性关系或二次关系时,可以采用回归分析的方式。

上述方法针对的都是当调节变量是显变量的情况,而当调节变量是潜变量时,需要计算调节变量的潜变量得分。当前研究中计算潜变量得分的方法主要有以下几种:

1) 简单加权平均法。该方法将潜变量测量指标的平均值作为潜变量的得分,最大的问题就是忽略了变量的测量误差,此外将各测量指标的重要性看作一样。

2) 因子荷载法。该方法对观测变量进行探索性因子分析,将因子得分作为潜变量的得分。该方法尽管考虑了各测量指标的重要性,但同样忽略了变量的测量误差。

3) 两步最小二乘法。该方法由 Bollen 和 Paxton 提出,通过多次最小二乘法进行分析,但由于每一次都只利用了部分信息,并且用预测值代替潜变量得分,因此得知检验能力和精度较低。

4）结构方程模型方法。该方法由 Jöreskog 等提出，利用结构方程模型计算潜变量得分，最大的优势就是考虑了测量误差，同时能够保证潜变量和潜变量得分具有相同的协方差矩阵。

此外，在结构方程模型的基础上，还有学者提出利用带乘积项的结构方程模型来处理调节变量是潜变量的调节效应。

3.5 实证分析与结果

3.5.1 数据质量分析

1. 共同方法偏差检验

对于问卷调研方法，通常可能会出现两种偏差而影响样本的可靠性。一是未回应偏差，二是共同方法偏差。未回应偏差（Non-Respondent Bias）是由于所收回的样本与所考察的样本总体在数据分布上存在差异，从而导致回收的样本无法代表总体特征。本次调研中，问卷有主动返回的，还有催收之后回收的。将催收后所回收之问卷视为"无回应"问卷，并将之与未催收前所回收之问卷相比较，使用 T 检验来检验两次回收问卷在各问题上是否有显著差异（$p < 0.05$）。因此我们将 547 份最终问卷按照时间分为两部分，一部分是 2010 年 5 月 31 日前回收的样本 409 份，另一部分是 2010 年 6 月以后回收的 138 份问卷。通过对第一部分的关键变量和第二部分的关键变量进行对比，以检验这两部分样本是否属于同一个样本总体。T 检验的结果表明这两个群体之间没有存在显著的统计差异。

本章中有些问卷来自于同一项目的项目部成员，这样就有可能会产生同源偏差（Same Source Bias）或共同方法变异（Common Method Variance，CMV）。实证研究中的测量误差对研究结论的有效性具有重要影响，而共同方法偏差作为测量误差的一种主要来源在现有研究中得到了研究者的关注。在现有研究中，共同方法偏差也称为"Common Method Biasis，CMB"或"Common Method Variance，CMV"。一般认为共同方法偏差是因为同样的数据来源或评分者、同样的测量环境、问题语境以及问题本身特征所造成的预测变量与效标变量之间人为的变异，因此共同方法偏差被认为是一种系统性的测量误差。

为了消除或降低共同方法偏差，现有研究提供了两类控制方法：①程序控制，指在研究设计与测量/调查过程中所采取的控制措施，例如从不同来源测量预测变量和效标变量，对测量进行时间上、空间上、心理上、方法上的分离，匿名调查，改变问题的顺序以及改进量表等；②统计控制，在研究过程中采用统计方法消除/降低共同方法偏差的影响，或者检验共同方法偏差的影响程度。本章在问卷设计和调查过程中同样考虑了共同方法偏差的控制问题。首先，本次调查允许调查对象匿名填写问卷，其次在调查中告知调查对象问卷中所有问题没有对错之分，确保他们如实填写问卷。

此外，还采用了 Harman 单因素模型（Harman's Single-Factor Test）检验共同方法偏差的影响。Harman 单因素模型基本思想是在下列两种情况下存在严重的共同方法偏差：①未旋转的探索性因子分析（Exploratory Factor Analysis，EFA）能够析出一个公因子；②一个公因子解释了变量的大部分变异。Harman 单因素模型检验的基本程序是：首先假定所有的问项通过 EFA 可以形成一个因子，然后利用验证性因子分析（Confirmatory Factro Analysis，CFA）验证 EFA 形成的单因素模型是否存在。如果经过 CFA 检验单因素模型确实存在，则说明共同方法偏差比较严重；否则，说明共同方法偏差并不严重，不会影响研究结论。

本章在问卷设计和调查过程采取的程序控制的基础上，利用 Harman 因素模型检验共同方法偏差的影响。通过结构方程模型的 CFA（采用结构方程分析软件 LISREL 8.7），单因素模型的拟合结果为：卡方（Chi-Square，χ^2）为 20519.88，自由度（Degrees of Freedom，df）为 2627，近似均方根误差（Root Mean Square Error of Approximation，RMSEA）为 0.11，比较拟合指数（Comparative Fit Index，CFI）为 0.96，非范拟合指数（Non-Normed Fit Index，NNFI）为 0.96，拟合优度指数（Goodness of Fit Index，GFI）为 0.50，调整后的拟合优度指数（Adjusted Goodness of Fit Index，AGFI）为 0.40，残差均方根（Root Mean Square Residual，RMR）为 0.69。从拟合结果可以看出，单因素模型不能被接受，因此共同方法偏差不会对本研究造成很大影响。

2. 因子变量的信度分析

信度（Reliability），即可靠性，指的是测量工具与能够真实测量该问题的测量工具的相关程度，它反映了测量可靠性和稳定性。信度一般通过内部一致性系数，也称克隆巴赫 α 系数（Cronbach's Alpha 系数）进行度量和检验。通常情况下，内部一致性系数应等于或大于 0.7，则认为该因子变量具有较高的可靠性。本章将 Cronbach's Alpha 系数大于 0.7 作为因子变量可靠性的判断标准。本章调查数据的描述性统计分析结果见表 3-8（采用统计分析软件 SPSS14.0）。从表 3-8 可以看出，本章采用的 25 个潜变量（4 个关系质量，每个 5 个潜变量，共计 20 个；项目绩效也有 5 个潜变量），这些潜变量的 Cronbach's Alpha 系数都在 0.763~0.893，只有经济绩效的 Cronbach's Alpha 系数低于 0.7，为 0.636，但也属于可以接受范围。说明本章采用的量表信度较好。

描述性统计分析　　　　　　　　　　　　　表3-8

变量及其测量		均值（Mean）	标准差（SD）	Cronbach's Alpha
建筑企业与设计单位关系质量的度量				
交流	COMM1	4.0898	0.7852	0.805
	COMM2	3.9342	0.8469	
	COMM3	3.9196	0.9361	
合作	COOP1	3.9470	0.8723	0.792
	COOP2	3.9562	0.8760	
	COOP3	3.9983	0.8310	
适应性	ADAP1	3.9818	0.7843	0.773
	ADAP2	3.9413	0.8031	
	ADAP3	4.0888	0.8095	
关系氛围	ATMO1	3.9912	0.7643	0.839
	ATMO2	3.9396	0.8967	
	ATMO3	4.0183	0.8140	
信任	TRUST1	3.9303	0.8313	0.861
	TRUST2	3.9487	0.8629	
	TRUST3	4.0058	0.8176	
建筑企业与监理单位关系质量的度量				
交流	COMM1	4.1901	0.6998	0.804
	COMM2	4.1384	0.6962	
	COMM3	4.1125	0.7800	
合作	COOP1	4.0407	0.7573	0.763
	COOP2	4.0281	0.7898	
	COOP3	4.0332	0.7696	
适应性	ADAP1	4.1162	0.7604	0.800
	ADAP2	4.0793	0.7258	
	ADAP3	4.1197	0.7253	

续表

变量及其测量		均值（Mean）	标准差（SD）	Cronbach's Alpha
关系氛围	ATMO1	3.9840	0.8016	0.858
	ATMO2	3.9634	0.8066	
	ATMO3	4.0300	0.7839	
信任	TRUST1	4.0187	0.7630	0.809
	TRUST2	4.0061	0.8041	
	TRUST3	4.0487	0.7665	
建筑企业与材料供应商关系质量的度量				
交流	COMM1	4.1183	0.7685	0.832
	COMM2	4.0303	0.7745	
	COMM3	4.0741	0.8676	
合作	COOP1	4.0688	0.7756	0.821
	COOP2	4.0169	0.8264	
	COOP3	4.0149	0.8341	
适应性	ADAP1	3.9546	0.8186	0.775
	ADAP2	4.0907	0.7828	
	ADAP3	4.0246	0.8195	
关系氛围	ATMO1	4.0042	0.8581	0.893
	ATMO2	3.9322	0.8921	
	ATMO3	3.9912	0.8419	
信任	TRUST1	3.8865	0.9007	0.867
	TRUST2	3.8850	0.9315	
	TRUST3	3.9197	0.7989	
建筑企业与分包商关系质量的度量				
交流	COMM1	4.0611	0.6915	0.809
	COMM2	4.0859	0.7228	
	COMM3	4.0695	0.7349	
合作	COOP1	3.9690	0.7745	0.825
	COOP2	3.9608	0.7489	
	COOP3	3.9762	0.8072	
适应性	ADAP1	3.9854	0.7486	0.817
	ADAP2	3.9954	0.7363	
	ADAP3	4.0936	0.7106	

续表

变量及其测量		均值（Mean）	标准差（SD）	Cronbach's Alpha
关系氛围	ATMO1	3.9589	0.7752	0.869
	ATMO2	3.8720	0.8507	
	ATMO3	3.9561	0.7631	
信任	TRUST1	3.9305	0.8180	0.824
	TRUST2	4.0097	0.7513	
	TRUST3	3.9813	0.7473	
工程项目绩效的度量				
质量绩效	Quality1	4.3095	0.6989	0.779
	Quality2	4.3736	0.6316	
	Quality3	4.2815	0.7420	
进度绩效	Time1	4.1776	0.8642	0.812
	Time2	4.0678	0.9745	
	Time3	3.7360	1.1290	
经济绩效	Economic1	3.9802	0.9226	0.636
	Economic2	3.7555	1.0931	
安全绩效	Safety1	4.3150	0.6977	0.763
	Safety2	4.3772	0.7036	
社会影响绩效	Environment1	4.0999	0.8840	0.805
	Environment2	4.2165	0.7443	
	Environment3	4.1792	0.7873	
	Environment4	4.2724	0.7393	

3. 建筑供应链关系质量与项目绩效的二阶因子分析

本章建筑企业与设计单位的关系质量、建筑企业与监理单位的关系质量、建筑企业与材料供应商的关系质量、建筑企业与分包商的关系质量以及工程项目绩效均用了5个潜变量，分别是交流、合作、适应性、关系氛围和信任，以及质量绩效、进度绩效、经济绩效、安全绩效和社会影响绩效。这些潜变量又可以分别通过一系列的测量项目来测量。因此，从测量方法上讲，建筑企业与设计单位的关系质量、建筑企业与监理单位的关系质量、建筑企业与材料供应商的关系质量、建筑企业与分包商的关系质量以及工程项目绩效在本次研究中是一个二阶因子。在进行量表的效度评价和模型的假设检验之前，需要利用实证调查数据分别检验这几个变量是否是一个二阶因子。

本章采用结构方程模型分析软件 LISREL 8.70，通过验证性因子分析（CFA）进行二阶因子分析。本章采用 7 个拟合指标参数衡量样本数据与因子模型的拟合程度。第一个参数是卡方统计量与自由度的之比（χ^2/df），普遍接受的标准是此参数在 2∶1 与 3∶1 之间，模型与数据的拟合程度是可以接受的。但卡方统计量的缺点是易受样本规模的影响，随着样本规模的增大卡方统计量也会变大，因此美国统计学家 Wheaton 等部分学者认为卡方值与自由度之比在 5∶1 左右，表明模型与数据的拟合程度即可以接受。本研究主要根据近似均方根残差（RMSEA）、拟合优度指数（GFI）、调整后的拟合优度指数（AGFI）、比较拟合指数（CFI）、规范的拟合指数（NFI）、增量拟合指数（IFI）、相对拟合指数（RFI）等参数衡量模型与数据的拟合程度。学术界普遍认为，RMSEA 小于 0.05，GFI、AGFI、CFI、NFI、IFI、RFI 大于 0.90，表明模型与数据拟合程度很好。

（1）建筑供应链关系质量的二阶因子分析

将建筑供应链关系质量中的建筑企业与设计单位关系质量、建筑企业与监理单位关系质量、建筑企业与材料供应商关系质量、建筑企业与分包商关系质量分别作为一个二阶因子模型，通过 CFA 对构建的二阶因子模型进行检验。建筑企业与设计单位关系质量、建筑企业与监理单位关系质量、建筑企业与材料供应商关系质量、建筑企业与分包商关系质量的二阶因子模型的拟合结果见表3-9。从模型拟合结果可以看出，建筑供应链关系质量中的各个二阶因子模型均可以接受，可以将建筑企业与设计单位关系质量、建筑企业与监理单位关系质量、建筑企业与材料供应商关系质量、建筑企业与分包商关系质量分别看作是由"交流""合作""适应性""关系氛围"和"信任"构成的二阶因子。拟合后的建筑企业与设计单位关系质量、建筑企业与监理单位关系质量、建筑企业与材料供应商关系质量、建筑企业与分包商关系质量的二阶因子模型分别如图 3-12~图 3-15 所示。

建筑供应链关系质量二阶因子模型拟合结果　　　　表3-9

潜变量	二阶因子模型拟合结果						
	χ^2	df	RMSEA	CFI	NNFI	GFI	AGFI	RMR
建筑企业与设计单位关系质量	369.24	85	0.078	0.98	0.98	0.92	0.88	0.035
建筑企业与监理单位关系质量	326.49	85	0.072	0.98	0.98	0.93	0.90	0.038
建筑企业与材料供应商关系质量	318.80	85	0.071	0.99	0.98	0.93	0.90	0.032
建筑企业与分包商关系质量	358.13	85	0.077	0.98	0.98	0.92	0.89	0.040

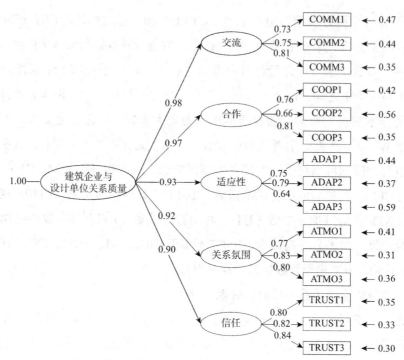

图 3-12　建筑企业与设计单位关系质量的二阶因子分析

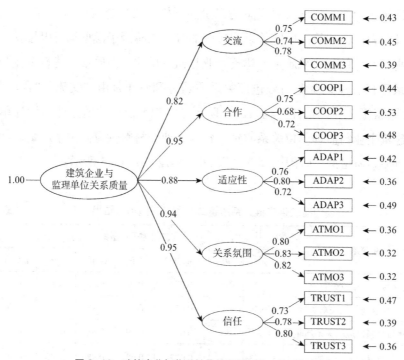

图 3-13　建筑企业与监理单位关系质量的二阶因子分析

3 建筑供应链关系质量对项目绩效的影响研究

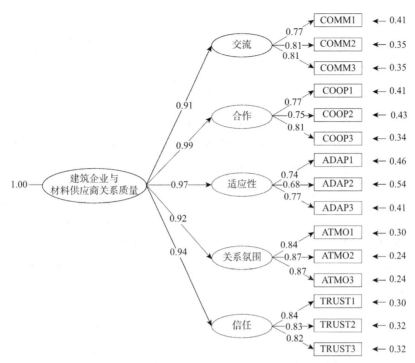

图 3-14 建筑企业与材料供应商关系质量的二阶因子分析

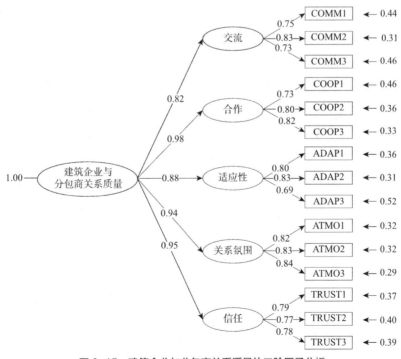

图 3-15 建筑企业与分包商关系质量的二阶因子分析

（2）工程项目绩效的二阶因子分析

将工程项目绩效作为一个二阶因子模型，通过 CFA 对构建的二阶因子模型进行检验。工程项目绩效的二阶因子模型的拟合结果为：$\chi^2 = 449.35$，$df = 72$，RMSEA = 0.098，CFI = 0.96，NNFI = 0.95，GFI = 0.89，AGFI = 0.85，RMR = 0.058。从模型拟合结果可以看出，工程项目绩效的二阶因子模型可以接受，可以将工程项目绩效看作是由"质量绩效""进度绩效""经济绩效""安全绩效"和"社会影响绩效"构成的二阶因子。拟合后的工程项目绩效的二阶因子模型如图 3-16 所示。

4. 因子变量的效度分析

效度（Validity），即有效性，指测量工具或手段能够准确测出目标事物的程度。因子变量的效度分析包括内容效度（Content Validity）与结构效度（Construct Validity）分析两个方面。目前实证研究中效度的评价通常采用验证性因子分析（CFA）。如前

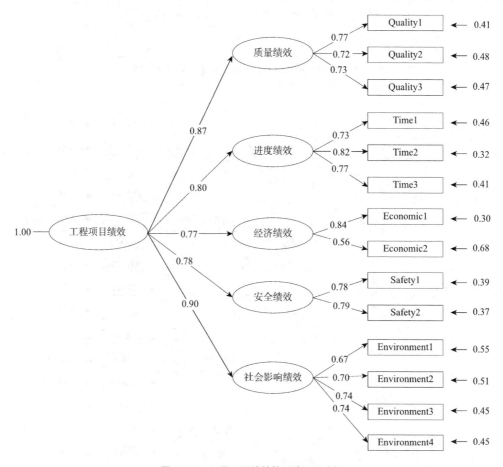

图 3-16　工程项目绩效的二阶因子分析

所述的概念模型，本章首先建立各潜变量的 CFA 模型，通过 CFA 对所采用的量表进行评价，CFA 分析结果见表 3-10。CFA 模型拟合结果为：$\chi^2 = 5765.72$，$df = 2327$，RMSEA = 0.052，CFI = 0.99，NNFI = 0.98，GFI = 0.78，RMR = 0.037。从 CFA 拟合结果可以看出，本章所采用的量表是可靠、有效的，能够准确、真实地对所代表的变量进行测量。在考察 CFA 模型整体拟合效果的基础上，以下进一步从内容效度和结构效度两个方面对量表进行效度检验。其中，内容效度（Content Validity），也称表面效度或逻辑效度，是指测量内容或测量指标与所测量的因子变量之间的适合性和逻辑相符性，反映了所选的测量题目是否能够代表所要测量因子变量的内容或主题。结构效度（Construct Validity）是指测量指标在多大程度上刻划了所度量的因子变量而不是其他因子变量。结构效度的检验包括两部分：①收敛效度（Convergent Validity），用于验证某个指标是否显著地依附于它所度量的因子变量；②判别效度（Discriminate Validity），用于检验不同因子变量之间是否存在显著的差异。

验证性因子分析（CFA）结果　　表3-10

变量及其测量		标准化路径系数（λ）	标准误（standard error）	T值
建筑企业与设计单位关系质量				
交流	COMM1	0.73	0.030	19.25
	COMM2	0.75	0.032	19.88
	COMM3	0.81	0.034	22.30
合作	COOP1	0.77	0.033	20.57
	COOP2	0.66	0.034	17.46
	COOP3	0.81	0.030	21.73
适应性	ADAP1	0.75	0.030	19.69
	ADAP2	0.79	0.030	19.88
	ADAP3	0.64	0.031	18.04
关系氛围	ATMO1	0.77	0.029	20.35
	ATMO2	0.83	0.032	23.36
	ATMO3	0.80	0.030	21.77
信任	TRUST1	0.80	0.030	22.03
	TRUST2	0.82	0.031	23.13
	TRUST3	0.84	0.029	23.43

续表

变量及其测量		标准化路径系数（λ）	标准误（standard error）	T值
建筑企业与监理单位关系质量				
交流	COMM1	0.75	0.027	19.34
	COMM2	0.74	0.027	19.22
	COMM3	0.78	0.029	21.10
合作	COOP1	0.75	0.029	19.94
	COOP2	0.68	0.031	17.23
	COOP3	0.72	0.030	18.40
适应性	ADAP1	0.76	0.028	21.01
	ADAP2	0.80	0.027	20.77
	ADAP3	0.72	0.028	18.32
关系氛围	ATMO1	0.80	0.029	21.95
	ATMO2	0.83	0.029	22.79
	ATMO3	0.82	0.028	23.15
信任	TRUST1	0.73	0.029	19.90
	TRUST2	0.78	0.030	21.61
	TRUST3	0.80	0.028	21.45
建筑企业与材料供应商关系质量				
交流	COMM1	0.77	0.029	20.93
	COMM2	0.81	0.028	22.09
	COMM3	0.81	0.032	21.55
合作	COOP1	0.77	0.028	21.20
	COOP2	0.75	0.031	20.40
	COOP3	0.81	0.030	22.10
适应性	ADAP1	0.74	0.031	19.31
	ADAP2	0.68	0.030	19.05
	ADAP3	0.77	0.031	19.46
关系氛围	ATMO1	0.84	0.030	23.43
	ATMO2	0.87	0.031	25.54
	ATMO3	0.87	0.029	25.22
信任	TRUST1	0.84	0.032	23.72
	TRUST2	0.83	0.033	23.31
	TRUST3	0.82	0.029	22.84

续表

变量及其测量		标准化路径系数（λ）	标准误（standard error）	T值
建筑企业与分包商关系质量				
交流	COMM1	0.75	0.026	19.71
	COMM2	0.83	0.027	22.05
	COMM3	0.73	0.028	19.04
合作	COOP1	0.73	0.029	20.19
	COOP2	0.80	0.027	21.80
	COOP3	0.82	0.029	22.41
适应性	ADAP1	0.80	0.027	21.86
	ADAP2	0.83	0.027	22.14
	ADAP3	0.69	0.027	18.54
关系氛围	ATMO1	0.82	0.028	23.06
	ATMO2	0.83	0.030	23.14
	ATMO3	0.84	0.027	23.63
信任	TRUST1	0.79	0.030	20.94
	TRUST2	0.77	0.028	20.77
	TRUST3	0.78	0.027	21.86
工程项目绩效				
质量绩效	Quality1	0.77	0.027	20.31
	Quality2	0.72	0.025	18.82
	Quality3	0.73	0.029	17.76
进度绩效	Time1	0.73	0.034	18.71
	Time2	0.82	0.036	21.57
	Time3	0.77	0.043	20.86
经济绩效	Economic1	0.84	0.039	18.14
	Economic2	0.56	0.047	14.33
安全绩效	Safety1	0.78	0.028	19.95
	Safety2	0.79	0.028	19.51
社会影响绩效	Environment1	0.67	0.035	16.80
	Environment2	0.70	0.029	17.60
	Environment3	0.74	0.030	19.73
	Environment4	0.74	0.029	18.88

（1）内容效度

内容效度的考察有多种途径和方法，其中比较有效的是主观的和判断性的方式。本章采取的措施是：①在问卷上提供了详细的填写指导，简明扼要地介绍了本项调研的目的是研究建设工程项目各个相关方的关系质量对项目绩效的影响，并对每部分所测量的问题及回答方式进行了比较详尽的说明。②问卷的设计基于充分的文献研究的基础，并且多次与建设工程项目领域的资深实践与管理者沟通交流，仔细地检查整个量表所包含的变量及其测量指标，看其表述是否清晰和准确；判定所选取的测量指标是否具有代表性，是否代表了相应因子变量的主题，并涵盖该因子变量的全部内容范围。③在正式调研开始之前，先进行了预调研，根据预调研的分析结果，进一步与实践工作人员和理论研究专家磋商，对问卷中的相关指标进行了完善和补充，以确保量表具有内容效度。

（2）收敛效度

收敛效度是通过检验测量指标在所测因子变量上的标准化负荷系数值（Standard Loading）大小及其统计显著性来判定的。如果某个指标的标准化负荷值大于0.7，则该指标一半以上的方差可以被对应的因子变量所解释。收敛效度的判断采用Anderon和Gering以及Bagozzi等建议的方法，当每个测量指标与所测量的潜变量间的路径系数显著时（即标准化路径系数大于两倍的标准误），量表具有收敛效度。因此，将标准化负荷值显著并且大于0.7作为收敛效度的判定标准。不过后来的研究者认为该条件过于苛刻，一般认为标准化负荷值大于0.6即可认为具有收敛效度。本章使用LISREL8.70软件进行验证性因子分析（Confirm Factor Analysis，CFA），其结果见表3-10。可见，本章采用的量表具有很好的收敛效度。

（3）区别效度

区别效度（Discriminant Validity）表明了不同结构变量的测量具有独特性。Gerbing和Anderson以及Lytle等指出如果任何两个潜变量的相关系数加减两倍的标准误的置信区间不包括1，则表明各潜变量的测量具有较高的判别效度。本章中各潜变量的区别效度的检验结果见表3-11，这些结果表明本章所采用的因子变量均具有良好的区别效度。

3.5.2　建筑供应链关系质量对项目绩效影响的假设检验

1. 建筑供应链关系质量对项目绩效影响的假设检验

由于样本量有足够的保证，本章运用结构方程模型（Structural Equation Modeling，

潜变量相关系数矩阵及标准误　　　　　　　　表3-11

潜变量	建筑企业与设计单位关系质量	建筑企业与监理单位关系质量	建筑企业与材料供应商关系质量	建筑企业与分包商关系质量	项目绩效
建筑企业与设计单位关系质量	1.00				
建筑企业与监理单位关系质量	0.77（0.02）	1.00			
建筑企业与材料供应商关系质量	0.82（0.02）	0.71（0.02）	1.00		
建筑企业与分包商关系质量	0.75（0.02）	0.75（0.02）	0.76（0.02）	1.00	
项目绩效	0.77（0.02）	0.79（0.02）	0.73（0.03）	0.77（0.02）	1.00

注：括号中的数字为标准误。

SEM）统计方法，用LISERL8.70软件对模型进行拟合验证，并对假设进行验证分析。其中的标准化路径系数是对假设关系的基本验证，说明各个变量之间的相关性，系数为正说明各个变量之间是正相关或正影响关系，系数为负说明各个变量之间是负相关或负影响关系，T值则是说明各个变量之间的关系是否具有统计显著性。本书采用χ^2/df、GFI（拟合优度指数）、CFI（比较拟合指数）、NFI（规范的拟合指数）、NNFI、RMR、RMSEA（近似均方根残差）等指标来衡量拟合效果。结构模型的拟合指标见表3-12，从表3-12可以看出结构模型结果比较理想。结构模型的标准化路径系数、标准误和T值见表3-13，可见，H1、H2、H3得到了验证，而H4则没有得到验证。

结构模型拟合结果　　　　　　　　表3-12

拟合指数	数值
χ^2（df）	1116.26（265）
RMESA	0.077
CFI	0.99
NFI	0.98
NNFI	0.99
GFI	0.86
RMR	0.032

假设检验结果　　　　　　　　　　　表3-13

假设	路径	标准化路径系数（λ）	标准误	T值	结果
H1	建筑企业与设计单位关系质量对项目绩效的影响	0.20	0.090	2.48	支持
H2	建筑企业与监理单位关系质量对项目绩效的影响	0.38	0.054	8.20	支持
H3	建筑企业与材料供应商关系质量对项目绩效的影响	0.29	0.063	5.63	支持
H4	建筑企业与分包商关系质量对项目绩效的影响	-0.06	0.089	-0.84	拒绝

2. 建筑供应链关系质量对项目绩效各维度的影响分析

建筑企业与不同相关方的关系对项目具体方面的绩效的影响程度是不同的，为探究此问题，本章进一步构建建筑供应链关系质量对项目绩效维度的影响模型，如图3-17所示。

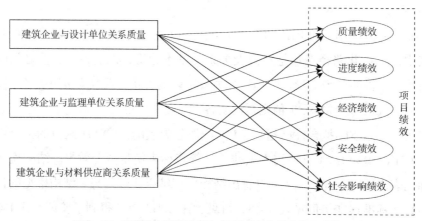

图3-17　建筑供应链关系质量对项目绩效各维度的影响模型

模型的拟合结果和验证结果分别见表3-14和表3-15。

建筑供应链关系质量对项目绩效维度影响模型的拟合结果　　　　表3-14

拟合指数	数值
χ^2（df）	1567.81（359）
RMESA	0.079
CFI	0.98
NFI	0.97
NNFI	0.97
GFI	0.83
RMR	0.058

建筑供应链关系质量对项目绩效各维度影响模型的验证结果　　表3-15

类别	路径	标准化路径系数（λ）	标准误	T值	结果
建筑企业与设计单位关系质量对项目绩效的影响	建筑企业与设计单位关系质量对质量绩效的影响	−0.05	0.079	−0.56	拒绝
	建筑企业与设计单位关系质量对进度绩效的影响	0.31	0.086	3.56	支持
	建筑企业与设计单位关系质量对经济绩效的影响	0.22	0.11	2.15	支持
	建筑企业与设计单位关系质量对安全绩效的影响	−0.17	0.087	−1.67	拒绝
	建筑企业与设计单位关系质量对社会影响绩效的影响	0.14	0.079	1.62	拒绝
建筑企业与监理单位关系质量对项目绩效的影响	建筑企业与监理单位关系质量对质量绩效的影响	0.66	0.094	8.51	支持
	建筑企业与监理单位关系质量对进度绩效的影响	0.33	0.095	4.81	支持
	建筑企业与监理单位关系质量对经济绩效的影响	0.48	0.13	5.90	支持
	建筑企业与监理单位关系质量对安全绩效的影响	0.68	0.10	8.02	支持
	建筑企业与监理单位关系质量对社会影响绩效的影响	0.49	0.093	6.89	支持
建筑企业与材料供应商关系质量对项目绩效的影响	建筑企业与材料供应商关系质量对质量绩效的影响	0.16	0.073	2.08	支持
	建筑企业与材料供应商关系质量对进度绩效的影响	0.17	0.080	2.39	支持
	建筑企业与材料供应商关系质量对经济绩效的影响	0.09	0.11	1.03	拒绝
	建筑企业与材料供应商关系质量对安全绩效的影响	0.16	0.081	1.93	拒绝
	建筑企业与材料供应商关系质量对社会影响绩效的影响	0.21	0.074	2.88	支持

3. 建筑供应链关系质量各维度对项目绩效的影响分析

建筑企业与不同相关方之间的交流、合作、适应性、关系氛围和信任对项目绩效的影响程度是不同的，为探究此问题，本章分别构建建筑企业与设计单位、与监理单位、与材料分包商的关系质量维度对项目绩效的影响模型。

（1）建筑企业与设计单位关系质量维度对项目绩效的影响

为进一步研究建筑企业与设计单位之间的交流、合作、适应性、关系氛围和信任对项目绩效影响有何不同，构建建筑企业与设计单位关系质量维度对项目绩效的影响模型，如图3-18所示。

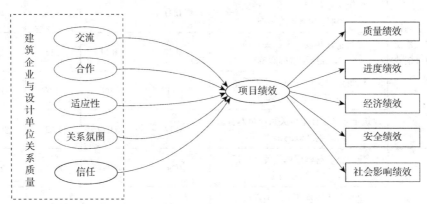

图3-18 建筑企业与设计单位关系质量维度对项目绩效的影响模型

模型的拟合结果和验证结果分别见表3-16和表3-17。

建筑企业与设计单位关系质量维度对项目绩效影响模型的拟合结果　　　表3-16

拟合指数	数值
$\chi^2(df)$	647.91（155）
RMESA	0.076
CFI	0.98
NFI	0.98
NNFI	0.98
GFI	0.89
RMR	0.039

建筑企业与设计单位关系质量维度对项目绩效影响模型的验证结果　　　表3-17

路径	标准化路径系数（λ）	标准误	T值	结果
建筑企业与设计单位的交流对项目绩效的影响	−0.53	0.53	−1.19	拒绝
建筑企业与设计单位的合作对项目绩效的影响	0.17	0.26	0.66	拒绝
建筑企业与设计单位的适应性对项目绩效的影响	0.21	0.32	0.78	拒绝
建筑企业与设计单位的关系氛围对项目绩效的影响	0.50	0.13	4.42	支持
建筑企业与设计单位的信任对项目绩效的影响	0.67	0.12	5.65	支持

3 建筑供应链关系质量对项目绩效的影响研究

（2）建筑企业与监理单位关系质量维度对项目绩效的影响

同样，建筑企业与监理单位之间的交流、合作、适应性、关系氛围和信任对项目绩效影响程度有所不同，构建建筑企业与监理单位关系质量维度对项目绩效的影响模型，如图3-19所示。

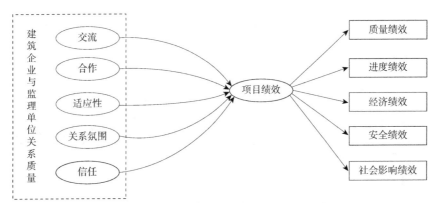

图3-19 建筑企业与监理单位关系质量维度对项目绩效的影响模型

模型的拟合结果和验证结果分别见表3-18和表3-19。

建筑企业与监理单位关系质量维度对项目绩效影响模型的拟合结果　　表3-18

拟合指数	数值
$\chi^2(df)$	654.13（155）
RMESA	0.077
CFI	0.98
NFI	0.97
NNFI	0.98
GFI	0.89
RMR	0.041

建筑企业与监理单位关系质量维度对项目绩效影响模型的验证结果　　表3-19

路径	标准化路径系数（λ）	标准误	T值	结果
建筑企业与监理单位的交流对项目绩效的影响	0.02	0.096	0.24	拒绝
建筑企业与监理单位的合作对项目绩效的影响	−0.66	0.21	−0.35	拒绝
建筑企业与监理单位的适应性对项目绩效的影响	0.09	0.12	0.88	拒绝
建筑企业与监理单位的关系氛围对项目绩效的影响	−0.02	0.16	−0.13	拒绝
建筑企业与监理单位的信任对项目绩效的影响	0.97	0.27	4.20	支持

（3）建筑企业与材料供应商关系质量维度对项目绩效的影响

建筑企业与材料供应商之间的交流、合作、适应性、关系氛围和信任对项目绩效影响程度亦有所不同，同样构建建筑企业与材料供应商的关系质量维度对项目绩效的影响模型，如图 3-20 所示。

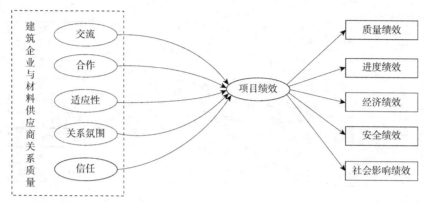

图 3-20　建筑企业与材料供应商关系质量维度对项目绩效的影响模型

模型的拟合结果和验证结果分别见表 3-20 和表 3-21。

建筑企业与材料供应商关系质量维度对项目绩效影响模型的拟合结果　　表3-20

拟合指数	数值
$\chi^2\,(df)$	760.64（155）
RMESA	0.085
CFI	0.98
NFI	0.98
NNFI	0.98
GFI	0.88
RMR	0.046

建筑企业与材料供应商关系质量维度对项目绩效影响模型的验证结果　　表3-21

路径	标准化路径系数（λ）	标准误	T值	结果
建筑企业与材料供应商的交流对项目绩效的影响	−0.42	0.42	−1.26	拒绝
建筑企业与材料供应商的合作对项目绩效的影响	0.98	1.17	1.05	拒绝
建筑企业与材料供应商的适应性对项目绩效的影响	−0.49	0.71	−0.85	拒绝
建筑企业与材料供应商的关系氛围对项目绩效的影响	0.32	0.16	2.14	支持
建筑企业与材料供应商的信任对项目绩效的影响	0.53	0.23	2.32	支持

3.5.3 承包模式调节建筑供应链关系质量对项目绩效影响的假设检验

本章主要考虑了两种不同的承包模式，即 DBB 和 EPC，因此本章中承包模式是一个类别变量。为了检验承包模式对建筑供应链关系质量和项目绩效关系的调节效应，本章采用了分组检验的方法，具体操作步骤如下：

（1）首先根据承包模式将数据分成两组，即 DBB 模式下的数据和 EPC 模式下的数据；

（2）分别用这两组数据对验证后的模型进行检验，计算两个结构方程模型（即 DBB 模型和 EPC 模型）中关系质量各维度与项目绩效的回归系数、自由度（df）和卡方 χ^2；

（3）把两个结构方程模型中的一个作为基准模型（如将 DBB 模型作为基准模型），将另一个模型中一组变量间的回归系数设定为与基准模型中的回归系数相等（如把 EPC 模型中"建筑企业与设计单位关系质量 – 项目绩效"的回归系数设定与 DBB 模型中"建筑企业与设计单位关系质量 – 项目绩效"的回归系数相等），然后对增加限制后的模型进行检验，得到一个新的自由度（df）和卡方（χ^2）；

（4）通过比较同一个模型增加限制前后卡方（χ^2）变化是否显著，来判断调节效应是否存在。χ^2 差异，即约束模型的 χ^2 减去自由模型的 χ^2 的绝对值，看 χ^2 变化是否显著，即看 χ^2 的变化值与自由度的变化值之间的函数关系得出来的数值（即 P 值，P 检验），一般小于 0.01，或者是小于 0.05，甚至小于 0.1。若 χ^2 变化显著，说明调节效应存在，若 χ^2 变化不显著，说明调节效应不存在；

（5）利用上述方法，分别检验承包模式是否调节其他变量间的关系。

承包模式的调节效应验证结果见表 3-22。

承包模式的调节效应验证结果　　　　　　　　　　表3-22

假设	调节变量 moderator	等式约束模型 Equalation Constraint Model	自由模型 Free Model	卡方差异 χ^2 difference	P	结果
H5a	承包模式	$\chi^2 = 367.24$ ($df = 165$)	$\chi^2 = 362.1$ ($df = 164$)	$\chi^2 = 5.14$ ($df = 1$)	0.023	支持
H5b	承包模式	$\chi^2 = 362.16$ ($df = 165$)	$\chi^2 = 362.1$ ($df = 164$)	$\chi^2 = 0.06$ ($df = 1$)	0.806	拒绝

3.6 结果讨论

3.6.1 建筑供应链关系质量对项目绩效影响的结果讨论

1. 建筑供应链关系质量对项目绩效的影响

已有的关于整体项目绩效影响因素的典型的研究来自于以下几个方面：①项目经理的有关因素对项目绩效的影响：Dulaimi 和 Langford 研究了项目经理的行为与项目绩效的关系；Odusami，Iyagba 和 Omirin 的研究结果表明，项目领导的专业与整体项目绩效无显著关系，而项目领导的资质、项目领导的领导方式以及项目团队构成与整体项目绩效均有显著的关系。②项目特征对项目绩效的影响：Leu 提出影响项目绩效的项目特点包括：项目持久性、项目预算、平均每月人工时间、主管部门预算/总预算、外包预算/总预算、辅助部门的数量、外包商数量、业主类型、项目类型、主管部门、支付方式、投标方法等；Cho，Hong 和 Hyun 提出对项目绩效影响的项目特征体现在项目环境特征和项目参与特征，其中，项目环境特征包括项目规模、预算安排的时间、项目类型、工程复杂性水平、重复元素百分率、招标时项目范围定义的复杂性、工作范围复杂性、业主设计准备水平、现场位置、准备招标的时间；而项目的参与者特征包括：工程管理的业主能力、业主管理的责任、业主有相同项目的经验、设计变更控制的业主水平、项目团队之间的沟通、承包商实收资本、承包商工程管理的能力等。③有关组织层面的因素对项目绩效的影响：Wang 和 Huang 以中国建筑监理工程师的感知视角，研究了主要相关方的项目绩效与项目成功的关系，即项目业主、工程监理公司和工程承包商的项目绩效，与从时间、成本、进度、各方关系以及全部成功几个方面度量的项目成功是否具备一致性；Wang 和 Wei 等研究了在组织技术学习和管理的环境中用户多样性对项目绩效的影响，结果表明，用户多样性、组织技术学习均对项目绩效有正向影响；Doloi 和 Iyer 基于承包商的视角，评价承包商绩效对项目成功的影响，提出影响项目绩效的因素分为 5 个主要种类，即人员变量有关的因素、工作条件有关的因素、项目特征有关的因素、环境有关的因素和组织有关的因素。

在"供应链关系质量"和"绩效"之间影响关系的研究方面，典型的有 Fynes 构建了环境不确定，供应链关系质量与供应链绩效的模型，供应链关系质量对于供应链绩效有正向的影响，环境不确定性对此影响起调节作用；Fynes 在以前研究的基础上，将设计质量对一致性质量的影响，设计质量对顾客满意的影响，一致性质量对顾客满意的影响的模型,复制到供应链的背景下,用实证研究了供应链关系质量对质量绩效的影响,此研究提出一个影响质量绩效的全新的视角;Su 和 Song、宋永涛研究了供应链关系质量对合作策略的影响,说明高的关系质量能够强化供应链企业的合作行为。这些研究明确提出了"供应链关系质量"对"绩效"的影响,但这些研究中关系质量都是制造企业与供应商的关系质量,并不代表供应链整体。

在建筑业背景下,Chen 和 Partington 是为数不多的讨论"关系(Relationship)"的,他们指出,在项目管理的环境下,中国的项目经理更加喜欢客户(Clients/Owner)满意,更愿意开发与客户的个人关系及长期的合作,这也是解决在项目实施过程中客户与承包商之间的冲突的必由之路;Wang 和 Huang,Jin 和 Ling 等的研究比较相似,将"关系绩效"定义为"项目成功"的一类指标,而不是影响"项目成功"的前置因素;Meng 将"供应链关系管理"作为"项目绩效"的前置因素进行了研究,定义"供应链关系"为共同目标、收获与痛苦分担、信任、无抱怨的文化、一起工作、沟通、问题解决、风险分配、绩效测量和持续改进,而"项目绩效"则用质量、成本、时间等传统的金三角方法来度量。在建筑业背景下,迄今只有许劲、任玉珑等明确研究了"项目关系质量"对"项目绩效"的影响,这里的"项目关系质量",没有一一对应到某两个企业之间的 B2B 的关系,而是笼统地将"项目关系质量"定义为监理公司、业主和承建商之间的信任、交流、承诺、合作、公平,"项目绩效"则用内部过程、质量、利益相关者和创新与学习来度量。

与以上研究不同的是,本章对于项目绩效影响机制的研究,突破了项目经理个人因素的影响,项目特征的微观因素的影响以及组织层面的一般因素对项目绩效的影响,研究的视角上,突破了已有研究基于监理工程师的视角而秉承了承包商,即建筑企业的视角,将"供应链关系质量"引入建筑业背景,突破了将"关系"作为"项目绩效"的一个度量指标,秉承了将"供应链关系管理"作为"项目绩效"的前置因素的研究,澄清了以往研究对于"项目关系质量"相关方含混不清的提法,明确研究"建筑供应链关系质量",即建筑企业与设计单位的关系质量、建筑企业与监理单位的关系质量、建筑企业与材料供应商的关系质量、建筑企业与分包商的关系质量对于"项目绩效"的影响,以此为切入点,探讨中国背景下,项目相关方的"关系"对"项目绩效"的影响。以下分别详细讨论本章的结果。

(1)建筑企业与设计单位关系质量对项目绩效的影响

建筑企业与设计单位的关系质量对项目绩效有显著的正向影响。设计单位负责项目的建筑设计、结构设计、水、暖、电等专业设计工作,一个工程项目的建造过程，应该建立在设计文件的施工图设计出图以后的基础上，不允许"边设计、边施工"，即便是这样，因为工程项目施工的过程中，或多或少会碰到地基处理、自然条件恶劣、业主或其他相关方需求的变化，以及在施工现场的出现的一些不可预料的因素，而影响原来设计文件的正确执行，亦即，在项目建造的过程中，"设计变更"的问题是不可避免的，"设计变更"直接影响项目的进度、质量、成本等方面的绩效。如果建筑企业和设计单位能够及时正确地交流设计文件以及设计变更的内容，双方在以往项目合作的历史中，以及在当前项目合作的过程中，能够互相理解、互相信任、互相支持、为彼此的利益考虑，尽可能共同克服项目实施过程中的各项困难，对于最终能够按期交付业主满意的项目，有着积极的作用。所以，建筑企业与设计单位之间的关系质量对项目绩效有正向的显著影响。此结论与已有相关研究不同之处在于，Eriksson和Westerberg的研究提出"设计阶段建设单位与承包商（Client和Contractor）之间的整合水平越高，项目的成本、进度、质量、环境影响、工作环境、创新等绩效越好"的命题，但未作实证研究。而本研究用实证验证了建筑企业与设计单位的关系质量对项目绩效的影响，其中，关系质量中包含合作的维度，而项目绩效是一个二阶变量，此处具体研究对项目整体绩效的影响。

（2）建筑企业与监理单位关系质量对项目绩效的影响

建筑企业与监理单位关系质量对项目绩效存在正向的显著影响。监理单位，是一个独立的有执业资格的第三方，常驻施工现场，代表建设单位监督/管理着工程项目的所有方面。一个项目的监理组织，是监理的三控制（质量控制、进度控制、投资控制）和三管理（合同管理、信息管理、安全管理）工作的具体实施者，也是代表建设单位（业主）与建筑企业直接接触的组织。监理单位是业主通过监理招标确定的，但是监理单位在施工现场代表着业主的利益，相比之下，建筑企业与监理单位的关系比较微妙。双方对于工程项目施工过程中的所有信息的交流如果顺畅，交流频繁，方式多样，并且执行力很强，在以往合作以及当前项目合作的过程中能够彼此理解，彼此信赖，相互支持，关系融洽，合作愉快，就一定能够共同为满足业主需求而积极努力，这对于建筑企业按期交付质量合格的产品、自己利润水平可观、杜绝或减少安全事故的发生、遵守施工规定，不对周围环境造成负面影响，都起着至关重要的作用。所以，建筑企业与监理单位关系质量对项目绩效存在正向的显著影响。此研究结论与以往研究及结论不同之处在于，Wang和许劲均提出了主要的项目相关方包括项目业主、承建商和监理方，Wang还基于中国监理工程师的感知，研究了主要相关方的项目绩效与项目的最终成功之间的关系，许劲研究了业主、承包商和监理单位之间的关系质量对项目绩效的影响,与此不同的是,本研究基于建筑企业的视角,在此明确研究的是建筑企业与监理单位两个企业之间的关系质量对项目绩效的影响。

(3)建筑企业与材料供应商关系质量对项目绩效的影响

建筑企业与材料供应商关系质量对项目绩效存在正向的显著影响。这里的材料供应商指的是为项目提供原材料、构配件、半成品及生产设备的供应商,所提供的这些物资最终形成工程项目产品的一部分,亦即,项目的质量从物资的角度讲,是由供应商提供的原材料、构配件、半成品及生产设备的质量决定的。一些大型项目,尤其是一些大型的生产型的项目,其中的生产设备需要提前制造,所以在设计阶段就要考虑设备的因素,就需要进行设备招标,这样才能保证项目实施中的设备的及时安装,所以,设备和原材料等物资能否按时供应,直接影响项目的进度。虽然对于每一个项目,其所需要的原材料、构配件、半成品的具体规格型号不尽相同,供应商也不固定,但是,建筑企业还是愿意与行业内有良好信誉的,有合作历史的供应商保持联系,以期尽量减少双方的交易成本。所以,在双方交易的过程中的信息交流是否频繁及时,双方能否为彼此利益考虑、相处是否融洽愉快,决定着供应商能否按时供给质量合格的原材料、构配件、半成品和设备,这直接影响着项目绩效能否很好地实现。所以,建筑企业与材料供应商的关系质量对项目绩效有显著的正向影响。

(4)建筑企业与分包商关系质量对项目绩效的影响

很多学者指出,分包商的应用在建筑业很普遍,事实也如此。因为一个单一的承包商不可能处理所有相关的项目任务,建设工程项目交付在不同的阶段涉及不同的技术,而这些技术是由不同的组织管理的,越是大的项目,涉及层级越多的分包协议。在工程项目实施过程中,当项目规模比较大、某些分部分项工程需要专门技术的情况下,都需要将其中的部分分包出去,而且工程项目的生产的特殊性决定了在项目施工的过程中至少必然存在着的劳务分包。建筑企业与分包商之间的交流是否及时频繁、合作是否愉快、关系是否融洽,应该决定着分包商是否能按分包合同将承揽部分的工程项目能否按时保质保量完成,并进一步决定着整个项目绩效能否顺利实现。Eriksson 和 Westerberg 也提出"在分包商选择和整合中建设单位与承包商联合参与的程度越高,项目的成本、进度、质量、环境影响、工作环境、创新等绩效也越好"的命题;Tam,Shen 和 Kong 指出,分包商的层级数量对项目绩效具有影响。随着分包层级的增加,分包商的责任被分散,因此,基层分包商可能会为了获利而采用廉价或次品材料,雇用不具备技术的工人,从事低质工艺。这种情况容易导致产品质量下降。所以,对最基层的分包商监管不力可能导致项目绩效降低。这些研究均充分显示了分包商在项目实施过程中的重要地位和作用。

但是,本章的此项假设没有通过验证。在本章的模型中,仔细分析建筑企业与分包商的关系质量,它与建筑企业与设计单位、与监理单位、与材料供应商的关系质量,其性质是不一样的。建筑企业、设计单位、监理单位以及某些项目中的材料供应商,都是建设单位(或业主)通过招标确定的,一般意义上,在这些合约关系中,建设单位(或业主)是买方,建筑企业、设计单位、监理单位、材料供应商都是供方,但是,在建筑企业与设计单位、建筑企业与监理单位之间并没有合约,他们之间的关系是靠"信任""友好"等约束,而分包商则不然,它是由建筑企业选定的,建筑企业与分包商之间是合约关系,双方是靠"合约条款"约束,也即是说,分包商对与项目绩效的贡献,不是完全靠分包与建筑企业之间的相互信任、相互支持、良好的合作氛围等决定的,而更多的是靠他们之间的"合约"决定的,更多的是合约确定的责任决定了其对项目绩效的贡献。所以,本章模型中的建筑企业与分包商之间的关系质量对于项目绩效的正向的显著影响的假设没有通过验证。

2. 建筑供应链关系质量对项目绩效各维度的影响

Fynes用实证研究了制造业背景下供应链关系质量对质量绩效的影响,提出一个影响质量绩效的全新的视角,也为本书此部分的研究工作提出了重要启示。本章的项目绩效包含质量绩效、进度绩效、经济绩效、安全绩效、社会影响绩效,已有的关于项目的某方面绩效的影响因素的典型的研究主要有:①成本绩效影响机制方面:Iyer和Jha提出项目成本绩效的关键成功因素和反面影响项目成本绩效的因素;Leu S-S分别基于承包商项目经理和咨询公司项目经理的视角,提出成本绩效的影响因素;②时间(进度)绩效影响机制方面:Chan等为工程时间绩效(Construction Time Performance, CTP)开发了一个标杆模型,提出影响工程时间绩效的主要因素包括项目范围、项目复杂性、项目环境和管理属性等;Leu分别基于承包商项目经理和咨询公司项目经理的视角,提出进度绩效的影响因素;③安全绩效影响机制方面:Aksorn和Hadikusumo认为四类因素对安全绩效有影响,即工人参与、安全预防和控制系统、安全布置和管理承诺;还有一些研究者同时分别对项目某方面的绩效进行研究,如Ling, Low和Wang等,用多元线性回归的方法,分别对项目的预算绩效、进度绩效、质量绩效、业主满意、利润率和公众满意6个绩效指标建立回

3 建筑供应链关系质量对项目绩效的影响研究

归方程，研究项目管理 9 大知识体系中的关键项目管理活动对绩效的影响。

以上这些研究对于项目某方面绩效影响原因的探讨主要涉及的是项目经理个人能力、建筑企业管理层的支持、管理机制、项目的特点方面，仅有 Iyer 的对于成本绩效的研究中涉及项目参与者之间关系的影响，提到项目参与者之间的冲突、不存在合作、敌对的氛围条件等会反面影响项目的成本绩效，研究的角度基于承包商项目经理的视角或咨询公司项目经理的视角。Eriksson 和 Westerberg 在其研究中仅涉及建设单位和承包商两个参与者的合作对于项目绩效的影响，研究指出，在项目的不同采购阶段，即项目的设计、招标、评标、分包商选择、支付、合作工具、绩效评价等几个阶段中，建设单位和承包商之间的合作程度，对项目成本、进度、质量、环境影响、工作环境、创新等不同方面的绩效有不同程度的影响，并构建了概念模型，提出命题，但未做实证验证；许劲、任玉珑明确研究了"项目关系质量"的信任、承诺、交流、公平等维度对项目绩效的内部过程、质量、利益相关者和创新与学习等方面绩效的影响。

在以上研究的基础上，为深入探讨不同的项目相关方的关系对项目的某方面绩效的影响程度，并便于比较分析，本章此部分研究基于建筑企业的视角，重点探讨建筑企业与设计单位、与监理单位、与材料供应商的整体的关系质量对项目的质量绩效、进度绩效、经济绩效、安全绩效和社会影响绩效的影响有何侧重。因为项目的不同相关方在工程完成的过程中所起的作用是不同的，所以，建筑企业与不同相关方的关系质量对项目绩效的具体维度的影响也是不同的。此部分的研究在一定程度上也证实了 Eriksson 和 Westerberg 提出的合作采购程序对项目的成本、进度、质量、环境影响、工作环境、创新等不同方面的绩效影响的研究中提出的部分命题，同时研究项目多方面而不是某一方面绩效的影响机理。本章中建筑企业与设计单位、与监理单位、与材料供应商的关系质量对项目绩效各维度影响的不同见表 3-23。

建筑供应链关系质量对项目绩效各维度影响的比较　　　　表 3-23

关系质量	项目绩效				
	质量绩效	进度绩效	经济绩效	安全绩效	社会影响绩效
建筑企业与设计单位关系质量		√	√		
建筑企业与监理单位关系质量	√	√	√	√	√
建筑企业与材料供应商关系质量	√	√			√

建筑企业与设计单位的关系质量对项目的进度绩效和经济绩效的正向影响得到了验证，因为，如果建筑企业与设计单位之间的关系质量好，则双方为同一个工程项目努力的过程中，交流很顺畅，解决问题顺利，尽量少地出现设计变更，或者对设计变更的反应和执行也会比较快，这对项目的进度绩效顺利实现起着重要的作用；设计方案直接决定着工程的成本，在满足工程结构安全的前提条件下，尽量使用经济的设计方案。一般认为只要是"胖柱肥梁深基础"就一定能满足工程结构安全的需要，事实上，这样的设计方案是不够经济的，尤其是会增加工程项目的成本。所以，如果建筑企业与设计单位交流比较好，能够在保证工程项目结构安全的条件下，尽量使用经济节约的设计方案，并且能够按既定的方案顺利施工，便能使工程成本低，利润高，亦即工程的经济绩效好。本研究对于质量绩效、安全绩效以及社会影响绩效的测量都是针对施工过程而言的，指的是施工过程的一次交验合格率高、返工率低、没有质量事故和安全事故等，问卷的回答者可能认为这些方面都是由建筑企业自身努力就能决定的，与二者的关系质量联系不大，所以，建筑企业与设计单位的关系质量对质量绩效、经济绩效、社会影响绩效的正向影响的假设没有通过验证。

建筑企业与监理单位的关系不同于建筑企业与设计单位的关系，故而二者的关系质量的表现也是不一样的。设计单位和建筑企业的工作均是形成工程项目产品的必不可少的环节，而监理单位的工作，并不形成工程产品，而是监督控制，以确保工程项目的顺利实现。监理单位常驻施工现场，对项目的施工过程进行全天候、全方位、全过程的监督，也就是说，建筑企业与监理单位是朝夕相处的，所以，两者之间的关系质量尤为重要。工程项目自身的质量、进度和成本之间就是对立统一的关系，一般情况下，质量不返工，则进度越快，成本越低，所以，如果建筑企业与监理单位的关系质量好，则监理单位的质量、进度和成本的三控制工作就实现得好，建筑企业就会按照既定的方案和程序规范施工，避免或减少了施工过程中的返工等现象，保证了工程项目质量绩效，同时，进度绩效和经济绩效也得以保证。监理单位的安全管理工作有效落实，或者是处理安全事故的程序执行得力，在一定程度上也减少或避免了安全事故的发生，这又是工程安全绩效的保证。同时，监理单位的监督管理工作，能够减少或避免施工过程中的粉尘、噪声的污染，做到不扰民。可见，工程项目质量绩效、进度绩效、经济绩效、安全绩效和社会影响绩效是互相影响，互相依存的，两者的关系质量好，监理的各方面工作容易落实，则会保证项目的各方面绩效良好地实现。所以，建筑企业与监理单位的关系质量对工程项目的质量绩效、进度绩效、经济绩效、安全绩效和社会影响绩效均有显著的正向影响。许劲、任玉珑研究中的"项目关系质量",笼统地包括业主、承包商和监理单位的关系质量,对项目的内部过程、质量、利益相关者和创新与学习等方面的绩效有影响,本章此部分明确研究建筑企业与监理单位的关系质量对项目的质量绩效、进度绩效、经济绩效、安全绩效、社会影响绩效均有影响,与此研究的部分结果是一致的。

建筑企业与材料供应商的关系质量对质量绩效、进度绩效、社会影响绩效均存在正向影响。材料供应商供应的生产设备、原材料、半成品和构配件最终都形成工程实体,所以,这些物资的质量是工程项目的质量的保证;如果供应商供应物资太集中,可能会造成建筑企业资金紧张,但是供货太散漫,会造成停工待料,直接影响项目的进度;供应商供应的物资符合环境保护和健康的要求,则会有良好的社会影响。所以,如果建筑企业与材料供应商的关系质量较好,交流顺畅,合作愉快,彼此为双方利益考虑,则供应商就会及时供应保质保量的物资,会对项目的质量绩效、进度绩效、社会影响绩效有正向的显著影响。一般情况下,认为如果使用的价格低廉的建筑材料,工程项目的成本会降低,利润会高,但是,当建筑企业和材料供应商的关系质量好的情况下,供应商提供的应该是质量过关的物资,相比之下,材料的价格应该是物有所值的,并且,工程项目的安全绩效也是靠建筑企业采取的保证安全的举措实现的,而与建筑企业与材料供应商的关系质量联系不大,所以,双方的关系质量对经济绩效、安全绩效的显著的正向影响没有得到验证。

3. 建筑供应链关系质量各维度对项目绩效的影响

具体到 B2B 关系质量的具体的维度,在建筑业领域中,文献研究多表现为业主和承包商之间的"合作"对项目绩效的影响。许婷使用演化博弈方法构建了一个竞合模型,该模型研究了业主与承包商之间的合作对于项目成本降低、工程环境和谐、项目绩效改善以及各方价值提高的潜在影响;Eriksson 和 Westerberg 的研究也提出业主和承包商之间的合作对工程项目绩效将有正向的影响,并构建一个概念模型;许劲、任玉珑用实证的方法明确研究了"项目关系质量"的信任、交流、承诺、合作、公平等维度对"项目绩效"的影响。秉承已有的研究,本章此部分研究讨论建筑供应链关系质量的维度对整体项目绩效的影响,旨在发现不同关系质量中哪个维度在保证项目绩效顺利实现中更重要。前已述及,建筑企业与设计单位、与监理单位、与材料供应商的关系质量的测量维度均为交流、合作、适应性、关系氛围和信任,但是这些维度的具体含义在不同的关系质量中不尽一致,所以,在不同关系质量中的这些维度的表现是不一样的，进而对项目绩效的影响也不同。建筑企业与设计单位、与监理单位、与材料供应商的关系质量的各个维度对整体项目绩效的影响的不同见表3-24。

建筑供应链关系质量各个维度对项目绩效影响的比较   表3-24

关系质量	影响项目绩效的关系质量的维度				
	交流	合作	适应性	关系氛围	信任
建筑企业与设计单位关系质量				√	√
建筑企业与监理单位关系质量					√
建筑企业与材料供应商关系质量				√	√

由实证结果可见，建筑企业与设计单位、与监理单位、与材料供应商交流、合作、适应性几个维度对整体项目绩效的影响均未得到验证，原因可能是由建筑供应链的特点决定的。前已述及，工程项目是一次性产品，与此对应的建筑供应链也是临时的网络组织，也就是说，建筑企业与其他相关方的交往，都是由某一个阶段共同的项目决定的，当项目结束以后，他们之间的关系就随之解散。正因为这种临时性的网络组织，他们之间信息交流、合作，很难预期有良好的前景，彼此的适应性就更差，所以，交流、合作、适应性这几个维度对项目绩效的影响未通过验证；建筑企业与设计单位、与材料供应商的关系氛围对项目绩效的影响得到了验证，而与监理单位的关系氛围对项目绩效的影响没有通过验证，原因还是由于它们之间关系的特征不同而决定的。相对来讲，建筑企业与设计单位、与材料供应商的关系更容易趋于融洽，而与监理单位更多表现是一种对立的关系，不容易趋于融洽与愉快；这三个关系质量的信任维度对项目绩效的影响均得到了验证，这一点在许劲、任玉珑的研究中也有所证实，该研究也验证了项目关系质量中的信任维度对项目的某方面的绩效影响显著，结果的差异源于在许劲、任玉珑的研究中，对于项目关系质量与项目绩效的测量与项目相关方的界定与本章的研究不完全相同。本章的研究认为，在完成同一个项目的过程中，都能相信彼此会为完成项目的共同目标而彼此为对方的利益考虑，对于项目实施过程中出现的问题，各方均会积极主动地配合解决，也都是尽量选取在行业内具有良好的信誉的对方合作，所以，建筑企业与设计单位、建筑企业与监理单位、建筑企业与材料供应商之间不论是契约信任，还是友好信任，信任总是存在的，而且，这种信任对于项目绩效的顺利实现至关重要。

3.6.2 承包模式对建筑供应链关系质量对项目绩效影响的调节作用

目前直接针对建设工程项目承包模式的研究并不多见，已有学者讨论不同承包模式的项目的绩效问题，Henry 和 Brothers 对传统的 DBB 项目和 SABER（Simplified Acquisition of Base Engineering Requirements，SABER）项目的成本进行了比较研究，表明 SABER 项目的成本更低，更容易按时完成；Ling 研究了设计—建造（DB）项目绩效的影响因素；Ling 等对 DB 项目和 DBB 项目用多元统计回归的方法构建了项目的绩效预测模型；Hale 和 Shrestha 等通过比较发现，DB 项目比 DBB 项目有更好的时间和成本绩效。

早在 2000 年已有学者 Hall 开始关注，当项目的承包模式不同，形成的建筑供应链路径也不相同，供应链之间关系的表现也不同。Hall，Holt 和 Graves 给出了设计—建造—融资—运营（Design-Build-Finance-Operate，DBFO）采购模式的供应链，Palan-eeswaran，Kumaraswamy 和 Zhang 也指出不同的承包模式，建筑供应链的路径是不同的，并给出了设计—招标—建造（Design-Bid-Build，DBB）、设计—建造（Design-Build，DB）、设计—建造—运营（Design-Build-Operator，DBO）以及建造—运营—移交（Build-Operator-Transfer，BOT）等模式的建筑供应链路径；Saad，Jones 和 James 通过对建筑业的众多相关方调查也指出，当项目的采购方式不同时，各个相关方之间的关系类型是不同的；赵晓菲对我国内外建筑供应链管理进行了比较研究，给出了我国流行的 DBB 模式和 EPC 承包模式的建筑供应链的构架，其中明确反映了不同相关方之间，诸如业主、承包商、监理单位、设计单位、材料供应商和分包商之间的关系表现。

可见，已有的研究仅仅是比较了不同承包模式的项目绩效有何不同，或者仅仅是给出了不同承包模式的建筑供应链的形式，有的也进一步分析了不同形式的建筑供应链的相关方之间的关系特征，但是，项目的承包模式所决定的项目相关方之间的关系特征如何影响项目绩效，并没有研究。本章的研究弥补了已有研究在此方面的不足。

由上述分析可以看出，当承包模式不同的时候，建筑供应链的形式也是不同的，由此反映的建筑供应链相关方之间的关系的紧密程度不同。这种关系的紧密程度表现在关系质量，即各相关方之间的交流、合作、适应性、关系氛围以及信任的程度是不同的，这影响着项目绩效能否顺利实现。本章的研究将我国流行的 EPC 承包模式和 DBB 承包模式作为调节变量，研究承包模式对建筑供应链关系质量对项目绩效影响的调节作用。与已有研究不同的是，Eriksson 和 Westerberg 研究了合作采购程序对项目绩效的影响，并提出命题"合作氛围是合作采购程序和项目绩效之间关系的中介变量和调节变量。合作氛围越强烈，合作采购程序和项目绩效之间的正向关系越多"和命题"项目特征是合作采购程序和项目绩效之间关系的调节变量。项目特征越有挑战性，合作采购程序与项目绩效之间的关系越是正向的"。这里的合作氛围（Cooperative Climate）由信任和承诺来度量，与本章的"关系质量"有某些相同之处，而本章是将"关系质量"作为"项目绩效"的前置因素，而不是调节变量，而本章研究的"承包模式"作为影响项目绩效的调节变量，也不同于 Eriksson 和 Westerberg 的将"项目特征"作为影响项目绩效的调节变量。

本章实证验证的结果表明，承包模式对建筑企业与设计单位关系质量对项目绩效的调节作用得到了验证，也就是说，EPC 承包模式时，建筑企业与设计单位是一个联合体，关系应该是紧密的，其间的交流、合作、适应性、关系氛围和信任表现得更好，会促进项目绩效顺利实现；而当 DBB 承包模式时，建筑企业与设计单位之间不构成联合体，他们分别是业主在工程项目的设计阶段、建造阶段招标确立的，与业主均是契约关系，但是建筑企业与设计单位之间只是为了共同项目的实施，而临时性在一起合作，所以，其间交流、合作、适应性、关系氛围和信任的程度不及 EPC 承包模式下，从而项目绩效目标的实现程度可能不如 EPC 承包模式顺利，这就是承包模式对两者之间关系质量对项目绩效影响的调节作用，即 EPC 承包模式下，建筑企业与设计单位的关系质量对项目绩效的影响显著大于 DBB 承包模式下建筑企业与设计单位的关系质量对项目绩效的影响。

根据承包模式不同，材料供应商可以是业主确定，也可以是建筑企业确定。实际上不论是 EPC 模式还是 DBB 模式，材料供应商与建筑企业均是买方和卖方的关系，但是，根据 EPC 承包模式和 DBB 承包模式的建筑供应链原理，在 EPC 承包模式下，材料供应商是由建筑企业确定的，而 DBB 模式下，可能是建筑企业确定，也可能是建设单位确定，也就是说，相对而言，在 EPC 模式下，建筑企业与材料供应商之间的关系应该比 DBB 模式下紧密。这种不同的承包模式下表现出来的关系的紧密程度不同，应该影响着项目绩效能否顺利实现。但是，承包模式对建筑企业与材料供应商的关系质量对项目绩效的影响的调节作用没有得到实证验证，究其原因可能是：①基于建筑企业的视角，不论是哪一种承包模式，材料供应商与建筑企业之间的契约关系均甚于友好关系，也就是说，材料供应商按时按质保量为建筑企业提供施工所需的原材料、构配件和半成品，不论是哪一种承包模式都应该做到，而这些正是工程项目绩效顺利实施的保证；②还有一个原因可能就是问卷填写者对供应商的理解不同，多数情况下理解的材料供应商指的是材料/构配件（Material/Component）的供应商，而EPC中的供应商则多数指的是大型设备、大宗设备以及高级设备的供应商，EPC中的采购，则主要指的是这些大型设备、大宗设备和高级设备的采购，也许是对供应商的服务范围的理解上有歧义。所以，承包模式对建筑企业与材料供应商的关系质量对项目绩效的影响的调节作用没有得到验证。

模型中没有假设承包模式调节建筑企业与监理单位的关系质量对项目绩效的影响。由EPC模式和DBB模式的建筑供应链的表现可以看出，监理单位是由建设单位（业主）确定。在建筑企业与其他各相关方的关系中，建筑企业与监理单位的关系质量与其他关系的性质是不同的，监理单位是咨询企业，是由建设单位（业主）通过监理招标选定的，代表着建设单位的利益，对项目实现过程而言，监理单位的工作性质是"监督"，而不像设计、施工单位一样，其工作性质是"实施"。监理单位的监督，是为了保证工程项目按照既定的目标实施，以满足业主的需求和保证社会公众的利益不受损害。不论在何种承包模式下，监理单位的工作性质是不会变的，监理单位与建筑企业，奔着共同的工程项目，一个是执行"监督"职能，一个执行"实施"职能，他们之间的关系质量的表现不会因为承包模式的不同而不同，所以，没有讨论承包模式对他们之间关系质量对项目绩效的调节作用。

模型中同样没有假设承包模式对建筑企业和分包商的关系质量对项目绩效影响的调节作用，原因与以上有些类似。在建筑供应链的各个相关方中，分包商是由建筑企业通过竞争性招标，或根据以往合作的经验与信誉直接选定的，建筑企业与监理单位、与设计单位之间没有契约，都是为了一个共同的项目而合作，但建筑企业与分包商之间一定有分包契约，虽然建筑企业选定分包商必须由监理单位同意才可，但是主要还是建筑企业自己选定的，这也是由工程项目这种产品的特殊性决定的，建筑企业必须把其中技术难度大的，专业性强的部分分包出去，或者是劳务分包。所以，不论是哪一种承包模式，在建筑企业与分包商之间的总包-分包的关系不会变，分包只对总包负责，并不跟建设单位（业主）直接打交道，所以，建筑企业与分包商之间的关系质量的表现不会因为承包模式的不同而不同，所以，本章也没有讨论承包模式对他们之间的关系质量对项目绩效的调节作用。

3.6.3 研究结果的理论意义

本章结果在以下方面对建筑供应链、建筑供应链关系质量以及项目绩效的研究做出了贡献。

（1）建筑业向制造业学习了很多概念，如标杆管理、外包、再造、精益生产、物流管理等，并且出现了变换的同类问题的研究，例如精益建筑（Lean Construction，LC）、建筑流程再造（Construction Process Re-Engineering，CPR）、建筑全面质量（Total Quality in Construction，TQC）等。学者们从 2000 年左右开始将供应链的相关理论及研究成果尝试在建筑业应用和推广，从不同的角度，提出"建筑供应链"的不同概念，在众多研究基础上，本章的研究从建筑企业的视角，立足于项目建造的过程，对本章中建筑供应链的范围做了界定，即基于建设单位或业主通过招标确定的以建筑企业为核心的其他各个相关方，包括设计单位、监理单位、材料供应商和分包商等组成的多组织和多关系的网络结构。其中，建筑企业与设计单位、监理单位、材料供应商和分包商分别组成一个二级的建筑供应链。根据研究的需要，可以只关注每一个二级建筑供应链中两个相关方之间的具体问题的研究。本章的研究对于"建筑供应链"相关理论的研究是有效的补充。

（2）制造业和服务业关于"关系质量"的研究由来已久，常见的研究包括，B2B、B2C 情境下，关系质量的度量维度，关系质量的前置影响因素，以及关系质量对其他因素的影响等。但是在具体的供应链背景下关系质量的研究比较少，而现有的"供应链关系质量"的界定，其实质就是供应链节点的两个企业之间的 B2B 的关系质量，并未体现出供应链的背景特点。本章的研究充分考虑建筑供应链的特殊性，从建筑供应链的多组织多关系的网络结构的特点出发，界定"建筑供应链关系质量"即建筑企业与设计单位、建筑企业与监理单位、建筑企业与材料供应商以及建筑企业与分包商的 B2B 的关系质量，体现了以供应链为背景研究关系质量的视角，测量方便，又充分考虑了建筑供应链的特殊性。本章的研究充实了"关系质量"相关理论。

（3）已有文献对于项目绩效度量及其前置因素影响的研究较多，传统的金三角，即质量、时间、成本度量项目绩效的方法是不变的，根据研究需求，不同的学者还提出其他一些度量维度，特别地，Wang 和 Huang 在中国建筑业背景下，将"关系绩效"也作为项目绩效的一个维度，这里的关系绩效指的是各个相关方之间的关系。本章考虑中国建筑业的特点，以"关系质量"反映"关系"，研究各相关方之间交流、合作、适应性、关系氛围和信任对于项目的质量绩效、成本绩效、经济绩效、安全绩效和社会影响绩效之间的影响机理，突破了仅以关系绩效作为项目绩效的测量维度，而是作为项目绩效的前置因素，这在一定程度上奠定了中国建筑业背景下研究"关系"对"项目绩效"影响的基石。

（4）关于项目的交付方式，基于建筑企业的视角，国内习惯上称之为承包模式。常用的承包模式有设计—采购—建造（EPC）、设计—招标—建造（DBB）、设计—建造（DB）等，还有一些特殊的项目融资模式，如建造—运营—转让（BOT）、私人主动融资（PFI）、公私合伙（PPP）等。已有研究提到不同的项目承包模式，其供应链的路径是不同的，本章在此基础上，进一步分析我国流行的 EPC 模式和DBB 模式的建筑供应链结构，深入分析由此决定的各个相关方的关系特征，并将此作为调节变量，研究这些关系特征对项目绩效的影响机理，这对于承包模式及其作用的相关理论是有效的补充。

（5）有关工程项目绩效问题的实证研究，文献中多用多元回归分析、卡方检验、方差分析等，结构方程模型用得不多。而实证研究中的调节效应所用的方法视调节变量的类别而定，调节变量和自变量的类型有四种，即调节变量和自变量都是类别变量、调节变量是类别变量而自变量是连续变量、调节变量是连续变量而自变量是类别变量、调节变量和自变量都是连续变量。多元回归分析可以解决调节变量是连续变量的情况，当调节变量是类别变量的时候，须用结构方程模型的方法。本章用结构方程模型解决调节变量的问题，充实了工程项目领域的实证研究的方法。

（6）本章先从总体角度，研究建筑供应链关系质量对项目绩效的影响，再进一步具体地研究总体建筑供应链关系质量对项目绩效各维度的影响，以及建筑供应链关系质量各维度对总体项目绩效的影响，结合工程项目的特殊性，为深入分析项目绩效的影响机制提供了全面的研究框架。在该领域内的相关问题的方法论方面，有一定的补充作用。

3.6.4　研究结果的实践意义

在中国的建筑业背景下，各个相关方之间的"关系"影响着项目绩效是不争的事实。本章以"关系质量"为切入点，研究其对项目绩效的影响，试图以其结果指导项目的各个相关方之间"关系"的改进与发展，以期保证各个相关方均满意的项目绩效的顺利实现。具体说来，本章的研究结果对项目管理的实践意义体现在以下几个方面：

（1）建筑企业与设计单位、与监理单位、与材料供应商的关系质量对项目绩效均有正向的显著影响，所以，在项目实施的过程中，建筑企业一定要与设计单位、与监理单位、与材料供应商之间保持良好的交流、合作、适应性、关系氛围和信任，才能够保证整体的项目绩效顺利实现。当然，项目在实施的过程中，我们希望项目的各个方面都达到最优，亦即，我们会同时希望项目的质量最好、进度最快、成本最低等。但是，项目本身是一个对立统一体，这些方面不可能同时达到最优。当注重项目的某方面的绩效，比如，侧重关注项目的质量绩效最好，或关注项目的进度绩效最快，或关注项目的经济绩效最满意的情况下，应更加注重与不同相关方的关系。由研究结果可见，如果要注重项目的进度绩效和经济绩效，则要更加着重与设计单位的关系，与材料供应商的关系则影响着对项目的质量绩效、进度绩效和社会影响绩效，而与监理单位的关系对项目的质量绩效、进度绩效、经济绩效、安全绩效和社会影响绩效均有影响。

（2）由研究结果可见，建筑企业与监理单位的关系很重要，因为与监理单位的关系质量对项目的各方面的绩效均有影响。监理单位属于咨询行业，在国际上的FIDIC条款中，对于监理工程师赋予了很大的权利和责任，在这方面，我们国家虽然没有完全与国际同步，但是规定所有的项目必须有监理，可见，监理单位的地位与责任在项目管理实践中是很重要的。但是，建筑企业与监理单位的关系不同于与其他相关方的关系，建筑企业与其他相关方更多的是基于项目的共同目的的合作，但是监理单位与建筑企业是监督与被监督的关系。这之间的交流、合作、适应性、关系氛围和信任的程度也许不及与别的相关方之间那么顺畅，但是尤为重要。所以，指导建筑企业在项目实施的过程中，一定重视与深化监理单位之间的交流、合作、适应性、关系氛围和信任。

（3）由研究结果可见，不论是建筑企业与哪一个相关方的关系质量中，"信任"是最重要的维度。在建筑企业与设计单位、与监理单位、与材料供应商的关系质量的维度中，"信任"都对项目绩效表现出正向的显著影响。Anderson指出，"信任"是企业相信别的企业可以执行使自己的企业积极作用的行为，而不会执行对自己企业起负面效果的行为，Sako将信任分为三种类型，即契约信任、能力信任和友好信任，契约信任中，各方面遵守详尽的口头和书面协议；能力信任则建立在彼此完成任务的能力的基础之上；而友好信任更多的是表达同伴之间心甘情愿去做而不是迫于形势。在项目管理实践中，建筑企业与各个相关方之间，应该在契约信任的基础上，开发能力信任，并在项目的合作过程中升华为彼此之间的友好信任，则一定对项目绩效的顺利实现有着积极的作用。

（4）目前我国流行的项目管理模式是EPC模式和DBB模式，相对来讲，DBB模式是更加传统的承包模式，多数项目普遍采用，而EPC模式则多数用于冶金、化工、电力等领域的项目，但是 EPC 模式是目前我国大力推广的项目管理模式，有很好的发展前景。针对当前的项目管理模式的发展趋势，建筑企业应积极将自身打造成集设计、施工、咨询等为一体的综合型的承包公司，才能够在日趋发展的市场上承揽更多的项目，并能够依靠先进的管理模式保证项目的成功。对于不同承包模式的项目，紧密结合该承包模式表现出来的各个相关方之间的关系特点，扬长避短，改进和处理好与各相关方的关系，以期对项目绩效起到正向的积极的作用。

3.7 研究结论与展望

3.7.1 研究结论

针对本章的研究问题，首先对关系质量、供应链关系质量、建筑供应链、项目绩效及其影响因素方面的文献进行回顾，界定本研究的建筑供应链关系质量，是以建筑企业为核心，建筑企业与设计单位、建筑企业与监理单位、建筑企业与材料供应商、建筑企业与分包商的关系质量，用交流、合作、适应性、关系氛围和信任来度量。而项目绩效用质量绩效、进度绩效、经济绩效、安全绩效和社会影响绩效度量；其次，根据研究内容界定本研究概念模型的构成要素，重点介绍了项目承包模式，并强调当项目承包模式不同的时候，建筑供应链的路径是不同的，随之相关方之间的关系特征也有所变化，在现有的研究基础上构建了本研究的概念模型并提出了相应的假设；最后，对全国的 EPC 项目和 DBB 项目进行调查，利用统计分析软件 SPSS 14.0 和结构方程分析软件 LISREL 8.70 对提出的概念模型和假设进行了实证检验。

在上述工作的基础上，本章得出了如下结论：

（1）建筑企业与设计单位、与监理单位、与材料供应商的关系质量对项目绩效均有正向的显著影响，与分包商的关系质量对项目绩效的正向显著影响的假设没有得到验证。其原因可能是因为建筑企业与分包商的关系与建筑企业与设计单位、与监理单位、与材料供应商的关系性质是不同的。建筑企业与设计单位、与监理单位、与材料供应商更像是在建设单位的合约下，为完成共同的项目组成的临时性的团队，而分包商是由建筑企业选定的，他们之间更多表现为合约关系。他们之间顺畅的合作更多依靠的是合约而不是友好和信任。所以，实践上，提醒建筑企业注意着重搞好与设计单位、与监理单位和与材料供应商的关系。

（2）建筑企业与设计单位、与监理单位、与材料供应商的关系质量对项目绩效各个维度影响的侧重是不一样的。建筑企业与设计单位的关系质量对项目的进度绩效、经济绩效影响显著，建筑企业与材料供应商的关系质量对项目的质量绩效、进度绩效和社会影响绩效有显著的影响。特别地，建筑企业与监理单位的关系质量对项目的质量绩效、进度绩效、经济绩效、安全绩效和社会影响绩效均有显著的影响。监理单位的角色是监督管理，代表着建设单位、社会公众的利益，对项目的全面实施实行全天候、全过程、全方位的监控。建筑企业与监理单位融洽的关系决定着项目的各项绩效能否顺利实现，从而使得项目的各个相关方均满意。

（3）建筑企业与设计单位、与监理单位、与材料供应商的关系质量的各个维度对项目绩效的影响程度是不一样的。建筑企业与设计单位的关系氛围和信任对项目绩效影响显著，与监理单位的信任对项目绩效的影响显著，与材料供应商的关系氛围和信任对项目绩效的影响显著。由此可见，不论是建筑企业与哪一个相关方的关系质量中，信任都是最重要的维度，它在与任何一方的关系质量中均对项目绩效表现出显著的影响。所以，实践上提醒建筑企业与设计单位、与监理单位、与材料供应商相处的过程中，一定要保持信任，这种信任，应该是建立在契约信任的基础之上，由能力信任作保证，最好能够达成友好信任，这将对项目绩效的顺利实现起强有力的促进作用。

（4）由于EPC承包模式和DBB承包模式的建筑供应链的路径是不一样的，在不同的承包模式中，建筑企业与设计单位、与材料供应商的关系特征不同，所以，在不同的承包模式下，建筑企业与设计单位、与材料供应商的关系质量对项目绩效的影响是不同的，这即是承包模式的调节作用。本章的研究证实了EPC承包模式和DBB承包模式对建筑企业与设计单位的关系质量对项目绩效的调节作用，而对建筑企业与材料供应商的关系质量对项目绩效的调节作用没有的验证。原因可能是实践者也许认为，不论哪一种承包模式，材料供应商为建筑企业按期保质保量地提供原材料、构配件和半成品的角色不变。实践上提醒建筑企业注意分析不同的承包模式下与其他相关方的关系特征，改进薄弱环节的关系，以期对项目绩效的顺利实现提供有力保证。

3.7.2 研究不足

本章在界定建筑供应链关系质量、项目绩效的基础上，针对承包模式不同，建筑供应链的路径及其所反映的各个相关方的关系特征不同，提出了建筑供应链关系质量对项目绩效影响的概念模型和理论假设。通过对我国 EPC 承包模式的项目和 DBB 承包模式的项目作问卷调查和实证分析，全面系统地研究了建筑企业与设计单位、与监理单位、与材料供应商、与分包商的关系质量对于项目绩效的影响，以及 EPC 承包模式和 DBB 承包模式对于建筑企业与设计单位、与材料供应商的关系质量对项目绩效影响的调节作用。本章的研究基本完成了预期的研究目标，具有一定的创新性和理论、实践意义，但同时也存在一定的局限性，总结并分析本章的局限性将有助于该领域的进一步深入研究。

（1）很多研究指出建筑供应链是一个多组织的临时性网络，本章基于建筑企业的视角，侧重于项目建造阶段，仅仅将建筑供应链关系质量界定为建筑企业与设计单位、与监理单位、与材料供应商以及与分包商的 B2B 的关系质量，没有从更广泛的视角将关系质量引入到项目实施全过程所涉及的每个相关方。

（2）建筑供应链关系质量的维度用交流、合作、适应性、关系氛围和信任来度量，已有文献有提出供应链关系质量的维度还涉及承诺、相互依赖等，未将这些维度引入建筑供应链关系质量并实证验证。

（3）项目绩效侧重于项目建造阶段的绩效表现，没有考虑包括项目前期和后评估阶段等在内的项目全寿命周期的所有的绩效的表现，相应地，未做项目全寿命周期的各个相关方之间的关系质量对于项目整体绩效和相应绩效的影响研究。

（4）结合我国项目管理模式的实际情况，本章仅仅以 EPC 承包模式和 DBB 承包模式作为建筑供应链关系质量对项目绩效影响的调节变量，而未将其余承包模式引入到项目相关方关系对项目绩效影响的研究模型中。

3.7.3 研究展望

上述研究的局限性，也为未来进一步的研究拓展了思路。在现有研究的基础上，进一步的研究可以从以下几个方面展开。

（1）本章明确提出建筑供应链关系质量对项目绩效的影响，试图以此在一定程度上反映我国项目管理实践中的项目相关方的"关系"对于项目绩效的影响。建议今后的研究可以结合中国建筑业的背景，直接提出的各个相关方之间的"关系"（Guanxi 或 Relationship）的定义及其度量维度，进一步明确研究项目相关方的"关系"对项目绩效的影响。

（2）关于建筑供应链构成的研究中，很多都提到了政府机构、金融机构等相关方，本章的问卷回答者也提到了建筑企业与政府机构的关系会影响项目绩效，所以，建议今后的研究可以从项目的全寿命周期的视角，全面深入分析项目的各个方面的绩效以及各个阶段涉及的所有的相关方，研究他们之间的关系，尤其是与政府机构的关系对项目绩效的影响。

（3）本章只考虑了承包模式对于建筑供应链关系质量对项目绩效影响的调节作用，实际的项目管理中，还有很多其他的相关变量，诸如项目经理项目团队成员的关系、建筑企业的管理机制、组织结构、不同领域的项目类别等，这些变量在建筑供应链关系质量对项目绩效的影响中起什么样的作用，将是非常有意义的研究课题，直接对于项目管理的实践起指导作用。

（4）本章从建筑企业的视角研究关系质量对项目绩效的影响机理，已有研究有从监理工程师的感知提出过类似的问题，所以，今后的研究可以考虑从其他相关方的视角探讨类似的问题。

（5）本章的调研来自于中国的项目，类似的问题，可以放在中国境内的海外项目，以及东南亚和世界其他地区项目的研究背景下，不论是对于关系及项目绩效的定义，或是他们之间的影响机理，一定会有更加有价值的新的发现。

4 PPP项目关系性规则对合作行为的影响研究

4.1 引言

4.1.1 研究背景

1. 伙伴双方之间机会主义行为造成PPP项目失败案例时有发生

在PPP项目中，公共部门常因为一些主观或者客观问题履约失信，从而造成私人投资方收益受损。例如，在杭州湾跨海大桥项目、北京京通快速路项目、泉州刺桐大桥项目中事前承诺项目的唯一性；在青岛威立雅污水处理PPP项目中事前给予优惠保障，事后再谈判；英法海峡隧道PPP项目中，公共部门对项目审批延误；汇津长春污水处理PPP项目中，后期变更相关政策等。

与此同时，社会投资方也可能因为：①政府监管角色的缺失、缺少专门的PPP项目监管机构、没有明确的监管标准以及科学有效的监管方法，而为了一己之私，通过降低建设标准等方式采取机会主义行为，如在兰州威立雅水务PPP项目和天津双港垃圾焚烧发电厂PPP项目中投资方利用监管漏洞进行偷工减料，最终导致兰州市居民在很长一段时间内饮用受污染的水源，天津市人居环境严重受到污染；又如在一些电厂和公路PPP项目中，在项目建设完成后到移交前期，投资方通常一味地追求发电量和运营收益，而不对设备和道路进行日常的维护、更新改造及必要的大修，从而造成设备受损严重和道路损坏加快；②投资方利用信息及项目经验优势，在环境不确定性下的突发事件中行使利己行为，如在泰国国家电力PPP项目的中私人部门利用自身信息、专业等优势敲诈政府部门的行为。由此可见，公私合作伙伴双方之间机会主义行为是造成PPP项目失败的主要原因之一。

2. PPP 项目关系性规则对机会主义行为有显著作用

由于标准契约的有限理性和不完全性，使得在面对项目争端和潜在机会主义行为时，契约治理的及时性和有效性不足。因而，在复杂的项目网络关系和外部环境下，依靠声誉、未来合作价值、关系性规则为基础的关系契约治理成为现代项目管理的焦点。在管理学的实证研究中已有学者陈菡（2016）研究发现关系契约治理的实质是强调通过建立组织间的关系性规则，增强交易双方的理解和信任，形成共同的认知和价值观来改善交易关系，减少不确定性，抑制机会主义行为。

张艳茹等（2014）在公共文化 PPP 项目中，运用博弈分析的方法验证了与契约治理所对应的惩罚机制并没有对承包方的机会主义行为产生根本性抑制作用。正如 Domingues（2015）的研究表明任何交易的成功离不开"关系"的重要功劳，对于 PPP 项目而言，政府和投资方之间要实现真正长期稳定的、可持续的伙伴关系，就要求交易双方建立一致的价值观和行为标准、营造和谐的团队氛围、形成有效的沟通和争端解决机制。

Gold（2010）也指出基于当前寻租行为所得利益与未来合作价值的比较，关系性规则能减少交易双方为了短期的利益而进行机会主义行为可能性，并且信任增加了双方共享信息的意愿，降低了信息的不对称性。吴正泓等（2016）也表明严厉的惩罚机制并不能有效遏制机会主义行为，未来合作的收益和声誉系数越大，私人部门越倾向于采用互惠主义行为，实现公私合作的帕累托最优。因此，PPP 项目关系性规则对伙伴双方可能的机会主义行为有显著抑制作用。

3. PPP 项目关系性规则发挥治理作用有一定的情境依赖性

在 PPP 项目中，娄黎星（2016）表明外部环境变化导致的再谈判可能是为了填补初始合同规定中的空白，也可能沦为主观机会主义行为和寻租的工具。在关系契约治理中，孙元欣（2010）表明信任与合作会促进正式契约的执行效果，关系性规则将解决正式契约的环境不适应性问题，也即关系性规则能够对外部环境不确定性所带来的机会主义行为起到规则作用。其次，Liu（2009）指出关系性规则的作用效果和环境密切相关，因经济社会环境、发展阶段甚至参与者个体因素不同，起作用的关系性规则也不同。Griffith（2005）在信息交换，柔性和团结等关系性规则对全球供应链战略适应性（Strategic Fit）的作用研究中，发现在日本有较多的信息交换可以提高战略适应，而在美国企业中则不存在此关系。由此可见，不同的文化环境要求发挥治理机制作用的关系性规则不同。在同一文化环境之中，外部环境的不确定性的水平也势必对关系性规则发挥治理作用机制的效果造成影响。

不仅如此，已有学者研究采用博弈分析方法探讨了关系契约治理能否对专有性投资起到激励作用和规则专用性投资所带来敲竹杠行为。Crosno（2010）表明高水平的资产专用性会引发交易中的一方或双方可能的机会主义行为。而后孙元欣（2010）指出关系性规则可以有效降低和解决企业合作中所面临的问题，如专用性投资所带来的敲竹杠问题，促进合作伙伴对继续交易和合作的期望，并激励专有性投资。正如 Williamson（2002）研究表明关系契约治理是能够与交易特征匹配、降低交易成本、管理不确定性和鼓励专用性投资的有效方式。王俊豪（2016）采用博弈分析方法来探讨关系契约视角下外部环境不确定性与资产专用性是 PPP 项目关系契约能够发挥治理机制作用的关键。因此，伙伴双方可能的机会主义行为或合作行为背离与外部环境的不确定性、资产的专用性水平息息相关。

4.1.2 问题提出

在综合项目特征对关系契约治理提出的需求，以及关系性规则发挥治理机制的有效性和结合资源依赖理论的情景边界条件。本章的研究问题主要有：

（1）PPP 项目关系性规则发挥治理机制的过程中，关系性规则能否通过触发信任进而作用于合作行为，信任的不同维度（计算型信任 / 关系型信任）分别在其中发挥怎样不同的间接作用？

（2）PPP 项目关系性规则作用于信任的不同维度（计算型信任 / 关系型信任）的过程中，外部环境不确定性和资产专用性分别发挥怎么样的情境治理边界条件？

（3）PPP 项目关系性规则和情境边界条件（外部环境不确定性和资产专用性）对合作行为产生的交互作用是否以信任及其不同维度（计算型信任 / 关系型信任）为中介？

4.1.3 研究目的与意义

1. 研究目的

本章以 PPP 项目伙伴主体之间机会主义行为、合作关系不足为基础，旨在通过探究 PPP 项目关系性规则、信任与合作行为之间的关系及资产专用性、外部环境不确定性在 PPP 项目关系性规则作用于合作行为过程中的情景边界作用。探究信任在 PPP 项目关系性规则和合作行为之间的中介作用，以及关系性规则能否通过对外部环境不确定性下所引发的主体机会主义行为的治理作用，及与资产专用性共同对机会主义行为发挥规制作用，从而增加公私合作伙伴间的信任水平进而促进 PPP 项目主体合作行为的发生，打开 PPP 项目关系性规则发挥治理机制作用的黑箱。

2. 研究意义

（1）理论意义

1）已有对关系契约治理的研究多关注于其要素"信任""承诺""合作"等其对"项目绩效""项目成功"的影响，而忽略了其内部要素如何促进"合作行为"的发生。因此，本章基于关系契约治理理论，打开 PPP 项目关系性规则对合作行为的直接效应和信任及其不同维度（关系型信任、计算型信任）中介作用的间接效应黑箱。弥补现有实证研究中忽略关系性规则作用于项目主体间合作行为的过程中信任的中介作用和信任本身作为高阶结构下不同的维度的中介效应的大小，揭示 PPP 项目中计算型信任和关系型信任的解释力度的差异性。

2）基于 PPP 项目关系契约治理与资源依赖理论结合的新视角，通过实证研究探究资源依赖视角下，资产专用性所产生的互补性依赖对关系契约治理内部要素关系性规则通过增加信任进而促成合作行为的作用过程中发挥正向边界，外部环境不确定性所产生的竞争性依赖对 PPP 项目关系性规则作用于信任的过程中产生的负向影响作用，及其导致的可能的机会主义行为能否被关系性规则所抑制，从而保障合作行为的继续来对以往传统经济学视角下关系契约治理通过对资产专用性和环境不确定性所产生的机会主义行为的规制作用，从而保障合作行为的继续做出新的解释。

（2）实践意义

任何合作关系的存在都离不开交易的视角。PPP 项目作为一种公私合作伙伴关系也不例外。基于经济学视角下交易的本质，有目的地指出关系契约治理中关系性规则对信任和合作行为的触发和引导作用。并基于资源依赖视角指出 PPP 项目中资产专用性和外部环境不确定性对作用过程能够分别导致共生性依赖和竞争性依赖。对关系性规则虽然与资源依赖下的外部环境不确定性的交互作用不能够增加信任，外部环境不确定性下潜在机会主义行为对关系性规则作用于项目信任的负向调节能够传递到合作行为，有效的说明了关系性规则对外部环境不确定下竞争性依赖所导致的机会主义行为规则作用的有效性不足。对公共部门需要保障宏观政治、经济、法律等环境的稳定性提出要求。

此外，关于 PPP 项目关系性规则通过与资源依赖下的资产专用性的交互增加信任，提升合作关系质量和合作效率，有效的保障合作行为。对为实现合作共赢，公共部门和投资方都应该增加专用性投资，投资方在项目具体的操作环境中不应首先考虑利益赚取提出要求。对指导 PPP 项目中伙伴主体之间如何通过增加互信从而促进有效合作，实现项目成功打下坚实基础具有重要实践意义。

4.1.4 研究内容与思路

1. 研究内容

本章在对 PPP 项目关系契约治理的核心要素关系性规则、信任、关系行为和资产专用性、外部环境不确定进行界定的基础上，探讨 PPP 项目关系性规则、信任与关系行为之间的作用机理和资产专用性水平高低、外部环境不确定性之间的对关系性规则发挥治理机制作用过程发挥的边界条件，旨在通过 PPP 项目关系性规则抑制外部环境不确定性的负向调节，并通过资产专用性增加 PPP 项目伙伴主体之间的信任从而发挥有效治理机制作用，促进合作伙伴之间从主观竞争性依赖向客观默许、主观依从及共生性依赖的转变，从而达到联合规划、联合求解、联合行动的一致性合作行为。本章的研究内容主要有以下几点：

（1）确定 PPP 项目中关系性规则、信任及合作行为的概念、维度界定和三者之间的作用关系。在关系契约治理理论的基础上，对 PPP 项目关系性规则、信任及关系行为进行内涵、构成要素及既往研究进行回顾。选择 PPP 项目中公共部门、投资方作为网络关系的主体，通过对主体间机会主义行为及合同关系特征进行识别的基础上，构建关系性规则对于项目主体之间合作行为的直接效应和通过关系型信任、计算型信任作用于项目合作行为的间接效应。

（2）确定 PPP 项目中资产专用性和外部环境不确定性水平不同对 PPP 项目关系性规则发挥治理机制过程中的边界条件。在资源依赖理论的基础上，对 PPP 项目资产专用性和外部环境不确定性进行内涵、构成要素及既往研究历史进行文献回顾。分析 PPP 项目资产专用性、外部环境不确定性对关系性规则作用于关系型信任和计算型信任的过程中的边界作用，以及关系性规则与资产专用性、外部环境不确定性的交互项通过关系型信任和计算型信任作用于合作行为的条件间接效应。并基于此，构建有中介的调节作用研究模型。

（3）通过问卷调查进行数据收集、分析和假设检验。针对 PPP 项目中交通运输、社会基础设施、文化旅游类项目，对项目中所涉及的政府机构、私人投资方、项目公司、法律和财务咨询机构等参与 PPP 项目立项、招标投标及建设和运营全过程的管理人员为问卷调研对象。拟运用 SPSS、AMOS 对 PPP 项目关系性规则、关系型信任、计算型信任、合作行为、资产专用性和外部环境不确定性 6 个关键变量进行相关统计分析，检验量表的有效性，并采用 Bostraping 方法分别对研究模型的 PPP 项目关系性规则对合作行为的主效应、关系型信任和计算型信任的中介效应、资产专用性、外部环境不确定性的调节效应进行回归分析假设检验，验证研究假设的成立与否。

2. 研究思路

本章首先分析 PPP 项目的伙伴主体之间高机会主义行为和契约本身的特征；其次，基于关系契约治理和资源依赖理论下界定 PPP 项目关系性规则、信任、关系行为以及外部环境不确定性、资产专用性的内涵、测量维度；最后，在此基础上，分析 PPP 项目关系契约治理内部关系性规则、信任、合作行为之间的内部作用机理以及外部环境不确定性和资产专用性对作用过程的边界作用，提出研究假设，构建研究模型。通过量表设计及实际调研收集样本数据对所构建的研究模型和假设进行检验。

本章拟采用的技术路线如图 4-1 所示。

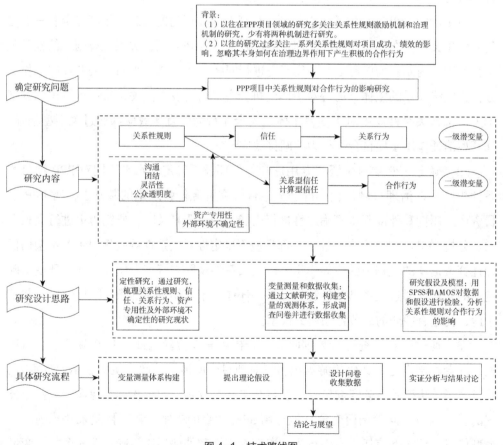

图 4-1 技术路线图

4.2 理论基础与文献综述

4.2.1 理论基础

1. 关系契约治理理论

（1）关系契约治理的内涵

与正式契约不同，于茂荐（2012）指出关系契约并不对交易的所有内容条款进行具体详尽的规定，仅仅确定基本的目标和原则，过去、现在和预期未来契约方的关系在契约的长期安排中起着关键作用。同样，Liu（2009）表明与正式契约的法律强制力执行机制不同，关系契约强调依靠未来合作的价值、声誉和关系性规则来发挥治理机制作用。Claro等（2003）基于交易费用、交易网络理论将关系契约治理界定为反映了合作关系中建立联合行动的程度。事实上，关系契约治理的本质是强调协调机制的作用，通常采用非正式的关系性规则来实现交易的目的。

（2）关系契约治理的构成要素和效用

现有的研究针对不同的关注点对关系契约治理要素的界定也不相同，薛卫（2010）将交易费用与关系资本进行整合，指出关系契约治理是协调合作双方交易活动的相关社会规则或规范，或者说是交易双方相互认可的价值观、行为标准，包含参与度、信息交换的频度和关系维持水平等。张闯（2012）将关系契约治理界定为关系规范、关系状态和关系行为三个方面。针对众多学者的差异性界定，陈灿（2012）通过汇总分类，将关系契约治理的核心要素界定为内在的关系规则和外在的关系行为。

此外，针对关系性规则和信任是否属于同一范畴的研究，Goles（2001）从众多关系性规则的经典研究中发现，信任、柔性和交流是最为大多数研究者所接受的。严敏（2015）等从组织间关系视角下研究表明建设项目组织中关系性规则包含信任、承诺、沟通、互惠互利等，并分别研究了信任、承诺、沟通等关系性规则对关系行为的直接影响。Suprapto（2015）等在公共项目的研究中将关系性规则界定为信任、公平、沟通、目标一致、无责备的文化、灵活性。并将关系性规则作为前应变量、团队合作质量作为中介、项目绩效及可持续性的伙伴关系作为结果变量进行了研究。

Poppo（2002）指出从Macneil所创建的关系契约理论看，关系性规则应包含团结（Solidarity）、信息交换（Information Exchange）和柔性（Flexibility）。同时，这些关系性规则会影响合作主体之间的信任水平进而对企业绩效产生影响。Lu（2015）也指出建筑项目关系契约治理中关系性规则主要指团结、信息共享及柔性，团结使项目参与方之间形成一致合作共赢的理念，信息共享能够降低参与方之间的信息不对称性，柔性可以减少合作环境不稳定性对各个项目参与方合作行为的影响，三者都能够通过增强参与方之间合作意愿、提高各个参与方自身努力程度，补充合同的不足之处，实现合作成功，并探究了建筑项目关系性规则、信任、合作之间的关系。Camilo（2018）认为在PPP项目中关系性规则应包含除信任之外的沟通、公平、灵活性、团结等，并将关系性规则作为信任的前因变量进行了研究。

综上，通过对关系契约治理的相关研究进行综述，发现国内外关于关系契约治理的要素划分不一。特别是关于关系性规则和信任是不是同一范畴，存在较大分歧。基于此，本章在借鉴前人研究的基础上将关系性规则和信任界定为关系契约治理的核心要素，但不属于同一维度。并借鉴综合论观点认为PPP项目关系契约治理包含内在关系性规则、信任和外在的关系行为。旨在通过将关系契约理论应用于PPP项目，探究在PPP项目背景下，关系契约治理要素之间的内部作用机理，丰富关系契约的研究层面，保障PPP项目公私合作伙伴之间有效合作行为的发生，进而实现项目的成功。

2. 资源依赖理论

（1）资源依赖的内涵

资源依赖理论最早出现在组织间关系的研究上，而实质是关乎组织成员间相关资源的依赖关系及其影响的研究。武立东（2011）强调资源依赖理论关注组织的任务环境不确定性，并重点指出任何组织的生存都必将对环境产生依赖，组织从环境中获得所需要的资源、技术、自然等优势。组织应该寻求联盟、合作等方式以降低对外部环境产生的依赖，从而获得合作共赢。马迎贤（2005）指出资源依赖在某种意义上揭示了组织自身的选择能力，组织可以通过对依赖关系的了解来想办法寻找替代性的依赖资源，进而减少"唯一性依赖"，更好地应对环境，以此解决组织之间的权利的不对称性问题。邱泽奇（1999）表明资源依赖理论的一个重要贡献就在于让人们看到了组织采用各种战略来改变自己、选择环境和适应环境。并关注于组织未来管理与其环境中其他组织的相互依靠性而采取的策略行为，如采取联盟、并购和关联董事会等战略行为以应对环境对组织产生的影响和控制。

（2）资源依赖的效用

事实上，资源依赖理论不仅在一定程度上强调了组织生存对环境产生的依赖性，还强调了组织成员之间资源相互依赖上，引导我们考虑组织之间资源的依赖性，进而考虑资产的专用性对组织成员之间的重要性。关于依赖的研究尽管多强调组织成员之间的"相互依赖"会导致权利不对称性，进而对企业间合作关系产生影响上，却对"相互依赖"界定模糊。Stańczyk（2007）的经典研究所提出来的考虑依赖的总量和不对称性下的依赖的两面性也对合作双方之间倾向于一种双边的资产专用性提供了依据。

现有的关于资产专用性的研究存在着分歧，Crosno 等（2010）在交易成本（Transaction Cost Theory）视角下对机会主义行为的正向影响和 Lui 等（2009）在关系交换视角（Relational Exchange Theory）下对机会主义行为的抑制作用两种完全相反的考量。基于已有研究的两极分化，王节祥等（2015）在进行合作创新中资产专用性与机会主义之间关系的研究时，从资源依赖的视角下对资产专用性进行细分为单边资产专用性和资产专用性，并对以上两种观点进行了整合，验证了单边资产专用性对机会主义行为正向影响和双边资产专用性对机会主义行为的抑制作用，并表明了两种资产专用性之间可以相互转化，有力地解释了两种悖论之间的关系。

综上，资源依赖视角下强调组织生存对环境及组织成员之间的资源的相互依赖性。而在 PPP 项目中，项目所面临政治、经济、市场，甚至是伙伴双方决策和行为的环境是不确定的，而双方之间的资产专用性越来越向稳定伙伴关系、促进合作成功的视角转换。因此，探讨资源依赖视角下外部环境不确定性、资产专用性分别在 PPP 项目关系性规则作用于合作行为的过程中发挥怎样的情景边界作用对实现 PPP 项目关系契约治理的有效性提供依据，拓宽关系契约治理领域的研究层面。

4.2.2 文献综述

1. 关系性规则、信任及合作行为的相关研究

（1）关系性规则、信任及合作行为的内涵和构成要素

1）关系性规则的内涵及构成要素

王颖（2007）表明在现代管理学的实证研究中，关系契约治理是指通过关系性规则对关系契约进行治理，而关系性规则与其他关系契约治理要素之间又存在彼此影响的规律。陈灿（2004）表明关系性规则是指一些社会过程和社会规则。Xue（2017）表明关系性规则是指诸如灵活性、团结、沟通、共同决策和通过协商解决问题等一系列非正式的社会规则和过程。其中，社会过程包括社会交往、信息交流等，社会规则包括团结、灵活性等。在 PPP 背景下，Rufín（2012）考虑到公共和

私人部门组织逻辑的多样性，Ning 等（2013）基于关系性规则强调公开讨论不同解决项目问题的观点的必要性，以及公众透明度和问责制。Lu 等（2015）指伙伴双方之间默契理解的基础上的承诺与合作，通过组织团队日常工作，达到预测项目（工作）的目的。基于此，本章将 PPP 项目关系性规则界定为伙伴主体之间为了实现项目成功所达成的共享的价值观和行为标准，能够在契约受到时间、突发事件、费用限制的时候提供便利的问题解决方式，包含一系列非正式的沟通、主观意愿的团结一致和应时应事的灵活性方式、对公众保持透明度进而使其行使监督权力，强调伙伴双方之间通过发展可持续性的协作关系继而保障协作成功。

2）信任的内涵及构成要素

社会心理学视角下，Smyth（2010）表明信任是一心理契约，指对具有合作潜力的另一方的行为愿意依赖或受其影响的态度、倾向。Tang 等（2010）表明信任作为一种心理契约和主观意愿，能通过增加合作伙伴之间对未来合作积极结果的信心，从而避免项目相关方之间可能的机会主义行为。项目治理和经济学视角下，徐志超（2013）将信任界定为施信方相信受信方不会辜负自己，即使存在采取机会主义行为的可能，受信方也不会令施信方失望。由此可见，信任本身是一种心理状态、行为态度和主观意愿。

就组成成分而言，信任本身也是一种高阶结构，由不同维度的信任组成。而目前对于信任维度划分的研究有二分法和三分法两种不同的界定。二分法多从经济学视角出发，如陈莉平（2013）、杜亚灵（2014）将信任界定为理性/计算型信任/能力和从感情特征角度出发界定为感性信任或非计算型信任/关系型信任/善意的信任。Badenfelt（2010）将信任分为能力信任和动机信任两个维度。三分法下 Arino（2005）、Wong（2008）针对不同的研究关注点和背景，在经济学视角下将信任界定为了解/特征信任（承诺、友好、善意等）/个人信任（关系信任）/情感信任、理性信任（对成本和收益的合理预期）/谋算型信任/认知信任、认同型信任/制度信任（政治环境、法律规定、相应制度）。风险应对视角下，Yang（2012）借鉴 Hartman 的基于能力的信任、诚实、直觉信任的研究，结合国情和文化特色，将参与方之间的信任分为能力、关系、直觉三方面等。尽管经济学视角下和风险视角下，关于信任维度的界定不同，但两者没有本质区别。

在 PPP 项目中，王秀婧（2014）表明大多数学者都将信任定义为一种预期，指合作方预期对方在可能发生机会主义行为时不会采取相应的攻击行为。信任本身是项目网络关系中一种有效的治理机制，表现为合作双方对交易风险和不确定性的认同,对机会主义行为的规避和制约,对项目合作成功的促进作用。在 PPP 项目组织中,信任是公共部门和投资方之间在特定伙伴关系中的一种对彼此心里认同和期许感,表现为一种主观的合作意愿和信心,且这种主观的合作意愿和信心是一切项目合作成功的前提。关于在 PPP 背景下信任维度的界定也有二分法和三分法两种不同的划分,在这里借鉴二分法的研究将 PPP 项目背景下公私合作双方之间的信任界定为计算型和关系型。

3) 合作行为的内涵

关系契约治理理论下,姜翰(2008)在工程项目领域研究中表明联合行动,包含联合求解和联合规划最能代表合作双方的关系行为。严敏(2015)在公共建设项目关系的研究中,将关系行为定义为建设项目组织为建立、发展及维持合作关系所采取的具体行动,认为联合求解是谋求解决项目争端和问题的合作行为,联合规划是合作双方就未来可能的交易关系状况而进行的预期权责利划分和分配的合作行为。因此,直接将关系行为界定为合作行为进行研究。在 PPP 项目中,Zou(2014)等表明合作行为彰显了伙伴主体之间合作目标的一致性和致力于共同决策、持续改进项目、共同解决问题和争端等。因此,结合 PPP 项目中伙伴主体及其关系的特征,合作行为更能显现 PPP 项目核心主体之间的关系行为。就本章而言,PPP 项目合作行为指公私合作伙伴之间为建立、发展及维持可持续长期伙伴关系,实现项目全过程合作成功的过程中所采取的一系列解决项目问题、冲突、争端的具体团队合作行动。

(2)关系性规则、信任及合作行为之间的关系

首先,组织行为学的相关研究已经表明了关系契约治理对组织间合作的有效性。Dubois(2002)指出关系性规则能够增加项目网络中各个合作伙伴之间的信任。谈毅(2005)表明,在长期交易关系中形成的信任、关系性规则能够帮助合作方妥当规范合同中尚未清楚规定的相关风险事项。临时的建筑项目组织的参与方之间因为信息关联在一起,任星耀(2009)指出由于信息不对称所导致的可能的机会主义行为和潜在的道德风险,使得在项目合作的过程中,处于信息劣势的一方会采取积极主动的沟通态度试图与信息优势的一方进行信息交换,从而通过不断地沟通博弈,减少信息的不对称和打破信息不对称的壁垒,进而增加彼此的信任水平。灵活性能够增加了项目主体应对外部环境不确定下不可预见事件的适应性,体现了双方在面对项目争端和问题时不相互推脱责任,增加了解决问题的速度。Rokkan(2003)表明团结能够将以自我为中心的个人行为转移到将共同责任和利益为中心的团队行

为，合作双方都遵循这样的准则，能够实现有利的合作行为。Handley（2015）也指出关系契约治理在团结的文化氛围中对机会主义行为的遏制更加有效。由此可见，关系性规则作为关系契约治理的核心要素，通过规范双方因信息不对称、不可预见事件发生及弥补合同关系不足造成的可能机会主义和道德风险，促进合作双方之间信任水平，进而导致彼此合作方面发挥治理规范作用。

其次，在以往的研究中，多将信任作为前因变量进行研究，认为信任是一切合作的前提。Pinto（2009）表明信任可以消除交易双方之间敌对的情绪，减少交易双方之间机会主义行为，降低交易成本，提高交易双方之间合作积极性、合作效率，从而促进项目成功。严敏（2015）探究了工程项目中信任对项目参与方之间的合作行为产生影响。陈叶烽（2010）运用实验数据从个体角度考察了信任与合作行为之间的关系，表明当主体的信任度越高，其采取合作行为的可能性越大。严兴全（2011）等从社会心理学的角度出发，验证了信任对合作具有正向积极的作用，而合作又有利于提高关系绩效。Suprapto等（2016）将公共项目合作双方之间信任作为团队合作质量的前因变量进行了研究。在PPP项目中，胡振等（2014）也表明了PPP项目主体间信任、沟通等通过合作行为影响项目绩效。由此可见，在工程项目的研究中多直接将信任作为前因变量进行研究。在制度论中，Wang等（2014）通过实证研究验证了信任在组织规则和合作实践之间发挥中介作用。Yang等（2012）研究也表明相比于契约的正式和控制机制，非正式的关系性规则强调通过增加信任，进而导致合作行为的发生。

最后，基于对项目成功和绩效目标实现的关注，主体间有效合作行为已成为学者研究的热点。正如Müller（2012）在项目管理的研究中，将合作行为界定为实现项目成功的关键影响因素。在合作行为作用机理的研究中，李连英（2017）在渠道领域研究表明关系要素对关系行为有指导作用，如信任与承诺是通过关系行为影响绩效。林曦等（2013）在企业关系研究中也表明任何互动的社会关系中，总是存在着某种主导情绪，即关系双方所感受的互动过程中的情感和氛围，这种情感会直接影响关系交换的过程和诱发一系列的行为，进而影响项目绩效。而在工程项目组织间关系的研究中，将团队合作当成合作关系与项目绩效目标实现和可持续性合作关系维系的中间变量。在工程项目领域，尹贻林（2014）研究表明合作行为在项目承诺、信任、沟通与项目管理绩效之间发挥部分中介作用。李晓光（2018）基于PPP项目社会网络结构特征、契约的不完全性和项目环境的复杂性，探究了关系契约治理要素信任、承诺、沟通、合作通过影响控制权的配置，进而影响项目绩效。

综上可见，以往在关系契约治理的研究多关注于其治理要素信任、承诺、沟通等关系性规则通过合作作用于项目绩效，验证了合作的中介作用，而忽略了一系列关系性规则作用于关系行为的过程中，信任的部分或完全中介作用在其中充当的角色，没有打开关系性规则与关系行为之间作用机理的黑箱。

2. 外部环境不确定性的相关研究

（1）外部环境不确定性的内涵及构成要素

Loasby（1979）表明任何组织的生存都离不开环境，组织在环境中能够获取和保持竞争优势的资源（如自然、技术、制度）。Daft（1988）指出以往的研究多在交易成本理论下将外部环境不确定性界定为任何项目合作所面对的任务环境和制度环境的不可预测性、持续变动性的总和。而现有的资源依赖视角下研究多关注组织的任务环境。正如李梓涵昕（2018）在新产品开发过程中将外部环境不确定性界定为技术和市场环境不确定性。

在 PPP 项目中，叶晓甦（2017）将外部环境界定为 PPP 项目可持续的基本保障，主要涉及法律、政策、制度、市场等方面。而在 PPP 项目治理机制的研究中外部环境不确定性指特许经营期内，与项目相关的市场、政治、经济等环境的持续变动且不可预测性。

（2）外部环境不确定性的既往研究

关系契约治理强调关系性规则能够应对契约在面对外部环境时的不适应性。正如在公司治理层面，武立东（2011）表明外部环境不确定性会对组织的制度层、战略和组织结构产生影响，并且会有从上往下依次顺序性。张旭梅等（2009）研究了在特定关系背景下关系契约治理手段强度的大小是否会对企业的业绩产生影响，其研究结果显示，当面临环境的不确定性及交易双方存在资源依赖的情况时，通过增进关系契约治理能够有效提高企业的业绩水平。李瑶等（2015）在关系契约治理视角下，以中国情境下最典型的治理手段——商业关系和政府关系为切入点，深入探讨了其对机会主义行为的影响，同时基于治理手段的有效性取决于作用情境，验证了法律政策不确定性和行业环境不确定性是外部社会关系发挥效用的情境依赖条件。

在供应链项目领域研究表明不同文化背景所需发挥治理机制作用的关系性规则不同，而同一文化背景下，外部环境的稳定性水平的不同也势必对关系性规则发挥治理机制作用起到不同的边界作用。而对于工程项目而言亦是如此，项目治理的难度之大和结构复杂性对关系契约治理提出了要求，而外部环境不确定性作为关系契约治理能够发挥治理机制作用的边界条件，会引发多方面的不确定性，如王莲乔和马汉阳等（2018）指出金融环境会影响融资不确定性，经济环境会影响预计收入不确定性，自然环境会影响公众诉求的不确定性从而影响项目实施，社会环境会影响劳动力的不确定性从而影响人工成本，政治环境会影响项目立项、建设、运营各个阶段的不确定性。

严敏（2015）在工程项目关系契约治理对关系行为的研究中，将互利共赢的行业惯例作为调节变量。在项目层面的研究中，骆亚卓（2018）以典型项目交易中的组织间关系——"业主与承包商关系"为背景，针对资产专用性带来的机会主义问题，探讨了项目不确定下建筑项目治理机制的选择问题，验证了项目不确定性包含环境不确定性和行为不确定性能够显著增强资产专用性与关系契约治理和契约治理机制之间的相关关系。

3. 资产专用性的相关研究

（1）资产专用性的内涵及构成要素

作为交易成本研究的重点，Williamson（2002）表明资产专用性是在特定交易上的特定的耐久性投资，该种投资一旦形成，就会锁定在某一种特定的交易之中，除非付出一定代价，否则无法转移到其他的用途。资产专用性有明显的关系专用性、套牢、锁定和依赖效应，表明了特定资产在特定用途上所持有的专有性意义。资产专用性能够稳定交易关系，象征着交易双方身份的特殊性，还保障着交易契约和组织制度的作用，在交易关系中发挥着重要的作用。

对于PPP项目而言，资产专用性指"公共部门—投资方"在特定伙伴关系上均投入了固定的、不可转移的人力、物力等资产从而形成了特定伙伴关系专用性资产。一旦投资形成，就会被锁定、无法转移，否则将丧失在特定项目伙伴关系上的资金价值。如若一方放弃项目就会产生大量的沉没成本，不仅当前的在建工程价值和土地价值都将损失，而且后续更大的交易就无法完成，损失巨大。史本山（2013）表明鉴于在项目招标投标、建设、运营与维护阶段，政府方和投资方之间资产专用性的不对等性，在项目建设阶段政府方投入的资产专用性低于投资方的现实情况，而倘若政府方在契约不完备、地位的天然优势下行使机会主义行为则会带来自身信誉受损、再次吸引私人投资方合作的困难性及合作要求的相关法律条款和制度保障的完善性无疑会加大再次合作的成本和谈判难度，从而给政府在地方基础设施建设和经济发展带来诸多难处。英国财政部也在《A new approach to public private partnership》中明确提出"为了加强公共部门和私人部门之间的伙伴关系，政府将以共同投资人的角色出现在未来的项目中"，来增加政府专用性投资的基础上保证 PPP 项目伙伴关系的稳定性。在我国，财政部《关于规范政府和社会资本合作合同管理工作的通知》（财金〔2014〕156 号）的其附件《PPP 项目合同指南（试行）》中也提到项目公司可由政府和社会资本共同出资设立。所以，PPP 项目合作伙伴双方之间的资产专用性正在由单边资产专用性向双边资产专用性的转变，倾向于一种互惠型投资。

（2）资产专用性的既往研究

关系契约视角下强调通过博弈分析方法，通过对比交易双方之间当前寻租行为与未来合作价值的收益比，从而使得关系性规则能够激励专有性投资对高专用性投资下机会主义行为的规则作用，进而增加合作双方之间的计算型信任。而 Buvik（2000）在资源依赖视角下指出资产专用性是具有单边和双边之分，就交易成本而言，单边资产专用性容易引发机会主义行为，而关系交换下强调资产专用性能够形成共性依赖。合作伙伴之间资产专用性体现在组织成员之间的资源互补和相互依赖上，是一种双边资产专用性投资，与以往的交易一方对资产专用性较高的另一方可能的寻租行为不同。在合作创新中，Dyer 等（2003）也指出双边专用性投资是保证合作创新成功的关键，相比单边专用性资产，它有着更高的创造价值和能够提升规避关系风险的能力。王节祥（2015）在合作创新中探究了双边资产专用性非但不会促进机会主义行为，还起到抑制的作用。

在工程项目联盟关系中，董俊武（2003）研究表明，专用性资产投资是提升联盟伙伴间信任水平的有效手段。Fynes（2004）强调由于变更合作伙伴容易使转换成本增加，双边专用性投资对于减少双方的机会主义行为与加强彼此间的合作关系有着重要的促进作用。菅新月（2013）也表明资产专业性投资可以有效地促进公私合作伙伴关系的持续，提升关系契约治理的效果。正如陈俊颖（2015）在考虑到建筑行业高资产专用性的特征，将资产专用性引入工程项目合同复杂性与承包商信任之间关系的研究模型，作为两者关系的调节变量进行研究。实证结果表明资产专用性正向调节合同更复杂性与承包商信任之间的关系。

在 PPP 项目中，Srinivasan（2011）表明专用性投资对于减少双方的机会主义行为与加强彼此间的合作关系有着重要促进作用，投入资产的专用性越强，合作伙伴不可替代性越高，进而促进组织间信任的构建。魏旭光（2013）研究也表明政府部门与私人投资方之间的专用性投资行为是双方寻求合作共赢的行为，是一种双边专用性投资，能够增强双方联系和建立双边稳定合作伙伴关系。潘旭亮（2018）利用专用性资产为函数讨论 PPP 模式合约治理成本关系，认为随着专用性资产增加治理成本会增加。但超过临界值，违约成本过大反而会导致合作成本急剧下降，专用性投资的大量投入项目合作成功产生积极影响。

王俊豪（2016）通过关系契约理论分析不确定环境下PPP项目治理机制选择的问题，通过构建政府和投资方之间重复博弈模型分析的方法验证了外部环境不确定性下，经济学视角下公共部门和社会资本所要求的必要收益率、资产专用性投资、项目收益分配比例是PPP项目关系契约治理能否发挥治理机制作用的边界条件，而当伙伴双方要求的必要收益率相等时，资产专用性是关系契约治理能否发挥治理机制作用的关键。资产专用性投资和其他两者边界之间存在一定的系数关系。因此，在外部环境不确定的情境下，资产专用性投资在一定程度上决定了PPP项目关系契约治理能否发挥治理机制作用的关键边界条件。

综上分析可见，多个情境实验的研究都从博弈分析方视角支持了PPP项目关系契约治理对经济学视角下治理边界条件外部环境不确定性，及高水平的单边资产专用性所带来的交易机会主义风险的防御作用。但鲜有实证研究考虑PPP项目关系性规则发挥治理机制作用的边界条件，忽略了关系性规则如何在一定的情境边界条件下发挥治理机制作用从而促进正向的合作行为。

4.2.3 研究述评

1. PPP项目关系性规则对合作行为作用机理的实证研究缺乏

由上述研究可见，在既往PPP项目关系契约治理的研究中多关注以下两点：①关系性规则论强调关系契约治理要素承诺、信任、沟通、公平等对关系行为论中合作行为的直接影响的研究；②关系契约治理要素承诺、沟通、信任等通过合作在项目绩效/项目成功的实现过程中所产生的重要影响，多将合作当成中介变量进行研究，验证其中介效应。

综上，少有探究关系性规则治理要素都是通过增加伙伴之间的信任水平进而维持合作的。不仅如此，关系性规则作为关系契约发挥治理机制的保障，能够通过促进交易方对继续交易和合作的期望，激励专有性投资和应对环境不确定性、事后专有性投资下可能的机会主义行为，增加交易双方之间的信任水平，使得交易者更加关注长期利益，保障项目合作行为的发生。而以往利用重复博弈探讨所得的关系契约的自我履行临界条件的前提都是根据现在和未来交易的期望进行对比得到，对合作伙伴的信任是完全基于计算性的信任。这些解释的基础仍然是理性人和经济效用最大化。而关系性规则的形成维护所需要"关系"并未给予足够重视。为此，有必要探讨不同维度的信任在关系性规则发挥治理机制过程中的不同作用。而以往的研究多忽略了信任的中介作用以及信任本身作为高阶结构，其不同构面的在中间过程发挥着不同的间接效应，没有打开关系性规则通过不同维度的信任作用于合作行为的作用机理的黑箱。

2. PPP项目关系性规则如何在一定的情景条件下发挥治理作用的实证研究缺乏

已有的资产专用性和外部环境不确定性的边界作用的研究多关注于经济学视角下，强调在项目治理机制选择的过程中考虑其两者对于高交易成本造成的影响和对合作双方之间可能道德风险和机会主义行为的促进作用，而关系契约治理作为项目治理的一种重要机制，多个情境实验下的研究支持了关系契约治理能够有效抑制这种由于交易成本的增加所导致的机会主义行为。而对伙伴主体之间合作行为如何发生、如何维持、如何实现却没有过多的关注。

资源依赖理论下强调任何组织的生存对环境具有依赖性，资源本身具有互补性。就组织与环境之间的关系，组织在一定的环境下才能生存，进而在环境中获得优势资源，环境不确定会增加道德风险和机会主义行为发生的可能性，倾向于产生竞争性依赖，增加权利的不对称性，且外部环境不确定性能够显著影响组织成员之间的信任水平，加速组织的分离，进而给PPP项目治理带来巨大的难题，给合作的有效执行带来困扰。同时，相较于经济学视角下资产专用性对机会主义行为的促进作用，资源依赖强调资产专用性对伙伴双方而言是通过增加伙伴关系性租金进而增加组织成员之间的信任水平，稳定组织成员之间的合作关系，提升组织成员之间的合作效率，抑制伙伴双方之间的机会主义行为。

综上，在PPP项目中，少有实证研究从资源依赖和关系契约整合视角考虑其两者对于关系性规则作用于合作行为的过程中发挥着怎么样的边界作用。

4.3 研究假设与理论模型

本章主要在既往相关研究成果的基础上通过推导构建PPP项目关系性规则对合作行为的直接作用研究假设H1；信任及其不同维度的中介作用研究假设H2、H2a、H2b；外部环境不确定性、资产专用性的调节作用研究假设H3、H3a、H3b，H4、H4a、H4b；外部环境不确定性、资产专用性的有中介的调节作用研究假设H5、H5a、H5b，H6、H6a、H6b。并在此基础上构建本章的概念模型，为问卷调研和样本数据收集以及假设检验打下基础。

4.3.1 研究假设

1. PPP 项目中关系性规则与合作行为的关系

关系性规则是一种非正式的社会交流规则,在众多项目治理视角下的研究中,关系性规则包含信息交换、团结和灵活性,在 PPP 项目背景下,关系性规则亦强调应关注公众透明度及问责制度,防止政府部门人员与私人管理者的亲密关系带来的腐败行为。合作行为指交易双方为了实现交易目标所采取的一系列解决项目问题、争端、冲突等任务所采取的团队协调、合作的具体行动。

Lu(2015)在工程项目领域指出团队成员之间信息的公开透明、地位的平等、和谐的团队氛围等关系性规则与团队合作的质量正向相关。Zhou(2015)也表明合作双方在面对项目争端和问题时,采用灵活方式和方法的关系性规则,与合作双方之间采用联合规划的合作行为正向相关。Meng(2012)强调合作双方之间及时、有效的沟通则表明了信息交换的频率和速度。

PPP 项目本身伙伴关系具有长期、复杂和目标差异性,而团结的合作氛围使得伙伴双方能够发挥稳定可持续的合作关系,增加了彼此双方之间资源共享和持续合作的意愿。灵活的问题解决方式则避免了不必要的法律手段和降低了交易成本,提高了解决问题的速度。频繁的信息交换和经常性的信息沟通能打破彼此之间的信息壁垒,提高信息的对称性,进而避免了不必要的信息防备,使得伙伴双方能够在面对项目问题时坐下来共同商议解决方案,及时规避掉因信息优势而行使机会主义的可能性。公众透明度使得公众作为一个第三方行使监督权力,能够让公共部门与投资方在建设项目过程不断对项目进行改进,从而使得最终交付满足公众服务和质量需求的合格公共产品。问责制度将会增强双方的责任感,为避免因项目出现问题而被追究责任,双方将减少甚至避免实施投机行为。基于此,构建 PPP 项目关系性规则能够对伙伴双方之间的合作行为产生积极影响研究假设:

H1:在 PPP 项目中,关系性规则能够对合作行为产生正向积极影响。

2. PPP 项目中信任的中介作用

在 PPP 项目中,良好的沟通、信息和知识共享可以增加利益相关者之间的信任,促进项目主体之间合作深度。项目本身是嵌入在时间高度耦合和长期松散的系统中时,Bygballe 等(2015)指出这种嵌入性意味着项目联盟之间预先就存在信任关系这一要素,交互的规则和封闭的系统使得网络中成员对持久关系存在相互依赖性,项目层面的关系规则能强化项目成员之间已有的信任水平。Henderson 等

(2016)也表明，非正式规则中的一致性沟通会影响人际关系之间的信任水平，工程项目交易双方之间的信任表现为一种相互的依赖，受非正式的社会过程和规则的影响。而任志涛（2016）在PPP项目信任影响因素分析中，将管理能力、人际关系、社会声誉视为PPP项目初始信任影响的关键因素，而在持续信任的过程中良好的沟通、信息和知识共享则可以更多的影响其他相关因素，进而增加利益相关者之间的信任，使得PPP项目主体之间合作深度更进一步。工程项目中，合同控制条款和协调条款对信任有直接的影响，合同的控制条款可能会减弱信任程度而协调条款能增强信任，因此，PPP项目关系性规则能够增加伙伴双方之间的信任。

Hsieh（2014）表明当参与方之间处于一种互信的环境下，组织间信息交流和传递的渠道会相对顺畅，从而使项目参与方之间发生实质性合作，消除冲突与争执。同时，Ke等（2015）发现建设项目的信任与合作行为之间存在显著的正相关关系。Meng（2011）在EPC工程供应链项目中的研究也指出，组织成员之间的高度信任能够有效提升彼此之间合作的效率。工程项目合作双方之间的对彼此的信心和期许能够触发交易双方之间联合行动，进而使得合作效率的提升。在PPP项目中，曹玉玲（2011）从利益分配的视角，除了既定的合作方能力、签订的项目合作及相关资源互补性的约束外，利益相关方之间的信任、沟通等均会对项目参与方之间的合作行为产生影响。Ellen指出高程度的人际间信任和公司间信任能产生合作行为。因此，信任能够给PPP项目伙伴双方之间营造互信的合作氛围，使得合作过程顺畅，进而保障合作行为的发生。由此可见，关系性规则能够增加PPP项目伙伴双方之间的信任，而信任能够给PPP项目伙伴双方之间营造互信的合作氛围，使得合作过程顺畅，进而触发合作行为的发生。由此，构建以下研究假设：

H2：在PPP项目中，信任在关系性规则与合作行为之间发挥中介作用。

作为关系治理的核心要素，信任本身是一种心理状态、行为态度、主观意愿，项目网络关系中的有效治理机制，多在组织关系对项目成功影响的研究上作为前因变量。而事实上，信任是一种高阶结构，由不同维度构成。在项目不同阶段发挥治理机制作用的信任不同，在同一阶段，不同维度方面的信任发挥的治理机制作用也有显著差异性。目前关于信任维度的界定尚不统一，本章借鉴经济学视角下的研究将PPP项目背景下公私合作双方之间的信任界定为计算型和关系型。正如陈莉平（2013）在联盟企业间的研究表明，计算型信任和关系型信任在关系契约治理行为与合作绩效之间均发挥不同的中介作用。而Wu（2017）表明在高科技项目中关系型信任对合作行为有积极影响。在工程项目中，计算型信任对项目价值增值的积极影响相比于关系型信任更为显著。张水波（2015）在工程行业的研究中发现，承包方的信任表明承包方对发包方的认可，这种信任判断会减少承包方的对抗性思维和过度自我保护行为，进而承包方会从只关注自身利益转为关注双方的共同利益，即从基于计算型信任到主观上积极合作的关系型信任的转变，因而在遇到紧急状况或者突发意外事件时能主动为另一方考虑，愿意尽最大努力去维系良好的合作关系，进而实现项目顺利实施和合作成功。

Camilo（2018）在PPP项目合同和关系契约治理整合的研究中，将信任作为项目关系性规则和伙伴贡献之间的中间变量，而忽略信任本身是一种高阶结构，在不同的项目阶段发挥治理作用的信任不同。在项目同一阶段，不同方面的信任发挥的治理机制作用也不同。由此可见，现有的研究并没有打开关系契约治理视角下，PPP项目关系性规则作用于项目双方合作行为发生过程中不同维度的信任发挥不同间接作用的黑箱。基于此，构建信任不同的维度在PPP项目关系性规则与合作行为之间发挥中介作用的以下研究假设：

H2a：在PPP项目中，计算型信任在关系性规则与合作行为之间发挥中介作用。

H2b：在PPP项目中，关系型信任在关系性规则与合作行为之间发挥中介作用。

3. PPP项目中外部环境不确定性的调节作用

资源依赖理论关乎组织成员间相关资源依赖关系。关系性规则发挥治理机制作用有一定的情境依赖性，尤其是对环境和资产专用性的依赖。资源依赖理论关注组织的任务环境不确定性，任何组织的生存都必将对环境产生依赖，组织应该寻求联盟、合作等方式以降低对外部环境产生的依赖，从而获得合作共赢。

PPP类项目一般持续时间较长，存在着众多难以预见的自然、施工及国家宏观经济形势变化的风险，而PPP项目投资和外部环境不确定性与企业盈利的实现密切相关。所以，对PPP项目而言，诸如宏观经济、市场甚至是不可抗力等环境的可能变动性、不可预测性以及政策、法律、相关指南的不完整性首先会损害了伙伴双方对未来预期"收益"的信心，其次增加了交易双方之间的猜忌，造成伙伴双方之间行为及决策的可能偏差性。因此，外部环境不确定性是伙伴双方可能的背离合作行为和潜在机会主义行为的契机，会给缔约双方之间履行良好的关系性规则、持续信任及合作的有效执行带来困扰，从而影响项目成功。这就要求PPP项目关系性规则发挥治理机制的过程中要考虑外部环境不确定性的边界作用，减少再谈判或失败案例的发生。

综上可见，诸如外部政治、经济、制度环境的不确定性会给缔约双方之间履行良好的关系性规则、持续信任及合作的有效执行带来困扰，从而影响项目成功。外部环境不确定性已经成为 PPP 项目合作行为是否发生和关系性规则发挥治理机制作用的边界条件。而关系契约治理理论表明博弈论视角下只要双方未来合作的价值足够大，双方就会继续采取积极主动地合作策略。但忽略了博弈分析方法的前提是契约无限延伸，从而方能构建重复博弈，使得合作行为成为唯一的策略选择。资源依赖视角下强调组织生存对环境存在依赖，组织需要从环境中获得所需要的资源。因此，外部环境不确定性的变化将会导致伙伴双方合作行为的可能背离和潜在机会主义行为的契机。但外部环境的不确定性是否在合作执行和项目绩效的实现中发挥负向的边界作用尚不清楚。而本研究认为，外部环境不确定性对关系性规则通过增加信任进而实现有效合作的过程起到负向边界作用。由此，本书构建外部环境不确定性在 PPP 项目关系性规则对计算型/关系型信任的影响过程中发挥边界作用的。由此，构建以下研究假设：

H3：在 PPP 项目中，外部环境不确定性负向调节关系性规则与信任之间的关系。

H3a：在 PPP 项目中，外部环境不确定性负向调节关系性规则与计算型信任之间的关系。

H3b：在 PPP 项目中，外部环境不确定性负向调节关系性规则与关系型信任之间的关系。

4. PPP 项目中外部环境不确定性的调节作用

资源依赖理论强调了组织对外部环境和成员之间资源的依赖关系，特别关注了专用性资产在组织成员间的重要性。根据关系交换理论专用性资产投入将有利于增进双方对关系持续的预期，建立彼此信任，进而可以抑制机会主义行为的发生。政府部门与私人部门间的专用性投资行为是双方寻求共赢的行为，是增强双方联系和建立双边稳定关系的基础。梁玉勤（2017）在 PPP 项目控制权分配和资产专用性投资的关系的研究中发现私人部门专用性投资的投入与政府部门专用性资产的投入呈正向相关，考虑到政府部门与私人部门在投入方面的差异，建议政府部门通过关系资本投入的方式增加其投资的专用性，或者为私人部门的专用性资产提供制度保障，从而使私人部门提高专用性资产的投入，提升 PPP 项目合作的整体收益。由于变更合作伙伴容易使转换成本增加，双边专用性投资对于减少双方的机会主义行为与加强彼此间的合作关系有着重要的促进作用。因此，投入资产的专用性越强，参与者的可替代性越低,进而促进组织间信任的构建。

就理论上而言,交易双方之间的资产专用性是不能够完全等量的。当交易伙伴双方投入较高的专项投资时,随着企业在关系中投入资源的增加,这些投资就成为相互的质押,表明每一方都对关系作出了可靠性承诺,无论哪一方欺骗对方,窃取对方的资源,或者不按合同规定履行责任,都有可能导致对方中止关系,交易专项投资就会失去其实际价值。这种特征使得交易双方之间形成一种相互的"套牢效应",使得对任意一方的退出构成障碍。

实质上,PPP 项目公私合作的目的在于资源的互补、合作的期望在于实现共赢。伙伴双方之间的专用性投资是一种基于寻求共赢的行为,表明合作双方对合作关系的认同和持续合作的意愿,表现为在漫长的特许经营期,投资方投入大量的资金、技术、人力、物力;政府部门也给予政策支持、激励、融资担保等众多的便利。由狭义的投资方专用性较强向双方互惠的双边资产专用性转变,这种资产专用性的目的在于通过增强伙伴双方的关系性租金,产生共生性依赖,建立长期稳定的可持续性伙伴关系,增强交易双方之间的信任和承诺,改善交易关系,获得交易成功。因此,资产专用性在 PPP 项目关系性规则触发信任的过程起到正向调节作用。由此,构建以下研究假设:

H4:资产专用性正向调节关系性规则与信任之间的关系。

H4a:资产专用性正向调节关系性规则与计算型信任之间的关系。

H4b:资产专用性正向调节关系性规则与关系型信任之间的关系。

基于上述分析可知,PPP 项目关系性规则与外部环境不确定性、资产专用性的交互项可能通过信任来影响项目合作。外部环境不确定性程度越高,伙伴双方具有的合作意愿和合作积极性越低,这种消极影响会通过激发信任进一步影响合作行为。相反,外部环境越稳定,伙伴双方具有较高的合作意愿和合作积极性,外部环境不确定性对信任的负向影响会减弱,这种影响会通过激发信任进一步影响合作行为。由此,构建以下研究假设:

H5:关系性规则与外部环境不确定性对合作行为的交互作用以信任为中介。

H5a:关系性规则与外部环境不确定性对合作行为的交互作用以计算型信任为中介。

H5b:关系性规则与外部环境不确定性对合作行为的交互作用以关系型信任为中介。

资产专用性水平越低,关系性规则发挥治理机制的作用就越小,伙伴双方具有的合作意愿和合作积极性越低，这种消极影响会通过激发信任进一步影响合作行为。相反，资产专用性水平越高，PPP项目中的关系性能够发挥治理机制作用就越显著，伙伴双方具有较高的合作意愿和合作积极性，资产专用性对信任的正向影响会增加，这种影响会通过激发信任进一步影响合作行为。由此，构建以下研究假设：

H6：关系性规则与资产专用性对合作行为的交互作用以信任为中介。

H6a：关系性规则与资产专用性对合作行为的交互作用以计算型信任为中介。

H6b：关系性规则与资产专用性对合作行为的交互作用以关系型信任为中介。

4.3.2 理论模型的构建

基于以上研究假设，构建PPP项目关系性规则对合作行为影响的假设模型，如图4-2所示的研究模型。该模型主要包含两个部分：第一、PPP项目关系契约治理的内部作用机制，关系性规则、计算型信任、关系型信任、合作行为之间的关系；第二、资源依赖理论与关系契约治理整合的视角下资产专用性、外部环境不确定性的情境边界作用。

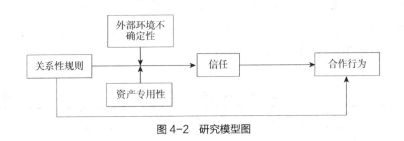

图 4-2 研究模型图

4.4 研究设计与数据检验

4.4.1 数据收集

1. 调研对象选取

为保证问卷调查的有效和全面性，本章选择PPP项目中所涉及的政府机构、投资部门、项目公司、法律和财务咨询机构等参与PPP项目立项、招标投标、建设与运营的管理人员为调研对象。当考虑到尽管 PPP 项目具有 BOT 类、BTO、BOO、BT、BOOT、TOT 等多种不同的运作方式时，就我国的国情而言，BOT 类运作模式是我国采用最多，应用最广泛的模式。因此，本章调研所涉及的项目类型主要为 BOT 类项目。此外，本章调研所选取的调研地点主要是在 PPP 项目发展推广比较迅速的北部、南部及中原地区的陕西、河南、河北等地区的规模大、涉及范围广、影响深远的交通运输、社会基础设施、房屋建设、污水处理、文化旅游等项目。

2. 问卷的发放与回收

此次调研采用网络和电子问卷两种方式，网络问卷采用"问卷星"在线软件整体量表形成链接或者二维码的方式，调研对象点击链接或者扫描二维码就能进入问卷页面进行作答，作答完毕后点击提交按钮，系统就会自动收到调研对象的完整作答情况，并可以进行在线数据分析。电子问卷采用 Word 文档转发的方式发放到目标调研对象的手中，采用在线提交的方式对电子问卷的样本进行收集。之后将所有样本进行 Excel 文档编辑和数据分析的方式进行汇总，形成完整的问卷的发放与回收。此次调研于 2018 年 6 月中旬开始至 2018 年 12 月上旬结束，历时 6 个月。共回收电子和网络问卷 312 份，在删除两种问卷答案存在明显规律性、重复性的问卷后，有效样本量为 182 份，有效样本率为 58.33%。在对调研对象进行基本的统计分析后显示他们主要来自政府机构、投资部门以及项目公司的管理人员等，调研对象参与的项目主要为市政工程项目、交通运输、生态建设和环境保护类，调研对象符合研究预期（表 4-1、图 4-3、图 4-4）。

调查问卷的发放与回收情况统计表　　　表4-1

项目	发放纸质问卷	发放电子问卷	总计
发放问卷的数量	246	267	513
回收问卷的数量	100	212	312
问卷回收率	40.63%	79.40%	60.82%
有效问卷的数量	50	132	182
有效问卷率	50%	62.26%	58.33%

4.4.2 变量测量

1. 关系性规则的测量

在众多项目治理视角下的研究中，多从信息交换、团结和灵活性对关系性规则

4 PPP 项目关系性规则对合作行为的影响研究

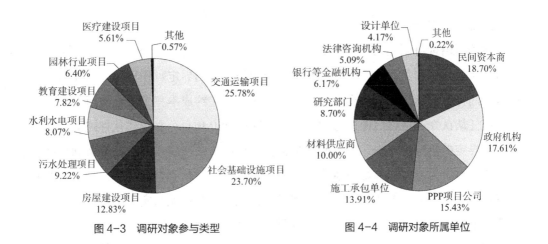

图 4-3 调研对象参与类型　　　　　　图 4-4 调研对象所属单位

进行测量，在建设项目治理机制的研究中验证了信息交换、团结、沟通对关系性规则测量的有效性。

在 PPP 项目中，因公私合作伙伴关系的特殊性，且结合中国情境下公众透明度和问责制对 PPP 项目特别重要，以防止腐败问题的发生。因此，本章 PPP 项目关系性规则的测量参考 Griffith 等（2015）、Klijn 和 Koppenjan（2016）研究的基础上，结合 PPP 项目公私合作伙伴关系的特征，从团结、灵活性、信息交换、公众透明度及问责制五个方面进行测量（表 4-2）。

关系性规则测量量表　　　　　　表4-2

测量变量	题号	测量题项
关系性规则	GN1	我方与合作伙伴之间经常进行信息交流
	GN2	我方与合作伙伴之间的信息交换是准确无误的
	GN3	合作伙伴能够及时提供我所需要的信息
	GN4	我方与合作伙伴建立了良好的交往以避免可能的误解
	GN5	彼此双方都将对方视为主要合作伙伴
	GN6	我方与合作伙伴共同承担项目总体规划和实施方案
	GN7	我方会及时调整计划以适应合作伙伴的需求
	GN8	我方能够及时应对合作伙伴的计划变更
	GN9	彼此双方都希望对现有的关系进行调整，以应对变化
	GN10	在项目实施过程中，关注公众等利益相关者的意见
	GN11	在项目决策的过程中，信息是对公众公开的
	GN12	在项目实施过程中，公众享有监督权力

2. 信任的测量

在项目治理机制视角下，针对联盟企业组织间信任的研究众多，界定尚不统一的情况，从计算和关系的视角对联盟企业组织间信任的界定可作出区分。在联盟企业组织间计算型信任从合作企业能力、评价体系和违约成本三个方面进行测量，关系型信任从认知和情感信任进行测量。当前针对PPP项目公私合作伙伴之间信任的测量和界定的研究比较少，少有研究从信任与控制关系视角，利益相关者满意度视角将信任界定为能力和善意。在治理视角下PPP项目中公私合作伙伴之间信任的测量鲜见。而事实上，PPP项目中政府和投资方之间的合作关系实质上是一种战略上的联盟伙伴关系，而任何联盟关系的本质都是交易的视角。因此，本章中公共部门和投资方之间的信任与联盟企业中联盟成员之间的组织间信任没有本质的区别。在PPP项目中伙伴双方之间的计算型信任是指基于对另一方在特定项目关系中的合作能力、资金、技术甚至是人员设备等所作出的判断。关系型信任指基于当前或过往已有的合作关系，合作满意度、合作交往所形成的项目层面的信任。基于此，信任的测量参考陈莉平（2013）、Schilke（2015）、杨静（2013）的研究，计算型信任从违约成本、契约完备性和合作能力等方面进行测量。关系型信任从忠诚度、决策行为、风险分担等方面进行测量（表4-3）。

信任测量量表　　　　　　　　　　表4-3

变量	题号	测量题项
计算型信任	CT1	我方相信合同条款是很完备的
	CT2	我方相信合作伙伴会遵守合同约定
	CT3	我方相信合作伙伴的违约成本是很高的
	CT4	我方相信合作伙伴具有合作能力
	CT5	我方相信合作伙伴希望获得合作利益
	CT6	我方相信合作伙伴希望合作成功
关系型信任	GT1	我方忠于与合作伙伴的合作关系
	GT2	我方相信合作伙伴在做决策时会考虑我方的利益
	GT3	我方相信合作伙伴愿意共同承担风险
	GT4	我方相信合作伙伴愿意提供相关支持
	GT5	我方相信合作伙伴愿意提供灵活性安排

3. 合作行为的测量

协作是合作的前提，合作是协作的目的，Yang和Shuai（2012）从相互支持和协作关系对合作行为进行了测量研究，而在PPP项目中，伙伴双方之间的合作行为与一般工程项目没有内涵和外延上的区别，合作行为也不涉及情境文化的依赖性，因此，在PPP相互公私伙伴之间的合作行为借鉴Yang和Shuai（2012）的研究，从全过程紧密合作、高度一致解决项目争端、不推脱项目责任、积极的部门整合、主动提供项目所需资源、努力维系良好的合作关系进行测量（表4-4）。

合作行为测量量表　　　　　　　　　　　　　　　　　　　表4-4

变量	题号	测量题项
合作行为	CP1	我方与合作伙伴全过程紧密合作
	CP2	我方与合作伙伴高度一致解决项目争端
	CP3	我方与合作伙伴进行积极的部门整合
	CP4	我方能够主动提供项目所需资源
	CP5	我方与合作伙伴努力维系良好的合作关系

4. 资产专用性的测量

在PPP项目中，公私合作双方之间的资源具有更强的相互依赖性，私人投资方对政府部门的依赖不仅是为了获得经济利润，更大程度上是为了获得在公共市场上的空间和实现组织持续生存的能力。政府部门对投资方的依赖来自于资金、技术、管理经验、市场竞争力等稀缺性资源。双方之间的依赖是相互的。在一般工程项目中，往往从时间成本、关系投入、特定组织架构等对工程项目资产专用性进行测量。而事实上资产专用性本身在国界上区分程度不大，关于一般工程项目和PPP项目的区别只是在体量上，而不在本质内涵上。因此，借鉴Carson等（2006）关于资产专用性的研究，从变更合作伙伴需要重新投入资金、技术、人才、设备，伙伴间为了高效的合作花费了很多时间和努力进行测量（表4-5）。

资产专用性测量量表　　　　　　　　　　　　　　　　　　表4-5

变量	题号	测量题项
资产专用性	AS1	项目工作需要伙伴双方之间紧密合作
	AS2	合作双方为了高效合作花费了很多时间和努力
	AS3	变更合作伙伴需要重新投入资金、技术、人才、设备
	AS4	变更合作伙伴，需要重新设计合作方案

5. 外部环境不确定性的测量

关于外部环境不确定性的测量存在客观和感知的分歧，前者指组织外部环境成分或状态的客观集合等，后者是组织的决策者感知到的知觉现象。事实上，知觉感知来自于客观现实。因此，对外部环境不确定性的测量更大程度上倾向于客观环境的不确定性。在治理机制的视角下，新兴市场环境中的外部环境不确定性从行业环境和法律政策环境两个方面进行测度。对于一般工程项目而言，外部环境不确定性更多体现在项目所面临的任务环境和制度环境之中。对于PPP项目而言，其项目本身法律体系具有不健全性，而良好的制度环境更有利于基础设施PPP项目成功实施。因此，在PPP项目中外部环境不确定性很大一部分包含制度环境不确定性。通过对比分析发现，一般交易关系中外部环境不确定性的测度指标与PPP项目伙伴关系中外部环境不确定性测度指标没有本质区别。当然，也要结合PPP项目本身政治、经济、市场和法律环境的特定进行相应的变换，因此结合Zhang等（2015）、Percoco（2014）的研究从制度和任务环境两个方面对PPP项目外部环境不确定性进行测量（表4-6）。

外部环境不确定性测量量表　　　　　　表4-6

变量	题号	测量题项
外部环境不确定性	CI1	合作具有健全的法律体系
	CI2	合作具有稳定的经济环境
	CI3	合作具备清晰的PPP指南
	CI4	合作具有完备的PPP相关政策
	CI5	合作的特许政策具有连续性
	CI6	合作具有交易完善的金融市场

4.4.3 描述性统计分析

描述性统计分析是用来分析调研所得样本及各个变量基本特征的检验分析工具，其中样本指标包含频数和百分比，变量指标包括平均值、标准差、偏度和峰值等。平均值反映的是一组数据的集中趋势；标准差是用来反映数据的离散差异性和程度；偏度、峰度是用来检查样本数据是否符合正态分布，偏度绝对值一般要小于3的标准值，峰度绝对值一般要小于10的标准值（表4-7）。

变量的描述性统计分析　　　　　表4-7

变量	题项	N	均值	标准差	偏度		峰度	
		统计量	统计量	统计量	统计量	标准误	统计量	标准误
关系性规则	GN1	182	3.4603	0.98410	0.340	0.177	0.568	0.352
	GN2	182	3.4656	0.96488	0.368	0.177	0.095	0.352
	GN3	182	3.3757	0.91145	0.092	0.177	0.556	0.352
	GN4	182	3.1080	0.92011	0.265	0.177	0.452	0.352
	GN5	182	3.1376	0.90631	0.146	0.177	0.741	0.352
	GN6	182	3.2646	0.85916	0.071	0.177	0.025	0.352
	GN7	182	3.2328	0.92183	0.274	0.177	0.321	0.352
	GN8	182	3.3439	0.94713	0.017	0.177	0.180	0.352
	GN9	182	3.3175	0.85971	0.156	0.177	−0.401	0.352
	GN10	182	3.1799	0.86259	0.146	0.177	0.147	0.352
	GN11	182	3.2804	0.91715	0.085	0.177	0.325	0.352
	GN12	182	3.3386	0.85778	0.103	0.177	0.392	0.352
计算型信任	CT1	182	3.4286	0.97382	−0.216	0.177	0.473	0.352
	CT2	182	3.4603	0.92527	−0.310	0.177	0.351	0.352
	CT3	182	3.5026	0.90873	−0.266	0.177	0.196	0.352
	CT4	182	3.4815	0.86043	−0.246	0.177	0.169	0.352
	CT5	182	3.3810	0.82052	0.067	0.177	0.222	0.352
	CT6	182	3.4921	0.85439	0.156	0.177	0.367	0.352
关系型信任	GT1	182	3.4392	0.91834	0.194	0.177	0.504	0.352
	GT2	182	3.3228	0.86698	0.084	0.177	0.601	0.352
	GT3	182	3.3598	0.92694	0.170	0.177	0.835	0.352
	GT4	182	3.3757	0.88224	0.015	0.177	0.762	0.352
	GT5	182	3.3810	0.91259	0.321	0.177	0.255	0.352
资产专用性	AS1	182	3.4974	0.94882	0.389	0.177	0.418	0.352
	AS2	182	3.6931	0.92311	0.130	0.177	0.852	0.352
	AS3	182	3.4286	0.93480	0.205	0.177	0.252	0.352
	AS4	182	3.5026	0.98728	0.309	0.177	0.595	0.352
外部环境不确定性	CI1	182	3.5926	0.90398	0.236	0.177	0.500	0.352
	CI2	182	3.5185	0.87271	0.300	0.177	0.268	0.352
	CI3	182	3.5026	0.92036	0.173	0.177	0.446	0.352
	CI4	182	3.5926	0.92722	0.234	0.177	0.238	0.352
	CI5	182	3.4389	0.89760	0.224	0.177	0.345	0.352
	CI6	182	3.3677	0.90540	0.310	0.177	0.267	0.352
合作行为	CP1	182	3.4603	0.93100	0.243	0.177	0.194	0.352
	CP2	182	3.4656	0.86611	0.017	0.177	0.652	0.352
	CP3	182	3.2857	0.82698	0.348	0.177	0.493	0.352
	CP4	182	3.4021	0.86122	0.173	0.177	0.505	0.352
	CP5	182	3.5873	0.89267	0.130	0.177	0.705	0.352

从表 4-7 可知，各变量的偏度绝对值最大分别为 0.368、0.310、0.321、0.389、0.310、0.348，均小于 3 的标准。峰度绝对值最大分别为 0.568、0.473、0.835、0.852、0.500、0.705 均小于 10 的标准。

4.4.4 信度分析

信度，也称可靠性。指对同一对象采用同一种方法进行重复检验时所得结果的一致性和稳定性程度。在大量重复测试中，所有受访者对同一指标问题的回答相同或相近时才具有较高的信度。信度检验有重测、复本、折半和 α 系数 4 种不同的方法，而 α 系数法兼具所有信度检验方法的优点。因此，本章采用 α 系数法进行整体量表及各个变量的信度分析。α 系数越大代表量表内部一致性的程度越高，通常 α 值的判定标准为 [0，0.7]、[0.7，0.8]、[0.8，0.9]、[0.9，1] 四个区间，可接受程度依次递增，0.7 是一般可以接受的标准。因此，在本章中要求所有研究变量量表信度 α 值大于 0.7，否则删除相应的测量题项。

1. 关系性规则测量量表的信度检验

关系性规则变量的测量共包含 12 题项，对关系性规则量表进行信度检验的结果见表 4-8。

关系性规则量表信度检验结果 表4-8

题项编号	校正的项总计相关性（CITC）	项已删除的 Cronbach's Alpha	Cronbach's Alpha	标准化项的 Cronbach's Alpha
GN1	0.432	0.749	0.768	0.775
GN2	0.447	0.758		
GN3	0476	0.755		
GN4	0.115	0.785		
GN5	0.548	0.734		
GN6	0.561	0.735		
GN7	0.541	0.736		
GN8	0.077	0.787		
GN9	0.471	0.745		
GN10	0.447	0.748		
GN11	0.549	0.737		
GN12	0.491	0.743		

由表 4-8 可知，关系性规则的信度检验整体量表的 Cronbach's Alpha 系数值为 0.768，而测量题项 GN4 和 GN8 的项已删除的 Cronbach's Alpha 系数值大于量表整体的 Cronbach's Alpha 系数值，且题项的 CITC 值较低，因此应该删除这两个题项。而除这两个题项以外的因子测量题项的项已删除的 Cronbach's Alpha 系数值均小于量表整体的 Cronbach's Alpha 系数值，且这些测量题项的校正的项总计相关性（CITC）值均大于 0.4，因此除 GN4 和 GN8 以外的测量题项均得以保留，关系性规则整体量表的 Cronbach's Alpha 信度系数值为 0.768，表明关系性规则量表的信度较高，符合要求。

2. 信任测量量表的信度分析

针对信任的不同维度计算型信任和关系型信任变量的测量共包含 11 个题项，对信任量表进行信度检验的结果见表 4-9。

信任量表信度检验结果　　　　　　　　　　　　　　表 4-9

题项编号	校正的项总计相关性（CITC）	项已删除的 Cronbach's Alpha	Cronbach's Alpha	标准化项的 Cronbach's Alpha
CT1	0.449	0.708	0.835	0.752
CT2	0.483	0.701		
CT3	0.493	0.720		
CT4	0.180	0.748		
CT5	0.451	0.689		
CT6	0.467	0.701		
GT1	0.434	0.690	0.764	
GT2	0.441	0.730		
GT3	0.124	0.758		
GT4	0.413	0.716		
GT5	0.470	0.704		

由表 4-9 可知，信任的信度检验整体量表的 Cronbach's Alpha 系数值为 0.752，而测量题项 CT4 和 GT3 的项已删除的 Cronbach's Alpha 系数值大于量表整体的 Cronbach's Alpha 系数值，且两题项的 CITC 值较低，因此应该删除这两个题项。而除这两个题项以外的因子测量题项的项已删除的 Cronbach's Alpha 系数值均不能大于量表整体的 Cronbach's Alpha 系数值，且这些测量题项的校正的项总计相关性（CITC）值均大于 0.4，因此除 CT4 和 GT3 以外的测量题项均得以保留，计算型信任和关系型信任整体量表的 Cronbach's Alpha 信度系数值为 0.835、0.764，表明信任测量量表的信度较高，符合要求。

3. 合作行为测量量表的信度分析

合作行为变量的测量共包含 5 个题项，对合作行为量表进行信度检验的结果见表 4-10。

合作行为量表信度检验结果　　　　　　　　　　　表4-10

题项编号	校正的项总计相关性（CITC）	项已删除的 Cronbach's Alpha	Cronbach's Alpha	标准化项的 Cronbach's Alpha
CP1	0.442	0.720	0.740	0.741
CP2	0.618	0.651		
CP3	0.451	0.714		
CP4	0.475	0.705		
CP5	0.537	0.682		

由表 4-10 可知，合作行为的信度检验整体量表的 Cronbach's Alpha 系数值为 0.740，而测量题项中没有任何一个项已删除的 Cronbach's Alpha 系数值大于量表整体的 Cronbach's Alpha 系数值，且所有题项的 CITC 值都大于 0.4，因此所有题项都应该保留。合作行为整体量表的 Cronbach's Alpha 信度系数值为 0.740，表明合作行为测量量表的信度较高，符合要求。

4. 外部环境不确定性量表测量量表的信度分析

外部环境不确定性变量的测量共包含 6 个题项，对外部环境不确定性量表进行信度检验的结果见表 4-11。

外部环境不确定性量表信度检验结果　　　　　　　表4-11

题项编号	校正的项总计相关性（CITC）	项已删除的 Cronbach's Alpha	Cronbach's Alpha	标准化项的 Cronbach's Alpha
CI1	0.556	0.667	0.735	0.735
CI2	0.582	0.695		
CI3	0.561	0.664		
CI4	0.344	0.745		
CI5	0.549	0.669		
CI6	0.206	0.773		

由表 4-11 可知，外部环境不确定性的信度检验整体量表的 Cronbach's Alpha 系数值为 0.735，而测量题项 CI4 和 CI6 的项已删除的 Cronbach's Alpha 系数值大于量表整体的 Cronbach's Alpha 系数值，且两个题项的 CITC 值较低，因此应该删除这

两个题项。而除这两个题项以外的因子测量题项的项已删除的Cronbach's Alpha系数值均不能大于量表整体的Cronbach's Alpha系数值,且这些测量题项的校正的项总计相关性(CITC)值均大于0.5,因此除CI4和CI6以外的测量题项均得以保留,外部环境不确定性整体量表的Cronbach's Alpha信度系数值为0.735,表明外部环境不确定性测量量表的信度较高,符合要求。

5. 资产专用性测量量表的信度分析

资产专用性变量的测量共包含4个题项,对资产专用性表进行信度检验的结果见表4-12。

资产专用性量表信度检验结果　　　　　　　　表4-12

题项编号	校正的项总计相关性(CITC)	项已删除的Cronbach's Alpha	Cronbach's Alpha	标准化项的Cronbach's Alpha
AS1	0.622	0.736	0.795	0.796
AS2	0.654	0.720		
AS3	0.594	0.749		
AS4	0.555	0.770		

由表4-12可知,资产专用性的信度检验整体量表的Cronbach's Alpha系数值为0.795,而测量题项中没有任何一个项已删除的Cronbach's Alpha系数值大于量表整体的Cronbach's Alpha系数值,且所有题项的CITC值都大于0.5,因此所有题项都应该保留。资产专用性整体量表的Cronbach's Alpha信度系数值为0.795,表明资产专用性测量量表的信度较高,符合要求。

综上可见,由表4-13可知所有变量信度系数均在0.735以上,量表整体信度达到0.886,说明量表信度较高,内部一致性较好。

整体量表信度表　　　　　　　　表4-13

变量	题项数	Cronbach's Alpha系数
整体信度	33	0.886
关系性规则	10	0.738
计算型信任	5	0.835
关系型信任	4	0.742
外部环境不确定性	4	0.735
资产专用性	4	0.796
合作行为	5	0.740

4.4.5 效度分析

效度指研究所采用的测量工具或题项对因子进行测量时能否测量到"对的"的概念，即各个测量题项对所测量因子内容的真实反映情况是否符合该项目研究所需要的概念。一般包含内容效度与结构效度两个部分。

内容效度是用来检验量表中各个题项的内容可否准确地测量所研究的问题，可以用文献研究加专家访谈的方法进行验证。而本研究的测量量表是在参考国内外已有的研究的基础上，结合专家学者的建议进行修订所形成的，因此本章测量量表具有较好的内容效度。

结构效度就是用来衡量测量量表与所依据的理论基础之间的契合程度的指标，又称构念效度，包含区分效度与收敛效度。区分效度是指测量不同的概念时题项之间分歧程度，而收敛效度则是测量同一概念不同测量题项之间的相关或重合程度。而验证性因子分析（CFA）是为多数学者所采用的对量表结构效度进行检验分析的方法。在检验测量量表的结构效度之前需要对其进行 Barlett 检验与 KMO 测度以检测样本数据是否适合作进一步的因子分析，一般要求 Barlett 球体检验统计值的显著性水平大于其显著性概率，且 KMO 值大于 0.7。

1. 探索性因子分析

运用 SPSS20.0 分别对变量关系性规则、信任、合作行为、外部环境不确定性、资产专用性进行探索性因子分析，以检验是否适合做因子分析。

KMO和Bartlett检验表　　　　　　　　　　表4–14

KMO 取样适切性量数		0.843
巴特利特（Bartlett）球形度检验	近似卡方	2688.048
	自由度	595
	显著性	0.000

从表 4–14 中可以看出量表整体的 KMO 值为 0.843，高于 0.8 的标准值。且 Bartlett 的显著性水平为 0.000，拒绝原假设，表明变量之间的相关性较强，非常适合作进一步的因子分析。利用主成分分析法来抽取特征值大于 1 的公因子，从表 4–15 中可以看出一共抽取了 6 个特征值大于 1 的公因子，累积方差贡献率为 64.892%，高于 50% 的标准值，表明提取的公因子可以较好地解释总体的变量，而刘敏（2018）表明由于调查问卷所有题项均由同一被试填写，数据容易出现同源偏

差问题,因此采用Harman单因子检测法来检测数据的同质性。结果显示,首个因子22.857%的方差解释量,小于50%的标准值。而在问卷作答时,采用匿名的方式进行作答,不涉及受访者的个体和单位信息,采取简单易懂的语言,并隐藏题目意义。综上,样本数据同源方差问题不严重。

整体量表探索性因子分析　　　　表4-15

成分	初始特征值			提取载荷平方和			旋转载荷平方和		
	总计	方差百分比	累积%	总计	方差百分比	累积%	总计	方差百分比	累积%
1	8.000	22.857	22.857	8.000	22.857	22.857	3.390	9.687	9.687
2	3.441	9.832	32.689	3.441	9.832	32.689	2.965	8.472	18.159
3	2.515	7.187	39.876	2.515	7.187	39.876	2.687	7.677	25.836
4	2.279	6.511	46.387	2.279	6.511	46.387	2.649	7.568	33.404
5	1.624	4.641	51.028	1.624	4.641	51.028	2.626	7.503	40.907
6	1.353	3.864	54.892	1.353	3.864	54.892	2.605	7.444	48.351

然后,利用最大方差法旋转得到各个因子的荷载值。见表4-16,所有被观测变量测量条目的因子荷载值都大于0.6。因此,所有剩余测量题项都应保留。

量表整体旋转后的成分矩阵　　　　表4-16

变量	成分					
	1	2	3	4	5	6
GN1	**0.794**	0.070	0.050	0.092	−0.181	0.177
GN2	**0.755**	0.054	0.024	0.145	0.077	0.236
GN3	**0.785**	0.175	−0.021	0.081	0.102	0.134
GN4	**0.788**	0.049	0.073	0.151	0.046	0.087
GN5	**0.744**	0.166	0.100	−0.056	0.093	0.107
GN6	**0.722**	0.151	0.024	−0.065	0.197	0.031
GN7	**0.821**	0.132	−0.040	0.022	0.052	0.145
GN8	**0.740**	−0.106	0.082	0.146	−0.026	0.152
GN9	**0.808**	−0.056	−0.004	0.107	0.120	0.042
GN10	**0.856**	0.041	0.120	−0.026	−0.001	0.093
CT1	−0.027	**0.652**	0.093	0.425	0.039	0.002
CT2	0.132	**0.662**	0.037	0.123	0.138	0.255
CT3	−0.094	**0.720**	−0.018	0.165	−0.049	0.093
CT4	0.216	**0.682**	0.083	0.194	0.030	0.068

续表

变量	成分					
	1	2	3	4	5	6
CT5	−0.104	**0.732**	0.044	0.141	0.219	−0.010
GT1	0.130	0.025	**0.611**	−0.065	0.207	−0.017
GT2	0.140	0.036	**0.663**	−0.203	0.224	0.008
GT3	−0.044	0.131	**0.780**	0.144	0.091	0.051
GT4	0.133	−0.063	**0.704**	0.054	0.059	0.035
AS1	0.317	0.034	0.006	**0.687**	0.073	0.062
AS2	0.268	0.193	0.020	**0.661**	0.187	0.145
AS3	0.256	0.187	0.035	**0.574**	0.195	0.198
AS4	0.309	−0.060	−0.042	**0.689**	0.068	−0.079
CI1	0.103	0.038	0.227	0.267	**0.646**	0.121
CI2	−0.042	0.017	0.177	0.239	**0.633**	0.153
CI3	0.050	0.032	0.118	−0.033	**0.766**	0.063
CI4	0.145	−0.079	0.204	0.012	**0.664**	0.085
CP1	0.316	0.076	0.066	−0.229	0.164	**0.607**
CP2	−0.046	0.170	0.144	0.056	0.162	**0.801**
CP3	0.013	−0.022	0.123	0.230	−0.111	**0.647**
CP4	0.071	0.048	0.308	0.163	−0.044	**0.560**
CP5	0.131	−0.106	0.225	0.130	0.222	**0.623**

2. 验证性因子分析

采用 AMOS20.0 中验证性因子分析来检验调研所得样本数据与测量模型之间的拟合程度，吴明隆（2010）指出对拟合模型进行检验和评价主要从以下几个方面进行考虑。模型基本适配指标：参数估计中不能存在负的误差方差且必须显著；估计参数统计量之间彼此相关，但不能接近 1；潜在变量与对应的测量指标之间的因子载荷属于 [0.5，0.95] 区间内；不能有很大的标准误。否则，应对研究模型和样本数据进行检验。模型整体适配指标：χ^2/df（卡方与自由度比）、GFI（拟合优度指标）、AGFI（调整的拟合优度指标）、RMSEA（近似误差均方根）、NFI（常规拟合指标）、CFI（比较拟合指标）。模型内在结构适配度指标：标准化因子荷载系数（大于 0.5）、组合信度（CR 值，大于 0.7）、平均方差萃取量（AVE 值，大于 0.5）来检验。如果研究所采用数据与理论模型之间能够较好地拟合，说明模型有效，理论模型也会得到验证。否则,就需要根据判定指标对模型进行修正直到获得与实际数据契合的新模型。

(1)四因子之间结构效度和模型拟合检验分析

首先进行四个因子(前因变量-关系性规则;中介变量-计算型信任、关系型信任;结果变量-合作行为)之间进行验证性因子分析,分析结果见表4-17。在四模型的整体适配度和拟合指标方面,绝对适配度指标:卡方自由度比(χ^2/df)为1.273,远小于标准值3.0的上限;此外渐进残差均方和平方根(RMSEA)值为0.038,远小于0.5的上限标准;良性适配指标(GFI)值为0.856,虽然不满足0.9的标准,但大于0.85的最低限制要求;修正的良性适配指标(AGFI)值为0.823,不满足最低适配标准。由此可见此四因子模型尚不能够完全满足标准要求。其次在增值适配度指标方面,模型的NFI指为0.895,大于0.85的基本适配要求,满足标准要求。综上,本章所构建的关系性规则、计算型信任、关系型信任、合作行为的验证性因子分析模型与实际样本收集所得的数据基本上可以契合,但尚可以更佳。

四因子模型整体适配度检验分析表　　　表4-17

修正指标	χ^2	df	χ^2/df	GFI	AGFI	CFI	NFI	RMSEA
标准	越小越好	越小越好	<3.0	>0.85	>0.80	>0.9	>0.85	<0.5
指标值	513.218	403	1.273	0.856	0.823	0.946	0.895	0.038
拟合结果	满足	满足	支持	支持	支持	支持	支持	支持

(2)五因子之间结构效度和模型拟合检验分析

对五个因子(前因变量-关系性规则;中介变量-计算型信任、关系型信任;调节变量-资产专用性;结果变量-合作行为)之间进行验证性因子分析,分析结果见表4-18。在五模型的整体适配度和拟合指标方面,绝对适配度指标,卡方自由度比(χ^2/df)为1.373,远小于标准值3.0的上限;此外,渐进残差均方和平方根(RMSEA)值为0.045,远小于0.5的上限标准;良性适配指标(GFI)值为0.858,虽然不满足0.9的标准,但大于0.85的最低限制要求;CFI为0.933,满足0.9的标准;修正的良性适配指标(AGFI)值为0.834,不满足最低适配标准。由此可见此五因子模型尚不能够完全满足标准要求。其次在增值适配度指标方面,模型的NFI值为0.879,大于0.85的基本适配要求,满足标准要求。本章所构建的关系性规则、计算型信任、关系型信任、资产专用性、合作行为的验证性因子分析模型与实际样本收集所得的数据基本上可以契合,但尚可以更加适配。

五因子模型整体适配度检验分析表　　　　　　　表4-18

修正指标	χ^2	df	χ^2/df	GFI	AGFI	CFI	NFI	RMSEA
标准	越小越好	越小越好	< 3.0	> 0.85	> 0.80	> 0.9	> 0.85	< 0.5
指标值	411.994	300	1.373	0.858	0.834	0.933	0.875	0.045
拟合结果	满足	满足	支持	支持	支持	支持	支持	支持

(3) 六因子之间结构效度和模型拟合检验

首先，对六个因子（前因变量 – 关系性规则；中介变量 – 计算型信任、关系型信任；调节变量 – 外部环境不确定性、资产专用性；结果变量 – 合作行为）之间进行验证性因子分析，分析结果见表4-19：在六因子模型的整体适配度和拟合指标方面，绝对适配度指标，卡方自由度比（χ^2/df）为1.114，远小于标准值3.0的上限；此外渐进残差均方和平方根（RMSEA）值为0.025，远小于0.5的上限标准；良性适配指标（GFI）值为0.901，满足0.9的标准；修正的良性适配指标（AGFI）值为0.875，虽然不满足0.9的标准，但大于0.85的最低适配标准；CFI值为0.974，大于0.9的标准值。其次在增值适配度指标方面，模型的NFI指为0.937，大于0.9的基本适配要求，满足标准要求。综上可见，本章所构建的关系性规则、计算型信任、关系型信任、外部环境不确定性、资产专用性、合作行为之间的验证性因子分析模型与实际问卷调研样本收集所得的数据可以很好地拟合。

六因子模型整体适配度检验分析表　　　　　　　表4-19

修正指标	χ^2	df	χ^2/df	GFI	AGFI	CFI	NFI	RMSEA
标准	越小越好	越小越好	< 3.0	> 0.9	> 0.85	> 0.9	> 0.9	< 0.5
指标值	578.049	519	1.114	0.901	0.875	0.974	0.937	0.025
拟合结果	满足	满足	支持	支持	支持	支持	支持	支持

其次，关于六因子量表的收敛效度见表4-20，量表的关系性规则、计算型信任、关系型信任、外部环境不确定性、资产专用性、合作行为六个因子中的每个测量题项的标准化因子载荷系数都大于0.6的标准。而且，各个变量的组合信度值（CR）均大于0.7的标准，平均方差萃取量（AVE）也分别为0.502、0.507、0.540、0.547、0.526、0.524，均大于或等于0.5的标准，表示该量表有较好的收敛效度。

六因子的结构效度检验分析表　　　　　表4-20

因子	条目	因素负荷显著性估计 Unsted/S.E.	P	Sted	条目信度 SMC	组成效度 CR	聚敛效度 AVE
关系性规则	GN1			0.734	0.539	0.917	0.502
	GN2	6.032	***	0.692	0.479		
	GN3	6.259	***	0.69	0.476		
	GN4	5.123	***	0.689	0.475		
	GN5	4.754	***	0.697	0.486		
	GN6	4.947	***	0.695	0.483		
	GN7	3.572	***	0.744	0.554		
	GN8	3.761	***	0.673	0.453		
	GN9	3.549	***	0.747	0.558		
	GN10	2.954	***	0.686	0.471		
计算型信任	CT1			0.712	0.507	0.860	0.507
	CT2	8.201	***	0.683	0.466		
	CT3	8.053	***	0.693	0.480		
	CT4	8.352	***	0.761	0.579		
	CT5	8.754	***	0.753	0.567		
关系型信任	GT1			0.782	0.612	0.854	0.54
	GT2	6.072	***	0.654	0.428		
	GT3	7.303	***	0.751	0.564		
	GT4	6.877	***	0.713	0.508		
外部环境不确定性	CI1			0.7	0.49	0.815	0.547
	CI2	6.353	***	0.659	0.434		
	CI3	7.084	***	0.744	0.554		
	CI4	7.486	***	0.791	0.626		
资产专用性	AS1			0.648	0.42	0.828	0.526
	AS2	8.467	***	0.794	0.63		
	AS3	8.182	***	0.743	0.552		
	AS4	7.505	***	0.765	0.585		
合作行为	CP1			0.726	0.527	0.846	0.524
	CP2	5.981	***	0.695	0.483		
	CP3	5.157	***	0.771	0.594		
	CP4	5.452	***	0.761	0.579		
	CP5	5.972	***	0.662	0.438		

注："***" 表示 $p<0.001$ 有统计学意义。

最后，判别量表的区分效度，从表4-21中可以看出，关系性规则、计算型信任、关系型信任、外部环境不确定性、资产专用性、合作行为的AVE平方根值大于对应纵向和横向表格中所有变量之间的相关系数及其平方值。综述可见，六个变量之间具有良好的区分效度。

六因子平方差抽取量平方根值与维度间相关系数的平方值　　　　表4-21

因子	AVE	1	2	3	4	5	6
1 关系性规则	**0.502**	**0.709**	0.260	0.029	0.292	0.203	0.068
2 计算型信任	**0.507**	0.510	**0.712**	0.068	0.068	0.123	0.137
3 关系型信任	**0.540**	0.170	0.260	**0.735**	0.735	0.360	0.397
4 外部环境不确定性	**0.524**	0.260	0.370	0.630	0.630	0.450	**0.724**
5 资产专用性	**0.526**	0.450	0.350	0.600	0.600	**0.725**	0.203
6 合作行为	**0.547**	0.540	0.790	0.270	**0.270**	0.281	0.194

综上可见，整体量表的结构效度较好，且整体模型各个变量之间的拟合状况较好。

4.4.6 相关分析

相关分析是用来检验研究所采用变量之间的关联程度的，通常采用Pearson相关系数法。系数值介于[-1，1]的区间，其中数值绝对值代表变量之间关联程度的强弱，越大代表关联程度越高，正负号代表变量之间关联的方向。本章采用SPSS20.0对研究变量进行Pearson相关性分析，从而对研究概念模型与假设作初步的检验，分析结果见表4-22。关系性规则与计算型信任、关系型信任（$r = 0.462$，$p < 0.01$）、（$r = 0.408$，$p < 0.01$）、外部环境不确定性、资产专用性（$r = 0.318$，$p < 0.01$）、（$r = 0.207$，$p < 0.01$）、合作行为（$r = 0.154$，$p < 0.05$）之间都显著正向相关。外部环境不确定性与计算型信任、关系型信任（$r = -0.269$，$p < 0.01$）、（$r = -0.367$，$p < 0.01$）之间都显著负向相关。资产专用性与计算型信任、关系型信任（$r = 0.292$，$p < 0.01$）、（$r = 0.305$，$p < 0.01$）之间都显著正向相关。因此，各个变量之间有较高的显著相关性，适合进一步分析。

因子之间Person相关性分析　　　　　表4-22

因子	1	2	3	4	5	6
1 关系性规则	—					
2 计算型信任	0.462**	—				
3 关系型信任	0.408**	0.641**	—			
4 外部环境不确定性	0.318**	−0.269**	−0.367**	—		
5 资产专用性	0.207**	0.292**	0.305**	−0.310**	—	
6 合作行为	0.154*	0.199**	0.146*	0.439**	0.473**	—

注：* 表示在 0.05 水平上显著，** 表示在 0.01 的水平上显著。

4.5　实证分析与结果讨论

4.5.1　假设检验

1. 主效应及中介效应检验

根据温忠麟（2004）提出的"三步骤中介回归分析法"进行中介效应的假设检验，结果见表4-23。首先，控制变量（项目类型）对合作行为影响不显著，而自变量 PPP 项目关系性规则、调节变量外部环境不确定性、资产专用性对中介变量计算型/关系型信任的影响达到显著水平（M1, $\beta = 0.399$, $p < 0.001$）、（M2, $\beta = 0.501$, $p < 0.01$），满足自变量对中介变量显著的第一个条件；其次，自变量关系性规则、调节变量外部环境不确定性、资产专用性对因变量 PPP 项目合作行为具有显著影响（M3, $\beta = 0.559$, $p < 0.01$），满足自变量对因变量显著的第二个条件；第三，在加入中介变量关系型信任后，PPP 项目关系性规则对项目合作行为的影响系数减少为 0.392，显著（M3, $\beta = 0.392$, $p < 0.05$），计算型信任的 β 系数同时显著（M4, $\beta = 0.164$, $p < 0.01$）；在继续加入中介变量关系型信任后 PPP 项目关系性规则对项目合作行为的影响系数减少为 0.096，不显著（M5, $\beta = 0.096$, $p > 0.01$）。而关系型/计算型信任的 β 系数同时显著（M5, $\beta = 0.146$, $p < 0.05$）、（M5, $\beta = 0.403$, $p < 0.001$）。由此可知信任在 PPP 项目关系性规则对项目合作行为的影响过程中起到完全中介作用。且计算型信任的中介效应量明显大于关系型信任的中介作用效果，两个中介变量的间接效应呈现显著性差异。H1、H2a 和 H2b 均得到验证。

阶层回归结果　　　　　　　　　　　　表4-23

变量		因变量						
		计算型信任	关系型信任	合作行为			计算型信任	关系型信任
		模型1	模型2	模型3	模型4	模型5	模型6	模型7
CV	PT	0.127	0.103	0.142	0.121	0.114	0.136	0.175
IV	RN	0.399***	0.501**	0.559*	0.392*	0.096*	0.386*	0.012***
Mo	EE	0.261	0.114*	0.251**	0.174	0.167		
	AS	0.367	0.234	0.264**	0.156	0.124		
INT	INT1						−0.142*	−0.031***
	INT2						0.205**	0.491***
MI	GT				0.164**	0.146*		
	CT					0.403***		
RR	R^2	0.245	0.192	0.118	0.110	0.290	0.264	0.186
	Ad	0.220	0.184	0.108	0.100	0.274	0.019	0.024

注：CV 表示控制变量，PT 表示项目类型；IV 表示自变量，RN 表示关系性规则；Mo 表示调节变量，EE 表示外部环境不确定性，AS 表示资产专用性；INT 表示交互项，即 INT1 表示关系性规则与外部环境不确定性的交互项，INT2 表示关系性规则与资产专用性的交互项；MI 表示中介变量，GT 表示关系型信任，CT 表示计算型信任；RR 表示回归结果，Ad R^2 表示调整 R^2；* 表示 $p<0.05$，** 表示 $p<0.01$，*** 表示 $p<0.01$ 有统计学意义。

2. 调节作用检验

根据温忠麟的"有中介的调节"检验步骤，在对所有变量进行中心化处理的前提下，验证交互项是否显著。建立自变量关系性规则与调节变量外部环境不确定的交互项与计算型信任、关系型信任的关系模型。检验结果如表 4-23 模型 6 和模型 7 所示，自变量 PPP 项目关系性规则与调节变量外部环境不确定性、资产专用性的交互项对计算型/关系型信任的调节作用均显著（M6, $\beta_e = -0.142$, $p < 0.01$）、（M7, $\beta_e = -0.231$, $p < 0.001$）；（M6, $\beta_a = 0.205$, $p < 0.01$）、（M7, $\beta_a = 0.491$, $p < 0.001$）。采用 Cohen 等（2010）的简单斜率分析，按照高于均值一个标准差和低于均值一个标准差分别绘制调节变外部环境不确定性、资产专用性对计算型/关系型信任的调节效应示意图量。由图 4-5、图 4-6 可知，低水平外部环境不确定性时，会增强关系性规则对计算型/关系型信任的正向影响。高水平外部环境不确定性时，会减弱 PPP 项目关系性规则对计算型信任的正向影响，却不会明显减少 PPP 项目关系性规则对关系型信任的正向影响。H3a、H3b 得到验证。

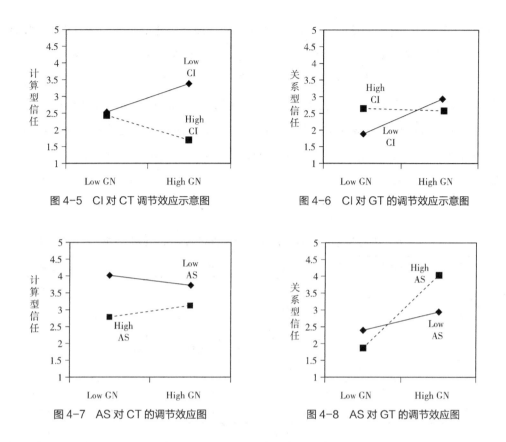

图 4-5　CI 对 CT 调节效应示意图　　图 4-6　CI 对 GT 的调节效应示意图

图 4-7　AS 对 CT 的调节效应图　　图 4-8　AS 对 GT 的调节效应图

由图 4-7、图 4-8 可知，高水平资产专用性时，会增加 PPP 项目关系性规则对计算型 / 关系型信任的正向影响；低水平资产专用性时，会减弱关系性规则对计型信任的正向影响，而会增加关系性规则对关系型信任的正向影响。H4a、H4b 得到验证。

3. 有中介的调节作用效应检验

在以上假设得到验证的基础上，还需验证有中介的调节效应是否成立。参照 Hayes 和 Preacher（2013）提出的通过 Bootsrap 法进行检验，样本量选择 5000，在 95% 的置信区间下，构造自变量与调节变量的交互项对中介变量和中介变量对因变量的回归，若两次回归系数乘积显著不为零（置信区间不包含 0），表明有中介的调节效应存在。

由表 4-24 可知，当调节变量外部环境不确定性取低、中、高值时，PPP 项目关系性规则通过计算型信任和关系型信任对合作行为的条件间接效应是不同的。当伙伴双方感知到外部环境不稳定 / 稳定时，PPP 项目关系性规则通过计算型 / 关系型信任对项目合作行为的间接效应分别为 0.0353、0.1180、0.0549、0.0713，置信区

间 [0.0109, 0.1688]、[0.0230, 0.2365]、[0.0135, 0.1675]、[−0.1775, −0.0023]。由此可见，无论外部环境不确定性取低、中、高值，PPP 项目关系性规则通过计算型 / 关系型信任对合作行为的条件间接效应都是显著的。然而，此时还无法判断是否存在有中介的调节效应。由表 4−24 报告得到的 Index 结果可知，外部环境不确定性对关系性规则通过计算型 / 关系型信任影响合作行为的条件间接效应的判定指标为 −0.1386、−0.0946，置信区间为 [−0.1068, −0.0044]、[−0.1875, −0.0352]，不包含 0。因此，PPP 项目关系性规则与外部环境不确定性的交互作用通过计算型 / 关系型信任对 PPP 项目合作行为的有中介的负向调节效应均显著。H5a、H5b 均成立。

外部环境不确定性通过信任对合作行为的有中介的调节效应　　表4−24

中介变量	调节变量（EE）	效应	标准误	下限	上限
计算型信任	2.8902	0.1180	0.0535	0.0230	0.2365
	3.5578	0.0917	0.0429	0.0203	0.1945
	4.2253	0.0353	0.0376	0.0109	0.1688
Index		−0.1386	0.0251	−0.1068	−0.0044
关系型信任	2.8902	0.0713	0.0447	0.0135	0.1675
	3.5578	0.0614	0.0361	−0.0804	0.0654
	4.2253	0.0549	0.0447	−0.1775	−0.0023
Index		−0.0946	0.0386	−0.1875	−0.0352

由表 4−25、表 4−26 可知，当调节变量资产专用性取低、中、高值时，关系性规则通过计算型信任影响 PPP 项目合作行为的条件间接效应不同。当伙伴双方感知到较高 / 低的资产专用性时，PPP 项目关系性规则通过计算型 / 关系型信任影响合作行为的间接效应分为 0.1300、0.0487、0.1056、0.0603，置信区间为 [0.0069, 0.2067]、[−0.0192, 0.0603]、[0.0211, 0.2642]、[0.1085, 0.3221]。由此可见，当资产专用性取低值和中值时，关系性规则通过关系行为对项目合作行为的间接效应不显著。当资产专用性取高值，关系性规则通过计算型 / 关系型信任对 PPP 项目合作行为的间接效应显著。然而，此时还无法判断是否存在有中介的调节效应。根据表 4−25、表 4−26 得到的 Index 结果，资产专用性通过计算型 / 关系型信任对关系性规则影响合作行为的条件间接效应的判定指标为 0.2064、0.1515，置信区间为 [0.0029, 0.1423]、[−0.3570, −0.0805]，不包含 0。因此，资产专用性与关系性规则之间的交互作用通过计算型 / 关系型信任对合作行为的有中介的调节效应显著。H6a 和 H6b 得到支持。假设检验结果汇总见表 4−27。

资产专用性通过计算型信任的有中介的调节效应　　　　　表4-25

中介变量	调节变量（AS）	效应	标准误	下限	上限
计算型信任	2.7809	0.0487	0.0510	−0.0192	0.0603
	3.5323	0.0874	0.0278	−0.0061	0.1168
	4.2836	0.1300	0.0189	0.0069	0.2067
Index		0.2064	0.0354	0.0029	0.1423

资产专用性通过关系型信任的有中介的调节效应　　　　　表4-26

中介变量	调节变量（AS）	效应	标准误	下限	上限
关系型信任	2.8902	0.0603	0.0532	0.1085	0.3221
	3.5578	0.0484	0.0379	0.0237	0.1304
	4.2253	0.1056	0.0747	0.0211	0.2642
Index		0.1515	0.0706	−0.3570	0.0805

假设检验结果汇总　　　　　表4-27

结果	直接效应
支持	PPP项目中，关系性规则能够对合作行为产生正向积极影响
结果	**中介效应假设**
支持	PPP项目中，信任在关系性规则与合作行为之间发挥中介作用
支持	PPP项目中，计算型信任在关系性规则与合作行为之间发挥中介作用
支持	PPP项目中，关系型信任在关系性规则与合作行为之间发挥中介作用
结果	**调节效应假设**
支持	PPP项目中，外部环境不确定性负向调节关系性规则与信任之间的关系
支持	PPP项目中，外部环境不确定性负向调节关系性规则与计算型信任之间的关系
支持	PPP项目中，外部环境不确定性负向调节关系性规则与关系型信任之间的关系
支持	PPP项目中，资产专用性正向调节关系性规则与信任之间的关系
支持	PPP项目中，资产专用性正向调节关系性规则与计算型信任之间的关系
	PPP项目中，资产专用性正向调节关系性规则与关系型信任之间的关系
结果	**有中介的调节作用假设**
支持	PPP项目中，关系性规则与外部环境不确定性对合作行为产生的交互作用以信任为中介
支持	PPP项目中，关系性规则与外部环境不确定性对合作行为产生的交互作用以计算型信任为中介
支持	PPP项目中，关系性规则与外部环境不确定性对合作行为产生的交互作用以关系型信任为中介
支持	PPP项目中，关系性规则与资产专用性对合作行为产生的交互作用以信任为中介
支持	PPP项目中，关系性规则与资产专用性对合作行为产生的交互作用以计算型信任为中介
支持	PPP项目中，关系性规则与资产专用性对合作行为产生的交互作用以关系型信任为中介

4.5.2 结果讨论

在既往PPP项目关系治理的研究中多关注以下两点：关系性规则论强调关系治理要素承诺、信任、沟通、公平等对关系行为论中合作行为的直接影响的研究；关系治理要素承诺、沟通、信任等通过合作在项目绩效/项目成功的实现过程中所产生的重要影响，多将合作当成中介变量进行研究，验证其中介效应。通过探究关系治理要素之间的内部作用机理，能够剖析信任机制本身在PPP项目中的重要治理机制作用。不仅如此，结合资源依赖理论对关系治理要素关系性规则通过信任作用于合作行为的过程中资产专用性的正向边界作用、外部环境不确定性的负向边界作用能够对传统项目关系契约发挥治理机制作用的情景边界调节有一定的认识。本章主要对PPP项目背景下信任及其不同维度的计算型信任、关系型信任在关系性规则对合作行为的影响过程中所发挥的完全中介作用结果，和外部环境不确定性在PPP项目关系性规则作用于不同维度信任过程中的负向边界作用和资产专用性的正向边界作用结果，以及PPP项目关系性规则与外部环境不确定性、资产专用性的交互作用分别对合作行为所产生的负向、正向有中介的调节作用结果进行解释和分析。

1. 主效应及中介效应分析

PPP项目关系性规则作为关系契约发挥治理作用机制的保障，包含团结、信息交换和灵活性等一系列的社会性关系规范和社会交往过程。首先，团结的关系性规则能够通过在合作伙伴双方之间建立团结一致的合作氛围形成合作共赢的价值观。其次，信息交换的关系性规则能够通过增加公私合作伙伴之间信息共享、信息透明化的程度，信息交流的频率进而在伙伴双方之间形成信息公开和对称性，提前为合作行为的发生预防一切可能的冲突和不协调，保障了合作过程中信息网络的流通性。最后，灵活性的关系性规则通过在伙伴双方之间建立在面临项目突发事件或争端时，通过协商一致的方式为伙伴合作贡献灵活性高的、可操作的、无障碍的快速问题解决方式。在PPP中，公共和私人部门的多样性使得开放讨论问题解决方案变得至关重要。关系性规则强调了公众透明度、问责制的必要性。伙伴间基于默契理解的承诺与合作，通过日常团队工作，实现项目目标的预期。综上，PPP项目关系性规则通过在合作伙伴之间建立的共享的价值观和一致的行为标准为伙伴双方之间建立良好的伙伴关系，为进一步深度合作行为的发生打下坚实的基础。

信任在PPP项目关系性规则与合作行为之间发挥完全中介作用。分析原因在于

PPP项目关系性规则作为一种非正式的治理机制，不依赖于任何契约或强制性执行的工具来进行惩罚或者约束，更大程度上通过合作伙伴双方之间的一种心理契约发挥治理作用机制。这种心理契约通常表现为对合作未来预期的信心和对合作伙伴的信赖，而这种心理上的信心又会基于当前寻租和未来合作价值的比较形成一种计算型信任。因此，信任能够给PPP项目伙伴双方之间营造互信的合作氛围，使得合作过程顺畅，进而保障合作行为的发生。此外，这种心理上的信赖会基于已有的合作关系和已有的利益关系进而转变成为一种关系型信任。最后这种两种不同维度的信任会通过促进PPP项目公私合作双方的一致合作，进而转化为实现合作成功、合作目标的行动。

不同维度的信任发挥的间接效应不同，计算型信任的中介效果量为72.1%，关系型信任的中介效果量为26.2%，计算型信任在PPP项目关系性规则对合作行为的影响过程中发挥的间接效果量显著高于关系型信任。分析其原因发现，对于PPP项目而言，尽管本意是通过公共部门与私人部门建立公私合作伙伴关系进而服务于社会公众，而事实上，任何"合作关系"的本质逃不开交易的事实，公私合作伙伴关系也不例外。在PPP项目中公共部门的宗旨不是为了谋取"利益"，而是为了服务公众和自身的声誉，本质上也是为公众以及自身的"利益"服务。私人部门参与项目建设的本质目的就是谋取利益，进而不难理解计算型信任在PPP项目关系性规则对合作行为的影响过程中发挥更大和更显著的中介作用。

2. 调节效应分析

外部环境不确定性在PPP项目关系性规则与计算型信任、关系型信任之间发挥负向调节作用。法律、经济、政治环境的不确定性，特许经营政策的连续和稳定性，PPP项目是否具有完备的政策、指南，及政府能否为项目融资提供担保都对伙伴关系的稳定性及组织的生存提出了挑战。当外部环境不确定性水平较高时，没有明显减弱PPP项目关系性规则对关系型信任的正向影响，但会减弱PPP项目关系性规则对计算型信任的正向影响；当外部环境不确定性水平较低时，能够显著增加关系性规则对关系型信任和计算型信任的正向影响，即PPP项目关系性规则在外部环境不稳定时期，不会显著减少伙伴双方的关系型信任水平。

资产专用性在PPP项目关系性规则与计算型信任、关系型信任之间发挥正向调节作用。当资产专用性水平较高时，能够明显增加关系性规则对关系型信任的正向影响，而关系性规则对计算型信任的影响增加并不非常显著；当资产专用性水平较低时，会减弱关系性规则对计算型信任的正向影响，而会增加关系性规则对关系型信任的正向影响。正如在PPP项目中，专用性投资对于减少双方的机会主义行为与加强彼此间的合作关系有着重要促进作用，投入资产的专用性越强，合作伙伴不可替代性越高，进而促进组织间信任的构建。综上，PPP项目关系性规则在资产专用性水平较低时，不会显著减少伙伴双方的关系型信任水平。低外部环境不确定性/高资产专用性时，在特许经营期内未来的收益的水平是可以预期的。伙伴双方之间相互套牢，若任一方背弃合作，寻求占用准租，就会给双方造成巨大的损失。因此，高资产专用性/低外部环境不确定性抑制了伙伴双方可能的自私、自利的机会主义行为。低资产专用性/高外部环境不确定性下，关系型信任水平相较于计算型信任的不显著降低，通常表现在传统文化中的"买卖不成仁义在"的"关系"之中，体现在商业关系中做不成合作伙伴，依然可以做朋友的情怀之中，进而不妨碍下次继续合作的可能性。

3. 有中介的调节作用分析

（1）外部环境不确定性的有中介的调节作用分析

PPP项目关系性规则与外部环境不确定性的交互作用能够通过计算型信任、关系型信任对合作行为产生负向影响。究其原因，可以发现，以往研究的视角多从情境实验研究出发，采用博弈分析的方法验证PPP项目关系性规则对外部环境不确定性所带来机会主义行为有显著的抑制作用，而忽略以往实验研究的方法是在相关参数假设（如重复博弈和契约无限延长）的基础上进行的，与现实情况并不贴合。结合PPP项目实践操作过程中的问题可以发现，项目所面临的外部环境是持续变动且不可预估的，特别是在一定程度上包含伙伴双方行为和决策的潜在变动性。不仅如此，项目所面临的外部环境不仅是项目周边环境，与地方经济、社会甚至国家宏观政策都密不可分，在诸如此类的不可预测情境下，依靠人们主观意愿、共享价值观及行业惯例的关系性规则所能够发挥的有效性表现为不足。因此，在此情境下，合作双方更应该本着合作成功的意愿去积极主动规避风险，并与相关法律制度相结合进而保障合作成功。

（2）资产专用性的有中介的调节作用分析

PPP项目关系性规则与资产专用性的交互作用能够通过计算型信任、关系型信任对合作行为产生正向影响。而就资产专用性对机会主义行为的抑制和对合作行为的激励而言，其依赖的基础是当前寻租行为的收益同未来合作价值的比较而进行决策的，因此，这种资产专用性更倾向于增加交易双方之间的计算型信任水平，从而保障合作的继续。因此，就不难理解PPP项目资产专用性在关系性规则对计算型信任的影响过程相比关系型信任中发挥更大的正向边界作用。在高水平的资产专用性下，关系型信任随着计算型信任的增加而表现为一种伴随性的关系性租金的增加，进而增加交易双方之间的关系型信任水平。低水平资产专用性对 PPP 项目关系性规则与关系型信任之间相较于计算型信任的不显著降低，通常表现在虽然合作未能继续，但仍有交情的"关系"之中。

由此可见，外部环境不确定性和资产专用性在 PPP 项目关系性规则对伙伴双方的合作行为之间发挥完全相反的情景边界条件。

4.6 研究结论与展望

4.6.1 研究结论

基于关系契约和资源依赖理论，通过有中介的调节作用检验，考察 PPP 关系性规则对公私合作伙伴之间合作行为的影响，伙伴双方计算型信任和关系型信任的中介作用、外部环境不确定性和资产专用性的调节作用。本章主要有以下结论：

（1）信任在 PPP 项目关系性规则与合作行为之间起完全中介作用。关系性规则对 PPP 项目合作行为有显著的正向影响，但在加入关系型信任、计算型信任变量后，关系性规则对 PPP 项目合作行为的影响作用明显减弱且不再显著。

尽管 PPP 项目伙伴主体之间践行关系性规则的治理机制使得伙伴双方之间建立了共享的价值观和团结一致的行为标准、通过信息对称、信息透明化的频繁沟通方式从而增加了彼此信息的对称性、在面对突发事件的时候灵活的合作方式能够增加解决项目争端、问题的速度都是通过增加伙伴主体之间的信任水平从而促进有效合作行为的发生，使得项目合作顺利进行。在这一过程中，感知的关系性规则主要通过触发彼此之间的基于利益、权益的计算型信任的水平和基于制度和认知的关系型信任水平从而对 PPP 项目合作行为产生正向积极影响。

（2）外部环境不确定性负向调节 PPP 项目关系性规则对合作行为的影响，外部环境不确定性与关系性规则对合作行为产生的负向交互作用以信任为中介。

外部环境不确定性在 PPP 项目关系性规则对计算型/关系型信任的影响过程中发挥方向不一致的情景边界条件，即外部环境不确定性高时，对计算型信任是负向边界，对关系型信任是正向边界；外部环境不确定性低时，对计算型信任是正向边界，对关系型信任是正向边界。此外，环境不确定性下，伙伴双方有抱团取暖的趋势,进而无论外部环境不确定性高还是低对关系型信任发挥不明显负向边界作用,至少高外部环境不确定下这种趋势表现得更为明显。

PPP项目关系性规则对计算型/关系型信任有显著正向影响,在加入调节变量外部环境不确定性后,关系性规则对计算型/关系型信任的正向影响减少。外部环境不确定增加将导致关系性规则对计算型信任/关系性正向影响减弱,外部环境不确定性的减少将导致关系性规则对计算型信任/关系型信任的正向影响增加。关系性规则与外部环境不确定的交互作用能通过计算型/关系型信任负向影响合作行为,说明了关系性规则在环境不稳定时的有效性不足。

(3)资产专用性正向调节PPP项目关系性规则与信任之间的关系,资产专用性与关系性规则对合作行为产生的正向交互作用以信任为中介。资产专用性在PPP项目关系性规则对计算型/关系型信任的影响的过程中发挥方向一致的情景边界条件,即高时同正向促进,低时同正向减少。

资产专用性的增加表明合作双方对合作关系的认同和持续合作的意愿,对于PPP项目而言,涉及漫长的特许经营期。在此期间,投资方投入大量的资金、技术、人力物力。政府部门也基于服务社会和人民的意愿,给予政策支持、激励、融资担保等众多的便利。而在合作的过程中,一旦有一方背弃合作,寻求占用准租,就会给对方和自己造成巨大的损失。因此,对于PPP项目而言,资产专用性的存在抑制了伙伴双方可能的自私、自利的机会主义行为。

4.6.2 管理启示

基于本章的研究结论得到以下管理启示:

(1)众所周知,融洽、和谐、可持续的战略伙伴关系将给合作双方带来便利。而传统的一次性、短期的项目管理中要求依靠契约中的监督、控制及惩罚来实现项目绩效目标,此种契约理论下一旦出现争议,就可能上升到诉讼和仲裁这种费时、费力、又费钱的法律层面,如此一来不仅会导致合作关系的破裂,还造成合作的不可持续性。但在关系契约治理理论中,提倡伙伴双方在长期的战略伙伴过程中应当实现项目全过程、全方面、全员的合作,彼此双方的高层管理者之间互通有无、相互信任、相互体谅、相互帮助、提倡无责备的文化价值观。而倘若政府方在项目投资建设阶段为自身行使了相关便利条件从而造成履约失信行为,就势必失去投资方的信任,从而造成项目合作伙伴关系的破裂或者私人投资方在后期运营阶段带着"报复"的心态,由于信息优势从而以牺牲社会公众的利益为代价而行使机会主义行为，最终将造成政府方寻求再谈判等行为的发生，从而增加合作成本和政府方履约失信的行政地位，也不利于地方和国民经济的发展。

（2）从政府方出发，政府部门在合作的过程中应当摒弃"领导者"的思想和观念，尊重投资方的合法权利和地位，摒弃在政策优势时侵占投资方准租的观念以便于给予投资方足够的安全感。对于外部环境不确定性所带来的危害，政府方应在能力范围内发挥行政地位优势，同时顾及政府声誉，制定完善的市场准则和相关政策、法律法规和完善的PPP项目指南；并确保特许经营期的连续性，不能因为政府换届就发生"新官不理旧账"的事件发生，保障政府声誉；给予私人部门政策激励、提供融资担保的同时，针对不可预见的风险和不确定性事件，敢于承诺给予私人部门相应的补偿以激发私人部门合作的积极性和合作的努力程度；并提供灵活性以便于快速响应私人部门合作过程中因现场实际状况而发生的实际工作及计划的变更出现，以杜绝投资方机会主义行为的发生和保障项目争端的及时解决；给予私人部门相关的环境便利条件以便于达成合作共赢，完成服务公众的义务和责任。

（3）面对关系性规则与资产专用性的交互作用能够有效地增加伙伴主体之间的信任、保障合作行为可持续的有效性，投资部门应当摒弃个人私利，积极响应政府部门的号召，在PPP项目全生命周期合作过程中应始终与政府保持目标的一致性、团队合作的有效性，相信政府部门合作的真诚性和意愿。充分发挥自身的资源、资金、技术、运营管理经验和优势，及与政府部门进行双向的信息交流和信息共享。通过与政府部门进行双向的信息交流和信息共享，增加资产专用性投资，从而建立互惠性资产专用性，保障合作行为的继续，保障项目工期、成本、质量、安全及和谐团队氛围建立的过程绩效目标的实现，进而实现政府政绩、投资方预期收益、社会大众服务需求目标的实现。

4.6.3 研究不足与展望

本章的不足之处：

（1）本章主要以我国部分PPP项目发展迅速、完善的城市为主进行了问卷的发放与回收，只回收了182份有效样本。因此，调研地点和问卷回收数量较少，有可能对研究结果产生影响。

（2）本章对关系性规则前因变量的研究只是从单个构面/维度进行了自变量的研究。事实上，关系性规则本身作为一种非正式的社会交往过程和规则，是一种高阶结构，没有区分不同构面之间作用效果的不同。

(3)本章对于关系性规则的两个情景边界条件外部环境不确定性和资产专用性没有同时设置调节。事实上,在控制一个变量高或低的水平下,分别研究另一个变量高水平、中等水平及低水平进行变化时的情景边界条件更能说明研究的结论和拓展研究的适用性。

本章的研究展望:

首先,应该选择更多 PPP 模式发展良好的城市进行调研、问卷的发放与回收,以便得到更多的样本数据来支撑研究假设和结论。其次,应该从不同维度的关系性规则进行展开研究,以便对比不同构面之间作用效果的差异性。最后,针对此类研究调节变量的设置应该在调研前进行更严谨的问卷设置,并在此基础上进行大量数据样本的回收,以便提高研究结论的适用性。

5 PPP项目中组织情绪能力对项目价值增值的影响研究

5.1 绪论

5.1.1 研究背景

1. 现实背景

（1）PPP成为基础设施建设的有效模式

PPP（Public-Private-Partnership，以下简称PPP）项目模式起源于20世纪80年代，这种项目模式大大减缓了政府建设公共基础项目的财政负担和风险。自PPP模式诞生以来，在全球范围得到了广泛应用，各个国家逐渐采用这种建设方式开展基础设施项目，如美国的伊利诺斯电子通行收费公路、英国高铁一号线、澳大利亚的悉尼穿城隧道等。

1984年我国首次采用BOT模式，借助民营企业的力量建成了深圳沙头角B电厂，开启了政府与民营企业合作建设基础设施的先河。随着融资和合作方式的改进，自2014年起，我国开始广泛采用PPP模式，并颁布了《关于开展政府和社会资本合作的指导意见》等一系列文件，足见对PPP模式的重视。截至2020年12月底，我国累计入库的PPP项目已达9930个，投资额更高达158721亿元。

（2）PPP模式的价值增值问题受到越来越多的关注

由财政部发布的《关于印发政府和社会资本合作模式操作指南（试行）的通知》（财金〔2014〕113号）和《关于在公共服务领域深入推进政府和社会资本合作工作的通知》（财金〔2016〕90号）都提出了物有所值。前者指出当地政府在PPP项目审核程序中进行物有所值识别，后者指出PPP项目可行性决策指标应包含物有所值。物有所值的核心在于相比于以往政府对基础项目的建设和运营"一手包办"，采用PPP模式后的全生命周期成本是否降低、建设效率等是否得到了提升等。英国公路局将物有所值定义为不影响建筑物规定的使用功能的前提下，尽量使全寿命周期成本降到最低。

随着PPP项目的应用愈加广泛，无论是项目参与方还是社会公众都对PPP项目提出了更高的要求。物有所值中的"值"既可以指经济方面的价值，也可以涉及其他方面的价值，如合作伙伴关系、未来合作机会、公众满意度等。因此，对于PPP项目来说，实现合同的基本目标已不能满足各方参与者的期望，各方希望项目绩效得到改善，甚至希望增加工程项目价值。

（3）公私部门合作期间产生的组织情绪应被加以利用

传统的管理手段通常对情绪采取忽视的态度，更有甚者试图通过比较强硬的手段或生硬的管理条例压制组织情绪。政府部门和私人部门的相互配合是PPP项目的顺利进行的重要保障，在合作期间双方项目成员产生的交流沟通、交换知识等社会互动行为会引发各种情绪。而随着社会发展，员工的自我意识不断觉醒，情绪对组织活动的影响越来越大，已有一些企业意识到组织内良性情绪的作用，致力于在组织内部创造积极情绪氛围以提高企业绩效。为了增加组织间的合作行为，情绪这一"软"性资源的作用应得到重视。为了使PPP项目内部形成正向情绪，引导、调控群体情绪的能力，即组织情绪能力显得尤为重要。

2. 理论背景

（1）现有文献对项目价值增值的研究尚不丰富。以往关于项目绩效的研究大多只关注按照合同完成既定的成本、工期和质量等基本绩效目标，随着工程项目管理理论的发展，PPP项目的绩效评价内容已不再局限于传统的"铁三角"（时间、成本、质量），以改善项目显性需求和满足项目隐性需求为内容的项目价值增值逐渐成为评价PPP项目绩效的标准。

（2）在建筑业中，组织情绪能力的研究尚有缺失。企业管理者越来越注重组织情绪给企业发展带来的影响。组织情绪能力作为企业管控情绪的一种能力，引起了国内外学者的关注。Akgün等认为组织情绪能力能够引导、调控、利用集体情绪，影响组织行为。已有组织情绪能力的相关研究集中在科技、机械制造、化工食品等行业，如常洁在关于制造业创新的研究中提出，组织情绪能力能够拉近员工之间的心理距离，同时激励员工主动建言、积极解决问题。实际上，PPP项目的完成离不开各方合作，组织情绪存在于各个行业之中，探究建筑业中情绪能力及其作用是十分必要的。

（3）随着关系质量的相关研究发展，关系质量逐渐应用于企业合作、供应链之中，而PPP项目中公私双方的关系质量却鲜有研究。PPP项目是基于政府部门和私人部门互惠互利的合作关系，双方的合作关系与企业合作类似。PPP 项目价值增值的实现依赖于公私部门良好的伙伴关系。为了保证项目的顺利进行，PPP 项目中政府部门和私人部门之间的关系质量需要保持在一个良好的水平上。由于 PPP 项目周期长、工程量大，加之目前的相关法律体系尚不完善、合同具有天然的不完备性等因素，政府部门和私人部门合作过程中充斥着机会主义可能性，因此，越来越多的学者将目光聚焦在组织间的关系管理上，探究如何提升 PPP 项目中公私双方的关系质量亦尤为重要。

（4）若脱离外界环境因素而进行情绪管理与态度之间关系的研究，得到的理论可能因为实践中环境的影响而失效，而现有关系质量的研究并未考虑到组织距离这一边界条件的影响，PPP 项目中公私部门间的关系质量受组织情绪能力影响的过程应将组织距离这一变量纳入讨论范围，构建一个更为完整的理论模型。

5.1.2 问题提出

在项目建设过程中，消极的组织情绪会破坏组织凝聚力，削弱项目成员的工作热情。因此，管理群体情绪，营造一个良好的工作氛围对维护 PPP 项目公私双方关系质量、激发项目成员工作积极性至关重要。实际上，当 PPP 项目具有组织情绪能力时，能共享群体情绪并引导组织内积极情绪的产生，使不同个体、不同部门之间相互信任、相互尊重、相互体谅，从而表现出积极合作、主动反馈和互帮互助的行为，为实现 PPP 项目价值增值提供了有利条件。故本章重点关注 PPP 项目中组织情绪能力对项目价值增值的影响。组织情绪能力作为一种管理群体情绪的有效手段，为实现 PPP 项目价值增值提供了新思路。

根据情绪事件理论，工作环境会引发各种情绪事件发生，情绪反应可以通过态度影响行为。在 PPP 项目中，组织情绪能力通过引导正向情绪事件发生营造良好的组织氛围，触发公私部门交流互动，也即影响了公私双方对彼此的态度。进一步地，良好的关系质量促使公私部门主动实施合作行为。组织情绪能力可以促进政府部门和私人部门间主动分享情绪，互相感染，产生深层次的情感纽带，使政府部门和私人部门相互信任、相互承诺，从而影响公私双方之间的关系质量。刘刚等认为关系质量水平越高越能驱使各方信息、资源共享，从而增加信息和技术增值。公私双方在关系质量良好的情况下会主动分享技术、资源、经验，实现项目价值增值。因此，在 PPP 项目中，组织情绪能力通过公私双方关系质量间接影响项目价值增值。

由于 PPP 项目中政府部门和私人部门组织性质不同，双方在组织文化、行为规范等方面都存在着差异，导致公私部门之间存在组织距离。王丽平认为，组织距离会造成主体之间行动目标不一致。根据社会交换理论，当双方交互过程需要耗费巨大精力时，合作主体会倾向于采取消极的交流态度。当双方组织距离过大时，会降低彼此主动交流的意愿、减弱彼此的协同共创动力，对双方关系质量产生不利影响。

综上所述，现实背景产生的需求和目前的理论研究空白导致了尝试通过组织情绪能力来促使项目产生价值增值时缺乏理论依据。因此，组织情绪能力对PPP项目价值增值的具体影响机制仍需进行实证研究和检验。鉴于此，本章试图通过情绪事件理论和社会交换理论的视角提出以下4个关键问题：

（1）PPP项目中，组织情绪能力、关系质量、组织距离和价值增值的具体内涵是什么？

（2）组织情绪能力是如何影响PPP项目价值增值的？

（3）政府部门和私人部门间的关系质量在组织情绪能力与项目价值增值之间是如何发挥作用的？

（4）政府部门与私人部门间的组织距离是否会对组织情绪能力与关系质量间的关系产生负向影响？

5.1.3 研究目的与意义

1. 研究目的

本章基于PPP项目背景下，并结合现代社会中情绪治理的重要作用，试图探讨PPP项目中组织情绪能力对项目价值增值的直接影响、基于PPP项目中重要的两方参与主体——政府部门和私人部门主体间关系质量的间接影响以及组织距离是否能调节这一间接作用，从而揭示如何有效利用群体情绪促进项目价值增值，为提升公私部门间关系质量，进而实现项目价值增值提供可借鉴的管理思路。

2. 研究意义

（1）理论意义

首先，近些年对组织情绪能力的研究大多聚焦于企业层面，研究内部因素如何能促进组织的创新，实现企业绩效。在企业层面，组织情绪能力对企业绩效、创新绩效的正向作用已得到验证，但在PPP项目管理领域，组织情绪能力的作用尚未有人探讨。本章通过情绪事件理论的视角，探索了组织情绪能力对项目价值增值产生的积极影响，对目前组织情绪能力研究领域进行了补充。

其次，以往研究中鲜有文献关注PPP项目中公私部门间的关系质量，本书首次发现了PPP项目中组织情绪能力影响项目价值增值的过程中，公私双方之间的关系质量起部分中介作用。这一发现对于构建组织情绪能力对项目价值增值的影响路径具有重要意义。

最后，以往关于组织距离的研究大多关注组织距离对组织创新或组织间知识转移的影响，尚未有文献讨论组织距离的大小对价值增值的影响。但在实际项目中，公私双方的组织距离是真实存在的、不可忽视的因素。因此，本章将组织距离作为调节变量纳入组织情绪能力－关系质量－项目价值增值的模型之中，从社会交换理论的视角剖析了组织距离调节组织情绪能力对关系质量的作用效果以及组织距离对关系质量中介作用的影响，拓宽了组织距离的研究领域。

（2）实践意义

首先，PPP模式的出现不仅对我国政府的公共建设项目管理能力提出了挑战，也是对私人投资方市场经营模式的考验。在PPP项目管理领域，我国政府和社会资本方仍处于探索阶段，合同治理之外的治理方式逐渐走进管理方的视野。本章通过实证分析验证了组织情绪能力对项目价值增值的影响，帮助政府部门和私人部门理解组织情绪能力与项目价值增值之间的关系，从而在未来追求PPP项目价值增值的过程中，找到实现PPP项目价值增值的驱动因素，采取相应的管理措施、塑造良性工作氛围，进而有效指导PPP项目价值增值绩效目标的实现。

其次，以青岛威立雅污水处理项目为例，我国前期PPP项目管理忽视了合作伙伴关系维系。随着对PPP模式的探索、改进，如"鸟巢"PPP项目与之前PPP项目相比，股份构成和运营方式发生改变，表明我国PPP项目项目管理模式向注重伙伴关系维持的方向发展。本章对PPP项目中公私双方之间关系质量的相关探索能够帮助双方重视合作关系的维系，采取更加积极主动、公平透明的方式合作以提升双方的信任程度，促使双方互相承诺，为项目价值增值提供动力。

最后，帮助公共部门和私人部门认识到双方之间客观存在的制度政策、行为规范等方面的差异，促使双方以更加包容的心态面对合作伙伴，尽力了解对方，在合作过程中求同存异。同时督促公共部门和私人部门能珍视达成顺利合作的过程中付出的努力，保持长期战略伙伴关系，加强合作的稳定性。

5.1.4 研究内容与思路

1. 研究内容

本章通过文献分析和理论研究，对研究变量组织情绪能力、关系质量、项目价值增值及组织距离进行清晰的概念界定，并对PPP项目中组织情绪能力与项目价值增值间的作用关系和路径进行推导，进而建立PPP项目中组织情绪能力与价值增值间的关系表达式。本章以过往相关文献为基础，在组织情绪能力的研究框架中纳入政府部门和私人部门间的关系质量作为中介变量，组织距离为调节变量，构建了一个有调节的中介模型，并运用实证研究的方法进行检验，主要内容如下：

（1）为了探索组织情绪能力影响PPP项目价值增值的具体机制，首先需要确定PPP项目中组织情绪能力、关系质量、组织距离和项目价值增值的概念。本章通过对文献的研读，结合文章研究背景，界定各变量的内涵，明确各变量的测量内容。

（2）在PPP项目中，组织情绪能力将对项目价值增值产生正向影响。在明确了PPP项目价值增值内涵的基础上，针对性地探索PPP项目价值增值的实现路径，明确其与组织情绪能力之间的关联关系。

（3）在PPP项目中，关系质量在组织情绪能力和项目价值增值中起中介作用。本章根据情绪事件理论，并结合相关研究，认为政府部门和私人部门所具有的组织情绪能力通过改善双方间关系质量进而促使PPP项目实现价值增值，旨在明晰组织情绪能力与价值增值之间的具体作用路径。

（4）在PPP项目中，组织距离在组织情绪能力和关系质量的关系中起调节作用。本章基于社会交换理论，将组织距离视为一种描述公私双方文化、行为差异程度的度量，试图研究组织距离对公私部门之间质量的调节作用。在PPP项目中，组织距离对关系质量的中介作用有调节作用。本章结合关系质量和组织距离的研究基础，并结合关系质量的中介作用和组织距离的调节作用，提出被调节的中介效应，以便发现组织情绪能力、关系质量、项目价值增值、组织距离之间的微观作用机理。

综上所述，本章拟首先对组织情绪能力、PPP项目价值增值、关系质量、组织距离在不同研究中的概念进行归纳总结，并结合本研究背景对各变量的内涵进行界定。其次，通过对相关变量的影响因素相关研究的综述和变量之间关系的文献整理，得到本章的研究模型并提出假设。然后，结合相关理论对假设进行推导和实证检验。最后，结合研究结果得到一些管理启示。

2. 研究思路

本章的技术路线图如图5-1所示。

（1）文献分析法

首先，通过阅读项目工程价值增值、组织情绪能力、关系质量、组织距离等相

5 PPP 项目中组织情绪能力对项目价值增值的影响研究

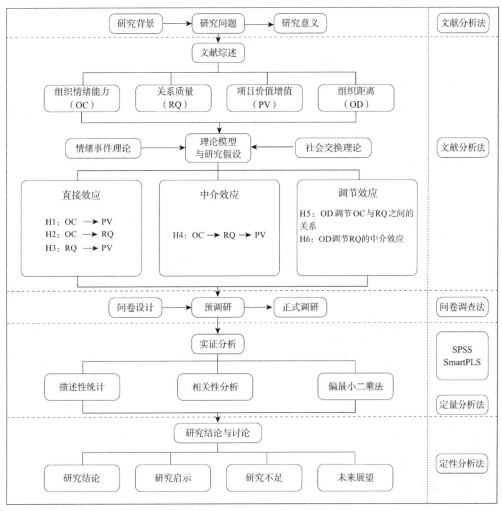

图 5-1 技术路线图

关文献,结合当前研究背景梳理相关研究脉络,探索变量之间的关系和现有理论空白,从而明确本研究的主要内容。然后,通过对项目价值增值、组织情绪能力、关系质量、组织距离等变量所涉及的理论基础进行研究,确定本章的理论基础,提出本章的主要问题并建立起整体框架。

(2)问卷调查法

本章的测量题项均来源于国内外现有文献的成熟量表,并结合研究背景进行了相应的调整和修改,形成了初步问卷。初步问卷完成后,以参与应用 PPP 项目的政府部门和私人部门为调研对象,进行了预调研,以识别问卷中的模糊表达和保证问卷的信效度。最后通过电子邮件、现场发放问卷的渠道搜集了研究样本。

（3）实证统计分析方法

本章主要借助软件 SPSS22.0 和 PLS3.0 对收集到的数据进行共同方法偏差、信效度检验、描述性统计分析和假设检验，为假设关系提供数据支撑。

3. 研究框架

本章的研究框架主要包含以下部分：

第一节为绪论。首先从研究背景出发，对 PPP 项目中组织情绪能力通过关系质量影响项目价值增值的可能性做出阐释，凝练出本章拟解决的科学问题，并根据研究问题确定了本研究的意义、目的和研究内容。基于此，形成了最终的技术路线图。

第二节为理论基础及文献综述。依次对所涉及的理论基础及组织情绪能力、关系质量、项目价值增值这四个潜变量进行相关文献综述，包括借鉴已有研究界定各潜变量的定义、变量维度和影响因素等，并进行了研究述评。

第三节为理论模型与研究假设。以情绪事件理论和社会交换理论为支撑，结合组织情绪能力、关系质量、项目价值增值和组织距离的相关研究基础，构建了本章的理论模型及模型评价方法，并根据该模型的理论逻辑提出与之相对应的假设。

第四节为研究设计与数据检验。首先结合本研究所涉及潜变量的文献以及研究情境，阐述了组织情绪能力、关系质量、项目价值增值、组织距离的测量过程，基于国内外的成熟量表，寻求专业人员的翻译，将问卷与本章现实背景相结合，对题项进行修改，并通过预调研收集、分析，对量表进行净化，形成了最终的调查问卷，最后对有效问卷进行初步数据分析。

第五节为实证分析与结果讨论。对各假设进行检验，并对研究结果进行讨论。

第六节为研究结论与展望。通过对本章前五部分所述内容的整理、总结，进一步阐述了本章的研究结论，针对政府部门和私人部门提出相应的管理启示，然后指出存在的研究不足及未来会考虑的研究方向。

5.2 理论基础及文献综述

5.2.1 理论基础

1. 情绪事件理论

情绪事件理论（Affective Event Theory，AET）最早由 Weiss 提出，关注员工在工作过程中诱发情绪反应的前因及各类情绪造成的后果。该理论认为特定的工作环境特征能通过触发消极或积极的工作事件引起员工的情绪反应,进而影响员工的态度与行为。同时,员工的个人性格特质和工作事件发生时所处的组织亦驱动了员工对事件的情绪反应及与情绪相关的态度和行为。研究者们也已认识到员工的组织承诺、工作满意度、工作绩效等都受到情绪的影响。情绪事件理论剖析情绪事件影响态度和行为的具体路径,为研究组织中的情绪奠定了坚实的理论基础。

目前,情绪的相关研究逐渐从个体层面扩散至组织层面,关于组织中情绪的研究逐渐被学者们关注。情绪事件理论的提出为研究组织情绪与组织态度、行为关系提供了一个整合的框架,如 Dasborough 等基于情绪事件理论探究了员工行为的影响因素,构造了三层次模型。在微观层次,即个体层面上,成员对领导者行为的感知和成员不真诚的归因会导致负面情绪的产生;中观层面上,消极情绪通过一个情绪感染的过程传播到群体中的其他个体,这些反过来反映在团队的情感氛围和信任氛围中,也反映在领导-成员和团队成员关系的质量上;最终,这导致了宏观层面,即组织层面对领导者的不赞同和对领导者的冷嘲热讽。Li 等以情绪事件理论为框架,对情绪事件理论进行了拓展,增加了组织环境(工作环境特征)激活情绪的路径,除了探究个体层面中员工内疚、坚定、困惑等情绪反应与组织承诺的关系以及团队冲突在困惑情绪与组织承诺关系中的调节作用,还强调在组织层面组织与组织之间存在一定差异,表现在群体关系冲突和组织文化等方面,如有的组织鼓励加班文化,员工加班成为组织内常态,而有的组织文化更加看重工作效率,加班表明员工的工作效率低下,缺乏团队合作能力,而这些差异通过工作事件引发工作情绪,最终影响组织行为。从情绪事件理论的视角出发,政府部门和私人部门具有的组织情绪能力通过建立影响双方项目成员的情绪,再对政府部门和私人部门的合作态度产生影响,进而影响双方组织行为。本章的落脚点是项目价值增值,是对项目绩效的延伸。先前已有文献证实行为会对项目绩效产生影响,因此,本章结合情绪事件理论和 Li 的相关研究,从组织层面出发,将情绪事件理论的后置因素定位在项目价值增值上。

2. 社会交换理论

社会交换理论(Social Exchange Theory,SET)由 Homans 提出,该理论认为社会活动离不开社会交换。Homans 指出,人类总是趋向于实施能使自身获得利益的行为,而尽量避免接触对自身产生损失的事情,人们进行交换的目的都是尽可能实现利益最大化,因此交换行为中必然产生得失。几乎与 Homans 同时,著名的社会心理学家 Blau 拓宽了 Homans 的理论,Homans 的理论聚焦于个体层面,是微观的,

Blau 则将研究层面拓展至宏观层面，他认为群体之间的交换与个体之间的交换都是为了追求报酬，但两个层面的交换是存在差别的，个体之间的交换是直接的而群体间的交换是间接的，群体间交换需要某种机制——共同价值来传递关系结构。Blau 的观点建立在理性人的假设上，他认为人们追求目标是受理性控制的，而目标的实现受社会结构的制约。与 Blau 的理论相似，心理学家 Emerson 提出了社会交换理论的三个前提原则：分别是理性原则、边际效用原则和公平原则。具体而言，首先，人会为了获得报酬（金钱、关系、情感等）而采取理性的行动，该行动具有目标导向性。其次，报酬的吸引力遵循边际递减原理，即随着时间的流逝，价值逐渐降低。最后，在社会交换过程中，人们总是追求付出与收益相等。

实际上，公私双方的合作也是一种"交换"关系：政府部门提供融资便利、政策支持、人力资本，其目的是服务公众和提升自身的声誉，私人部门则投入资金、人力等资本，目的是获得经济报酬和非经济报酬如商业价值的提升、政府部门的认同等，该交易过程的本质就是价值交换。基于理性原则和公平原则，双方要获得积极情绪体验和较高的满意度，并应在利益的驱使下以最小的付出换取最大的价值。当双方组织距离较小时，合作过程可能产生的矛盾、认知偏差将减少，因而付出与收获具有一定公平性，双方更乐于采取行动保持良好的关系质量，实现项目价值增值。但当双方组织距离较大时，保持良好的关系将需要付出更大的努力，情绪交换过程也出现阻碍，双方将不愿付出额外努力去换取良好的合作关系。因此，在 PPP 项目合作中，如组织距离过大，则公私双方缺乏相互理解，造成组织间交流不畅，双方合作过程中更易产生冲突，给善意的关系交换造成困难，因而成为关系质量负面的边界条件。

5.2.2 文献综述

1. 组织情绪能力

（1）组织情绪能力的内涵

组织情绪能力被界定为"组织感知、检测、调控组织情绪资源，并利用组织制度、规范等管理方式疏导表达内部情绪的能力"。"情绪"指与感情有关的内部状态，如爱、恨、悲伤、快乐和厌恶等。以往关于情绪的研究将集中在心理学领域，关注个体层次，如情绪劳动、情绪智力等，对组织层次的情绪的相关研究，如组织层面上的情绪能力及其影响并未引起重视。实际上，当项目内的个别成员产生某种情绪时，这种情绪会传染、分享给其他成员，最后聚合形成组织情绪。Shlomo

等学者也认为，情绪虽是一种内在的心理感受，但可以像个体层次情绪一样，产生组织情绪。从 20 世纪末开始，Huy 等学者就提出了组织情绪的概念，认为组织具有掌控组织释放的群体情绪能量的能力是非常重要的。为了保证组织中负面情绪不影响组织正常运作，组织中的领导者应培养集体情绪能力，识别并协调集体中的各种情绪。组织情绪能力涉及组织层面的情绪能力，传统的情绪智力是从个体层次描述个体评估、表达并调节和使用自己及他人情绪的能力，与情绪智力不同，组织情绪能力以组织层面为研究层次，强调引导和管理组织内情绪能量。同时，与常规层面的知识水平、资源整合等根据市场需求而培育发展的被动的组织能力不同，情绪相关的组织能力是组织主动引导构建的，是一种主动的组织能力。组织情绪相比于其他组织资源，如资金、技术等，需要管理者的挖掘和引导，具有感染性，它依托于组织交互产生的社会网络，对组织来说，是一种独一无二的组织资源。

（2）组织情绪能力的维度

Huy 最初指出，组织可以使用情绪动力学来管理人们的情绪，它包括如下子过程：鼓励、自由表达、游戏、体验、和谐和认同的动态。经过进一步讨论，Huy 认为这些情绪动态表明了人际交往互动中人们对情绪的感知和表现方式，反映了人们之间情感的表达和调节。这些情绪动力学识别可以唤起、激发或引出情绪，在组织中促进了可见的和共享的发展的情绪。Akgün 等根据 Huy 提出的情绪动力学将组织情绪能力分为 4 个维度，分别是自由表达动态性、认同动态性、体验动态性及和谐动态性。之后，Akgün 等对组织情绪能力的维度进行了进一步的探索和补充，在原先四维量表的基础上增加了鼓励动态性和身份识别动态性，将组织情绪能力划分为 6 个维度。

（3）组织情绪能力的相关研究

1）组织情绪能力的前因

组织情绪能力的前因是指组织情绪能力的决定因素或组织情绪能力的前置因素。

李树文等认为在企业中，领导与成员交换程度越深，组织情绪能力也随之加强，情绪资源实质上是一种无形资源，但也属于领导和成员之间的工作资源。梅强等针对汽车制造业的研究则指出转换型领导能有效利用情绪感染，通过关怀、启发等方式激发员工良性情绪，带动员工参与情绪性劳动。陈艳艳等发现，不同的领导风格对组织情绪能力产生不同的影响，研究中分别讨论了家长式领导中的仁慈领导、德行领导和权威领导对组织情绪能力的影响。其中，仁慈领导是较为宽容的领导方式，对员工采取支持、包容的态度，搭建了员工发挥的平台，营造了自由交流的工作氛围，这正契合了组织情绪能力中要求的建立员工自由表达情绪、容忍员工犯错的工作环境以及管理人员对员工进行鼓励的管理手段，使组织情绪能力得到加强。德行领导则是通过领导的个人魅力给员工树立榜样，潜移默化地影响员工，能够提高团队的团结程度，促使员工认同团队文化和价值观，提升了组织情绪能力。而权威领导相对来说会因为领导为了保持自身权威而与员工产生距离，缺少了领导与下属间不管是工作上还是生活上的交流，这使得员工缺少对组织的认同感以及安全感，抑制了员工的自我创新意识和团队间的积极交流意愿，因而对组织情绪能力产生负向影响。童金根等在访谈中发现组织情绪能力受转换型领导影响，采用转换型领导的企业拥有更强的组织情绪能力。

Akgün等提出组织情绪能力与团队效能具有相关关系。团队效能中的团队经验是团队成员先前从事相关工作所积攒的经验，成员凭借过往经验能对团队中出现的情绪进行快速识别和整合，推动情绪整体化和内在化。也有学者也进一步指出，团队中关于情绪识别整合的经验是能够对团队成员间的情绪表达期望和互动行为产生深刻的影响。团队自主性则通过激发乐观、激情等正向情绪，加强团队成员之间的情绪互动，这为项目团队中的情绪应用提供了便利和支持。团队成员合作为团队间成员的交流分享提供了机会，创造了成员间察觉对方情绪的条件，促使成员之间进行情绪感染，使得团队成员采取相互表达、自我反省等方式进行情绪调节。

2）组织情绪能力的结果

李树文等在不同行业对组织情绪能力的应用进行了比较，指出行业情境性一定程度上影响了组织情绪能力的应用，在生物医药行业，组织情绪能力对员工的创新能力没有显著影响，而在科技、机械制造、化工食品等行业具有明显效果。但不同行业中组织情绪能力发挥作用的路径存在差异，如机械制造业组织情绪能力提高了外部信息收集进而提高员工创新能力，而科技行业的组织情绪能力通过促使员工参与内部决策及知识共享来提高创新水平。童金根等进一步证实了组织情绪能力对组织创造力和组织创新行为有显著的积极作用，且该过程受集体主义的影响。由此可见，由于行业间组织文化的差异性，组织情绪能力会通过不同的路径影响组织创新。组织的创新与情绪性劳动紧密相关。Akgün等学者以综合企业为调研背景，探讨了其对产品创新绩效的影响，研究结果表明企业具有的组织情绪能力越强，越能提高组织学习能力，进而有效提升产品创新绩效，研究进一步指出当企业的组织情绪能力与解决问题、组织内知识共享水平相匹配时，组织将试图通过产品创新升级超越对手。Akgün等探究了不同情绪动态性对产品创新和流程创新的作用，自由表达动态性、体验动态性和鼓励动态性对流程创新的作用更加显著，其中鼓励动态性和体验动态性对产品创新也有显著促进作用。总结以上两项研究，不难发现支持组织内自由的情绪表达和促进组织成员互相理解彼此情绪对组织中流程变革和产品创新的影响更加显著。孙锐等继Akgün的研究，发现除了产品和流程创新，管理系统优化创新也受到组织情绪能力的影响作用。孙锐等发现在科技企业中，组织情绪能力是一种内部能力，能够有效促进组织创新。

组织学习的实质是组织内成员通过知识共享、知识转移来进行学习，而组织本身并不具备学习能力。Akgün等学者将组织学习的主要内容描述为管理承诺、系统视角、开放性和实验、知识转移与整合，认为组织情绪能力显著促进了组织学习能力，当组织为员工提供了自由表达的平台、塑造了包容的工作环境，使员工相信自由表达不受指责时，组织才能够鼓励员工积极建言，促进个体间的知识共享，实现工作流程的优化，提高组织学习能力。赵晨等则指出组织情绪实际上是一种深层组织结构，它能够潜移默化地影响员工行为，统一员工价值观，进而对组织中知识共享、知识反馈产生积极作用。可以说，组织情绪能力是对现有组织学习机制的完善，组织中产生积极的、向上的情绪为提升组织外部适应柔性提供了支持，也为组织内部的知识更新和外部知识的搜集提供了动力。同时，孙锐和李树文更加细致地划分了组织学习的维度，将其分为内部学习和外部学习，外部学习注重对未知知识的获取，通过知识共享、外部知识收集等方式实现，内部学习注重对已有知识的整合、优化，相比来说，组织情绪能力对组织内部学习的促进作用比外部学习更加明显。综上所述，组织情绪能力能对组织学习产生显著影响，尤其是在组织内部学习方面更为明显。

孙锐等指出，组织情绪也是一种组织资源，合理利用情绪资源，对其进行整合、应用可以实现资源转化，组织的生产性和创新性资源增加，促进产品增值和市场开发，进而提高组织绩效。Akgün等认为市场成功是组织的期望得到实现和满足，如所占市场份额增加、投资回报利润可观等，组织情绪能力为组织成员提供了合作动力，减少甚至避免因情绪摩擦而产生冲突，鼓励组织成员进行知识共享和资源交换，进而促进市场成功。基于Collins的研究，团队情绪可以释放情绪能量，为情绪能力激发团队情绪氛围提供能量支持，促进知识资源更新重组，加快产品更新换代，进而推进新产品上市速度。

2. 关系质量

（1）关系质量的内涵

关系质量最早被应用到关系营销中，表明一种关系对于特定的目的是否合适，研究顾客与企业间关系满足双方需求的程度。Crosby 等最早详细描述了关系质量的内涵，认为顾客与销售人员间的关系质量取决于销售人员提供给顾客的安全感，顾客越信任销售人员，与其再次合作的意愿越强烈，则双方的关系质量水平越高。Hhennigo-thurau 和 Klee 将关系质量定义为满足客户最终需求的关系的适当程度。Lahiri 和 Kedia 将关系质量定义为合作伙伴对其正在进行的业务关系的整体评价。在建筑供应链领域，关系质量的研究也有涉及，如何伟怡在建筑供应链的相关研究中指出关系质量是对价值链上各个企业之间关系状态的评估。近年来，关系质量逐渐用来衡量企业之间关系密切程度，如徐建中将企业与合作伙伴间的关系质量描述为一种无形利益，这种利益由信任与承诺、和谐以及稳定长远的关系组成。

然而，对于建筑领域中各方关系的本质和发展，尤其是非正式关系的研究还比较缺乏。以往的研究表明，缔约方往往忽视了对其工作关系的系统评估，因为它们的关系往往被认为是一次性的，即在项目完成后结束。但有学者认为，系统的构建、程序的进行和方法的实施都离不开基本关系。因此，主动管理关系具有战术和战略价值。对上述文献中可以总结发现，关系质量中描述的合作主体主要包括 B to C（Business to Customer）和 B to B（Business to Business），前者的主体是企业与顾客，注重顾客的感受与看法；后者的主体则是企业与企业，注重双方对关系的感知，强调企业之间合作的稳定性、长远性，衡量的是企业双方之间长期合作的质量。本书鉴于研究情境和研究对象，从 B to B 视角将关系质量定义为 PPP 项目中政府部门和私人部门对双方密切程度和信任程度的综合评价和认知。

（2）关系质量的维度

关系质量最早被应用到关系营销中，此后产生了许多定义和概念，在包含的因素上也存在分歧和共识。相同的是，学者们都认为关系质量是一个高阶结构。Crosby 等认为关系质量包含信任和满意，根据他们的研究，Kumar 等在关系质量包含的内容里加入了承诺和冲突。Nick 认为在社交商务中认为人际关系质量包含信任、承诺和满意。宋喜凤基于关系互动的角度认为，关系质量维度分为有效沟通、承诺、相互依赖、和谐冲突管理、信任。Naudé 和 Buttle 认为关系质量的组成除了信任和满意之外，还应包括供应链整合、权力和利润。一些学者提出关系质量的重要组成内容必须包含信任和承诺。Hakansson 和 Snehota 也只接受信任和承诺作为公司间协调的重要属性。Lai 认为承发包商间的关系质量包括信任和承诺。Medlin 等认为都应该基于企业间的信任和承诺来考虑其关系是否协调。马鸿佳指出企业间良好的关系质量就是互相信任、互相承诺。PPP 项目是在公私合作的基础之上依法成立的、以盈利和为提供公众便利为目的而成立的正式公司，公司具有独立法人且独立经营、盈亏自负，从这种角度来说，与一般意义上的公司并无区别。政府提供政策福利、融资等支持，私营部门进行资金支持，双方的合作关系与企业合作类似，因此，在上述讨论之后，本研究认为关系质量应包含信任和承诺两个方面。信任是公私部门对彼此具有可靠诚实的品质的信心，认为彼此不会实施投机行为；承诺表示一种愿望——公私双方希望能彼此协作、保持长久而稳定的合作关系。

（3）关系质量相关研究

1）关系质量的前因

Leonidas 基于营销领域买卖双方关系的研究中指出机会主义、文化距离、冲突程度越高，双方关系质量越差。而在 B to B 的研究中 Revti 发现商业合作伙伴之间的关系质量受文化智力的影响，高认知文化智力的管理者更可能对外国的政治、社会、文化和经济体系有更广泛的了解，文化作为一种学习能力有助于通过管理学习经验和有效的知识共享实现跨文化有效性，从而提升合作伙伴间的关系质量。王建军研究发现 IT 承包商间通过不断创新满足发包商的需求，提升发包商信任感与双方亲密程度，获得良好的关系质量；发包商高度重视承包商的组织学习能力，这是承包商自身核心竞争力的具体体现。发包商和承包商在合作交流的过程中增进了对彼此的了解，承包商也在这个过程中展示自身的学习能力，承包商的组织学习能力越强，越能得到发包商的信任，双方越能维持稳定的合作关系。Riza 在专业服务公司与中型企业间合作中发现，企业通常会建立密切、复杂和长期的业务关系，服务提供者与客户之间的互惠沟通（资讯互惠），使客户与公司分享资讯对合作伙伴间的关系质量有积极意义。同时，从中型企业的领导者视角出发，仁慈将提升合作双方的关系质量。其中，仁慈可能是利他的，也可能是互惠的。利他的善行是指超越自我中心动机的人际关注和对其他伴侣做好事的意愿；而互惠的善行需要基于互惠功利动机的辅助行为。刘刚发现合作主体的公平感知能通过合作方之间的关系质量对合作关系价值产生影响，并指出良好的关系质量能提高合作稳定性其中，合作主体对利益分配的公平程度、程序公平程度和互动公平程度影响了双方满意程度，进一步地，满意影响了合作主体间信任和承诺程度。

2）关系质量的结果

Leonidou 等认为，由于多样化和动态的制度环境导致任务执行中复杂性、不确定性和风险的增加，在跨境互动中与商业伙伴的高质量关系有助于管理这些挑战。何伟怡在建筑供应链的相关研究中指出供应链中工程参与主体间的关系质量受领导风格的影响进一步作用于信息共享效果，关系质量水平越高，越能促进建筑供应链上各参与主体信息共享。Bobby 在社会交换理论和关系交换理论的基础上，提出了一个关系模型，并对假设进行了检验，对韩国 93 个公共部门的信息技术外包项目进行了研究，结果表明，外包成功与否在很大程度上取决于关系质量。王建军也对 IT 外包绩效进行研究，发现关系质量的提升能有效促进外包绩效提高。当承包商和发包商间的关系质量水平较高时，双方的沟通会更加深入和频繁，能够做到及时对任务的进度、执行等方面进行协调。在此过程中，双方能够有效避免任务含糊、承包商不理解发包商需求等问题的发生，同时，承包商也展示了自身能力以及对任务的重视，这无疑促进了发包项目的顺利完成以及双方对合作过程的满意程度。强大的关系非常重要，特别是对于与 B to B 专业服务提供商打交道的业务合作伙伴，因为关系的质量可以作为评估服务交付的代理，在此类合作中，关系质量的提升带动了关系价值，即双方在比较所有利益和牺牲时，从关系中产生的价值。刘伟将 IT 外包项目中将发包方与接包商间的关系质量由信任、满意、承诺组成，并指出双方关系质量越好，接包方越愿意接受外来知识，知识接受能力也更强，同时，关系质量还调节了知识缄默性影响知识转移效果的过程，具体而言，承发包商之间良好的关系质量意味着双方具有较强的承诺意愿，愿意保持长期合作关系、拥有未来合作机会，这种支持性的关系激励双方进行积极主动的知识共享和资源互换，面对复杂的、发包商原本希望隐藏的各种知识进行交流，使承包商能最大限度地接受和理解吸收到的知识，因此，知识缄默性对知识转移的负面影响得到缓解。马鸿佳指出企业之间良好的关系质量能促进企业双元创新，在这个路径中关系学习担任了中介角色。高水平的关系质量能提高合作伙伴间的信息和资源的交换效率，同时，良好的关系质量能提高企业对合作过程和合作伙伴的满意度，有助于合作关系的维系。双方对关系更有信心，因而抑制了企业的投机主义行为；当双方许下了较高的承诺条件，则毁约或寻找新的合作伙伴会付出一定代价，因此，考虑到承诺成本和终止合作的成本，企业会选择尽力维持合作关系并为此付出努力，如尽量满足对方的合理需求、适量增加专用性投资等。由此可见，良好的关系质量有助于关系学习水平的提升。

3. 项目价值增值

（1）项目价值增值的内涵

波特在价值链理论中提出了价值增值的概念，随后，价值增值被广泛应用于市场营销、供应链管理、大众媒体传播等。经济学中，企业的付出和收益间的差值被视为经济价值增值。Lippman 等认为价值增值是获得并重新整合和使用知识、技术、资金等资源的过程。Priem 的研究站在企业的角度，指出关系是企业价值增值的关键，即获得长期发展的关系资源。

在建筑领域中，价值增值的概念也逐渐被学者们关注。丁士昭教授曾在学术交流会上提出了"会展场馆建设如何增值"的问题，将"增值"概念引入工程管理领域中，认为增值发生在两个阶段：建设期和运营期。叶晓甄认为 PPP 项目价值主要体现在伙伴价值方面，即公私双方间的伙伴关系得到提升，维持长远的合作关系并有机会再次合作。Liu 等指出工程项目的价值增值应从时间维度和利益相关者维度进行定义。从时间的角度来看，项目价值增值包括从项目决策和实施到项目运营和处置的整个项目生命周期。从利益相关者的角度来看，项目价值增值是各利益相关者对项目成果感到满意。增值指标分为"硬"性指标和"软"性指标，"硬"指标方面的项目增加价值包括项目管理中的质量 - 时间 - 成本分析，而"软"指标包括利益相关者满意度、合作愉快度、双方声誉、能力提升等。徐永顺进一步指出，PPP 项目的价值增值分为短期目标和长期目标，短期目标指显性需求的改善，长期目标包括隐性需求的实现。因此，本书结合 Liu 和徐永顺的研究，将 PPP 项目价值增值定义为显性需求目标的改善和隐性需求的实现。显性需求的改善指按照合同规定尽可能降低成本，缩短工期，改善功能结构。而隐性需求的实现则是具备合同未规定的、保证项目能够长期稳定运营的条件，如政府部门和私人部门之间的信息沟通融洽、争议较少、获得未来合作机会、各方对项目成果感到满意等方面。

（2）项目价值增值的相关研究

目前的研究主要集中于探究影响项目价值增值的因素及实现价值增值的手段。Gracanin 指出项目价值增值的目标是在保证项目质量的同时，尽快实施项目，主要包括节约生产或交易成本，缩短项目生命周期，消除非增值活动。Fernandes 提出采用新技术、新方法等可以降低建设和运营成本，从而实现项目价值增值。其他实现项目增加价值的途径包括改进过程、根据以往经验而实施的合理的管理模式以及突出项目管理过程中增加价值的战略重要性。姜琳在 PMC 项目中指出，提高项目净现值是价值增值的最终目的，具体而言，就是通过识别项目实施过程中给项目价值带来损耗的活动，减少甚至避免出现该类行为，以实现工程项目建设期间投资费用降低，建设工期缩短。Liu 等认为，项目交付系统的决策是促成项目附加值的关键因素之一。Giezen 等建议通过简化建筑项目的附加值来降低复杂性。Rivera 等证实，较大的企业表现出更高水平的协作和增值能力。徐永顺指出 PPP 项目中合同柔性将对项目价值增值产生影响。合同条款的弹性和执行过程中的灵活性有利于制定合理的风险分担机制、促使政府部门探索通过合同激励私人部门的方式以及改善项目管理绩效，因而实现 PPP 项目的价值增值。徐惠儿等的研究指出在 EPC 承包模式中引用 BIM 技术可以使价值链中的各个参与方及时高效沟通，链接项目建设中各个阶段，减少产生价值损耗的活动，疏通价值通道，建立起一个井然有序且效率高的价值创造模式，从而实现项目成本、建设工期和项目功能方面的优化。吴光东等指出，项目通常具有临时性和动态性，由项目主导而形成的供应链不免涉及各方的知识流动，因此，项目价值增值就包含了知识的传递、吸收、累积，最后转化为经济效果。

叶晓甦指出 PPP 项目的价值包括了伙伴关系价值、公共价值和企业价值，并发现 PPP 模式的互补性与伙伴关系价值、公共价值和企业价值正相关；PPP 模式越新颖越能实现与伙伴关系价值的增值；PPP 模式的锁定性能正向影响公共价值的创造；PPP 模式的效率越高，越能提升公共价值。Wu 的研究结果表明，任务冲突、关系冲突和过程冲突受到项目参与者主体特征、双边关系特征和项目特征的影响。同样，这三种冲突也会相互影响。同时，这三种类型的冲突影响着建设项目的附加价值，而冲突管理策略对这一影响起到了调节作用。在协作策略下，任务冲突、过程冲突能激发项目成员探索新方式、采取有效措施完成任务，有利于项目增值，关系冲突则降低了合作伙伴协作意愿，给项目增值带来不利影响。在竞争策略下，任务冲突、过程冲突和关系冲突都会给建设项目价值增值的实现带来阻碍。Liu 等发现在工程项目中，很多合同的内容都体现了项目价值增值的目标：在确保施工的安全性、功能完善及不影响施工进度的前提下尽可能优化设计方案以满足工艺要求，减少投资。因此，在工程项目中，承包商必须认真对待合同条款，根据合同要求认真履行义务，完成合同明确的任务，以避免因违约而受到处罚，同时保持良好的声誉和长期的合作与发展，因而，承包商的履约行为对项目价值增值的实现具有积极意义；承包商完善行为是指承包商本着相互信任、合作的精神，为最大限度地实现项目价值增值目标而提供的自愿主动和利他行为，亦是项目实现项目价值增值的前因；此外，承包商机会主义行为会增加代理成本，并对交易产生一系列负面影响，如终止合作关系、降低所有者满意度和信任等，给项目价值增带来困难。Wu将研究对象设定为工程项目团队间，对团队成员间的信任、冲突和项目价值增值间的关系进行了探究，团队成员间的信任水平不但能直接显著影响项目价值增值的实现，还能通过降低团队冲突来提高项目价值。

4. 组织距离

（1）组织距离的内涵

组织距离广泛存在于各个组织的运行过程中，覃正等主要聚焦于组织的行为距离，认为该距离是组织成员或其他组织的实际行为与组织的期望行为之间存在的差距。Simonin指出，组织距离是合作伙伴在制度传统和组织文化中存在的不同。其中，制度传统的不同表现在不同企业的企业行为准则、行为规范、认知方式方面的差异，组织文化的不同则是合作双方价值观、文化观念等方面的区别。Hsiao在战略联盟情境中将组织距离定义为联盟成员间在商业实践、运作机制、企业文化、管理风格等方面的相似程度。Sampath将组织距离定义为子公司与总部核心价值观的差异。肖小勇等将组织距离定义为合作双方在技术、习俗、组织架构上的不同。Baughn等将企业规模差异纳入组织距离范围内，指出在联盟中，企业规模差异过大会给小企业带来冲击，双方权利不对等使得小企业难以保持现有的技术优势，导致联盟破裂。王文亮等将高校与企业间的组织距离包含双方在行为方式、高校（企业）文化等方面的区别。胡玲等认为组织距离存在于各种主体之间，如领导者与跟随者、企业与政府等，还可以通过权力分配方式表现，如集权和分权。黄昱方等研究发现组织距离导致来自不同企业的成员间沟通不畅，其中组织距离是不同企业组织间在组织架构、组织文化、规范、组织技能等方面存在差异。尹航认为联盟企业间的组织距离由技术距离和社会距离组成，强调联盟伙伴间关系的亲密程度和知识存量、结构等差异。可以看出，组织距离的定义虽然因研究背景的不同而有些许区别，但本质上都是在Simonin研究的基础上进行发散。因此，本书借鉴Simonin的研究，结合研究背景，将组织距离定义为PPP项目中政府部门和私人部门在组织制度和组织文化中存在的不同。

（2）组织距离的相关研究

组织距离的相关研究主要集中在知识转移方面。Simonin以跨国公司为研究对象，探究知识转移与组织距离间的关系，结果表明了企业之间组织距离越大，双方合作过程中的模糊性就越大。王涛在Simonin的研究基础上进行验证，表明组织距离越小,知识转移过程越流畅,因为相似的制度规范和组织文化减少了双方的沟通障碍,知识转移过程中遇到的困难较少,并且知识接收方也更容易理解和应用所接受的知识。相反,当知识转移主体间的组织距离较大,会导致双方沟通不畅,给知识转移带来负面影响。但也有学者认为知识传递主体间的差异所造成的信息冲突也能促进主体间的创新。然而,组织距离的大小仍然应控制在合理的范围内,当知识传递主体间的组织距离过大时,会导致信息、行动等各方面的冲突,双方不同的工作经历和思维模式会导致组织中产生派系主义,抑制了双方的知识转移意愿。王清晓等从企业层面出发,聚焦于跨国公司中的母子公司,指出母公司与子公司由于所在国家不同,语言和文化、制度等方面的差异会影响知识转移效果,组织距离越大,知识转移效果越差。

Magnus 基于个体层次探究了组织距离如何影响不同类型的知识创造过程,以及如何影响构思结果。Hsiao 指出,如果知识发送方和知识接收方在运营流程、管理方式、组织文化等方面的组织距离较低,则知识传递绩效可能是有效和高效的。王文亮在高校和企业合作关系中的组织距离划分为校企之间的知识文化距离,双方组织距离越大,组织间学习效果就越差。在虚拟团队中,团队成员来自不同的组织,他们所处的原生组织架构、组织技能等各有特点,不利于知识的顺利流动,因此,在虚拟团队中,组织距离与交互记忆系统呈负相关关系。

此外,组织距离也会对人际关系和组织间关系、资源整合、管理成本等因素产生影响。Wilfred 认为组织距离影响了主体间的交流方式,组织学习理论认为,知识转移主体间的组织距离导致了主体间组织交换的机会减少,给主体间的社会关系带来损失和危害,因为组织距离降低了主体间的信任程度,带来了摩擦冲突的潜在可能性,抑制了相互的交流互动的意愿。此外,由于战略联盟成员之间的沟通需求越来越大,协调成本随着组织距离的增加而增加。对组织距离的强调落入了过度多元化的陷阱,较高的运营成本来自于商业实践、运营机制、企业文化和管理风格的协调和整合的沉重成本。此外,高组织距离经常增加运营成本,给高层管理人员带来额外的压力,因为它试图监督业务实践、运营机制、企业文化和管理风格。崔楠发现组织距离过大会使得企业无法整合不同行业的资源,企业间也缺少有效沟通,因此,产品新颖性无法得到提升;行业内资源整合本身缺少外来知识技能的补充,创新性有限,因而对新产品新颖性有负向影响,而企业间组织距离越大,越使得这种负面影响被加强。

5. 组织情绪能力、关系质量、项目价值增值的关系研究

（1）组织情绪能力和项目价值增值

组织情绪可以被视为一种重要的组织能量，会对组织行为产生重要影响，组织情绪能力能够引导、整合群体情绪，进而对其进行管理、协调和治理，培养积极的情绪能量。组织情绪能力能够帮助营造一个可以自由表达意见和建议而不怕被惩罚的工作环境，这极大地提高了员工的积极性，使其主动建言，组织能获得更多想法和观点，作出更具创新性的决策，以提出更好的施工方案、合作方式等实现项目价值增值。Akgün 指出情绪能力帮助组织在工作过程中重视和培养情绪，增强项目成员之间的沟通，降低了关系冲突的风险，因此，组织内部将减少负面情绪带来的注意力分散和工作热情低下等问题，更多地关注和监督项目任务进度，有助于合作主体专注于任务目标，履行各自职责，实施合作行为，王雪青提出，公私双方积极合作有利于实现PPP项目绩效。

（2）组织情绪能力和关系质量

组织情绪能力能够营造积极的组织情绪氛围，促进组织间沟通、学习，提高双方信任程度。Shepherd 研究发现情绪能够对员工的组织承诺间产生显著影响，当员工经历失败事件后，难免产生负面情绪，因而降低了员工对组织的留恋程度，组织承诺水平降低；但与此同时，员工经历的失败事件也给员工的失败经验学习提供了机会。刘咏梅指出情绪智力也会与组织的凝聚力息息相关，当员工具有较高的情绪智力时，组织通过协调等手段调节冲突就能促使员工之间更加团结，具有归属感。组织情绪能力通过建立容错的组织内氛围，提高组织成员的身份认同性等方式，鼓励组织内成员以积极的情绪和态度为组织利益的实现而努力，在此过程中，部门间成员彼此信任，共同协作，部门间的凝聚力增强，对组织的忠诚度更高。

（3）关系质量和项目价值增值

Morgan 在工程项目相关研究中指出合作伙伴间越强的相互信任和承诺意愿越能促使双方保持长期合作关系。Steijn 在伙伴关系的相关研究中发现合作主体间的信任良好的关系质量有助于双方进一步投入用来维护关系的资产，指出这种专用性资产并不简单是一笔资金，它拥有在未来给项目带来价值增值的潜力。在工程建设项目团队中，团队成员间保持良好的关系质量能有效提高项目的建设效率。严玲等认为现有的PPP项目治理方式——关系治理和合同治理提高了公共项目绩效与公众满意度，而其中的信任和承诺是关键影响因素。Kivleniece 等认为 PPP 项目中私人部门和政府部门间承诺和信任程度越高，越能促进 PPP 的项目价值创造。

5.2.3 研究述评

通过对理论基础和涉及变量的文献进行了梳理和总结，发现当前研究存在以下不足：

（1）组织情绪能力的研究对象多为企业，缺乏在涉及项目的研究。组织情绪存在于各个行业之中，尤其PPP项目包含多个参与方，合作过程中将产生各种情绪，公私双方所具有的组织情绪能力如何影响组织间关系和项目结果需要进一步探讨。此外，现有研究虽然在组织层面和个体层面对组织情绪能力的作用以及影响组织情绪能力的因素都有涉及，但组织情绪能力发挥作用时受何种边界条件的影响的相关研究还比较匮乏，这也是未来值得重点探讨的方向。本书探讨了组织情绪能力在PPP项目中发挥的作用并提出边界条件，以期拓宽组织情绪能力相关研究。

（2）关于影响关系质量的因素和关系质量的后置变量的研究已较为丰富。对于企业来说，B to C模式下的关注点仍是关系质量产生的影响，研究领域锁定在消费者市场，后置变量通常与顾客行为有关，如企业与顾客间的关系质量能提升顾客忠诚度、刺激顾客之间的信息共享、提高品牌声誉、吸引顾客再购买等。而随着关系质量的概念拓展至组织层面，B to B模式下的关系质量引起了学者的重视，涉及的研究领域包括各类型企业、供应链、企业联盟等。对于组织之间关系质量对组织绩效、未来合作机会、知识转移、双元创新、关系价值等都展开了丰富的研究。关系质量的相关研究在国外的蓬勃发展引起了国内学者的关注，但目前国内的相关研究主要集中于企业，尤其是服务业中。综上所述，关系质量及其相关研究在国内外受到广泛关注，众多研究表明关系质量能够改进组织的经营发展、组织间合作效果以及组织绩效。建筑业中，工程项目和项目管理对建筑企业的发展至关重要，但基于项目背景对关系质量的概念、维度及其影响的研究却较为缺乏。因此，本书将关系质量的研究锁定在工程项目领域，探究公私双方间关系质量对PPP项目价值增值产生的影响。

（3）现有文献大多探讨组织距离对知识转移的影响，将组织距离视为组织间进行知识转移的必要情境，而在组织距离影响知识转移的过程中，组织距离也能影响人际交往和组织间关系，但相关研究并未展开。由于PPP项目周期长、法律、合同体系不健全等因素的影响，政府部门和私人部门的关系对项目最后成果的作用越来越显著，但在双方组织距离存在的客观条件下，双方关系受影响程度的相关研究较为匮乏，而甚少有将组织距离作为边界条件是怎样影响关系交换的，因此，本书着重探究组织情绪能力通过关系质量影响项目价值增值这一路径的可行性，并将组织距离作为调节变量，试图厘清其边界作用。

5.3 理论模型与研究假设

5.3.1 理论模型

本研究从组织层面研究项目价值增值的影响机理。PPP项目成员来自不同的参与方，项目中成员间的合作实质上是不同组织间的协作，本书重点关注政府部门和私人部门间的合作，根据组织情绪能力、关系质量、项目价值增值、组织距离的相关文献综述，结合情绪事件理论和社会交换理论，构建"组织情绪能力—关系质量—项目价值增值"的研究框架，并将组织距离作为边界条件进行分析，形成一个被调节的中介效应模型。理论模型如图5-2所示。

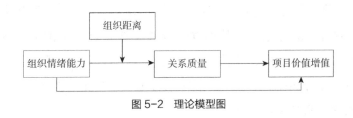

图 5-2 理论模型图

5.3.2 假设提出

1. 组织情绪能力对项目价值增值的影响

组织情绪能力能够引导、整合群体情绪，进而对其进行管理、协调和治理，培养积极的情绪能量。因此，具有高水平组织情绪能力的政府和私人部门能够有效利用组织情绪，通过鼓励表达、提高容错性、鼓励创新等方式引导项目内部产生积极情绪，形成良好的氛围。项目内处于轻松的情绪氛围中时，主动的情绪分享促进了项目内成员之间，以及不同部门之间的知识交换。当政府部门和私人部门都具有较强的组织情绪能力时，能对组织中产生的动态情绪进行协调，整合组织中产生的不同个体情绪，引导积极情绪的产生，及时排解消极情绪以协助流程优化等，提高组织创造力进而提升项目价值。自由的表达氛围也可以促使项目成员畅所欲言，提出新的见解和想法，优化工作流程和方法，把任务往前推进从而更好地创造项目价值。若公私双方处于积极情绪氛围中,当其中一方提出改进方案等合理的建议时,双方更容易接受采纳,进而保证项目顺利甚至超前完成。同时,能够及时察觉和疏导组织中产生的负面情绪,推动公私部门受正面情绪影响主动配合对方工作,双方从追求短期利益转变为通过合作来实现项目的长期价值。基于此,本书提出第一个假设:

H1:在 PPP 项目中,组织情绪能力对项目价值增值产生正向影响。

2. 组织情绪能力对关系质量的影响

PPP 项目中,公私部门双方的合作实质上是一个动态的、频繁交互的过程。组织情绪能力可以对这个过程中释放的群体情绪能量加以利用,促使项目成员间产生更深的情感联结。正如孙锐指出,组织情绪能力可以使两个具有不同价值观念的成员紧密结合。在 PPP 项目中,组织情绪能力使政府部门和私人部门对组织具有强烈的认同感,形成统一的价值观,建立公私之间沟通的桥梁,进而增加双方对彼此的了解,提升双方的信任程度及承诺意愿,形成良好的关系质量。在 PPP 项目中,组织情绪能力可以减少负面情绪,避免情绪冲突和摩擦,建立起公私双方和谐的伙伴关系,提高双方关系质量。较强情绪能力意味着其情绪调控能力更强,公私部门内的成员受正能量情绪的鼓励,会开展更多沟通和互动,这些行为都促使公私双方更容易提高信任和承诺的水平,提升关系质量。组织情绪能力能够营造积极的组织情绪氛围,促进组织间沟通、学习,提高组织间关系质量。基于此,本书提出第二个假设:

H2:在 PPP 项目中,组织情绪能力对关系质量产生正向影响。

3. 关系质量对项目价值增值的影响

良好的关系质量代表着高水平的信任和承诺,考虑到承诺成本和双方对合作的重视,公私双方的机会投机行为得到有效抑制,且双方更愿意保持长期合作关系,伙伴关系价值得到提升,因此产生 PPP 项目的价值增值。Wu 等指出团队成员间高程度的信任减少了项目团队中的冲突获得项目价值增值。吴光东认为,如果建设项目团队能够相互信任、沟通,使信息交流顺畅,建设项目的效率将会提高进而实现项目价值增值。PPP 项目强调公私部门之间应做到风险共担,在良好的关系质量水平下,较高程度的信任能够使公私双方开诚布公,商讨更加公平的风险分配方案,从而更好地实现项目价值增值。相互承诺使得双方在面对问题时能积极、及时地解决,不仅提升了双方对合作的满意度,获得更多未来合作机会,也加快了项目进度、提升了项目质量,为项目价值增值的实现提供保证。Kivleniece 等在研究中指出合作伙伴间高水平的关系质量对 PPP 项目价值创造具有积极作用。因此,良好的关系质量有助于实现 PPP 项目价值增值。基于此,本书提出第三个假设:

H3：在PPP项目中，关系质量对项目价值增值产生正向影响。

4. 关系质量的中介效应

情绪事件理论指出情绪反应影响行为存在直接影响行为和通过影响态度间接影响行为两种路径。因此，根据情绪事件理论，情绪反应可以通过态度影响行为。在PPP项目中，政府部门和私人部门的组织情绪能力调动了双方的积极情绪反应，通过引导正向情绪事件发生营造良好的组织氛围，进而刺激双方的态度发生变化，加深信任程度、提高承诺意愿，即形成良好的关系质量。这种态度又影响了公私双方的行为，促使双方实施信息共享、抑制投机行为、树立更加一致的目标愿景、有效沟通等有利于项目价值增值的行为。基于此，本书提出第四个假设：

H4：在PPP项目中，关系质量在组织情绪能力和项目价值增值中起中介作用。

5. 组织距离的调节作用

以往研究指出，组织情绪能力发挥作用有赖于合作各方之间的沟通与协调。而组织距离能够影响组织间的沟通交流，如隶属于同一公司的子公司，由于组织距离较小，双方战略目标、企业文化等较为一致，更容易建立和谐的人际关系，使得组织管理、协调情绪过程更加顺畅。Hsiao指出，相似的文化和价值体系有助于合作伙伴之间相互信任、彼此承诺，形成良好的关系质量。

相反，组织距离过大会给合作主体间的沟通和协调带来困难，使组织情绪能力难以发挥作用。在PPP项目中，组织距离过大，则公私双方缺乏相互理解，造成组织间交流不畅，双方合作过程中更易产生冲突。

公私双方由于组织性质不同，行为准则和规章制度都存在不同，因此，双方在合作过程中的行事风格和思维以及交流中产生的障碍，大大降低了双方行动的默契程度。这种情况下，公私部门间的交流意愿、交流频率降低，给组织感知、监测、治理组织情绪带来阻碍，不易使组织内不同部门成员之间建立统一的价值观或积极去感受其他部门成员的情绪，难以形成良好的关系质量。基于此，本书提出第五个假设：

H5：在PPP项目中，组织距离负向调节组织情绪能力与关系质量的关系。

6. 被调节的中介作用

基于上述假设推论，本研究认为，组织距离较大能在一定程度上减弱PPP项目中组织情绪能力通过关系质量对项目价值增值产生的正向影响。具体而言，公私双方组织距离较小时，组织情绪能力使组织情绪氛围趋于一致，公私双方具有明确的共同目标，更愿意完善双方关系质量。此时，组织情绪能力通过关系质量影响项目价值增值的间接作用较强。当公私双方组织距离过大时，受组织文化的影响，双方惯性思维有着较大的差异性。这使得组织产生难以产生和谐的工作氛围，也很难使项目成员对组织产生依恋以及与其他部门成员建立起情感纽带，导致公私双方不再倾向于保持良好的关系质量。这在一定程度上影响了项目中公私部门的技术、知识的交换以及对项目情况的交流讨论，导致项目进度缓慢、公私部门合作不顺畅进而影响项目价值增值的实现。因此，组织距离增大，关系质量在组织情绪能力和项目价值增值中的中介作用会减弱。基于此，本书提出第六个假设：

H6：在PPP项目中，组织距离负向调节组织情绪能力对项目价值增值的间接效应，即组织距离大时，组织情绪能力通过关系质量影响项目价值增值的间接正向效应较弱。

7. 假设汇总

假设汇总表见表5-1。

假设汇总表　　　　　　　　　　　　表5-1

假设编号	假设内容
H1	在PPP项目中，组织情绪能力对项目价值增值产生正向影响
H2	在PPP项目中，组织情绪能力对关系质量产生正向影响
H3	在PPP项目中，关系质量对项目价值增值产生正向影响
H4	在PPP项目中，关系质量在组织情绪能力和项目价值增值中起中介作用
H5	在PPP项目中，组织距离负向调节组织情绪能力与关系质量的关系
H6	在PPP项目中，组织距离负向调节组织情绪能力与项目价值增值的间接效应

5.4　研究设计与数据检验

5.4.1　问卷设计与调查

1. 问卷设计

本书所需的研究样本采用问卷发放的形式获取，问卷调查适合实证检验进行全面探索，以获取假设检验所需的数据。本书根据学术界普遍采用的问卷设计方式，采用Likert五点量表对组织情绪能力、关系质量、项目价值增值、组织距离计分，被调查者对题项的认同程度分为五个阶段，根据（5—完全同意、4—同意、3—一般、2—不同意、1—完全不同意）进行打分。本书的题项涉及三个部分，主要内容如下：

第一部分：个人信息。包括职务等信息。

第二部分：项目信息。填写项目规模、项目建设期等信息。

第三部分：变量题项。第一部分是组织情绪能力的相关题项，包括鼓励动态性、自由表达动态性、容错动态性、体验动态性、和谐动态性、身份识别动态性；第二部分是作为中介变量的关系质量的相关题项，从信任和承诺两个方面衡量关系质量；第三部分是项目价值增值的相关题项，从项目完成度和公众满意、合作价值提升等方面衡量；第四部分是组织距离的相关题项，既包括制度距离也包括文化距离。

在问卷设计时主要按照以下五个步骤进行：

（1）确定问卷内容。划定参与调研人员的身份，选定控制变量，即了解参与调研人员的职务、学历等个人信息以及项目的相关信息。

（2）借鉴研究量表。通过对各个变量相关文献的阅读和梳理，选取合适的成熟量表。

（3）确定问卷题项。参考量表可能因为文化差异或研究背景与本书不同而不能直接使用，需要与本研究的研究背景相结合，对量表进行适当的调整。并且，为了保证外文量表翻译的准确性，将对选定量表进行翻译和回译，避免出现语言偏差。为了保证量表题项表达清晰利于受访者回答，本研究寻求了本专业相关从业人员的帮助，在研究团队内进行反复讨论、修改，确定最终问卷。

（4）确立问卷结构。问卷主要分为两部分，第一部分是参与人员的基本信息及项目的基本信息，第二部分是所测变量的相关题项。

（5）问卷的修改与完善。本研究测量题项初步完成后，先向30名PPP管理人员进行小范围的问卷发放，对量表进行初步检验。然后结合被调研者的反馈和意见，对问卷中相关问题进行完善，形成最终的调研问卷。

2. 问卷调查

本书所用数据均来源于收集的调查问卷，调查对象主要为PPP项目中政府部门和私人部门的管理人员。本次问卷调研历时5个月，从2019年11月到2020年4月，以问卷网络和实地两种方式发放。其中，网络方式是通过电子邮件发放问卷，实地方式为向参与过或正在参与PPP项目的管理人员实地发放问卷。数据采集的具体途径，即寻求曾经参与或调研过的PPP项目的人员的帮助，请团队成员填写问卷。同时，根据团队成员推荐向PPP项目的管理人员发放问卷。共发放问卷500份，有效回复385份，有效回复率为77%。表5-2显示了样本分布统计特征。

样本分布统计特征　　　　表5-2

统计特征	分类	样本数	占样本的比例
所属公司或立场	政府部门	243	63.1%
	私人部门	142	36.9%
学历	中专及以下	17	4.4%
	大专	80	20.8%
	本科	154	40.0%
	研究生及以上	134	34.8%
职位	单位领导（总经理、副总经理）	45	11.7%
	部门领导（各部门总监）	50	13.0%
	项目经理/主管	104	27.0%
	一般管理人员	174	45.2%
	其他	12	3.1%
项目类型	公共服务工程	59	15.3%
	交通工程	70	18.2%
	水利水电工程	80	20.7%
	生态环境工程	58	15.1%
	市政公用工程	55	14.3%
	其他	63	16.4%
项目工期	不足1年	99	25.7%
	1~3年	110	28.6%
	3~8年	44	11.4%
	8年以上	132	34.3%
项目规模	低于5亿元	91	23.6%
	5亿~15亿元	26	6.8%
	15亿~50亿元	136	35.3%
	50亿~100亿元	68	17.7%
	100亿元以上	64	16.6%

5.4.2 变量测度

1. 组织情绪能力的测度

采用Akgün等修订的量表，共18个题项，主要包括鼓励动态性、自由动态性、容错动态性、体验动态性、和谐动态性和身份识别动态性6个维度，示例条目有"我方不通过恐惧、内疚和尴尬等情感基础来维持秩序""我方创造了一个鼓励实践的环境""我方的成员有能力调解他人的感受""我方有能力将人们强烈认同的两种看似对立的价值观结合在一起""我方的成员聚在一起是因为有共同的利益：最重要的是自我认同感和随着时间发展的情感纽带"等。具体题项见表5-3。

组织情绪能力题项表　　　　表5-3

测量变量		题项序号	具体测量题项
组织情绪能力	鼓励动态性	MQ1	我方有一种能够给员工灌输希望的能力
		MQ2	我方的经理会给予热情的鼓励
		MQ3	我方的管理者们给这个组织注入希望和欢乐
	自由表达动态性	MS1	我方有一种可以使员工自由表露个人情绪的能力
		MS2	在我们的组织里，员工被鼓励表达他们的各种情绪，而不用担心受到报复
		MS3	我方不通过恐惧、内疚和尴尬等情感基础来维持秩序
	容错动态性	MG1	我方创造了一个鼓励实践的环境
		MG2	我方对工作积极主动的人所犯的错误较为包容
		MG3	在我方组织中，会给新流程、新想法提供一个安全和保护性的工作环境
	体验动态性	MC1	我方的成员有能力理解他人的感受
		MC2	我方的成员会用同样或其他适当的情绪来回应他人的情绪的感情
		MC3	我方的成员会与他人交流情感
		MC4	我方的成员能够通过读懂他人给出的微妙的社交暗示和信号来决定什么情绪被表达出来，理解他人的观点
	和谐动态性	MT1	我方有能力将人们强烈认同的两种看似对立的价值观结合在一起
		MT2	我方的成员可以在他们的各种情绪之间建立一座沟通的桥梁
		MT3	我方的成员不用直接经历他人的体验就能感受到他的情绪
	身份识别动态性	MR1	我方的成员表达了他们对组织的突出特点，如价值观和信仰的深切依恋
		MR2	我方的成员聚在一起是因为有共同的利益：最重要的是自我认同感和随着时间发展的情感纽带

2. 关系质量的测度

本书将从承诺和信任两方面对变量进行解释，下面就这几个解释变量水平的测量进行说明。本研究根据马鸿佳等的研究成果对关系质量进行测量。其中承诺表示公私双方希望持续保持重要关系以及进行协作的程度，通过5个题项进行测度。信任是政府部门和私人部门对彼此具有可靠诚实的品质的信心，认为彼此不会实施投机行为，通过6个题项进行度量。具体题项见表5-4。

关系质量题项表 表5-4

测量变量		题项序号	具体测量题项
关系质量	承诺	RC1	我方对合作方很忠诚
		RC2	我方预计合作方将和我方保持较长时间的合作关系
		RC3	我方愿意投入各类资源以达成与合作方的长期合作
		RC4	我方真正致力于与合作方建立工作关系
		RC5	我方认为双方的合作关系是长期的
	信任	RT1	合作方秉承对我方的承诺
		RT2	合作方始终是坦率的、诚实的
		RT3	我方相信合作方所提供的信息
		RT4	合作方真心地关心我方业务的成功
		RT5	合作方认为我方的福利也是他们的
		RT6	合作方是值得信任的

3. 项目价值增值的测度

本书对PPP项目价值增值的测度借鉴了Wu、徐永顺等的成熟量表，设计了8个题项来测量。测量题项主要从项目的显性需求和隐性需求两方面体现项目价值增值。显性需求如"实现项目既定功能前提下，项目可以提前竣工"，隐性需求方面如"项目合作过程令人满意""项目执行过程中遇到的大多数问题都得到了很好的解决""各方对项目的成果感到满意""愿意在未来的项目中继续与对方合作"等。具体题项见表5-5。

项目价值增题项表 表5-5

测量变量	题项序号	具体测量题项
项目价值增值	PV1	实现项目既定功能前提下，项目可以提前竣工
	PV2	实现项目既定功能前提下，项目投资比计划少
	PV3	实现项目既定功能前提下，去除冗余功能优化结构
	PV4	项目合作过程令人满意
	PV5	项目执行过程中遇到的大多数问题都得到了很好的解决
	PV6	各方对项目的成果感到满意
	PV7	对于项目成功的可能性持积极和乐观的态度
	PV8	愿意在未来的项目中继续与对方合作

4. 组织距离的测度

组织距离参考 Simonin、戴勇的量表，共 2 个题项。具体题项见表 5-6。

组织距离题项表　　　　表5-6

测量变量	题项序号	具体测量题项
组织距离	OD1	合作方的组织文化和价值观与我方很相似
	OD2	合作方的内部制度和行为规范与我方很相似

5. 控制变量的选取

根据以往研究，项目工期、项目投资反映了项目规模，而项目规模是项目绩效的关键影响因素，同时，项目绩效也受项目类型的影响。项目价值增值是项目绩效的延伸，因此，本书将项目类型、项目工期和项目投资设为控制变量。

5.4.3　共同方法偏差检验

本书的数据均来自于问卷调查，故可能受到共同方法偏差（Common Method Biases，CMB）的影响。

在问卷调查过程中，被调研者可能受以下四个原因的影响而导致回答不准确。为了尽量减少四个原因对问卷数据准确性的影响，本书尽量在问卷设计中采取相应措施，以下是具体原因及解决方法：

第一，被调研者不知道问题的答案。为了防止被调研者不了解问题的相关信息，本调研的发放对象主要为项目管理人员，包括单位领导（总经理、副总经理）、部门领导（各部门总监）、项目经理/主管、一般管理人员。

第二，被调研者对所提问题的相关信息有所遗忘。为了确保被调研者对参与项目的相关信息较为了解，问卷中的问题根据被调研者最近参与或正在参与的项目设计，使被调研者根据最近项目的实际情况进行填写，减少记忆偏差。

第三，被调研者出于各种原因希望对相关问题的信息保密，因而不想回答。问卷的首页会清楚注明该问卷调查仅涉及学术研究，内容不涉及商业机密，对收集到的数据会进行严格保密。问卷填写的方式可以采取电子邮件填写或现场纸质填写。

第四，被调研者不能完全理解所提问题。为了解决这个问题，问卷设计经过了预调研阶段，先选取了 30 位有 PPP 项目管理经验的人员进行问卷测试，并根据他们的意见对问卷的语句和表达方式进行修改，避免因题项表达有歧义或词不达意而导致被调研者无法准确理解题项。同时，为了避免被调研者产生一致性动机，问卷中只出现题项，不出现具体度量的变量，防止被调研者产生预设答案，降低问卷的可靠性。

此外，在统计过程中，本书对变量使用 Harman 单因素检验。第一个公因子解释了 34.961% 的方差，不到总方差的 40%，表明共同方法偏差对研究结果的影响较小。

5.4.4 信效度分析

本书用 Cronbach's Alpha 系数进行量表的内部一致性和有效性检验，分析结果见表 5-7。各变量 Cronbach's Alpha 系数均大于推荐阈值 0.7，表明本书的量表具有良好的可靠性。同时，由数据分析可知，各测量题项的因子载荷均大于 0.70，高于推荐阈值 0.5，表明本研究所用量表的结构可靠性满足要求。平均方差抽取量（AVE）均大于阈值 0.50，说明变量具有较好的聚合效度。变量与变量间的相关系数均小于变量的 AVE 算术平方根（$\sqrt{\text{AVE}}$），说明各变量间具有较好的区分效度。

潜变量的信度和效度分析结果　　　　　　表5-7

潜变量		观测变量	因子载荷	Cronbach's Alpha	AVE	CR
组织情绪能力	MQ	MQ1	0.777	0.709	0.632	0.838
		MQ2	0.796			
		MQ3	0.812			
	MS	MS1	0.813	0.734	0.652	0.849
		MS2	0.808			
		MS3	0.803			
	MG	MG1	0.808	0.737	0.655	0.851
		MG2	0.800			
		MG3	0.820			
	MC	MC1	0.733	0.732	0.555	0.833
		MC2	0.760			
		MC3	0.755			
		MC4	0.731			
	MT	MT1	0.815	0.750	0.667	0.857
		MT2	0.802			
		MT3	0.806			
	MR	MR1	0.887	0.738	0.792	0.884
		MR2	0.894			

续表

潜变量	观测变量	因子载荷	Cronbach's Alpha	AVE	CR
项目价值增值	PV1	0.767	0.891	0.576	0.913
	PV2	0.767			
	PV3	0.740			
	PV4	0.747			
	PV5	0.755			
	PV6	0.750			
	PV7	0.743			
	PV8	0.752			
关系质量 RC	RC1	0.817	0.871	0.659	0.906
	RC2	0.794			
	RC3	0.819			
	RC4	0.801			
	RC5	0.827			
关系质量 RT	RT1	0.785	0.890	0.646	0.916
	RT2	0.821			
	RT3	0.823			
	RT4	0.777			
	RT5	0.786			
	RT6	0.830			
组织距离	OD1	0.930	0.821	0.828	921
	OD2	0.922			

5.4.5 描述性统计和相关性分析

使用 SPSS22.0 软件检验，通过计算各变量间的 Pearson 相关系数与 $\sqrt{AVE}$ 做比较见表 5-8。变量间相关系数均未超过 0.5，表明本研究未被多重共线性问题带来的偏差影响。

各变量的均值、标准差和Pearson相关系数　　　　表5-8

变量	C1	C2	C3	OC	OD	PV	RQ
C1	1.000						
C2	0.104*	1.000					
C3	0.095	0.462**	1.000				
OC	0.012	0.073	0.015	0.846			
OD	0.040	−0.056	−0.105*	−0.243**	0.921		
PV	−0.006	0.009	0.074	0.484**	−0.178**	0.753	
RQ	−0.007	0.012	0.003	0.496**	−0.360**	0.495**	0.752
均值	3.440	2.970	2.540	2.630	3.320	2.816	2.773
标准差	1.675	1.363	1.205	0.920	1.239	0.966	1.043

注：$N=385$；*$p<0.05$；**$p<0.01$

C1为项目类型，C2为项目投资，C3为项目工期，OC为组织情绪能力，OD为组织距离，PV为项目价值增值，RQ为关系质量。

5.5 实证分析与结果讨论

5.5.1 假设检验

主要变量的均值、标准差以及Pearson相关系数见表5-8。结果显示：组织情绪能力与项目价值增值存在正相关关系（$r=0.484$，$p<0.01$），H1得到初步的数据支持；组织情绪能力与关系质量显著正相关（$r=0.496$，$p<0.01$），H2得到初步验证；关系质量与项目价值增值也存在正相关关系（$r=0.495$，$p<0.01$）。由此可知，H5得到初步验证。

本书的研究假设验证采用偏最小二乘法（Partial Least Squares，PLS）。相比于实证研究中常用的AMOS、SPSS等软件，PLS对先验知识匮乏的研究具有更强的预测准确性，对于组织情绪能力、项目价值增值、关系质量与组织距离间影响的理论研究相对较少，相关实证研究尚不成熟，因此本书选择使用PLS方法对假设进行验证。

本书使用SmartPLS 3.0软件对假设进行检验。经计算得出模型的路径系数见表5-9，并用Bootstrap重复抽样方法检验路径系数的显著性，重复抽取样本数为1000次。结果表明，组织情绪能力与项目价值增值显著正相关（OC→PV，$\beta=0.314$，$p<0.001$），故支持H1。

5　PPP 项目中组织情绪能力对项目价值增值的影响研究

PLS分析结果　　　　　　　　　　　表5-9

假设	路径	路径系数	样本均值	标准差	t值	假设是否成立
H1	OC → PV	0.314***	0.317	0.063	4.960	支持
H2	OC → RQ	0.432***	0.430	0.048	8.967	支持
H3	RQ → PV	0.340***	0.341	0.066	5.119	支持
H4	OC → RQ → PV	0.147***	0.147	0.035	4.205	支持
H5	OD*OC → RQ	−0.165**	−0.165	0.058	2.868	支持
H6	OD*OC → RQ → PV	−0.057*	−0.057	0.024	2.389	支持

注：* 为 $p < 0.05$，** 为 $p < 0.010$，*** 为 $p < 0.001$。

采用 Baron 等对中介效应的检验方法验证关系质量的中介作用。由计算结果可知，组织情绪能力对关系质量有显著的正向影响（OC → RQ，$\beta = 0.432$，$p < 0.001$）。关系质量对项目价值增值有显著的正向影响（RQ → PV，$\beta = 0.340$，$p < 0.001$）。在模型中加入关系质量这一中介变量后，组织情绪能力对于项目价值增值的影响仍然显著，但系数明显降低（OC → RQ → PV，$\beta = 0.147$，$p < 0.001$），即关系质量在组织情绪能力与项目价值增值的关系中起部分中介作用，故 H4 得到了部分支持。根据显著性要求，当 $t > 1.96$ 时中介效应显著。

此外，组织情绪能力和组织距离的交互项对关系质量产生显著的负向影响（OD*OC → RQ，$\beta = -0.165$，$p < 0.01$）。为了进一步验证调节效应是否与原假设一致，采用 Cohen 等的简单斜率分析，绘制了高于均值的组织距离水平和低于组织距离均值水平下两条线的调节效应示意图，刻画不同程度组织距离下组织情绪能力对关系质量的影响差异，如图 5-3 所示。低水平组织距离的线一直在高水平组织距离

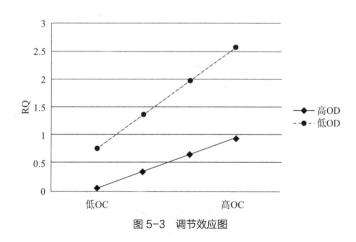

图 5-3　调节效应图

线的上方，低水平组织距离的线更加陡峭。换言之，当组织距离水平较高时，组织情绪能力对关系质量的正向影响减弱。因此 H3 得到支持。此外，组织情绪能力和组织距离的交互项对关系质量的中介效应产生负向影响（OD*OC → RQ → PV, $\beta =$ $-0.057, p < 0.05$），故支持 H6。也即是说，在组织距离的影响下，组织情绪能力 – 关系质量 – 项目价值增值这一影响机制还存在被调节的中介效应。

5.5.2 研究结果

本章的研究结果见表 5-10。

假设检验结果汇总表 表5-10

假设	检验结果
H1：在 PPP 项目中，组织情绪能力对项目价值增值产生正向影响	支持
H2：在 PPP 项目中，组织情绪能力对关系质量产生正向影响	支持
H3：在 PPP 项目中，关系质量对项目价值增值产生正向影响	支持
H4：在 PPP 项目中，关系质量在组织情绪能力和项目价值增值中起中介作用	支持
H5：在 PPP 项目中，组织距离负向调节组织情绪能力与关系质量的关系	支持
H6：在 PPP 项目中，组织距离负向调节组织情绪能力与项目价值增值以关系质量为中介的间接关系	支持

5.5.3 结果讨论

具体而言，本章的研究结果如下：

（1）PPP 项目中组织情绪能力与项目价值增值显著正相关。即组织情绪能力越强，越能提高 PPP 项目价值、实现项目价值增值。组织情绪能力能够在组织内部出现不良情绪时及时察觉并加以疏导和治理，营造舒适轻松的组织氛围，有利于增强公私合作双方交流意愿、提高合作效率，实现项目价值增值。

（2）PPP 项目中组织情绪能力与关系质量显著正相关。组织情绪能力通过引导、协调的手段调整组织情绪。这种方式能在项目内部建立统一的目标，使合作双方对合作未来预期更有信心、对合作伙伴更加信赖，提高双方关系质量。

（3）PPP 项目中公私双方间良好的关系质量促进了项目价值增值的实现。PPP 项目中政府部门和私人部门间保持良好的关系质量能激励双方做到风险共担、收益共享，为保持项目顺利进行而积极实施合作行为，促进项目成果产出。PPP 项目因外部环境不稳定、工期较长、参与主体较多等特点使得仅依靠合同治理提升项目价值的效果并不显著。而在公私双方间建立良好的关系质量促进了公私双方资源交换、提升了默契程度、提高了合作效率；令人满意的合作过程为未来合作机会打下基础，实现项目价值增值。

（4）关系质量在组织情绪能力对项目价值增值的正向影响中存在部分中介作用。组织情绪能力通过提高 PPP 项目中公私双方关系质量对项目价值增值产生正向影响。组织情绪能力是一种较为温和的治理方式，通过引导、协调的手段调整组织情绪。这种方式能在项目内部建立统一的目标，使合作双方对合作未来预期更有信心、对合作伙伴更加信赖，提高双方关系质量。良好的关系质量促进了公私双方资源交换、提升了默契程度、提高了合作效率；令人满意的合作过程为未来合作机会打下基础，实现项目价值增值。此外，组织情绪能力能影响组织间关系，而关系质量仅是关系的一种表现形式，因此关系质量并不能在组织情绪能力与项目价值增值之间起完全中介作用。

（5）组织距离不仅负向调节组织情绪能力对关系质量的影响，而且负向调节关系质量的中介效应。在 PPP 项目中合作双方组织距离越大，双方的文化差异、行为模式差异就越大，这种情况下各部门的员工难以产生良好的交流和互动，这给组织利用组织内部产生的情绪资源、公私双方之间产生信任和承诺带来困难。因此，组织距离会给组织情绪能力正向影响关系质量的过程带来阻碍。此外，组织距离显著调节了关系质量在组织情绪能力与项目价值增值之间的中介作用。即在组织距离的影响下，"组织情绪能力－关系质量－项目价值增值"这一影响机制还存在被调节的中介效应。

5.6　研究结论与展望

5.6.1　研究结论

本研究根据凝练的四个科学问题进行了具体的讨论，揭示了政府部门和私人部门具有的情绪能力影响 PPP 项目价值增值的黑箱。

（1）本书在文献分析的基础上结合本研究背景对各变量的具体内涵进行了界定。首先，组织情绪能力的本质是组织对群体情绪的引导和利用，本书将组织情绪能力定义为 PPP 项目中政府部门和私人部门所具有的"感知、检测、调控组织情绪资源,并利用组织制度、规范等管理方式疏导表达内部情绪"的能力。关系质量是政府部门和私人部门间关系密切程度的评价,包括双方的信任程度和承诺程度。PPP项目的价值增值则是项目的时间、成本、成果满足项目管理目标,同时能收获公私部门间的长期合作关系和未来合作机会,实现合作共赢以及各方对项目成果满意等。组织距离则是政府部门和私人部门在行为规范和组织文化方面的不同。

(2)组织情绪能力对PPP项目价值增值有积极影响。组织情绪能力不仅使得项目"铁三角"的绩效目标得到改善,交出令各方满意的项目成果,也加强了双方的合作意愿,并通过顺利的合作过程提高了双方声誉,实现PPP项目价值增值。因此,培育政府部门和私人部门的组织情绪能力,能够帮助项目内处于轻松的情绪氛围中,促使政府部门与私人部门间进行主动的情绪分享,从而促进公私部门之间的知识交换。同时推动公私部门受正面情绪影响主动配合对方工作,双方从追求短期利益转变为通过合作来实现项目的长期价值。提高双方的组织情绪能力可以鼓励项目成员积极参与内部决策,以提出更好的施工方案、合作方式等,优化工作流程和方法以实现项目工期的缩短、项目质量的提高。同时,政府部门和私人部门较强的组织情绪能力能够使公私双方处于积极情绪氛围中,在合作过程中表现出更强的积极性,因而双方能够积极提出改进方案,而另一方也更容易接受,进而保证项目顺利甚至超前完成,减少项目成本。由此可见,政府和私人部门应在以后的管理中培育组织情绪能力。

(3)政府部门和私人部门所具有的组织情绪能力可以通过关系质量对项目价值增值产生影响。当政府部门和私人部门拥有组织情绪能力时,双方能通过对合作过程中因频繁互动而释放的群体情绪能量加以利用,促使项目成员间产生更深的情感联结;能够减少双方的负面情绪,避免情绪冲突和摩擦,建立起公私双方和谐的伙伴关系;能使公私部门内的成员受正能量情绪的鼓励,开展更多沟通和互动,这些行为都促使公私双方更容易提高信任和承诺的水平,提升关系质量。而良好的关系质量能使公私双方克服利己主义的影响,愿意为实现合作共赢而努力,对双方的投机活动有很好的抑制效果;减少公私双方间的冲突,使信息交流顺畅,建设项目的效率将会提高;双方在面对问题时能积极、及时地解决,不仅提升了双方对合作的满意度,获得更多未来合作机会,也加快了项目进度、提升了项目质量。因此,政府部门和私人部门可以考虑通过组织情绪能力来推进双方关系质量,形成相互信任、相互承诺的伙伴关系,再进一步产生更多交流,碰撞出更多有利于项目价值增值实现的火花。

（4）政府部门与私人部门间的组织距离会对组织情绪能力与关系质量间的关系产生负向影响。政府部门和私人部门的组织距离给双方建立良好的关系质量带来了阻碍。组织距离较小，更容易建立和谐的人际关系，相似的文化和价值体系使得组织管理、协调情绪过程更加顺畅。在PPP项目中，受组织文化的影响，双方惯性思维有着较大的差异性，政府部门倾向于常规事务性思考而私人部门思考时常采用实际需求思维。因此，当公私双方组织距离过大时，公私双方缺乏相互理解，造成组织间交流不畅，双方合作过程中更易产生冲突，导致行动不协调而产生矛盾。这种情况下，由于公私双方的沟通和协调缺乏，不易使政府部门和私人部门的成员之间建立统一的价值观或积极去感受对方部门成员的情绪。由此可见，政府部门和私人部门应该尽力克服双方差异性，多从对方角度思考问题，减少组织距离带来的负向影响。

5.6.2 管理启示

根据上述研究，结果表明了组织情绪能力对PPP项目价值增值有直接和间接的影响，而随着公私双方组织距离的增加，公私部门拥有的组织情绪能力与双方之间关系质量的正向关系随之减弱。同时，双方间关系质量在组织情绪能力与PPP项目价值增值之间的中介效应也随之增强。因此本研究为PPP项目中政府部门和私人部门提供了重要启示：

（1）政府部门和私人部门应致力于实现PPP项目价值增值的实现。随着PPP项目的应用愈加广泛，无论是项目参与方还是社会公众都对PPP项目提出了更高的要求。PPP项目的目标不应只是简单按照项目规定的进度、功能、成本完成任务，而应更多关注物有所值的实现。在原定的基础上努力做到缩短工期、改善结构功能、降低成本。除此之外也应注意政府部门和私人部门的名誉提升以及降低项目的环境污染程度、公众对项目成果感到满意、满足政府部门的治理目标等，也即实现项目价值增值。

（2）PPP项目的政府部门和私人部门管理层应重视组织情绪的作用。PPP项目的管理层应对组织情绪有一个基本的了解，并衡量其影响，意识到感知、理解、监控、调节和使用情绪的重要性，注意培育组织情绪能力。政府部门和私人部门对群体情绪的处理能力关系到内部不良情绪的疏导及冲突的协调，为项目顺利推进提供保障。管理层应该提供一个工作环境，让项目成员可以安全地相互交流，自由地表达和交流情绪；热情鼓励项目成员，营造一个充满希望的工作氛围；注意调节公私部门的情绪互动，建立双方感情纽带。

（3）PPP项目中政府部门和私人部门应维系良好的关系质量。PPP项目的顺利进行离不开公私双方良好的关系质量。要保持良好的关系质量需要双方的共同努力，在共事的过程中，双方要尽量相互信任、相互扶持、真诚合作，面对合作中出现的问题时应及时沟通，共同商讨解决方案。双方应注意培养信任、重视承诺，摒弃只关注短期利益的传统观念，力求实现可持续发展，关注长期发展目标的实现。为了提高相互信任、相互承诺的水平，政府方应做到：秉持公开公正、合作共赢的理念，通过合理的风险分担机制以及相应的政策支持、融资担保等减少私人方的顾虑，激发其合作的积极性，提高其投入程度。而私人方应做到：坚定与政府方保持统一的目标，响应政府号召，相信政府部门在合作中是真诚的。同时，充分发挥自身在项目管理中的经验优势，积极与政府部门进行信息沟通、资源共享。

（4）PPP项目中政府部门和私人部门应正视组织距离的存在，以包容的心态与对方进行合作。合作过程中，政府部门与私人部门可以积极开展交流互动，了解并熟悉对方的行事风格、组织惯例、管理风格、组织文化等。当双方产生意见分歧时，不应放弃沟通，应做到换位思考，力求高效、平和地解决问题，以获得更好的合作体验。

5.6.3 研究不足与展望

本章对PPP项目管理方法提出了可借鉴的建议，但仍存在以下局限性和改进方向：

（1）不同类别的情绪动态性可能会对后置变量产生不同程度的影响。然而，受时间和资源限制，本书未将组织情绪能力分维度讨论。因此，未来研究可以考虑从组织情绪能力的不同维度进行展开研究，以便对比不同维度之间作用效果的差异性。

（2）本研究是通过问卷调研而进行的实证研究，虽然前期对调研对象进行了预调研，以保证问卷的合理设计，但是调研对象可能在回答问题的过程中形成自己的逻辑，导致内容与现实情况产生偏差。同时，问卷调查会受到问卷本身的限制，被邀请者往往不能真正理解调查者对某些题项的深刻认识，不能发挥调查者的主动性。因此，未来研究可以通过扎根理论等方法进行质性分析。

（3）本书获取的数据样本全部来源于中国文化背景下，是在中国建筑行业特定的文化和市场背景下进行的，由此导致研究结论可能具有文化和行业局限性。未来的研究将更详细地研究不同国家或文化下组织情绪能力是如何影响PPP项目价值增值的。

6 影响大数据分析使用的因素及其对工程项目绩效的作用研究

6.1 引言

随着我国经济的快速发展，建筑业已经成为国民经济发展的重要支柱。对于传统建筑业来说，快速发展的同时还存在着一些管理粗放、能耗过高、效率低下等问题。而面对经济新常态下的可持续发展的需求，建筑业迫切需要将信息技术融入其发展过程，以逐步实现转型升级。建筑业是目前业务规模最大、数据量最大的行业之一，但同时也是数据化程度较低的行业之一。一直以来我国出台了很多关于促进大数据落地使用等方面的政策，其中在《关于加快构建全国一体化大数据中心协同创新体系的指导意见》中指出：数据是国家重要生产要素和基础战略性资源，优化全国一体化大数据中心基础设施建设布局，推动大数据在各行业的应用，深化大数据在金融、商贸、教育、工业制造、科研、建筑等领域协同创新，对加快企业数字化转型具有重要意义。在贵州建立的国家大数据综合试验区展示中心，使越来越多的人通过大数据与实体经济、服务业、建筑业等深度融合看到了贵州的大数据产业发展成果。大数据与建筑业的深度融合是推动建筑业转型升级的重要举措，信息化为工程项目精细化管理提供重要的支撑平台，工程项目在信息化的过程中能实现精细化管理。如何利用工程项目中的大数据，是实现工程项目精细化管理的重要一步，也对建筑业实现信息化变革起关键作用。

信息技术的快速发展使得建筑行业进入了大数据时代。在传统的项目管理过程中，项目经理利用自身的知识和经验，通过文档、访谈和设计图纸等形式收集、管理数据。然而，随着工程项目规模越来越大、复杂程度不断增加，项目中的数据量愈发庞大、类型愈发多样。传统的数据收集和分析方法由于受到时间、成本及隐私的影响难以对大数据时代下的工程项目进行有效管理。基于此，部分学者通过云计算和大数据相关技术对工程项目进行数据管理分析。Jeong 等（2019）提出了一个基于云计算的大数据管理和分析框架，用于处理桥梁监控的海量、多源数据集。近年来，研究者将大数据和大数据相关技术应用于建筑项目的各个方面，包括 BIM 绩效评价和数据集成、利益相关者协作、废弃物管理、成本管理、招标管理、施工设备管理、安全管理与施工供应链管理等。现有研究大多基于工程项目管理过程中的实际问题构建技术分析框架，提出技术解决方案，而对于管理者而言，何种因素影响了建筑企业对大数据分析技术的使用以及如何利用大数据分析使用提高工程项目绩效是目前亟需解决的问题。

6.2 理论基础及文献综述

6.2.1 理论基础

1. 资源基础理论

资源基础理论（Resource-Based View，RBV）源于 Wernerfelt 在 1984 年提出的企业资源基础论。从 Barney 的开创性著作之后，资源基础理论在战略管理文献中获得了重要的地位。Barney 指出企业所拥有的资源和能力是有形资产和无形资产的集，这些资源和能力可以为企业获得竞争优势，不仅是有价值和稀有的，还具有不可替代和不完全模仿性，主要包括组织的信息、知识，以及组织流程和管理技能等。

RBV 是基于组织资源的核心假设来说明为什么一些组织比其他组织表现得更好，以及如何提高组织绩效。首先，即使是在同一行业内运营的组织，他们也拥有各种各样的混合资源。这种资源异质性的假设表明了一些组织利用其独特的资源完成某些职能的能力。其次，这些资源上的差异是由于企业间资源交换的困难而造成的。这一假设表明了资源的不流动性，这突出了一个事实，即各种资源的协同效益是随着时间的推移而持续的。资源在竞争的组织之间分布不均，而且不完善移动，这反过来又使这种异质性随着时间的推移而持续存在。Ghasemaghaei 基于资源基础观，以数据质量、数据规模、分析技能、领域知识和工具复杂性作为数据分析能力的五个维度，实证检验了其对企业决策质量和决策效率的影响作用，结果表明，数据分析能力的各个维度均显著提高了决策质量。而除了数据规模外，数据质量、分析技能、领域知识和工具复杂性也都显著提高了决策效率。为了通过使用大数据分析来创造价值，企业需要有相关的资源和能力，这可以通过资源基础观来解释。

2. TOE 框架

技术–组织–环境框架（Technology-Organization-Environment，TOE）于 1990 年由 Tornatzky 和 Fleisher 在《技术创新的流程》一书中首次提出，在综合借鉴信息技术创新采用相关理论的基础上，书中指出企业或者组织在对一项技术革新的使用过程中不仅会受到技术本身的影响，还会受到技术层面、组织层面和环境层面三类的影响。具体而言，技术因素主要是指技术和组织的关系特点，不仅涵盖了现有技术的使用状况，还涉及未采用的新技术的特征，如兼容性、复杂性等；组织因素主要是指涉及评估组织内部的优劣和相关范畴的一些特性，如组织的规模范围、IT 基础设施、组织文化和高层管理层级等；环境因素可以为组织的业务生态系统以及在相应的业务环境中存在的机遇和挑战提供一个研究视角，如组织所在的政治制度环境、组织行业的竞争压力、市场发展结构和客户关系等。

TOE 框架作为一个综合性的技术应用情景分析框架，为研究者提供了影响组织或个体技术创新采用的因素分类方法，在各种技术采用的研究中得到了广泛应用，也为企业研究技术创新使用推广提供了一个很好的视角。大多数研究者根据技术、组织和环境等把相关影响因素划归到此框架内进行分析和研究。技术、组织和环境三方面所涵盖的影响因素在不同情境下不尽相同，需要对具体的研究情景进行分析，进而确定影响因素。Fahim 等探讨了可持续智慧城市治理风险问题，基于 TOE 框架建立了可持续智慧城市的多层次技术–组织–环境风险管理框架，进而识别了 56 种风险并对其进行分类，为实现智慧城市治理的风险管理过程奠定了基础。

综上所述，TOE 是一个融合了所采用技术的特征、可能的组织因素和宏观的环境因素的综合框架，以互补的形式涵盖了技术采用影响层面。在文献中，TOE 框架有相当多的经验支持，它为分析和考虑适当的决定因素提供了基础，以理解技术采用的决定。大数据分析技术作为一种新兴的技术，本书借鉴 TOE 框架来研究大数据分析使用的影响因素，它为研究大数据分析使用的关键影响因素从技术、组织和环境三个方面提供了有力支撑。在具体使用时，应根据建筑业实际情况对借鉴的因素变量进行筛选和分析，将 TOE 框架融合到研究模型之中。

3. 动态能力理论

动态能力理论源于资源基础理论，资源基础理论指出企业拥有无形资源和有形资源，这些资源能够转化成企业所需的能力，同时这些资源在企业间不可流动且难以复制，因此是企业获得竞争优势的源泉。动态能力指企业应该如何整合、构建和重构内部和外部能力，以应对快速且不可预测的环境变化。动态能力也可以定义为集整合、重构和释放资源为一体的独特的组织过程，这一过程可以适应市场变化甚至创造市场变化。基于已有动态能力的研究成果，Teece（2007）总结和分析动态能力的内容，提出三个基本的动态能力，首先是对环境变化保持高度敏感，即了解、学习、更新、开发和利用市场变化；其次是抓住机会更新知识，即利用机会调整来优化组织结构；最后是整合、重构企业资源，维持和提高企业竞争优势，即资源的结构整合和重构。动态能力理论指出企业必须重新配置其资源和流程，以满足利益相关者的可持续性要求，并减少可持续性风险，以确保其长期绩效。在某种程度上，动态能力展现出了嵌套的特点。例如，虽然动态能力通常在公司级别进行分析应用，但其在业务层面和产品层面也很重要。

在不同组织中，与数据和分析相关的机遇推动了大数据分析技术的重大发展，这些技术能够分析关键的业务数据，帮助组织更好地完成业务、管理市场，并及时作出业务决策。除了对数据处理和分析技术方面的创新以外，大数据分析还采用了以业务为中心的方法论，这些方法论可以应用于各种高影响力的应用程序，例如电子商务、电子政务、医疗保健和安保等。大数据分析可以发现企业数据一些与客户之间的未知关联、隐藏模式和其他有用的信息，以此来指导企业进行业务决策。大数据分析使用实时分析项目数据，使工程项目组织能够感知市场变化、适应环境变化。组织能够收集大量、多样化和速度高的数据，并有效地使用大数据分析工具来处理这些数据，能够更及时地作出复杂的决策，这些决策能够对项目绩效产生影响。因此，将大数据分析使用视为一种动态能力具有理论意义，这有利于理解大数据分析使用对项目绩效的影响。

6.2.2 文献综述

1. 大数据分析使用

（1）大数据分析使用的概念

大数据分析使用是指使用大数据分析工具的程度、持续时间和频率。大数据分析的使用让组织有更多机会发现大数据集中隐藏的模式、关联、细节和其他洞见。组织既能够收集大量且多种多样的数据，又能够对这些数据应用强大的分析技术，这使得组织能够将高度复杂的决策自动化，而这些决策在传统上一直依赖人类的判断和直觉。大数据分析的使用为组织提供了便利，它将建筑行业的数据资源充分整合，为建筑企业打破时间和空间限制，使各企业可以在一个统一的平台上自如地进行招标投标信息查询、建筑组织工程业绩查询、建筑组织人员查询、在建项目查询、在建项目人员查询、企业信用查询等，进而最大化、最优化地配置行业资源。

（2）大数据分析使用相关研究

大数据分析技术在优化管理决策、简化企业管理制度、提高施工绩效问题等方面具有较大的应用前景。为了理解企业或者机构采用大数据分析的背景因素，许多学者对此进行了研究。Baharude 等以变革型领导（TL）作为调节变量，调查了社会影响、便利条件、努力期望和绩效期望四个因素对马来西亚中小企业高管采用大数据分析意愿的影响。Sahid 等结合初始信任模型（ITM）分析了影响 IT 从业人员采用行为意向（BDA）的因素。Ngo 等开发了一个大数据预测分析能力评估工具，评估了 21 个决定因素并为其分配权重，以衡量建设组织在大数据预测分析实现方面的能力，并利用四个建筑组织进行验证，反映它们的大数据预测分析的能力水平、优势和劣势。Moktadir 等通过层次分析法，检测了孟加拉国制造业使用大数据分析所面临的障碍，研究显示与数据相关的障碍是最重要的，与技术相关的障碍次之，这些障碍包含基础设施不足、数据复杂性过高、数据隐私、缺乏可用的大数据分析工具和过高的投资成本 5 个部分。Shahbaz 等基于技术接受模型（TAM）探讨了医疗机构中可能影响大数据分析采用的因素，并以性别和变革阻力作为调节变量构建模型。研究证实自我效能感影响大数据分析的采用意愿，相较于女性而言，男性雇员在使用 BDA 的积极行为方面更为显著。

Chen 等利用动态能力理论来概念化大数据分析的使用，使用技术－组织－环境（TOE）框架识别和理论化影响大数据分析实际使用因素的路径。结果显示组织层面的大数据分析使用影响组织价值的创造，环境动力可以调节大数据分析的使用对这种创造的影响。技术因素直接影响组织对大数据分析的使用，组织和环境因素通过高层管理支持间接影响组织对大数据分析的使用。Ghasemaghaei 等以资源基础观和 IT 兼容性作为综合视角，检验大数据分析的使用如何影响企业独特的价值创造，以及企业运营和认知兼容性对企业大数据分析使用的影响。Ghasemaghaei 进一步利用效价理论的视角来研究正效价因素和负效价因素对组织内部大数据分析使用的积极影响。Ghasemaghaei 又以大数据分析使用为中介，利用信息技术（IT）文献和基础资源观探究了组织结构和心理准备对组织价值创造的重要影响。Raut 等以发展中国家制造业为背景，采用混合结构方程模型－人工神经网络模型对可持续经营绩效的影响因素进行大数据分析预测，因子分析的结果显示管理和领导风格、国家和中央政府政策、供应商整合、内部业务流程和客户整合等因素对大数据分析和可持续发展实践有显著影响。

胡水晶探究了企业采用大数据分析技术的意愿问题，企业外部数据使用知觉收益对提高企业采用意愿有积极影响，而企业内部数据知觉收益则负向影响企业采用意愿；企业的信息文化越积极，采用大数据分析技术的意愿越显著。冯叶等运用ISM模型分析了农业企业采用大数据技术的影响因素。

2. 工具复杂性

（1）工具复杂性的概念

工具复杂性被定义为工具的功能、复杂性和成熟度。分析的深度可能因工具的复杂程度而不同，数据分析工具的分析方式分为描述性、说明性和预测性分析。描述性分析解释了过去发生的事情。例如，描述性分析允许管理者获得标准报告，以审查业务绩效，确定数据模式和趋势，并发现组织内部的问题和机会。预测分析用来了解未来会发生什么，预测分析可以预测组织的发展结果，发现描述性分析无法获得的数据之间的关系。例如，随着对数字化和智能化建筑的需求和交付的增加，对建筑性能的不断监测将产生大量数据和信息，项目经理可以对这些数据进行分析，以预测施工管理风险，并确定最有利的实施计划。说明性分析用来模拟可能的未来行动的结果。例如，管理人员可能会使用规范性分析来确定施工延迟的原因，检测建筑物的结构损坏情况，确定工人和重型设备的行动。

（2）工具复杂性的相关研究

工具复杂性与技术紧密相关，在信息技术发展的过程中，工具复杂性也得到一些学者的研究。Bharadwaj利用企业资源基础观将IT能力作为一种组织能力，并实证检验了IT能力与企业绩效之间的关系。此研究将工具复杂性作为一种IT基础设施资源。Ghasemaghaei以数据质量、数据规模、分析技能、领域知识和工具复杂性作为数据分析能力的五个维度，实证检验其对企业决策质量和决策效率的影响作用，结果表明，数据分析能力的各个维度均与决策质量正向相关，而且除了数据规模外，数据质量、分析技能、领域知识和工具复杂性也都与决策效率正相关。Ghasemaghaei等以资源基础观和IT兼容性作为综合视角，研究了工具复杂性和数据量大对大数据分析使用和企业价值创造之间关系的调节作用。Ghasemaghaei利用资源基础观研究工具复杂性、大数据利用和员工分析技能在提高组织绩效中的作用。研究结果表明，当企业处理大数据时，使用复杂工具使组织绩效最高，而当企业不处理大数据时则不是这样；在员工分析技能水平较低时，大数据的使用对组织绩效则没有显著影响。

3. 组织柔性

（1）组织柔性的概念

Volberda将组织柔性定义为"一个组织拥有各种管理能力的程度和它们被激活的速度"，组织柔性可以增加管理控制能力和提高组织可控制性。组织柔性包括对环境的控制能力、响应性、可逆性、持续学习能力以及拥有足够的资源。柔性能力可以在不断变化的商业环境中促进更高级别的控制。一个具有柔性的企业会不断地学习它需要学习的东西（顾客的偏好或者来自竞争对手的威胁），并相应地改变它的计划以保持它的竞争力。本研究将建筑业务中的组织柔性定义为组织有效地利用其资源和能力，通过持续的学习，用可逆的方式对环境变化作出响应或作出适应的能力。

（2）组织柔性的相关研究

很多研究学者关注组织柔性的作用。Lim等将组织柔性视为包括运营柔性、战术柔性和战略柔性的多维概念，采用探索性访谈和行业调查相结合的方法识别影响组织柔性的关键因素，结果表明，员工的技能和行为、供应链能力和商业战略分别对运营柔性、战术柔性和战略柔性有最高的积极影响。Lim等进一步探讨了新加坡建筑业组织柔性的构成要素和预测组织柔性的结构，结果表明，所建立的战略柔性预测数学模型能够达到较好的预测精度，企业的成本领先主动性和供应链能力是驱动组织柔性的重要因素。Broekaert等将研发和组织柔性作为中介变量，研究家族所有权对创新绩效的影响作用，研究发现家族企业很少从事研发，但组织的柔性能够有助于它们开发新产品。Rameshwar等利用组织信息处理理论，将数据分析能力作为一种提高信息处理能力的手段，将供应链弹性作为减少供应链中连锁反应或在供应链中断后快速恢复的手段，探索了组织柔性调节数据分析能力对供应链弹性和竞争优势影响过程的影响作用。Dubey根据动态能力理论和权变理论，分析了大数据分析能力对供应链敏捷性和竞争优势的影响作用，组织柔性对大数据分析能力与供应链敏捷性之间的路径具有调节作用。熊胜绪和李婷以技术创新能力作为中介变量，探索了组织柔性对创新绩效的影响作用。蒋峦等将组织柔性作为中介变量，研究了时间节奏对于创新绩效的影响作用。赵晓煜等将组织柔性分为组织文化柔性、组织结构柔性和人力资源柔性三个维度，研究了其通过动态服务创新能力对服务创新绩效的影响。

4. 大数据价值创造

（1）大数据价值创造的概念

Lepak 等（2007）将价值创造定义为目标用户主观实现的价值相对量，要想实现这种主观价值，至少必须转化为用户愿意用货币金额交换所获得的价值。Zeng 和 Glaister（2018）从积极特征和消极特征两个方面定义了价值创造，其中积极特征是指对工作产生了有利影响，消极特征是指负面消息过多，没有突出工作重点。Pagani（2013）提出价值创造是指最终商品或服务对最终用户的实际贡献。价值创造与感知使用价值一致，是在企业生产产品时创造的，但并不意味着感知使用价值必然产生价值交换。大数据价值创造就是利用大数据实现价值创造的过程。就大数据而言，价值代表着先进技术应用于大量数据和信息的最终目标，价值创造的目的就是发现隐藏的信息，并将其巧妙地用于战略和运营过程。

（2）大数据价值创造的相关研究

Davenport 和 Patil（2012）指出数据通常被强调为知识的关键来源，对企业从大数据中创造价值有直接影响。Zeng 和 Glaister（2018）探索了企业如何使用大数据来创造价值，以及为什么企业从大数据中创造价值的能力不同，通过开发大数据价值创造概念框架，丰富了现有理论，为管理者提供了参考依据。Saggi 和 Jain（2018）对成功部署大数据分析的企业进行了全面的现实分析，首先阐述了大数据分析的概念、特征和处理范式，其次对大数据分析的价值创造框架以及当前大数据分析面临的挑战和未来可能的发展方向做了综述。Grover 等（2018）通过扩展现有的信息技术价值框架，提供了一个大数据分析价值框架，然后通过大数据分析在实践中的应用来具体阐述这个框架。Urbinati 等（2019）探讨了供应商企业如何从大数据中创造和获取价值的问题，并对基于大数据技术提供解决方案和服务的供应商进行了多案例研究分析。Shamim 等（2020）从个体层面考察了大数据管理能力与员工探索和利用活动之间的关系，还探讨了大数据价值创造在大数据管理能力与探索、开发活动之间的中介作用。Brinch 等（2020）以业务流程管理（Business Process Management，BPM）和信息技术商业价值（Information Technology Business Value，ITBV）为基础，对供应链管理领域中影响大数据价值创造的关键企业能力进行了概述，以识别企业层面的能力，从大数据中创造价值。Elia（2020）通过系统的文献综述，提出大数据价值创造的多维度框架，识别出 11 个不同的价值方向，并将其分为五个维度（即信息价值、交易价值、转变价值、战略价值和基础设施价值），最后将这个框架在电子商务、快速消费品和银行三个不同行业的三家公司进行了相关应用。

5. 信息强度

（1）信息强度的概念

Porter 和 Millar（1985）最早在企业价值链活动中定义了信息强度，他们认为每个价值链活动都有两个组成部分，一个信息处理部分和一个物理部分，通过转换这两个部分，企业可以重新配置价值链。信息强度可以定义为消费者获取、转化和交付最终形式的资源所必需的信息量。Apte 和 Mason（1995）扩展了 Porter 和 Millar 的框架，并将服务活动的信息强度定义为处理信息的时间与该活动花费的总时间的比率。Teo 和 King（1997）进一步指出，信息强度反映的是信息使用的内容和程度。Mithas（2007）等将信息强度定义为处理信息所花费的时间与总花费时间的比率。Chandra 和 Calderon（2009）指出商业信息强度可以衡量一个组织在其产品和价值链中使用信息技术的程度。Zhao（2017）将信息强度定义为过去几个月中平均每月信息到达频率。

（2）信息强度的相关研究

Porter 和 Millar（1985）为分析新信息技术提供了一个有用的框架，这个框架展示了技术如何改变公司内部运作方式，以及如何改变公司及其供应商、客户和竞争对手之间的关系。Glazer（1991）构建了一个框架，用来理解信息和信息技术对市场营销的影响，还开发了衡量信息价值的方法，这个方法可以根据企业的信息强度水平对信息价值进行分类，基于这种分类，他提出了一些关于信息强度水平如何影响企业战略和组织结构的主张。陈红斌和黄卫伟（2003）研究了企业运营模式和信息强度的关系，将"信息强度阀"定义为企业达到临界状态时的信息强度，企业要变革现有的运营模式，克服现有模式的不足，才可以得到大于信息强度阀的信息强度，而信息强度可以衡量企业利用这些信息创造价值的能力和程度。Mithas 等（2007）提出一种服务分解理论，并认为高信息强度可以帮助职业被规范化、标准化和模块化，信息强度对分解潜力的影响受到职业模块化的中介作用。信息强度也被用于商业信息风险管理，如 Chandra 和 Calderon（2009）利用商业信息强度的概念，建立了一个评估组织控制缺陷风险的概念模型，使用商业信息强度和控制缺陷风险来调查风险管理的替代方法。韩红桂等（2012）提出了基于信息强度的弹性径向基函数（Radial Basis Function，RBF）神经网络，借助隐含层神经元输出信息强度实现神经网络的增长。王晓梅等（2014）采用群体讨论的形式，探索了信息传播过程中身份转变和信息强度对行为意图的影响。Melgin（2015）认为信息强度是工业 4.0 的分析框架，为工业信息化服务提供了一种分析工具，而且还提供了新的视角。刘育良等（2015）通过纳米划痕实验研究了磁头和磁盘接触时的作用力对磁记录层中信息强度的影响规律。Mao 等（2015）基于 123 个中国组织的数据，考察了环境不确定性和信息强度这两个环境因素对信息技术能力和知识能力与组织敏捷性之间关系的调节作用，发现在环境不确定性和信息强度高的情况下，信息技术能力和知识能力更有效。苗虹等（2016）阐述了企业业务域的信息关联强度和信息绝对强度的定义，提出了企业资源计划（Enterprise Resources Planning，ERP）分步云化的选择方法，这一方法基于信息强度，通过某船舶制造企业的 ERP 数据进行了案例分析，验证了该方法的可行性。Zhao（2017）使用信息强度来预测未来一个月的收益，利用信息强度的横断面变化，发现信息强度越高的公司，其未来收益越低，未来波动性也越低。Neirotti 和 Pesce（2019）利用一个具有代表性的大型面板数据集，研究了信息通信技术投资对行业动态竞争的影响，并认为行业具有的信息强度越高，动态波动越大。Nandy 等（2019）利用信息强度的概念来识别信息共享需求，从而为 B2B 网站的使用提供了机会，同时也为面向特定组织的客户和面向组织间信息系统的供应商提供了参考。Mao 等（2020）探讨了信息强度在信息技术能力和吸收能力关系之间的调节作用。金秀等（2020）建立了包括信息强度在内的因子定价模型，通过比较分析不同信息强度下的组合收益，探索信息强度与风险和收益之间的关系。刘柏等（2021）探讨了外部信息监管对企业风险的影响，将外部信息监管分为直接信息强度和间接信息强度，企业风险分为事前信息填报风险和事后股价暴跌风险，从直接和间接的交互视角研究对风险的有效治理作用。

6. 项目绩效

（1）项目绩效的概念

基于绩效行为理论，Murphy（1985）将绩效定义为员工在实现工作组织目标的过程中所实施的一系列行为。在项目管理中，传统的项目绩效的定义和测量是基于完成项目所需的资源数量，成本、进度和质量绩效被用作衡量项目成功的标准，成本、进度和质量绩效也被称为"铁三角"。根据"铁三角"，当一个项目满足计划进度、成本非常接近预算并且所有交付满足项目利益相关方的需求时，这个项目就被认为是成功的。根据 Toor 和 Ogunlana（2010）的研究得出，项目成功取决于项目实施环境和不同利益相关者的看法，因此项目成功的标准可能因项目而异。Zaman 等（2019）指出，项目绩效又称项目成功，是指项目目标的完成情况。

（2）项目绩效的维度划分

Cox 等（2003）用成本、进度和质量三个方面的绩效来测量项目绩效。Cheung

等（2004）为了帮助项目经理对工程项目进行控制，利用网络开发了一个工程项目绩效监控系统，经过一些项目管理专家的指导，总结出项目绩效的八个度量类别：人、成本、进度、质量、安全和健康、环境、客户满意度和沟通。项目绩效的测量工具主要包括澳大利亚的项目绩效评估框架（Project Performance Evaluation，PPE）和英联邦的关键绩效指标（Key Performance Indicators，KPIs），PPE 和 KPIs 都是衡量一段时期内的项目绩效的有力工具。其中 PPE 所包含的项目绩效参数更为宽泛，包括时间、成本、质量、安全、合同、沟通、环境和争议解决；KPIs 的绩效参数包括时间、成本、质量、顾客满意、订单变化、运营绩效、健康和安全。Thompson等（2007）在研究中基于进度、效率、预算和项目范围来测量项目绩效。Ling 等（2008）用成本绩效、时间绩效、质量绩效、业主满意度、利润率来测量项目绩效。Kim 等（2009）在国际建设项目绩效预测模型中，使用利润水平、成本变化、进度绩效水平来测量项目绩效。Ling 等（2009）考虑到建设中的工程可能会对附近居住的公众造成不便，从而会引发公众不满，因此在成本绩效、时间绩效、质量绩效、业主满意度、利润率的基础上加了公众满意度来衡量项目绩效。许劲和任玉珑（2010）用过程绩效、质量绩效、学习与创新绩效和利益相关者绩效来测量项目绩效。Din 等（2011）指出项目绩效包括项目管理实践、财政管理实践、项目成功三个方面。其中，项目管理实践包括领导、员工、政策和战略、伙伴和资源、项目生命周期管理过程、关键绩效指标；财政管理实践包括财政计算程序、财政应急计划、贷款数目、膨胀津贴和价格升级、价格升级的影响、积极财政回报的可用性；项目成功包括进度以内交付、预算以内交付、有效率的管理、按所需质量交付、正常工作、被预期用户使用、对目标用户的利益、对客户绩效的影响、对公司经营结果的影响以及吸取的教训。Tam 等（2011）认为项目绩效包括质量绩效、时间管理绩效、成本控制绩效、沟通和协调绩效。Meng（2012）认为项目绩效包括时间、成本和质量，一个项目能按时完成、不超预算、质量符合要求，则项目就是成功的，项目绩效就高；相反，如果存在时间延误、成本超支以及质量缺陷，那么项目绩效就差。Berssaneti 和 Carvalho（2015）的研究中指出在利益相关者显著性理论中，各利益相关者的利益对项目绩效有很大的影响，因此在考虑项目绩效的维度时基于传统的成本绩效、进度绩效和质量绩效加了利益相关者满意度。Gruden 和 Stare（2018）基于传统项目管理的时间、成本和质量，同时考虑到超过的工作时间并不总是反映在增加的成本中（例如：无薪加班），因此用工作时间代替质量。Haq 等（2018）通过产品绩效和过程绩效两个方面测量项目绩效。张秀东和王基铭（2021）

针对大型石化项目，基于业主视角，突破以往常用于测量项目绩效的工期、成本和质量，考虑到石化行业的高事故率，将度量项目绩效的指标扩展为工期、成本、质量、安全和环境。关于"项目绩效"维度划分的主要研究见表6-1。

"项目绩效"维度划分的主要研究 表6-1

文献来源	"项目绩效"的维度划分
Cox 等（2003）	成本、进度、质量
Cheung 等（2004）	人、成本、进度、质量、安全和健康、环境、客户满意度、沟通
Ling 等（2008）	成本绩效、时间绩效、质量绩效、业主满意度、利润率
Kim 等（2009）	利润水平、成本变化、进度绩效水平
Ling 等（2009）	成本绩效、时间绩效、质量绩效、业主满意度、利润率、公众满意度
许劲和任玉珑（2010）	过程绩效、质量绩效、学习与创新绩效和利益相关者绩效
Din 等（2011）	项目管理实践、财政管理实践、项目成功
Tam 等（2011）	质量绩效、时间管理绩效、成本控制绩效、沟通和协调绩效
Meng（2012）	时间、成本、质量
Berssaneti 和 Carvalho（2015）	成本绩效、进度绩效、质量绩效和利益相关者满意度
Gruden 和 Stare（2018）	时间、成本、工作时间
Haq 等（2018）	产品绩效、过程绩效
张秀东和王基铭（2021）	工期、成本、质量、安全和环境

（3）项目绩效的相关研究

许劲和任玉珑（2010）通过信任、交流、承诺和公平四个方面度量了项目关系质量，同时从利益相关者、创新学习、过程与质量四个维度测量项目绩效，研究了项目关系质量与项目绩效的关系。Meng（2012）指出建设项目往往存在工期延误、成本超支和质量缺陷等问题，管理者们经常分析绩效不佳的原因，然而很少有研究涉及供应链关系对项目绩效的影响，因此他探索了建筑供应链关系的具体特征，深入了解关系管理对项目绩效的影响。Ahmed 和 Anantatmula（2017）从定义角色和责任、沟通方式、流程使用的一致性、交流清晰度以及建立信任五个方面探索了项目经理的领导力对项目绩效的影响。杜占河等（2017）考虑到IT外包行业是知识密集型行业，大数据环境可能会成为其获取知识的途径，因此结合资源编排理论，在IT外包项目中讨论了大数据易得性和冗杂性对项目绩效的影响。Zhu 和 Mostafavi（2017）通过对高级项目经理进行深入访谈，提出了一个综合考虑项目系统复杂性和突发性的绩效评估框架，并验证了复杂性和突发性属性一致性（Complexity and

Emergent Property Congruence，CEPC）框架中项目复杂性的两个维度（即细节复杂性和动态复杂性）和项目突发性的三个维度（即吸收能力、适应能力和恢复能力），为项目绩效评估提供了新的理论视角。Sirisomboonsuk 等（2018）通过讨论信息技术治理、项目治理和项目绩效之间的关系以解决如何提高项目绩效的问题。Gruden 和 Stare（2018）为了提高项目经理对行为能力价值的认知，确定行为能力对项目绩效的重要性和影响，对项目经理行为能力和项目绩效之间的关系进行了研究。Haq 等（2018）通过项目管理风险和项目质量的中介作用以及项目领导的调节作用，衡量项目治理对项目绩效的影响。Marzouk 和 Enaba（2019）在 BIM 环境中整合不同类型的数据，进行描述性数据分析，通过以结构化格式集成项目数据，有效地从项目原始数据中检索有用信息，并在 BIM 环境中用可视化分析结果，以提高项目绩效。赵延超等（2019）引入合同柔性，构建信任、合同柔性以及项目绩效的概念模型，研究 PPP 项目中合作双方信任对项目绩效的影响。Lu 等（2019）考虑到组织间项目的质量管理常常涉及一些外部参与者，因此他们探讨了质量管理实践与项目绩效之间的关系，以及契约治理和信任这两个治理机制在其中发挥的调节作用。Yussef 等（2019）通过收集 33 个已完成的大型工业项目的数据，量化前端工程设计（Front End Engineering Design，FEED）的成熟度及其在成本变化和其他关键指标方面对项目绩效的影响。Zaman 等（2019）通过整合社会交换理论和项目管理研究的最新进展，开发和测试新框架，使项目复杂性和项目绩效的关系更加清晰。王德东和李凯丽（2019）基于项目集成交付（Integrated Project Delivery，IPD）模式，根据关系管理理论，确定了 IPD 各参与方之间的关系管理指标是如何影响其项目绩效的，并分别探讨了这些关系指标和持续改进的关系，以及持续改进对 IPD 项目绩效的影响，最终明确了关系管理对 IPD 项目绩效的作用机制。Huang 等（2020）评估了建筑业信息和通信技术（Information and Communication Technologies，ICT）、团队社会资本及项目绩效之间的关系。张秀东和王基铭（2021）综合中国大型石化项目的调查样本数据，探讨了风险管理能力与项目绩效的关系，分析了在大型石化项目中技术复杂度对风险管理与项目绩效关系的调节作用，以及组织复杂度对风险管理与项目绩效关系的调节作用。

6.2.3 已有研究述评

本节对资源基础理论、TOE 框架、动态能力理论和大数据分析使用、工具复杂性、组织柔性、大数据价值创造、信息强度以及项目绩效的相关文献进行了梳理和总结。

（1）现有关于大数据分析使用的研究，多集中在供应链管理、医疗以及制造业等企业中，主要研究大数据分析使用对组织绩效、企业价值创造等方面的影响。而目前在工程项目中的大数据分析使用主要体现在招标投标管理、风险管理以及成本管理等方面，这些研究大多基于大数据分析技术，建立了解决工程项目管理过程中的某一方面问题的具体技术模型，例如评价项目绩效成熟度、项目成本预测模型以及项目质量监控等。关于大数据分析使用影响因素的研究中，主要从数据方面挖掘延伸或在技术方面的使用，很少考虑调节变量的影响作用。

（2）以往关于信息强度的研究，较为广泛。不仅涉及物理学科方面的信息强度，还涉及商业信息强度、金融业信息强度以及IT信息强度等。随着大数据技术的发展，一些使用大数据技术的组织对信息强度的要求也普遍提高，信息强度成了发展大数据技术不可忽略的部分。在工程项目中，大量的项目信息伴随着工程项目管理的全过程，这些信息反映了项目全过程生命周期中的具体情况。因此，应该加强在工程项目管理中对信息强度的研究。

（3）项目绩效的相关研究是相对来说较为充实的，主要从项目经理、项目参与方关系、项目特征等方面对项目绩效的影响研究。关于大数据对项目绩效的影响，目前大多偏向于制造业项目绩效和IT项目绩效等。而涉及大数据分析与工程项目绩效的研究尚有不足。

6.3 建筑企业大数据分析使用的影响因素探索

6.3.1 影响因素体系构建及假设提出

1. 影响因素识别和模型构建

（1）基于资源基础观的数据因素

资源基础观中资源和能力是RBV的核心组成部分，资源是指有形和无形资产（如技术、人力和组织），能力代表了一种特殊类型的资源，其目标是提高该组织拥有的其他资源的生产力。本研究重点讨论数据资源对大数据分析技术的使用是否产生影响以及产生什么样的影响。而数据具有多种不同类型，代表着不同的特征和性能，学界基于资源基础观进行大数据相关研究的学者不在少数。Kwon等基于资源基础观，研究了数据一致性和数据完备性对于大数据分析的影响作用。

Ghasemaghaei 基于资源基础观,研究了数据规模、数据安全关注、任务复杂性、数据诊断性和数据可访问性对大数据分析使用的影响。Ghasemaghaei 进一步利用资源基础观研究了 IT 基础设施能力、工具功能、员工分析能力、数据规模和 IT 主动性气候对使用大数据分析的影响作用,进而探究大数据分析使用对企业价值创造的影响作用。殷国鹏基于资源基础观视角,研究了 IT 基础设施、IT 管理技能对业务 /IT 之间的关系能力和信息化成功的影响作用。刘秋生等以资源基础观视角探讨了资源、运用、能力三个方面因素对企业 IT 能力的影响。温祺基于资源基础观视角识别组织使能因素,构建了组织使能因素测量模型。

从资源基础理论与相关学者的研究中可以发现,大数据及大数据分析技术的应用依赖于数据,这些数据可以被认为是企业稀有且具有价值的资源。因此,结合资源基础理论、大数据分析相关文献和建筑业数据特点,本书将以数据量大、数据诊断性、数据可访问性作为数据因素,研究其对建筑企业大数据分析使用的影响(图 6-1)。

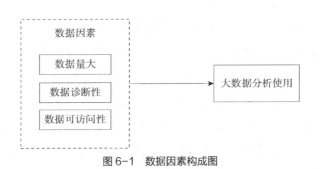

图 6-1　数据因素构成图

(2)基于 TOE 框架的技术、组织、环境因素

TOE 框架作为技术采用推广的核心具有较好的系统性。业界普遍认同将基于创新扩散理论的 TOE 框架应用于识别、甄选技术推广应用的影响因素研究中。Maroufkhani 等依据 TOE 框架,研究了伊朗中小型制造业中采用大数据分析的驱动因素,得出复杂程度、不确定性和不安全感、试验可操作性、高层支持、组织准备和外部支持对大数据分析的采用有显著影响,且采用大数据分析对中小企业的营销和财务、绩效提升有积极影响的结论。Chen 等基于 TOE 框架,识别影响大数据分析实际使用的因素,构建大数据分析使用因素模型,发现技术、组织、环境因素均影响组织大数据分析的使用。Schüll 等将 TOE 理论与动态能力理论相结合,研究了技术方面因素(与 BDA 技术相关的内部数据和外部数据、先前的 IT 经验、安全和隐私问题)、组织方面因素(BDA 技能、管理支持)、环境方面因素(市场压力、

竞争压力）对大数据分析应用的影响作用。Park利用TOE框架识别技术因素（大数据带来的感知收益、系统使用简便、与现有系统的兼容性、安全与隐私、数据质量和整合）、组织因素（大数据管理支持、技术能力、金融投资能力）和环境因素（竞争对手采用、合作伙伴采用、政府的支持和政策）对韩国企业采用大数据技术的影响。Haleem采用TOE框架从技术层面（复杂性、兼容性、相对优势）、组织层面（技术资源的能力、组织规模、吸收能力）和环境层面（环境不确定性、竞争强度、监管支持）上探究了上市公司的大数据分析使用意愿。Sun等以创新理论（DOI）、制度理论、配置理论和TOE框架为基础，构建了一个对中国B2B组织的大数据策略可能会产生影响的因素模型，该集合包含技术、组织和环境3个因素，其中技术因素选取相对优势、技术能力和技术资源3个子因素，组织因素则由高层支持和企业的大小两个子因素组成，环境因素由竞争压力、贸易伙伴的准备情况和监管环境3个子因素组成。谭海波等利用TOE框架并结合政府组织行为特点，研究了技术、组织、环境3个方面因素对政府网站绩效的影响。

　　TOE框架综合涵盖了技术、组织、环境因素三个方面，并已经被广泛应用于多种信息技术采用推广中，研究学者依据此框架并结合其他理论探析了各行业企业采用大数据或大数据分析技术的各种影响因素。因此，本研究采用这一框架检验中国建筑企业的大数据分析使用，通过梳理已有文献，结合建筑业特点，综合考虑技术层面的员工分析能力、技术兼容性，组织层面的高层管理者支持、数据驱动文化及组织准备、环境层面的外部竞争压力和政府政策三方面因素，再结合建筑企业与其他企业的运行模式差异性，并增加数据方面因素，进而构建出建筑企业大数据分析使用的影响因素模型（图6-2）。

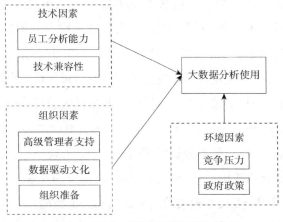

图6-2 技术、组织和环境因素构成图

(3）调节变量工具复杂性和组织柔性

综合以往研究，工具复杂性在信息技术中有着重要作用，它不仅可以辅助决策，而且有助于提升绩效。随着数据分析工具的使用，企业利用数据的能力在增加，在不断变化的环境中，复杂工具的使用可以不断提升企业的基础配置和员工的技能水平。组织柔性可以使企业不断地利用其自身的资源和能力，柔性的企业使得高层具有广阔的决策空间，便于优化组织结构，进而形成高氛围的数据分析驱动文化。同时，具有柔性能力的企业能更灵活地应对企业资源的变化。因此，在技术和组织方面分别选取工具复杂性和组织柔性作为影响路径的调节变量（图6-3）。

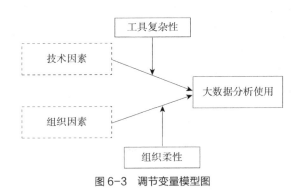

图6-3 调节变量模型图

(4）理论模型

综上所述，构建建筑企业大数据分析使用的影响因素理论模型如图6-4所示。

2.假设提出

(1）数据因素与大数据分析使用

数据量大是指在体积、速度和多样性方面的数据都很高。各种数据表明各种来源（例如建筑相关软件、管理平台、社交网络、传感器、智能手机）和格式（例如视频、音频、图像或文本）。Chen和Zhang认为大数据的处理和分析要比体积、速度和多样性都不高的数据的处理和分析复杂得多。大数据来自多个来源，增加了处理和分析的复杂性，挖掘和分析大数据有助于组织更好地利用大数据、发现其潜在市场和客户。建筑行业具有海量工程数据，通过大数据分析技术，企业可以挖掘其洞察力，并提高组织决策质量。陈国青等认为，收集和分析大数据的组织有更大的能力从数据中提取独特、重要和变革性的见解。数据诊断性是指从数据中检索深度和复杂的信息，以作出有效、可靠的解释和评估。数据诊断是通过分析数据来获得关于某一特定现象或情况的有价值的信息而产生的。例如，组织通过分析数据来了

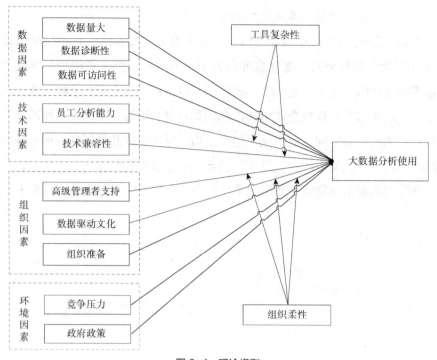

图 6-4 理论模型

解当前事件，调查既往事件，以及对未来事件进行预测。组织可以通过访问大量、快速和多样化的数据来产生智慧和洞察力，以解决重要的业务问题，并作出决策，从而指导行动，产生广泛的有形和无形的业务价值。Wendt 认为，从数据中获得有价值的见解将减少组织内部作出不准确决策的风险。许多研究认为，处理大数据可以使组织改进决策以获得竞争优势机会。

数据获取的容易程度被称为数据的可访问性。信息技术的发展使组织更容易从各种方面收集数据来源。可访问性能够明显体现出数据质量的高低，建筑信息模型的加入，使得建筑企业可以更好、更快、更全、更准地获取施工或价格等数据，较完善地处理工程项目，有效管理工程数据。建筑业＋大数据是将建筑行业的一些数据进行集中分析和整合，例如招标投标信息、建筑企业工程业绩、建筑企业人员信息、在建项目信息、在建项目人员信息、企业信用信息，从而建立和完善企业的数据库，为企业的决策提供数据化的支撑。由于组织能够利用先进的信息技术快速获取异构数据，数据的可访问性很可能增加大数据的利用。因此，提出以下假设：

H1a：数据量大正向影响建筑企业大数据分析使用；

H1b：数据诊断性正向影响建筑企业大数据分析使用；

H1c：数据可访问性正向影响建筑企业大数据分析使用。

（2）技术因素与大数据分析使用

员工分析能力是指员工的高级统计技能，用于使用高级应用程序对大量数据进行分析。在大数据的背景下数据分析师需要有足够的分析技能和领域知识，才能从多样化的数据中识别出有价值的信息。这些技能不仅限于技术技能，还包括创造性和解释性技能。具有足够分析技能的员工能够在高水平上执行任务，相反，当员工没有足够的能力来执行他们的工作任务时，他们经常推迟或避免任务。因此，为了增加大数据分析的使用，组织需要发展高水平的员工技能，使他们能够使用新一代的分析工具来分析和产生价值，能够从数据中获得洞察力。项目经理可以利用数据分析所提取的指标进行判别，降低风险，监测项目全过程，提供多维度的分析结果，帮助部门管理者、组织管理者进行立体式地判断决策。根据Andrew的说法，拥有必需的分析能力被认为是使用大数据分析的一个关键因素。

技术兼容性是指组织因为新技术与现有条件之间具有互容性而使组织可以成功地采用和实施新技术。兼容性是导致创新的最常被引用的因素，兼容性是技术层面的一个关键因素，在采用某一特定技术之前，组织应对兼容性进行评估。Rogers把潜在用户的过往经验，现有价值观与需求相一致的程度定义为兼容性。将这个定义应用到组织环境中，表现为技术兼容性与价值体系（如文化）和组织的商业实践的一致性。在研究技术因素对大数据分析使用的影响时，特别是当大数据分析使用被概念化为一种动态能力时，兼容性则成为大数据分析的一个高度相关的属性。如果大数据分析技术与组织现有文化和知识不兼容，从组织高层到普通员工都可能不愿意采用大数据分析，抵制技术的实施。同时，技术兼容性越高，会使组织的合作伙伴对组织给予越高的重视程度。因此，提出以下假设：

H2a：员工分析能力正向影响建筑企业大数据分析使用；

H2b：技术兼容性正向影响建筑企业大数据分析使用。

（3）组织因素与大数据分析使用

高层管理者支持是指高层管理人员理解和欣赏新IT系统（例如BDA）技术能力的程度，以及新IT系统产生的数据在不同组织之间的重视程度的差异。之前的文献表明，当高层管理人员对于IT系统对组织的潜在有用性产生积极的信念时，他们通常会采取行动支持使用这样的系统。高层管理团队作为促进组织规范、价值观和文化变化的代理，他们支持和促进组织内的IT实现和使用，会使其他组织成员能够使用和适应新技术。同时，大量的既往研究给出了一个理论基础即最高管理层的支持推动了组织内的 IT 使用。因此，本研究认为高层管理支持是建筑企业大数据分析使用的关键驱动力。

Davenport 认为，数据驱动文化将激发组织对测量、测试和评估量化证据的尊重，而 Kiron 和 Shockley 认为，具有数据导向文化的组织的特征是数据驱动的领导能力、战略资产的分析，以及由分析洞察力指导的战略和运营。类似地，Ross 等指出，具有数据驱动文化的组织遵循诸如建立一个无可争议的绩效数据来源、给各级决策者及时反馈、有意识地根据数据阐明业务规则等实践理念。Cao 和 Duan 指出，数据驱动文化对战略决策的全面性有积极的影响，当组织拥有数据驱动的文化时，更有可能有效地利用商业分析。在组织大数据中，数据驱动的文化被认为是决定其总体成功和持续发展的关键因素。因此，可以想象，数据驱动的文化会鼓励组织对可用数据进行系统分析，从而作出战略决策。

组织准备状态是一个起源于变革管理文献的概念，已被概念化为组织变革成功的重要因素。Aboelmaged 将组织准备定义为组织的能力和使用创新的意愿。在 IT 环境中，Zhu 将组织准备度定义为与组织技术基础设施和人力资源兼容的程度。根据现有的文献，本研究将组织准备状态定义为使用大数据分析的必要组织资源的可用性。以前的文献表明，这些所需的资源包括金融资本和 IT 复杂性。特别是，信息技术的复杂性不仅反映了信息技术基础设施的技术组成部分，而且还反映了组织内的信息技术人力资源（即技术知识和专门知识）。在使用大数据分析的情况下，是否有具有执行业务分析技能或能力的专业人员是组织准备状态的一个关键指标。当信息技术人员相信组织有（或可以随时开发）足够的资源，并且有能力促进大数据分析的传播时，他们将会更加愿意推动新技术的使用。因此，提出以下假设：

H3a：高层管理者支持正向影响建筑企业大数据分析使用；

H3b：数据驱动文化正向影响建筑企业大数据分析使用；

H3c：组织准备正向影响建筑企业大数据分析使用。

（4）环境因素与大数据分析使用

在目前的研究中，竞争压力是指外部环境的影响，其促使组织使用 BDA。有研究表明，动荡的外部环境可以增强或破坏组织最关键的竞争力。竞争导致环境的不确定性，增加了对创新技术的需求，提高了采用创新技术的速度，环境的动荡对组织施加了巨大的压力，迫使它们利用组织知识来指导行动。具体来说，在面对动态环境时，需要组织的关键决策者快速地评估形势，并有效地执行。然而，高速发展的市场会给他们带来巨大的压力和知识需求，甚至会阻碍他们判断形势和实施想法的能力。因此，当组织决策者面对这种环境时，就会极度需求大数据分析技术，进行大数据分析去创造价值。在一个竞争激烈的环境中，组织会感到需要寻求的是获得竞争优势，相反，在竞争不那么激烈的环境下，组织将不会面临这样的压力。

政府政策是指可能对市场环境产生影响的国家法律、中央政策和地方规范等。Adeleke 研究了组织外部因素对组织的影响及其与施工风险管理的关系。Ho 和 Pik 认为外部因素对组织的影响会随着信息技术在建筑项目中的应用而一起影响组织。这与 Kangari 和 Riggs 的发现是一致的，他们指出外部因素（如政治因素）是影响建筑项目技术实践的因素之一。这些研究结果可靠地表明了外部因素的影响效果，即政策的引导促进了企业使用大数据分析技术。因此，提出以下假设：

H4a：竞争压力正向影响建筑企业大数据分析使用；

H4b：政府政策正向影响建筑企业大数据分析使用。

（5）工具复杂性、组织柔性的调节作用

工具复杂性指的是工具的成熟度和复杂性，它抓住了企业内部的技术专长水平。根据分析工具的复杂程度，企业的分析深度可能有所不同。一般来说，分析工具有三个主要类别：描述性分析（即理解过去发生了什么）、预测性分析（即了解未来将发生什么）和规范性分析（即用于模拟可能行动的结果）。与那些不使用复杂工具的公司相比，使用复杂分析工具的公司可能更有能力通过大数据分析创造独特的价值。例如，管理人员可能会使用规范性分析来确定施工延迟的原因，检测建筑物的结构损坏，确定工人和重型设备的行动。根据 RBV，分析工具可被视为能提高组织效率的有形资源，它使员工结合自身能力有效利用工具去分析数据。并且新形式的数据需要具有能够处理庞大、快速移动和多样化数据的高级分析工具。规范性分析有助于企业制定全面的决策，与使用较简单工具的公司相比，使用复杂工具的公司可能更有能力来理解他们如何才能够拥有更好的产品服务，以及更高的效率。这些工具帮助决策者识别组织业务流程中产生性能问题的原因，并采取措施纠正这些问题，工具的使用要求技术能够兼容，不仅包括硬件上的也包括软件的支持。因此，提出以下假设：

H5a：工具复杂性正向调节员工分析能力与大数据分析使用的关系；

H5b：工具复杂性正向调节技术兼容性与大数据分析使用的关系。

建筑组织需要不断应对运营环境的变化，其中包括诸如建筑需求波动，竞争激烈程度，客户对建筑服务更严格的绩效标准和更高的技术需求。柔性提高了组织的机动能力，使组织能够根据环境变化及时改进和重新配置现有系统和流程。因此,组织柔性是使组织能够在动荡的环境中运作的组织能力,它推动组织决策者找寻多种方法促进组织价值提升。Sanchez 认为,在动态环境中,组织可以创造战略柔性来获得竞争优势。Sanchez 进一步指出,柔性不仅受到资源的限制,而且还受到组织使用资源的方式的限制,组织柔性将调解组织氛围,影响其好坏。大数据分析是对从多个来源收集的数据处理提供有用的见解。Braunscheidel 和 Suresh 指出,组织需要柔性来快速有效地实施决策,特别是那些跨越不同职能的决策,结合组织准备,它被认为是降低组织管理风险的关键杠杆之一。因此,假设当组织拥有高水平的组织柔性时,组织及组织管理人员可以更好利用组织数据驱动文化,更加积极带领组织去使用大数据分析,组织也可以更有效地利用从大数据分析中获得的新见解。准备充足的组织具有能力应对设计、施工、运营的不确定性,并获得竞争优势。因此,提出以下假设:

H6a:组织柔性正向调节高层管理者支持与大数据分析使用的关系;

H6b:组织柔性正向调节数据驱动文化与大数据分析使用的关系;

H6c:组织柔性正向调节组织准备与大数据分析使用的关系。

(6)研究模型

本研究依据上文对资源基础理论和 TOE 框架模型的文献总结,以建筑企业中大数据分析使用的数据、技术、组织、环境四个方面的各种可能影响因素,提出了如上的假设,具体见表 6-2。

研究假设汇总　　　　表6-2

序号	具体假设
H1a	数据量大正向影响建筑企业大数据分析使用
H1b	数据诊断性正向影响建筑企业大数据分析使用
H1c	数据可访问性正向影响建筑企业大数据分析使用
H2a	员工分析能力正向影响建筑企业大数据分析使用
H2b	技术兼容性正向影响建筑企业大数据分析使用
H3a	高层管理者支持正向影响建筑企业大数据分析使用
H3b	数据驱动文化正向影响建筑企业大数据分析使用
H3c	组织准备正向影响建筑企业大数据分析使用
H4a	竞争压力正向影响建筑企业大数据分析使用
H4b	政府政策正向影响建筑企业大数据分析使用
H5a	工具复杂性正向调节员工分析能力与大数据分析使用的关系

续表

序号	具体假设
H5b	工具复杂性正向调节技术兼容性与大数据分析使用的关系
H6a	组织柔性正向调节高级管理者支持与大数据分析使用的关系
H6b	组织柔性正向调节数据驱动文化与大数据分析使用的关系
H6c	组织柔性正向调节组织准备与大数据分析使用的关系

综上所述，本研究基于资源基础观、TOE框架，构建建筑企业大数据分析使用的影响因素模型，以工具复杂性、组织柔性为边界条件，形成调节效应模型，研究模型如图6-5所示。

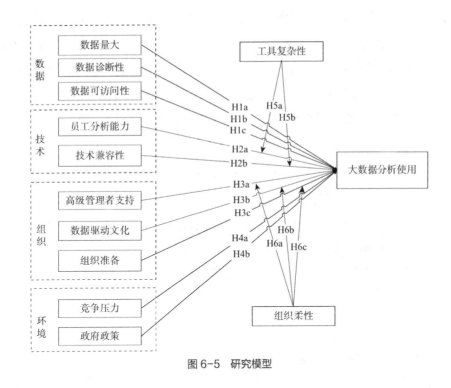

图6-5 研究模型

6.3.2 研究设计

问卷的设计参考了国内外大数据分析及大数据分析使用的相关研究。具体来说，第一，本研究结合资源基础观和TOE框架，在文献分析的基础上，初步分析并整理了多个可能影响建筑企业使用大数据分析的因素。第二，在上述基础上，将整理得到的影响因素梳理成稿，邀请专业领域的相关专家及行业从业者对相关因素进行评价与分析。第三，对最终收集的结果与课题组老师及成员讨论并细致修改，最终确定量表及问卷。

在本研究中，所有的测量项目都来自现有的文献，并进行了调整以适应建筑企业大数据分析的背景。问卷设计主要包括两个方面，第一部分主要为采样对象的基本情况，主要收集学历、工作年限、担任职务、所属单位的类别及参与项目的资金收益等情况；第二部分是组织大数据分析使用的可能影响因素，即数据量大、数据可访问性、数据诊断性、员工分析能力、技术兼容性、高级管理者支持、数据驱动文化、组织准备、竞争压力、政府政策方面的因素。

问卷主要通过电子邮件和网络问卷调研两种途径发放，发放对象为在建设工程领域具有两年以上工作经验且与大数据分析技术相关的建筑工程从业人员。发放的问卷覆盖了建筑行业可能涉及大数据分析使用的各类企业，包括设计、施工、房地产开发等，且被调查人员对大数据分析技术具有一定程度的了解。本次调查共发放问卷700份，在剔除作答不完整和具有明显一致性作答的问卷后，最终收到有效回复439份，有效回复率为62.7%。问卷回答采用Likert五分制量表进行测量，范围从非常不同意（1）到非常同意（5）。本研究的变量测量量表见表6-3。

变量测量量表　　表6-3

变量	题号	题项	来源
数据量大	BD1	组织中需要处理设计、施工等产生的大量的数据	Ghasemaghaei（2018）
	BD2	组织中需要使用项目实施过程中实时传输的数据	
	BD3	组织需要处理数字式、图片式等不同类型的数据	
数据诊断性	DD1	组织可以通过大数据分析工具获得以前工程项目中累积的一些信息	Ghasemaghaei，（2018）；Ghasemaghaei等（2019）
	DD2	组织可以通过大数据分析对项目未来的实施做出预测	
	DD3	组织可以使用大数据分析提出一个或多个具体可行且带有分析结果的方案	
数据可访问性	DA1	组织实施数据分析时，可以快速获得项目中所使用的数据	Lee& Strong（2003）；Ghasemaghaei（2018）
	DA2	组织实施数据分析时，可以容易找到项目中获得的数据	
员工分析能力	AC1	组织中使用的大数据分析工具与员工的工作能力是相匹配的	Ghasemaghaei（2019）
	AC2	组织员工可以有效地利用当前工程项目中涉及的分析工具	
技术兼容性	TC1	组织中使用的大数据分析工具与工程项目的实践业务需求是一致的	Chen 等（2015）；Venkatesh 等（2012）
	TC2	大数据分析工具在使用中可以适应工程项目相关方的文化	
	TC3	大数据分析工具能够很容易地应用到工程项目实践中	

续表

变量	题号	题项	来源
高级管理者支持	TM1	管理决策者可以促进组织去使用大数据分析	Chen 等（2015）；Liang 等（2007）
	TM2	管理决策者可以为组织内的大数据分析举措提供支持	
	TM3	管理决策者进行战略布局时，将大数据分析作为首选项	
数据驱动文化	DC1	组织把大数据分析工具产生的数据当作有形资产	Cao 等（2015）；Jeble 等（2018）
	DC2	组织做决定时，是基于工程项目中产生的数据而不是经验	
	DC3	当工程项目产生的数据与员工的观点不一致时，员工愿意接受数据的论证结果	
组织准备	OR1	组织的资本/财政资源可以促进组织充分利用大数据分析	Chen 等（2015）；Zhu 等（2004）
	OR2	组织的 IT 基础设施可以促进组织充分利用大数据分析	
	OR3	组织的分析能力可以促进组织充分利用大数据分析	
	OR4	组织的技术资源可以促进组织充分利用大数据分析	
竞争压力	CP1	组织所在行业可能有很多其他人一直在使用大数据分析	Chen 等（2015）
	CP2	组织的竞争对手可能在一定程度上使用了大数据分析	
	CP3	组织的供应商可能使用了大数据分析	
	CP4	组织的利益相关者可能使用了大数据分析	
政府政策	SS1	建设项目与政府发布的政策相关联	Adeleke 等（2018）
	SS2	政府发布的大数据相关技术的使用政策对组织有利	
	SS3	地方政府会直接给予补贴以激励组织使用大数据分析工具	
大数据分析使用	BDA1	大数据分析工具经常会在组织中使用到	Ghasemaghaei（2018）；Hassanein 等（2017）
	BDA2	大数据分析工具在组织中的应用比较广泛	
	BDA3	组织中使用大数据分析的时间占据每月的五分之一	
工具复杂性	TS1	组织中使用的工具可以提供信息处理和信息检索	Ghasemaghaei 等（2018）；Ghasemaghaei（2018）
	TS2	组织中使用的工具可以从数字式、图片式等不同类型的信息中自动进行分析	
	TS3	组织中使用的工具可以在项目实施时提供实时洞察并识别问题	
	TS4	组织中使用的工具可以进行建模和仿真	
	TS5	组织中使用的工具可以对不同的方案、计划、进度等进行评估	
组织柔性	OF1	组织可以快速改变组织结构以应对设计、施工、运营中的不确定性	Dubey 等（2019）
	OF2	组织能够有效地对市场的突然变化作出反应	
	OF3	组织结构相对比较灵活	

6.3.3 实证分析

1. 描述性统计分析

描述性统计分析是分析样本特征和各种变量的基本工具。为了避免其他变量对建筑企业大数据分析使用产生影响，本研究选取组织规模、组织类型、项目规模和技术复杂性四个控制变量。组织规模通过被调查者所在组织的价值来进行衡量，组织类型通过被调查者所在组织的主要活动或职能来进行衡量，项目规模通过被调查项目的投资价值来进行衡量，技术复杂性则通过被调查者所在项目的技术使用情况来衡量。

本研究涉及的是使用大数据的相关建筑企业。通过对有效的回收问卷进行整理归纳，得出被邀请者所在组织和项目的背景信息见表6-4。

描述性统计分析 表6-4

类别	选项	样本数量	比例
性别	男	288	65.60%
	女	151	34.40%
企业类型	开发类	63	14.35%
	设计类	82	18.68%
	生产类	17	3.87%
	施工类	127	28.93%
	科研类	58	13.21%
	其他	92	20.96%
职务	管理人员	95	21.64%
	项目经理	85	19.36%
	技术人员	113	25.74%
	市场人员	53	12.07%
	其他	93	21.19%
学历	大专及以下	96	21.87%
	本科	193	43.96%
	硕士	111	25.28%
	博士	39	8.89%
技术复杂性	低（易于实施）	91	20.73%
	中（技术较复杂）	206	46.92%
	高（技术很复杂）	142	32.35%

6 影响大数据分析使用的因素及其对工程项目绩效的作用研究

由表6-4可知，被调查者中男性较多，这符合建筑行业工作的现实特征，学历多为本科及以上，说明被调查者具有使用复杂数据分析工具的能力，被调查者的职务一般是管理人员、技术人员，表明被调查者对建筑企业中使用大数据分析的情况能有较准确的认识。

2. 共同方法偏差检验

共同方法偏差（CMB）是一种系统误差，指的是由于数据来源或评分者是相同的、测量环境相同、项目语境以及项目本身特征所造成的预测变量与校标变量之间认为的共变。主要由问项的特征、同一来源或评价者、问项的内容和测量语境的影响4个方面的因素产生，这种误差是问卷调查中对收集数据产生的一种影响。本研究调查问卷邀请不同地区、不同组织、不同类型的调查者来填写，从一定程度上降低了由此产生的共同方法偏差。同时，使用Harman方法对数据进行单因素检验，第一个公因子解释了20.97%的方差，未超过40%，表明CMB对研究结果的影响较小。

3. 信效度分析

本研究采用信度系数（Cronbach's Alpha值）和组成信度（CR）对量表进行效度分析。运用SPSS22.0对理论模型的13个变量进行信度分析，见表6-5。从表中可以看出数据量大、数据可访问性、数据诊断性等13个变量的信度系数均大于0.7的标准值，标准化因子载荷指标均大于0.5的标准阈值。根据因子载荷的结果，用组合信度（CR）指标判断检测模型内在的信度质量，计算方式见公式（6-1），计算结果见表6-5。自变量、因变量、调节变量的CR满足大于标准值0.7的要求，说明模型的内在信度较好，即量表结构可靠性满足要求。

$$CR = \frac{(\sum \lambda)^2}{(\sum \lambda)^2 + \sum \theta} \quad (\lambda\text{表示标准化因素负荷量，}\theta\text{表示残差方差}) \quad (6-1)$$

$$AVE = \frac{\sum \lambda^2}{\sum \lambda^2 + \sum \theta} \quad (\lambda\text{表示标准化因素负荷量，}\theta\text{表示残差方差}) \quad (6-2)$$

本研究尽量采用国内外关于大数据分析使用、数据因素、技术因素、组织因素和环境因素研究中已有量表中的成熟题项，设计一套针对本研究问题的调查问卷，以此量化变量，具有一定的内容效度。

量表信效度分析 表6-5

变量	题项数	因子载荷	Cronbach's Alpha	AVE	组合信度（CR）
数据量大	3	0.859	0.831	0.657	0.851
		0.786			
		0.784			
数据诊断性	3	0.886	0.835	0.769	0.864
		0.778			
		0.805			
数据可访问性	2	0.875	0.801	0.742	0.852
		0.848			
员工分析能力	2	0.848	0.788	0.706	0.827
		0.832			
技术兼容性	3	0.866	0.834	0.660	0.853
		0.795			
		0.773			
高级管理者支持	3	0.881	0.823	0.652	0.849
		0.760			
		0.777			
数据驱动文化	3	0.907	0.822	0.738	0.894
		0.824			
		0.844			
组织准备	4	0.882	0.856	0.640	0.876
		0.749			
		0.785			
		0.778			
竞争压力	4	0.871	0.865	0.633	0.873
		0.783			
		0.775			
		0.748			
政府政策	3	0.861	0.829	0.667	0.858
		0.804			
		0.784			

续表

变量	题项数	因子载荷	Cronbach's Alpha	AVE	组合信度（CR）
大数据分析使用	3	0.824	0.824	0.634	0.844
		0.786			
		0.796			
工具复杂性	5	0.943	0.868	0.654	0.904
		0.753			
		0.776			
		0.781			
		0.775			
组织柔性	3	0.898	0.790	0.700	0.875
		0.815			
		0.794			

本研究采用平均提取方差（AVE）和验证性因子分析（CFA）来检验结构效度，平均提取方差（AVE）计算公式见式（6-2），计算结果见表6-5，自变量、因变量、调节变量的 AVE 值均大于 0.5，说明测量量表的结果效度较好。对涵盖41个测量题目的 13 个变量进行验证性因子分析，其模型图如图 6-6 所示。

分析其结果，从表 6-6 可以看出，验证性因子分析模型拟合结果各指标均满足检验标准值，表示理论模型 CFA 与样本数据可以契合，测量模型的拟合性较好。

验证性因子分析模型拟合结果　　　　表6-6

CMIN	df	CMIN/df	GFI	NFI	TLI	CFI	RMSEA
850.791	701	1.214	0.916	0.909	0.979	0.982	0.022

将 AVE 平方根放入皮尔逊相关分析进行区分效度检验，对比对角线上 AVE 平方根和矩阵内部相关系数结果，分析结果见表 6-7。结果显示，所有变量的 AVE 平方根均大于该变量与其他变量的 Pearson 相关系数，这表明各变量之间具有较好的区分效度。

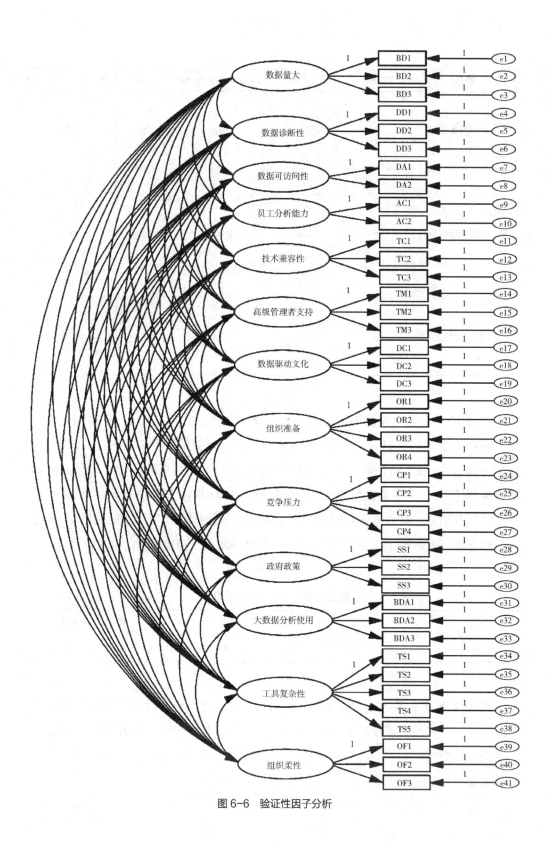

图 6-6 验证性因子分析

Pearson相关分析 表6-7

变量	1	2	3	4	5	6	7	8	9	10	11	12	13
1	**0.657**												
2	0.274**	**0.742**											
3	0.257**	0.257**	**0.769**										
4	0.323**	0.234**	0.341**	**0.706**									
5	0.332**	0.294**	0.308**	0.246**	**0.660**								
6	0.295**	0.236**	0.336**	0.298**	0.299**	**0.652**							
7	−0.054	0.005	0.017	0.035	−0.019	0.015	**0.738**						
8	0.324**	0.301**	0.230**	0.268**	0.285**	0.284**	0.091	**0.640**					
9	0.299**	0.315**	0.304**	0.345**	0.267**	0.369**	−0.007	0.343**	**0.633**				
10	0.323**	0.217**	0.215**	0.309**	0.349**	0.240**	−0.017	0.295**	0.332**	**0.667**			
11	0.357**	0.296**	0.323**	0.264**	0.359**	0.314**	0.052	0.289**	0.346**	0.302**	**0.634**		
12	−0.029	0.03	0.004	0.005	0.003	−0.002	0.056	−0.012	0.004	0.017	−0.008	**0.654**	
13	0.011	0.05	0.07	−0.026	−0.034	0.054	0.035	0.031	0.069	0.093	0.042	−0.084	**0.700**
均值	2.93	2.93	2.90	2.93	2.94	2.88	2.82	2.89	2.89	2.93	2.90	2.80	2.87
标准差	1.066	1.176	1.048	1.129	1.063	1.044	0.987	1.001	1.043	1.066	1.058	0.908	0.935

注：1 = 数据量大，2 = 数据诊断性，3 = 数据可访问性，4 = 员工分析能力，5 = 技术兼容性，6 = 高级管理者支持，7 = 数据驱动文化，8 = 组织准备，9 = 竞争压力，10 = 政府政策，11 = 大数据分析使用，12 = 工具复杂性，13 = 组织柔性；** 表示 $p < 0.01$，* 表示 $p < 0.05$；粗体值为 AVE 算数平方根。

4. 主效应检验

为检验建筑企业中各个可能因素对于大数据分析使用的影响，首先构建控制变量（组织规模、组织类别、项目规模和项目技术复杂性）对大数据分析使用的影响模型 1，之后在模型 1 中加入数据量大，得到模型 2，由表 6-8 可知，数据量大正向影响大数据分析使用（M2，$\beta = 0.352$，$p < 0.001$），H1a 成立。

类似地，在模型 1 中加入数据诊断性，得到模型 3，由表 6-8 可知，数据诊断性正向影响大数据分析使用（M3，$\beta = 0.329$，$p < 0.001$），H1b 成立。

在模型 1 中加入数据可访问性，得到模型 4，由表 6-9 可知，数据可访问性正向影响大数据分析使用（M4，$\beta = 0.266$，$p < 0.01$），H1c 成立。在模型 1 中加入员工分析能力，得到模型 5，如表 6-9 可知，员工分析能力正向影响大数据分析使用（M5，$\beta = 0.246$，$p < 0.01$），H2a 成立。

主效应检验分析（a） 表6-8

变量	大数据分析使用		大数据分析使用	
	M1	M2	M1	M3
组织规模	−0.040	−0.011	−0.040	−0.044
组织类别	0.019	0.005	0.019	0.023
项目规模	0.007	−0.006	0.007	0.023
项目技术复杂性	0.112	0.104	0.112	0.100
数据量大		0.352***		
数据诊断性				0.329***
R^2	0.006	0.131	0.006	0.112
ΔR^2	0.006	0.125	0.006	0.106
F 值	0.677	13.071	0.677	51.513

注：* 表示 $p < 0.05$，** 表示 $p < 0.01$，*** 表示 $p < 0.001$。

主效应检验分析（b） 表6-9

变量	大数据分析使用		大数据分析使用	
	M1	M4	M1	M5
组织规模	−0.040	−0.050	−0.040	−0.022
组织类别	0.019	0.011	0.019	0.025
项目规模	0.007	0.008	0.007	−0.009
项目技术复杂性	0.112	0.107	0.112	0.093
数据可访问性		0.266**		
员工分析能力				0.246**
R^2	0.006	0.093	0.006	0.074
ΔR^2	0.006	0.087	0.006	0.068
F 值	0.677	41.652	0.677	31.642

注：* 表示 $p < 0.05$，** 表示 $p < 0.01$，*** 表示 $p < 0.001$。

在模型1中加入技术兼容性，得到模型6，由表6-10可知，技术兼容性正向影响大数据分析使用（M6，$\beta = 0.355$，$p < 0.001$），H2b成立。在模型1中加入高级管理者支持，得到模型7，由表6-10可知，高级管理者支持对建筑企业大数据分析使用起正向显著影响（M7，$\beta = 0.317$，$p < 0.001$），H3a成立。

主效应检验分析（c） 表6-10

变量	大数据分析使用		大数据分析使用	
	M1	M6	M1	M7
组织规模	−0.040	−0.040	−0.040	−0.029
组织类别	0.019	0.015	0.019	0.021
项目规模	0.007	0.011	0.007	0.011
项目技术复杂性	0.112	0.068	0.112	0.090
技术兼容性		0.355***		
高级管理者支持				0.317***
R^2	0.006	0.132	0.006	0.104
ΔR^2	0.006	0.126	0.006	0.097
F 值	0.677	62.988	0.677	46.996

注：* 表示 $p<0.05$，** 表示 $p<0.01$，*** 表示 $p<0.001$。

在模型 1 中加入数据驱动文化，得到模型 8，由表 6-11 可知，数据驱动文化对大数据分析使用的影响作用不显著（M8，$\beta=0.052$，$p>0.05$），H3b 不成立。在模型 1 中加入组织准备，得到模型 9，如表 6-11 可知，组织准备正向影响建筑企业大数据分析使用（M9，$\beta=0.305$，$p<0.01$），H3c 成立。

主效应检验分析（d） 表6-11

变量	大数据分析使用		大数据分析使用	
	M1	M8	M1	M9
组织规模	−0.040	−0.039	−0.040	−0.036
组织类别	0.019	0.021	0.019	0.025
项目规模	0.007	0.008	0.007	0.007
项目技术复杂性	0.112	0.106	0.112	0.099
数据驱动文化		0.052		
组织准备				0.305**
R^2	0.006	0.009	0.006	0.089
ΔR^2	0.006	0.002	0.006	0.079
F 值	0.677	1.032	0.677	39.540

注：* 表示 $p<0.05$，** 表示 $p<0.01$，*** 表示 $p<0.001$。

在模型 1 中加入竞争压力，得到模型 10，由表 6-12 可知，竞争压力正向影响大数据分析使用（M10，$\beta=0.348$，$p<0.001$），H4a 成立。在模型 1 中加入政府政策，

得到模型11，由表6-12可知，政府政策正向影响大数据分析使用（M11，$\beta = 0.301$，$p < 0.01$），H4b成立。

主效应检验分析（e） 表6-12

变量	大数据分析使用		大数据分析使用	
	M1	M10	M1	M11
组织规模	−0.040	−0.019	−0.040	−0.017
组织类别	0.019	0.021	0.019	0.021
项目规模	0.007	0.003	0.007	−0.006
项目技术复杂性	0.112	0.089	0.112	0.124
竞争压力		0.348***		
政府政策				0.301**
R^2	0.006	0.124	0.006	0.098
ΔR^2	0.006	0.117	0.006	0.091
F值	0.677	58.009	0.677	43.857

注：* 表示 $p < 0.05$，** 表示 $p < 0.01$，*** 表示 $p < 0.001$。

5. 调节效应检验

在检验工具复杂性、组织柔性的调节效应时，本研究采用Sharma等的建议，使用自变量和调节变量的交互项来表示调节效果，在构造交互项时，将自变量和调节变量均进行标准化处理。为检验工具复杂性对员工分析能力与大数据分析使用之间关系的调节效应，在模型5的基础上依次加入工具复杂性以及员工分析能力和工具复杂性的交互项，构建模型12和模型13。由表6-13、图6-7可知，员工分析能力和工具复杂性的交互项对大数据分析使用产生显著正向影响（M13，$\beta = 0.213$，$p < 0.01$）。因此，H5a得到验证。

调节效应检验分析（a） 表6-13

变量	大数据分析使用			
	M1	M5	M12	M13
组织规模	−0.040	−0.022	−0.022	−0.018
组织类别	0.019	0.025	0.025	0.027
项目规模	0.007	−0.009	−0.009	−0.008
项目技术复杂性	0.112	0.093	0.093	0.99

续表

变量	大数据分析使用			
	M1	M5	M12	M13
员工分析能力		0.246**		
工具复杂性			−0.013	
员工分析能力 × 工具复杂性				0.213**
R^2	0.006	0.074	0.074	0.114
ΔR^2	0.006	0.074	0.000	0.040
F 值	0.677	6.908	5.754	7.948

注：* 表示 $p < 0.05$，** 表示 $p < 0.01$，*** 表示 $p < 0.001$。

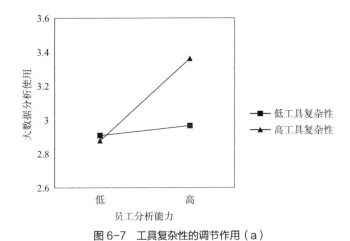

图 6-7 工具复杂性的调节作用（a）

为检验工具复杂性对技术兼容性与大数据分析使用之间关系的调节效应，在模型 6 的基础上依次加入工具复杂性以及技术兼容性和工具复杂性的交互项，构建模型 14 和模型 15。由表 6-14、图 6-8 可知，技术兼容性和工具复杂性的交互项对大数据分析使用也产生显著正向影响（M15, $\beta = 0.261, p < 0.01$）。因此，H5b 得到验证。

调节效应检验分析（b）   表6-14

变量	大数据分析使用			
	M1	M6	M14	M15
组织规模	−0.040	−0.040	−0.040	−0.045
组织类别	0.019	0.015	0.015	0.012
项目规模	0.007	0.011	0.010	−0.007

续表

变量	大数据分析使用			
	M1	M6	M14	M15
项目技术复杂性	0.112	0.068	0.069	0.103
技术兼容性		0.355***		
工具复杂性			−0.011	
技术兼容性 × 工具复杂性				0.261**
R^2	0.006	0.132	0.132	0.190
ΔR^2	0.006	0.132	0.000	0058
F 值	0.677	13.216	10.977	14.447

注：* 表示 $p < 0.05$，** 表示 $p < 0.01$，*** 表示 $p < 0.001$。

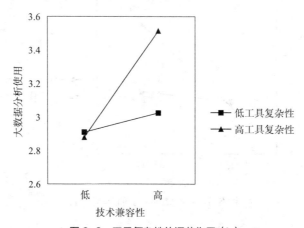

图 6-8　工具复杂性的调节作用（b）

为检验组织柔性对高级管理者支持与大数据分析使用之间关系的调节效应，在模型 7 的基础上依次加入组织柔性以及高级管理者支持和组织柔性的交互项，构建模型 16 和模型 17。由表 6-15 可知，高级管理者支持和组织柔性的交互项对大数据分析使用没有产生显著影响（M17，$\beta = 0.054$，$p > 0.05$）。因此，H6a 未得到验证。

为检验组织柔性对数据驱动文化与大数据分析使用之间关系的调节效应，在模型 8 的基础上依次加入组织柔性以及数据驱动文化和组织柔性的交互项，构建模型 18 和模型 19。由表 6-16 可知，数据驱动文化和组织柔性的交互项对大数据分析使用没有产生显著影响（M19，$\beta = -0.032$，$p > 0.05$）。因此，H6b 未得到验证。

调节效应检验分析（c） 表6-15

变量	大数据分析使用			
	M1	M7	M16	M17
组织规模	−0.040	−0.029	−0.025	−0.024
组织类别	0.019	0.021	0.020	0.021
项目规模	0.007	0.011	0.013	0.015
项目技术复杂性	0.112	0.090	0.086	0.089
高级管理者支持		0.317**		
组织柔性			0.066	
高级管理者支持 × 组织柔性				0.054
R^2	0.006	0.104	0.107	0.109
ΔR^2	0.006	0.104	0.003	0.002
F 值	0.677	9.998	8.615	7.549

注：* 表示 $p < 0.05$，** 表示 $p < 0.01$，*** 表示 $p < 0.001$。

调节效应检验分析（d） 表6-16

变量	大数据分析使用			
	M1	M8	M18	M19
组织规模	−0.040	−0.039	−0.036	−0.040
组织类别	0.019	0.021	0.020	0.020
项目规模	0.007	0.008	0.010	0.010
项目技术复杂性	0.112	0.106	0.103	0.103
数据驱动文化		0.052		
组织柔性			0.044	
数据驱动文化 × 组织柔性				−0.032
R^2	0.006	0.009	0.010	0.011
ΔR^2	0.006	0.009	0.001	0.001
F 值	0.677	0.748	0.729	0.681

注：* 表示 $p < 0.05$，** 表示 $p < 0.01$，*** 表示 $p < 0.001$。

为检验组织柔性对组织准备与大数据分析使用之间关系的调节效应，在模型9的基础上依次加入组织柔性以及组织准备和组织柔性的交互项，构建模型20和模型21。由表6-17、图6-9可知，组织准备和组织柔性的交互项对大数据分析使用产生显著影响（M21，$\beta = 0.179$，$p < 0.01$）。因此，H6c 得到验证。

调节效应检验分析（e） 表6-17

变量	大数据分析使用			
	M1	M9	M20	M21
组织规模	−0.040	−0.036	−0.034	−0.018
组织类别	0.019	0.025	0.024	0.029
项目规模	0.007	0.007	0.008	0.007
项目技术复杂性	0.112	0.099	0.097	0.088
组织准备		0.305**		
组织柔性			0.035	
组织准备 × 组织柔性				0.179**
R^2	0.006	0.089	0.090	0.119
ΔR^2	0.006	0.089	0.001	0.028
F 值	0.677	8.498	7.147	8.278

注：* 表示 $p<0.05$，** 表示 $p<0.01$，*** 表示 $p<0.001$。

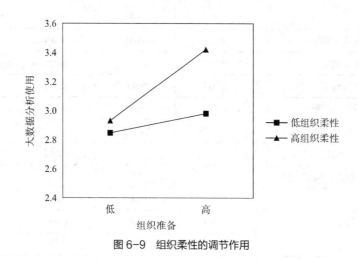

图 6-9　组织柔性的调节作用

6.3.4　结果讨论

1. 研究结果汇总

借助结构方程模型和统计软件，实证检验了本研究所提出的15个理论假设，其中12个假设获得支持，另外3个假设未获得支持，具体检验结果见表6-18。

假设检验汇总表　　　　　　　　表6-18

序号	具体假设	检验结果
H1a	数据量大正向影响建筑企业使用大数据分析	支持
H1b	数据诊断性正向影响建筑企业使用大数据分析	支持
H1c	数据可访问性正向影响建筑企业使用大数据分析	支持
H2a	员工分析能力正向影响建筑企业使用大数据分析	支持
H2b	技术兼容性正向影响建筑企业使用大数据分析	支持
H3a	高层管理者支持正向影响建筑企业使用大数据分析	支持
H3b	数据驱动文化正向影响建筑企业使用大数据分析	不支持
H3c	组织准备正向影响建筑企业使用大数据分析	支持
H4a	竞争压力正向影响建筑企业使用大数据分析	支持
H4b	政府政策正向影响建筑企业使用大数据分析	支持
H5a	工具复杂性正向调节员工分析能力与大数据分析使用的关系	支持
H5b	工具复杂性正向调节技术兼容性与大数据分析使用的关系	支持
H6a	组织柔性正向调节高级管理者支持与大数据分析使用的关系	不支持
H6b	组织柔性正向调节数据驱动文化与大数据分析使用的关系	不支持
H6c	组织柔性正向调节组织准备与大数据分析使用的关系	支持

2. 研究结果讨论

本研究通过数据分析得到一些有价值的结果，下面将对这些结果进行相关理论讨论，主要包括各个层面因素对大数据分析使用的影响作用，工具复杂性和组织柔性两个变量的调节作用的讨论。

（1）数据因素对大数据分析使用的作用

数据量大对大数据分析使用的影响系数显著（$\beta = 0.352$，$p < 0.001$），起到正向影响作用。这表明，在建筑业中，数据越多，数据结构越复杂，越会促使组织去使用大数据技术处理数据，刺激组织认识数据的重要性，进而提升数据处理能力和信息组合的能力。

数据诊断性对大数据分析使用的影响系数显著（$\beta = 0.329$，$p < 0.001$），起到正向影响作用。这表明，组织通过数据诊断获得的洞察力，提高对事件的预测能力，为数据使用者提供一些有用见解，这反过来作用于组织去使用大数据分析技术，更促进组织结合其他技术，对所拥有的数据进行价值提取。

数据可访问性对大数据分析使用的影响系数显著（$\beta = 0.266$，$p < 0.01$），起到

正向影响作用。这表明信息技术的快速发展，意味着数据更替的速率提高以及获取数据的难度降低，这使得组织着重考虑收集并使用数据，尤其是由不同技术软件产生的各种形式的数据。在建筑业，多方合作已是基本方式，采用先进技术的意识也在快速提高，BIM软件正在普及，装配式构建也在推广，这些技术的运用使得数据的利用率呈现飞跃式地增加。

（2）技术因素对大数据分析使用的作用

员工分析能力对大数据分析使用的影响系数显著（$\beta = 0.246$，$p < 0.01$），起到正向影响作用。这表明，随着数据的爆发式增长，获取数据的途径增多，员工分析能力也得到了提升，员工利用分析技术能力，从数据中提取价值，形成核心见解。海量的数据促使员工通过可利用的软件，结合自身掌握的分析技能，有效梳理出数据价值，形成业务洞察力。

技术兼容性对大数据分析使用的影响系数显著（$\beta = 0.355$，$p < 0.001$），起到正向影响作用。这表明，组织现有的技术基础设施越优良，组织员工越愿意学习新技术，越愿意去使用大数据分析技术。在实践中，使用大数据分析技术时拥有越匹配的技术支持，取得的效果就越理想，就越容易形成良性循环，也就越促使组织去倡导或激励使用大数据分析技术。

（3）组织因素对大数据分析使用的作用

高级管理者支持对大数据分析使用的影响系数显著（$\beta = 0.317$，$p < 0.001$），起到正向影响作用。这表明若高层领导意识到使用大数据分析技术可以带来客观的价值或利润，则在高层决策者的有利支持下，组织内部提升了大数据分析使用的意识，会更可能地开放组织条件，当给予较大实际支持时，组织的大数据分析使用会具有明显效果。

数据驱动文化对大数据分析使用的影响系数不显著（$\beta = 0.052$，$p > 0.05$），未起到正向影响作用。这可能是因为数据分析的使用虽然普及，但是交流沟通力还未达到一定水平，因此带来的信息共享度不够，未能在直观上感受到大数据分析的优势，也就未能刺激组织使用大数据分析技术。因为数据驱动文化的氛围只局限在一定范围，没有全方位惠及，所以组织的大数据分析使用意愿程度不高。

组织准备对大数据分析使用的影响系数显著（$\beta = 0.305$，$p < 0.01$），起到正向影响作用。这表明组织使用技术的意愿程度以及为之所做的努力对于组织大数据分析使用具有良好的作用，组织提前配备好所对应的基础设施、技术人员、培训等对于员工使用大数据分析技术有较好的促进作用，组织所提供的积极态度昭示一种

向上的力量，这种精神会使组织及其成员自发地发挥个体价值，从而去创造组织价值。

（4）环境因素对大数据分析使用的作用

竞争压力对大数据分析使用的影响系数显著（$\beta = 0.348$，$p < 0.001$），起到正向影响作用。这表明在竞争状态下，行业的发展对技术的运用有一定程度的促进作用，同行业的创新产生的价值刺激竞争者寻找产生价值的源头并去观摩、去学习、去利用。工程项目中以协作为主要运作模式，同等条件下，组织更愿意采用大数据分析技术去缩短建筑周期、去完善工程质量，以提升自身竞争优势。

政府政策对大数据分析使用的影响系数显著（$\beta = 0.301$，$p < 0.01$），起到正向影响作用。这表明，政府出台的相关政策会促使建筑企业为提升自身竞争优势进一步响应这种激励策略，进而制定在工程项目中使用大数据分析技术的计划。在政府给予技术支持、条件支持或者直接补贴的情况下，组织愿意自发地去引入大数据分析技术，借助创新技术，进一步提升价值，提升品牌力，提高利润。

（5）工具复杂性对员工分析能力、技术兼容性与大数据分析使用之间关系的调节作用

工具复杂性对员工分析能力与大数据分析使用之间关系的调节作用的影响系数显著（$\beta = 0.213$，$p < 0.01$），起到正向影响作用。这表明，工具复杂性越高时，对于员工的分析能力要求越高，进而促进组织成员学习，掌握更高级技能。同时较高的工具复杂性刺激组织成员形成相互探讨的氛围，组织成员分析能力亦随之提升。

工具复杂性对技术兼容性与大数据分析使用之间关系的调节作用的影响系数显著（$\beta = 0.261$，$p < 0.01$），起到正向影响作用。这表明，越高的工具复杂性，不仅要求技术差异性小，还要求日常设施以及基础应用程序差异性小，从而提升组织在诸如基础设施、文化知识等兼容性上的提升，也促进组织成员之间进行交流沟通。为达成最终目标并有效传递信息，要求组织成员的技术知识、组织的基础设施等相关或相似，进而推动组织使用大数据分析使用。

（6）组织柔性对高级管理者支持、数据驱动文化、组织准备与大数据分析使用之间关系的调节作用

组织柔性对高级管理者支持与大数据分析使用之间关系的调节作用的影响系数不显著（$\beta = 0.054$，$p > 0.05$），未起到正向影响作用。这可能因为高层决策者与组织运转有着密不可分的关系，两者呈相辅相成的作用，组织的柔性虽然对于组织运

转有促进作用，但是对于调节高级管理者支持和使用大数据分析技术之间关系的效果不显著。

组织柔性对数据驱动文化与大数据分析使用之间关系的调节作用的影响系数不显著（$\beta = -0.032$，$p > 0.05$），未起到正向影响作用。这可能因为数据驱动文化对于大数据分析使用的影响效果不显著，继而影响组织柔性对其关系的调节作用。虽然组织展示的柔性越高，对于组织文化的冲击可能越大，但数据驱动文化可能只是组织文化的一小部分，所以未能起到可见的显著效果。

组织柔性对组织准备与大数据分析使用之间关系的调节作用的影响系数显著（$\beta = 0.179$，$p < 0.01$），起到正向影响作用。这表明，组织柔性越高，有充分准备的组织使用大数据分析技术的意愿则越高，柔性给予组织留有灵活变动的空间。利用组织准备的有利条件，组织使用大数据分析技术的意愿更高。

6.4 大数据分析使用对工程项目绩效的影响研究

6.4.1 研究假设

1. 大数据分析使用对项目绩效的影响

大数据是一种信息资产，具有高容量、高速和高多样性等特点。大数据分析是指利用先进技术分析大数据以发现有用信息。大数据分析使用指组织使用先进分析工具的频率和程度。

Razmdoost 等（2016）研究认为传统的项目绩效是以完成项目所需资源数量来评估的。根据"铁三角"，项目绩效以质量、成本和进度三方面进行测量。许劲等（2010）进一步指出项目绩效的测量已经不单单是传统的铁三角，而应该包括长期、短期目标以及对组织作贡献等方面。因此，本书中项目绩效包括进度、成本、质量以及利益相关者满意度四个方面。

工程项目组织使用大数据技术收集并分析数据，将传统上依赖于管理者直觉判断的决策转变成自动化决策。组织通过大数据分析使用能够更快更完整地处理项目信息，对项目实施过程中可能发生的问题实现更准确的分析预测，从而快速响应项目实施过程中的变化，及时制定应对方案，以提高项目绩效。大数据分析的使用帮助设计和施工活动产生的海量数据越来越容易被收集和有效利用，这些数据的有效利用能使工程项目组织把控项目进度、控制项目成本，进而提高工程项目绩效。通过挖掘以往项目中收集到的成本相关数据，可以制定后续项目的成本控制策略。根据动态能力理论，组织将大数据分析使用视为一种动态能力，通过大数据分析使用，组合从各种来源收集的信息，并将这些信息传递给决策者，以保证良好的项目绩效。收集工程项目各阶段的数据信息，利用大数据技术进行分析，不仅能够进行项目预测与优化，同时还能控制项目的整体进度、节约项目成本、提高工程质量且得到项目利益相关方的认可，最终提高项目绩效。基于以上论述，提出以下假设：

H1：大数据分析使用对项目绩效有显著的正向影响。

2. 大数据价值创造的中介作用

大数据价值创造能够识别新机会，这通常会带来积极的客户反馈，如客户愿意为产品付费。Elia 等（2020）通过系统的文献综述，提出采用大数据技术的组织能产生多个方面的价值，并归纳了大数据价值创造的五个维度，包括信息价值、交易价值、转变价值、战略价值和基础设施价值。

信息价值是指大数据可以生成新的信息并发现隐藏的知识，这些知识有利于提高决策过程的质量。组织通过大数据分析使用来收集和分析比以往更多的数据，并提高决策过程的质量、创造信息价值，最终为管理人员提供决策依据。通过大数据分析使用，工程项目本身（如材料机械成本、施工成本等）及外部环境（如市场价格、国家定额等宏观经济层面）产生的进度、质量、成本数据能直接应用于工程项目目标控制，为工程项目管理者提供决策支持，进而提高项目绩效。交易价值是指大数据可以通过改变组织模式、提高产品质量、增加收益、改进运营流程、管理复杂问题和面对新挑战，为组织带来效益。大数据分析使用可以优化当前的业务实践、服务和流程来创造交易价值，降低组织的沟通成本和运营成本。如 Zhong 等（2017）将 BIM 和 RFID 技术结合，开发物联网（IoT）平台，获取预制建筑项目施工过程的实时数据，项目利益相关方通过该平台对工程质量实时监控，不断提高工程质量，同时降低了项目利益相关方的运营成本。转变价值是指通过大数据在产品、服务、客户细分、市场或商业模式上产生创新而提高组织绩效。Chen 等（2015）在供应链管理研究中指出大数据分析使用能使供应链组织持续创新，改变商业模式，进而改善组织产品和服务开发、运营等功能，最终提高组织绩效。对于工程项目而言，传统互联网无法满足建筑供应链中各参与方实时信息共享和交流的需求，而基于大数据的集成信息共享云平台能帮助建筑供应链利益相关者通过移动互联网实现高效的信息交流，促进建筑供应链的发展，提高建筑供应链管理绩效。战略价值是指大数据技术能够对数据进行实时处理，从而使组织能更有针对性地改进产品和服务，提高客户忠诚度，最终提升组织绩效。例如，通过施工现场监控视频和照片收集相关数据，利用大数据分析施工现场工人的不安全行为，提高工程安全管理绩效。Zhang 等（2015）设计了一个基于大数据的建设项目投标价格评估系统，利用大数据技术对地铁车站项目的投标价格进行评估，以合理控制工程成本满足建设方需求。基础设施价值是指大数据允许开发新的应用程序、工具和架构，增加现有基础设施的价值，并为应对未来项目组织在流程、人员和系统方面的技术挑战做好准备。Wang 等（2017）发现大数据分析使用带来了信息技术基础设施方面的好处，包括减少系统冗余、降低信息技术使用和维护成本、提高数据传输速度、简化和标准化 IT 管理流程等。大数据分析使用有利于项目组织形成自身的信息技术基础设施，节约 IT 管理成本，优化 IT 管理流程，从而提高项目绩效。在工程项目中，Chen 等（2016）利用大数据等技术，设计了基于 Web 的服务框架，管理者可以通过该框架查看、存储和分析大量的 BIM 数据，有效整合来自不同工程项目的 BIM 数据。

综上所述，大数据分析使用有利于大数据产生信息价值、交易价值、转变价值、战略价值以及基础设施价值，即大数据分析使用能促进大数据价值创造，通过大数据价值创造为工程项目管理者提供决策依据、降低项目沟通成本、提高工程质量、促进项目参与方的信息交流、更快响应工程变化等，最终提高工程项目绩效。简言之，大数据分析使用能促进大数据价值创造，且大数据价值创造能提高工程项目绩效。基于此，提出如下假设：

H2：大数据分析使用对大数据价值创造有显著的正向影响。

H3：大数据价值创造对项目绩效有显著的正向影响。

H4：大数据价值创造在大数据分析使用与项目绩效之间具有中介作用。

3. 信息强度的调节作用

信息强度是由 Porter 和 Millar 于 1985 年提出，并将信息强度定义为企业价值链上产品或服务的信息内容以及相关信息处理需求为变量的函数。Teo 和 King（1997）进一步指出，信息强度反映的是信息使用的内容和程度。针对本书研究内容，将信息强度定义为信息使用的内容和程度。Mao 等（2015）在知识能力对组织敏捷性的影响研究中将信息强度作为调节变量进行相关讨论。他们认为在高信息强度下，组织需要一定的知识能力将信息转化成知识，使组织更加敏捷，组织敏捷有利于组织价值创造。工程项目的复杂性导致了决策的不确定性，工程项目参与主体的多元化也进一步加剧了项目各参与方之间的信息不对称，Elgendy 等（2016）通过大数据分析使用实时共享信息，开发"大数据、分析和决策"框架以增强决策制定。传统的项目数据因离散、非实时等特点，不能实时反映项目信息。而大数据技术可以自动、连续地获取数据，把控工程项目质量。当信息强度高时，工程项目组织有更多的信息需要通过大数据分析去获取、处理并将其转化为多方面的价值，即密集信息强度下组织需要频繁通过大数据分析使用获取大数据所带来的价值。当信息强度越高，组织就越有可能通过更高层次的大数据分析使用去处理更密集的信息，以便将其更快地转化为大数据价值创造。反之，如果没有较强的信息强度，组织通过大数据分析使用便不能产生多方面的大数据价值创造。基于此，提出如下假设：

H5：信息强度对大数据分析使用与大数据价值创造之间的关系具有正向调节作用。

4. 被调节的中介作用

大数据分析使用需要大量的信息，这些信息需要用大数据分析技术进行分析。信息密集的环境要求加强信息技术的使用来处理信息和吸收新知识。从不同来源（业主、设计方、承包商、监理、建筑材料供应商等）收集的工程项目数据通常有多种数据类型，包括传统的结构化数据（如 ERP、财务系统等）、非结构化数据（如音频、社交媒体和视频等）和半结构化数据（E-mail、HTML、XML 文件等），通过分析这些数据，为工程项目管理提供最佳决策，确保项目质量、节约项目成本、保证项目按时交付，最终提高项目绩效。信息强度为大数据分析使用提供了必要保障，项目主体可以通过大数据分析使用促进大数据价值创造的过程，进而提升项目绩效。相反，如果项目主体没有足够的信息强度来支持大数据分析使用，那么大数据分析便没有良好的实施环境，大数据价值创造便不能完全突显，项目绩效也不会有明显增加。简而言之，信息强度越高，大数据价值创造在大数据分析使用和项目绩效之间的中介作用就越强。基于此，提出如下假设：

H6：信息强度对大数据分析使用与项目绩效之间的间接作用具有正向调节作用，即当信息强度较高时，大数据分析使用通过大数据价值创造影响项目绩效的间接正向效应较强。

5. 假设汇总

基于以上对大数据分析使用、大数据价值创造、信息强度和项目绩效之间关系的假设推导过程，得到 6 个研究假设，见表 6-19。

研究假设汇总 表6-19

假设	假设内容
H1	大数据分析使用对项目绩效有显著的正向影响
H2	大数据分析使用对大数据价值创造有显著的正向影响
H3	大数据价值创造对项目绩效有显著的正向影响
H4	大数据价值创造在大数据分析使用与项目绩效之间具有中介作用
H5	信息强度对大数据分析使用与大数据价值创造之间的关系具有正向调节作用
H6	信息强度对大数据分析使用与项目绩效之间的间接作用具有正向调节作用

基于以上对大数据分析使用、大数据价值创造、信息强度和项目绩效之间关系提出的研究假设，构建了如图6-10所示的研究模型。

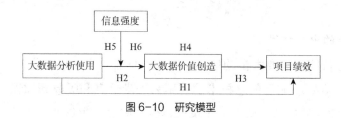

图6-10 研究模型

6.4.2 问卷设计与数据收集

为了验证研究假设，利用问卷调查获得数据，问卷调查常常被人们用来收集研究所需的资料。通过阅读大数据分析使用、大数据价值创造、信息强度和项目绩效等相关领域的文献，借鉴相关变量的成熟量表，形成初始测量量表。结合所研究工程项目背景，在初始测量量表形成以后，咨询领域内专业人士的意见，修改并补充测量题项，形成最终的测量量表。阅读已有相关研究的问卷，结合研究背景和主要问题，对所设计的问卷进行补充修改，最终形成了本次调查问卷。

本次问卷调查主要包括两部分：首先是基础信息，包括被调查者的基本信息以及他们近期参与的项目基本信息（如项目规模、项目类型等）；其次是研究变量的测量题项，包括大数据分析使用、大数据价值创造、信息强度和项目绩效的测量题项。问卷中采用Likert 5点量表评估测量题项，其中在大数据分析使用的测量中，1="偶尔"，2="一般"，3="频繁"，4="比较频繁"，5="非常频繁"，在大数据价值创造、信息强度和项目绩效的测量中，1="非常不同意"，2="不同意"，3="一般"，4="同意"，5="非常同意"。

本节主要研究的是大数据分析使用对工程项目绩效的影响，被调查者主要是参与了工程项目的一些中高级经理、项目经理及工程师等对项目整体情况较为了解的管理人员。在发放问卷之初将大数据分析工具的定义提供给了被调查者，只有了解和熟悉这些工具的人员才能完成调查。本次调查涉及的项目类型主要包括建筑工程、水利水电工程、市政公用工程等。通过电子邮件等渠道发放本次调查问卷，要求被调查者基于最近完成的应用大数据分析的项目情况填写问卷，以降低被调查者记忆造成的偏差。本次调研共收回 416 份问卷，剔除一些回答有明显规律性以及一些回答不完整的问卷后，最终获得 300 份有效问卷，有效问卷回收率为 72.1%。归纳整理相关问卷数据，得出被调查者参与项目信息见表 6-20。

被调查者参与项目信息　　　　表6-20

统计特征	分类	样本数	百分比
项目类型	建筑工程	120	40%
	机电工程	20	6.67%
	铁路、公路工程	32	10.67%
	港口隧道工程	15	5%
	水利水电工程	33	11%
	民航机场工程	23	7.66%
	市政公用工程	57	19%
项目规模	低于 5000 万元	56	18.67%
	5000 万 ~2 亿元	105	35%
	2 亿 ~10 亿元	91	30.33%
	大于 10 亿元	48	16%

6.4.3 数据分析与假设检验

1. 描述性统计分析

对大数据分析使用、项目绩效、大数据价值创造和信息强度这 4 个变量的观测指标进行描述性统计分析，得到表 6-21。由表 6-21 可知，这些变量的测量指标均值均在 2.15 ~ 2.75，同时峰度绝对值的最大值为 1.618，偏度绝对值的最大值为 0.994，符合结构方程模型中对峰度和偏度的规定，即偏度绝对值应该 < 2，且峰度绝对值应该 < 5。

描述性统计分析结果表 表6-21

变量	测量指标	最小值	最大值	均值	标准差	峰度	偏度
大数据价值创造	BDVC1	1	5	2.29	1.267	−0.392	0.802
	BDVC2	1	5	2.22	1.256	−0.300	0.863
	BDVC3	1	5	2.29	1.269	−0.449	0.773
	BDVC4	1	5	2.26	1.229	−0.439	0.722
	BDVC5	1	5	2.24	1.215	−0.291	0.797
	BDVC6	1	5	2.25	1.214	−0.324	0.768
	BDVC7	1	5	2.23	1.185	−0.278	0.766
	BDVC8	1	5	2.22	1.184	−0.162	0.831
	BDVC9	1	5	2.27	1.255	−0.517	0.745
	BDVC10	1	5	2.31	1.314	−0.560	0.784
	BDVC11	1	5	2.34	1.274	−0.534	0.738
	BDVC12	1	5	2.37	1.259	−0.505	0.671
	BDVC13	1	5	2.20	1.229	−0.193	0.883
	BDVC14	1	5	2.28	1.257	−0.452	0.770
	BDVC15	1	5	2.30	1.333	−0.446	0.837
	BDVC16	1	5	2.33	1.293	−0.455	0.793
	BDVC17	1	5	2.15	1.302	−0.245	0.994
	BDVC18	1	5	2.18	1.289	−0.195	0.993
大数据分析使用	BDAU1	1	5	2.40	1.526	−1.618	0.372
	BDAU2	1	5	2.35	1.504	−1.455	0.486
信息强度	II 1	1	5	2.68	1.494	−1.411	0.324
	II 2	1	5	2.75	1.459	−1.403	0.266
	II 3	1	5	2.67	1.452	−1.376	0.319
项目绩效	PP1	1	5	2.63	1.213	−1.089	0.178
	PP2	1	5	2.61	1.167	−0.820	0.385
	PP3	1	5	2.52	1.236	−1.035	0.344
	PP4	1	5	2.64	1.220	−0.991	0.283
	PP5	1	5	2.54	1.169	−0.991	0.289
	PP6	1	5	2.66	1.224	−0.924	0.350

2. 信效度分析

本研究采用 Cronbach's Alpha 和组合信度（CR）来判别潜变量信度。由表6-22可知，大数据分析使用的 CR 值是 0.896，大数据价值创造的 CR 值是 0.963，信强度的 CR 值是 0.908，项目绩效的 CR 值是 0.876，均大于 0.6；大数据分析使用的 Cronbach's Alpha 值是 0.768，大数据价值创造的 Cronbach's Alpha 值是 0.959，信息强度的 Cronbach's Alpha 值是 0.849，项目绩效的 Cronbach's Alpha 值是 0.831，均大于 0.7。综上可知，本研究所采用的量表具有良好的信度。

潜变量信度分析结果　　　　　　　表6-22

潜变量	观测变量	CR	Cronbach's Alpha
大数据分析使用	BDAU1	0.896	0.768
	BDAU2		
大数据价值创造	BDVC1	0.963	0.959
	BDVC2		
	BDVC3		
	BDVC4		
	BDVC5		
	BDVC6		
	BDVC7		
	BDVC8		
	BDVC9		
	BDVC10		
	BDVC11		
	BDVC12		
	BDVC13		
	BDVC14		
	BDVC15		
	BDVC16		
	BDVC17		
	BDVC18		
信息强度	II1	0.908	0.849
	II2		
	II3		
项目绩效	PP1	0.876	0.831
	PP2		
	PP3		
	PP4		
	PP5		
	PP6		

本研究通过潜变量各观测指标的因子载荷（Factor Loading，FL）和平均方差抽取量（Average Variance Extracted，AVE）来检验聚合效度。由表6-23可得，大数据分析使用的AVE为0.812，大数据价值创造的AVE为0.589，信息强度的AVE为0.768，项目绩效的AVE为0.541，均大于0.5，表明量表有良好的聚合效度。

潜变量聚合效度指标表　　　　　表6-23

潜变量	观测指标	因子载荷（FL）	平均抽取变异量（AVE）
大数据分析使用	BDAU1	0.890	0.812
	BDAU2	0.911	
大数据价值创造	BDVC1	0.733	0.589
	BDVC2	0.775	
	BDVC3	0.782	
	BDVC4	0.729	
	BDVC5	0.733	
	BDVC6	0.764	
	BDVC7	0.725	
	BDVC8	0.740	
	BDVC9	0.760	
	BDVC10	0.804	
	BDVC11	0.766	
	BDVC12	0.750	
	BDVC13	0.776	
	BDVC14	0.759	
	BDVC15	0.795	
	BDVC16	0.773	
	BDVC17	0.825	
	BDVC18	0.820	
信息强度	II1	0.867	0.768
	II2	0.878	
	II3	0.883	
项目绩效	PP1	0.761	0.541
	PP2	0.727	
	PP3	0.732	
	PP4	0.715	
	PP5	0.752	
	PP6	0.728	

本研究首先采用潜变量 AVE 的平方根是否大于潜变量之间的皮尔森相关系数值来检验各主要变量的区分效度（表6-24）。由表6-24可知，四个变量 AVE 的平方根均大于各潜变量之间的皮尔森相关系数，表明这些变量具有良好的区分效度。

潜变量的皮尔森相关系数值和AVE的平方根　　　　表6-24

变量	大数据分析使用	大数据价值创造	信息强度	项目绩效
大数据分析使用	0.901			
大数据价值创造	0.257**	0.768		
信息强度	0.361**	0.434**	0.876	
项目绩效	0.443**	0.423**	0.372**	0.736

注：* 为 $p<0.05$，** 为 $p<0.010$；对角线加粗数值为 AVE 的平方根。

其次，本研究通过比较所有观测指标的因子载荷和这些观测指标与潜变量的交叉载荷的大小来判定该量表的区分效度。因子载荷和交叉载荷见表6-25，即分项对总项相关系数表。由表6-25可知，所有观测指标的因子载荷均大于其与其他潜变量的交叉载荷，表明区分效度良好。

分项对总项相关系数　　　　表6-25

题项	大数据分析使用	大数据价值创造	信息强度	项目绩效
BDAU1	0.89	0.196	0.329	0.391
BDAU2	0.911	0.264	0.324	0.404
BDVC1	0.186	0.733	0.286	0.274
BDVC2	0.254	0.775	0.331	0.318
BDVC3	0.145	0.782	0.33	0.316
BDVC4	0.128	0.729	0.283	0.278
BDVC5	0.218	0.733	0.364	0.331
BDVC6	0.184	0.764	0.346	0.347
BDVC7	0.205	0.725	0.343	0.325
BDVC8	0.204	0.740	0.302	0.319
BDVC9	0.16	0.760	0.33	0.233
BDVC10	0.241	0.804	0.315	0.358
BDVC11	0.17	0.766	0.327	0.29

续表

题项	大数据分析使用	大数据价值创造	信息强度	项目绩效
BDVC12	0.146	0.750	0.334	0.32
BDVC13	0.271	0.776	0.42	0.357
BDVC14	0.147	0.759	0.284	0.234
BDVC15	0.238	0.795	0.357	0.341
BDVC16	0.205	0.773	0.336	0.33
BDVC17	0.192	0.825	0.313	0.374
BDVC18	0.206	0.820	0.348	0.42
II 1	0.289	0.388	0.867	0.325
II 2	0.388	0.375	0.878	0.343
II 3	0.274	0.376	0.883	0.307
PP1	0.408	0.365	0.32	0.761
PP2	0.341	0.278	0.223	0.727
PP3	0.327	0.312	0.342	0.732
PP4	0.266	0.287	0.208	0.715
PP5	0.265	0.355	0.263	0.752
PP6	0.324	0.253	0.269	0.728

3. 假设检验

本研究采用 Smart PLS3.0 对变量间关系的假设进行检验。选择该方法的主要原因如下：第一，与基于协方差的结构方程模型（CBSEM）相比，PLS 不需要样本符合正态分布，使用 PLS 可以有效避免模型不能识别的问题；第二，PLS 更适合进行预测和理论建立，如探索性的研究，而关于大数据分析使用、大数据价值创造、信息强度和项目绩效之间影响的理论研究相对较少，理论知识较为匮乏。因此本研究选择 PLS 进行数据分析。

在 PLS-SEM 中，通常将 R^2 作为评估结构模型品质的指标之一，称为可决系数，用来衡量结构方程模型的解释能力，代表的是模型中自变量对因变量的解释能力。R^2 介于 0 和 1 之间，R^2 越接近于 1 表明结构方程模型的解释能力越强，R^2 的判定标准如下：当 R^2 的值接近 0.75 时，模型的解释能力很显著；当 R^2 的值接近 0.5 时，则模型具有中等程度的解释力；当 R^2 的值接近 0.25 时，则模型的解释力稍弱。

6 影响大数据分析使用的因素及其对工程项目绩效的作用研究

R Square表　　　　　　　　　　　　　　　　表6-26

潜变量	R^2
大数据价值创造	0.251
项目绩效	0.353

根据表6-26可知，大数据分析使用能够解释大数据价值创造的25.1%；大数据价值创造和大数据分析使用能解释项目绩效的35.3%。综上表明，模型具有一定的解释能力。

本研究首先利用PLS算法进行路径系数估计，其次通过PLS进行bootstrapping运算，即从原始数据中选取容量为1000的重抽样样本，基于此，检验路径系数的显著性，结果见表6-27。由表6-27可知，大数据分析使用对项目绩效有显著的正向影响（BDAU → PP，$\beta = 0.353$，$p < 0.001$），故H1成立。

依据Baron等对中介效应的检验方法验证大数据价值创造的中介作用。根据分析结果，大数据分析使用对大数据价值创造有正向影响（BDAU → BDVC，$\beta = 0.102$，$p < 0.05$），则H2成立。大数据价值创造对项目绩效有显著的正向影响（BDVC → PP，$\beta = 0.390$，$p < 0.001$），则H3成立。而在模型中加入大数据价值创造这一中介变量后，大数据分析使用对项目绩效的影响仍显著，但系数明显降低（BDAU → BDVC → PP，$\beta = 0.040$，$p < 0.05$）。因此大数据分析使用对项目绩效的影响通过大数据价值创造的部分中介作用产生了效果。即大数据价值创造在大数据分析使用和项目绩效关系中起中介作用，H4得到验证。

大数据分析使用与信息强度的交互项对大数据价值创造有显著正向影响（BDAU*II → BDVC，$\beta = 0.242$，$p < 0.001$），说明信息强度对大数据分析使用和大数据价值创造之间的正向调节作用显著，H5成立。为了更清晰地揭示信息强度的调节效应，本研究绘制了如图6-11所示的调节效应图。结果显示，在较高信息强度下，大数据分析使用对大数据价值创造的正向作用较强；在较低的信息强度下，大数据分析使用与大数据价值创造的正向作用较弱。因此，H5得到进一步验证。大数据分析使用和信息强度的交互项对大数据价值创造的中介作用产生正向影响（BDAU*II → BDVC → PP，$\beta = 0.094$，$p < 0.001$），故支持H6。由此可知，大数据价值创造的中介效应会受到信息强度的调节，即存在被调节的中介效应。

PLS分析结果　　　　　　　　　　　　　　　　表6-27

假设	路径	路径系数	t值	假设是否支持
H1	BDAU → PP	0.353***	6.489	支持
H2	BDAU → BDVC	0.102*	2.021	支持
H3	BDVC → PP	0.390***	5.515	支持
H4	BDAU → BDVC → PP	0.040*	2.067	支持
H5	BDAU*II → BDVC	0.242***	4.628	支持
H6	BDAU*II → BDVC → PP	0.094***	3.480	支持

注：* 为 $p<0.05$，** 为 $p<0.010$，*** 为 $p<0.001$。

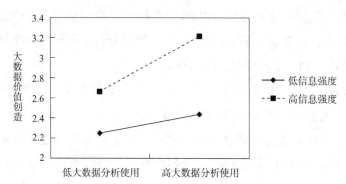

图6-11　信息强度对大数据分析使用与大数据价值创造间关系的调节效应

6.4.4　研究结果

本研究通过对有效问卷进行分析，检验提出的六个假设是否成立，假设检验结果见表6-28。

假设检验结果汇总表　　　　　　　　　　　　表6-28

编号	假设内容	检验结果
H1	大数据分析使用对项目绩效有显著的正向影响	成立
H2	大数据分析使用对大数据价值创造有显著的正向影响	成立
H3	大数据价值创造对项目绩效有显著的正向影响	成立
H4	大数据价值创造在大数据分析使用与项目绩效之间具有中介作用	部分成立
H5	信息强度对大数据分析使用与大数据价值创造之间的关系具有正向调节作用	成立
H6	信息强度对大数据分析使用与项目绩效之间的间接作用具有正向调节作用	成立

6.5 研究结论与展望

6.5.1 研究结论

本章结合资源基础理论、TOE 框架模型、动态能力理论和相关文献综述，构建了建筑企业大数据分析使用影响因素模型和及工具复杂性、组织柔性对影响路径的调节作用，并以大数据价值创造为中介变量、信息强度为调节变量，构建了"大数据分析使用 – 大数据价值创造 – 项目绩效"的研究框架，通过实证检验，得出以下结论：

（1）数据量大、数据诊断性、数据可访问性、员工分析能力、技术兼容性、高级管理者支持、组织准备、竞争压力、政府政策因素对大数据分析使用产生正向影响。实证的结果证实，在数据分析的背景下，组织的建设项目需要多个主体参与，相互协作，各自会产生海量数据。由于数据资源的涌现使得组织逐渐重视大数据分析技术，形成数据 – 信息 – 价值的思维模式。具有高水平分析能力的员工可以在使用大数据分析工具的同时将大数据转化为业务洞察力。组织中熟练使用分析技术的成员可以运用分析工具汇总建筑耗材信息、汇总招标投标和造价信息、实时传输管理信息等，了解组织外部及组织内部的变化。这种人力资本资源最终转化为组织竞争优势，提升组织价值。同时政策扶持能促进组织使用大数据分析技术，这与 Hos 和 Pike 认为外部因素影响信息技术在建筑项目中的应用是一致的。

工具复杂性不仅正向调节员工分析能力对大数据分析使用的影响，还正向调节技术兼容性对大数据分析使用的影响。组织拥有高度工具复杂性时，表明组织的基础设施比较健全，资金力量比较雄厚，对于员工的技能培养更加重视。这促进员工能力的提升，形成并增强数据分析能力。在 BIM 技术的应用下，逐步建立的兼容程度高的信息化平台能够更有效地梳理流程、整理储存管理资料，组织技术的兼容性容纳越高，大数据分析技术使用的频率越高。

组织柔性仅对组织准备与大数据分析使用之间关系的调节起显著作用，而对高级管理者支持、数据驱动文化与大数据分析使用之间关系的调节作用不显著。组织的柔性有利于提高组织内部各部门信息获取与传递的效率，解决组织信息不对称问题。组织柔性在充足的组织准备条件下促进组织灵活使用大数据分析技术，使得立体化和网络化的组织体系内的成员可以更进一步地交流，降低管理费用。

（2）大数据分析使用对项目绩效有显著的正向作用。实证分析结果表明，在工程项目实施过程中,通过挖掘、收集项目数据,并对这些数据利用大数据分析工具进行分析处理,能够识别项目实施过程中一些工人的不安全行为,改善施工现场安全管理水平,还能通过实时响应项目实施过程中的变化,把控项目进度,确保项目能够按时完成。大数据分析使用的结果不仅表现在进度和安全,还表现在项目成本控制及项目利益相关者满意度方面。即随着工程项目全过程管理中对大数据分析使用的加强,项目就越能更好地完成预期进度、成本和利益相关者满意度等目标,那么项目绩效的提高就越显著。

大数据价值创造在大数据分析使用和项目绩效间发挥部分中介作用。实证分析结果表明,大数据分析使用对大数据价值创造有显著正向影响,大数据价值创造对工程项目绩效也有显著的正向影响。大数据分析使用不仅能够降低通信成本,而且可以提供组织战略决策所需的信息,此外还能简化管理流程等,最终促进工程项目管理中的大数据价值创造。大数据分析使用为工程项目管理带来了信息价值、交易价值、转变价值、战略价值以及基础设施价值五个维度的大数据价值创造,而在大数据价值创造的过程中会促进项目进度、成本及利益相关者满意度等目标完成。也就是说,大数据价值创造的过程就是不断提高项目绩效的过程。因此,大数据价值创造在大数据分析使用与项目绩效之间起部分中介作用。

信息强度正向调节大数据分析使用与大数据价值创造间的关系,信息强度对大数据分析使用通过大数据价值创造间接影响项目绩效起正向调节作用。实证结果表明,信息强度正向调节大数据分析使用与大数据价值创造之间的关系,信息强度越高,大数据分析使用对大数据价值创造的作用就越强。换言之,项目组织在密集信息的情况下通过大数据分析使用能带来明显的价值创造结果。同时信息强度对大数据价值创造的中介作用也有正向调节效果。具体而言,随着信息强度的增大,大数据分析使用通过大数据价值创造所带来的项目绩效提升效果越明显。即信息强度越高,大数据价值创造的中介作用越强。

6.5.2 研究启示

1. 理论启示

(1) 系统建立建筑企业大数据分析使用影响因素模型。基于国内外大数据分析技术的发展及内涵,结合相关文献和理论,系统地建立了建筑企业大数据分析使用的影响因素模型:数据因素、技术因素、组织因素、环境因素,并以此确立了本研究的研究模型。结合资源基础理论和 TOE 框架模型,以新的理论视角阐释大数据分析使用应用边界，丰富了大数据分析及大数据分析使用的研究框架。本研究收集数据采用问卷调查的方式，对我国的建筑企业中大数据分析使用影响因素进行了实证分析，验证各因素的具体影响情况，并分析数据驱动文化对大数据分析使用没有显著影响的可能原因。

（2）本章构建了大数据分析使用对项目绩效的研究模型。在工程项目管理过程中，将大数据分析使用作为一种动态能力，这种动态能力能够在动态复杂的项目环境中不断分析处理项目信息，将大数据这种静态资源转化为动态能力，为组织决策提供支持，保证项目成功。这不仅拓展了前人关于项目绩效的研究框架，也丰富了大数据分析使用的相关研究。

（3）依托建筑企业大数据分析使用影响因素模型，考察多种情况的影响路径，深入探讨工具复杂性对员工分析能力、技术兼容性与大数据分析使用之间关系的调节作用以及组织柔性对组织层面因素与大数据分析使用之间关系的调节作用。本研究引入大数据价值创造，研究大数据分析使用对大数据价值创造的影响，以及大数据价值创造对项目绩效的影响，突出了信息化时代下在工程项目管理中大数据价值创造的重要性，丰富了大数据价值创造的相关研究。本研究在工程项目背景下探讨信息强度对大数据分析使用和大数据价值创造之间关系的调节作用及大数据价值创造被调节的中介作用，强调了信息强度在工程项目管理中的重要性，为工程项目管理提供了新思路，丰富了信息强度在工程项目管理领域的研究。

2. 管理启示

（1）建议建筑企业制定使用大数据分析技术的计划及策略。大数据分析的使用在组织中的作用日益彰显。在数据层面上，数据始终贯穿在建筑企业中，在大数据时代，所有业务均可转化为数据，大数据分析的相关能力的作用在日益凸显。在技术层面上，中国建筑企业均需意识到采用大数据分析技术有利于提升自身组织竞争力，借助大数据分析技术优势，组织可拓宽业务链条，梳理业务流程，创新管理模式。在组织层面上，高层决策与组织的准备情况直接影响企业对于大数据分析技术的采用推广情况。企业内部强有力的支持是大数据分析技术采用推广的首要关口，充足的准备有利于发挥企业内部主观能动性，继而通过行业组织的有形、无形的扩散，带动整个建筑业有效使用大数据分析技术。在环境层面上，政府政策对技术的扩散具有一定的指导推动作用，能够提高企业决策人的意识，激励企业积极加入使用大数据分析技术的队伍中。动荡的行业环境竞争对于企业有一定的冲击力，迫使企业快步转换思维，增进企业技术合作。

（2）建筑企业应为推广使用大数据分析技术做好准备。随着BIM、物联网、云计算、智能建筑的推广，工程项目日益精细化，而大数据技术的使用可以显著推动建筑行业的发展。利用有效工具，企业不论在进行决策还是在进行日常管理中糅合大数据的价值，将会达到事半功倍的效果。利用技术优势、员工分析能力优势，开展创新业务，能够显著提升组织的经济利益。同时，企业的充分筹备也会为大数据分析技术的采用推广提供进一步的便利。建筑项目是一个综合体，为有效完成目标，利用大数据分析技术，进行信息提取，通过互相交换和传递自身的项目数据，不同参与方的数据可进行整合。建筑企业应为使用大数据分析技术做好相应的技术支持及人才储备，在高层管理者有力的决策引导下，审核采用大数据分析技术的可行性方案。

（3）建筑企业应多举办与大数据分析使用相关的实践活动，并寻找适合于自身基础的发展道路。建筑企业不仅应该针对大数据本身的基础设施和应用进行投资，更应该着眼于提高企业分析能力而实施整体的战略计划，以识别大数据驱动下的战略机会。建筑企业应意识到建立大数据价值创造体系的重要性。一项技术的使用最终的落脚点是其价值意义的体现，大数据分析使用能带来何种价值，而这些价值对企业发展又会产生何种影响，是值得思考的问题，故企业应尽早建立大数据价值创造体系，以针对性地提升项目绩效，最终提高企业绩效。在国家大力推行大数据技术的时代背景下，建筑企业应注重培养一些能够利用大数据技术的优秀人才。面对复杂多变的项目环境和高密集的信息处理需求，企业需要具备大数据分析能力和大数据管理能力的人才来高效使用大数据技术以提高企业的竞争优势。

6.5.3 研究不足与展望

随着数字技术在建筑领域应用的不断深化，建筑企业及工程项目也在不断顺势应用大数据及分析技术，本研究从四个方面探究了可能影响大数据技术应用的因素，构建了"大数据分析使用—大数据价值创造—项目绩效"的研究模型，为工程项目组织中大数据分析使用及大数据价值创造提供了理论依据和管理启示，但是本研究仍然存在一些不足之处，这些研究不足给未来发展提供了一些方向。

（1）本研究主要通过问卷调查的方式进行数据收集，由于问卷是由被调查者按照其主观认知填写完成，则结果可能存在一些主观偏差，往往不能反映真实客观的情况。而实际案例研究可以提高研究结论的客观性，未来研究可以综合具体案例进行分析讨论，通过实际测量工程项目中成本、客户满意度、时间等方面的具体指标数据，探索大数据在提高工程项目绩效方面的有效性。

（2）影响因素选取可能不全面。本研究虽然基于相关理论基础并通过文献分析识别出可能影响建筑企业的大数据分析使用的几个因素，但并不能涵盖建筑企业大数据分析使用的所有可能影响因素。后续研究中可通过实地调研法、案例分析法等多种方式进行因素识别，尽可能全面系统地识别出影响因素，并进一步细化影响因素。

（3）章节中主要探讨了大数据分析使用、大数据价值创造、信息强度和项目绩效之间的关系。考虑到大数据分析使用和项目绩效之间的关系可能还会受到其他变量的影响，如组织敏捷性、知识共享、大数据分析能力和大数据管理能力等。因此，在未来的研究中，可以考虑引入一些其他变量，进一步研究这些变量对项目绩效的影响路径。

参考文献

[1] Towill D R. Time Compression and Supply Chain Management-a Guided Tour[J]. Supply Chain Management: An International Journal, 1996, 1 (1): 15-27.

[2] Spekman R E, Kamauff J W, Myhr N. An Empirical Investigation into Supply Chain Management: A Perspective on Partnerships[J]. Supply Chain Management: An International Journal, 1998, 28 (8): 630-650.

[3] Khalfan M M, Anumba C J, Siemieniuch C E, et al. Readiness Assessment of the Construction Supply Chain for Concurrent Engineering[J]. European Journal of Purchasing & Supply Management, 2001, 7 (2): 141-153.

[4] Beamon B M. Supply Chain Design and Analysis: Models and Methods[J]. International Journal of Production Economics, 1998, 55 (3): 281-294.

[5] Stadtler H. Supply Chain Management and Advanced Planning-Basics, Overview and Challenges[J]. European Journal of Operational Research, 2005, 163 (3): 575-588.

[6] Samaranayake P. A Conceptual Framework for Supply Chain Management: A Structural Integration[J]. Supply Chain Management, 2005, 10 (1): 47-59.

[7] Vrijhoef R, Koskela L. The Four Roles of Supply Chain Management in Construction[J]. European Journal of Purchasing & Supply Management, 2000, 6 (3-4): 169-178.

[8] Akintoye A, McIntosh G, Fitzgerald E. A Survey of Supply Chain Collaboration and Management in the Uk Construction Industry[J]. European Journal of Purchasing & Supply Management, 2000, 6 (3-4): 159-168.

[9] 郭汉丁, 张印贤, 张海芸. 核心企业主导下绿色建筑供应链协调发展机制建设与优化[J]. 建筑经济, 2019, 40 (11): 79-83.

[10] 许杰峰, 雷星晖. 基于BIM的建筑供应链管理研究[J]. 建筑科学, 2014, 30 (5): 85-89.

[11] Saad M, Jones M, James P. A Review of the Progress Towards the Adoption of Supply Chain Management (Scm) Relationships in Construction[J]. European Journal of Purchasing & Supply Management, 2002, 8 (3): 173-183.

[12] Venselaar M, Gruis V, Verhoeven F. Implementing Supply Chain Partnering in the Construction Industry: Work Floor Experiences within a Dutch Housing Association[J]. Journal of Purchasing and Supply Management, 2015, 21 (1): 1-8.

[13] Edum-Fotwe F, Thorpe A, McCaffer R. Organisational Relationships within the Construction Supply Chain[C]. Proceedings of the Cape Town, F, 1999.

[14] Edum-Fotwe F, Thorpe A, McCaffer R. Information Procurement Practices of Key Actors in Construction Supply Chains[J]. European Journal of Purchasing & Supply Management, 2001, 7（3）: 155-164.

[15] Cheng E W, Li H, Love P E, et al. An E-Business Model to Support Supply Chain Activities in Construction[J]. Logistics Information Management, 2001, 1-2: 68-78.

[16] 顾松林. 建筑施工企业物流及供应链管理的改革与提高方案浅析[J]. 管理现代化, 2004,（3）: 30-33.

[17] Briscoe G, Dainty A R, Millett S. Construction Supply Chain Partnerships: Skills, Knowledge and Attitudinal Requirements[J]. European Journal of Purchasing & Supply Management, 2001, 7（4）: 243-255.

[18] 王要武, 郑宝才. 建筑供应链合作伙伴选择标准的研究[J]. 低温建筑技术, 2004（4）: 91-93.

[19] 王要武, 薛小龙. 供应链管理在建筑业的应用研究[J]. 土木工程学报, 2004（9）: 86-91.

[20] Xue X, Li X, Shen Q, et al. An Agent-Based Framework for Supply Chain Coordination in Construction[J]. Automation in Construction, 2005, 14（3）: 413-430.

[21] Xue X, Wang Y, Shen Q, et al. Coordination Mechanisms for Construction Supply Chain Management in the Internet Environment[J]. International Journal of Project Management, 2007, 25（2）: 150-157.

[22] Aloini D, Dulmin R, Mininno V, et al. Key Antecedents and Practices for Supply Chain Management Adoption in Project Contexts[J]. International Journal of Project Management, 2015, 33（6）: 1301-1316.

[23] 王挺, 谢京辰. 建筑供应链管理模式（CSCM）应用研究[J]. 建筑管理现代化, 2005（2）: 5-8.

[24] 赵晓菲. 国内外建筑供应链管理的比较研究[D]. 哈尔滨: 哈尔滨工业大学, 2006.

[25] Deng Y, Gan V J, Das M, et al. Integrating 4d Bim and Gis for Construction Supply Chain Management[J]. Journal of Construction Engineering and Management, 2019, 145（4）: 04019016.

[26] Wang L C, Lin Y C, Lin P H. Dynamic Mobile Rfid-Based Supply Chain Control and Management System in Construction[J]. Advanced Engineering Informatics, 2007, 21（4）: 377-390.

[27] 许杰峰, 雷星晖. 基于施工总包模式的敏捷建筑供应链研究[J]. 建筑科学, 2015, 31（1）: 94-98.

[28] Parrod N, Thierry C, Fargier H, et al. Cooperative Subcontracting Relationship within a Project Supply Chain: A Simulation Approach[J]. Simulation Modelling Practice and Theory, 2007, 15（2）: 137-152.

[29] Loosemore M, McCarthy C. Perceptions of Contractual Risk Allocation in Construction Supply Chains[J]. Journal of Professional Issues in Engineering Education and Practice, 2008, 134（1）: 95-105.

[30] 熊雨萱, 商铤洲, 陈奕雯. 基于ARENA仿真的建筑供应链投资RFID成本分摊研究[J]. 工程管理学报, 2019, 33（4）: 127-131.

[31] 周校培, 陈建明. 基于多层次灰色评价模型的建筑供应链风险评估及管理研究[J]. 工程管理

学报，2016，30（2）：45-49.

[32] Xue X, Shen Q, Tan Y, et al. Comparing the Value of Information Sharing under Different Inventory Policies in Construction Supply Chain[J]. International Journal of Project Management，2011，29（7）：867-876.

[33] 吴陆锋，李珊. 基于成熟度的建筑供应链信息共享评价[J]. 土木工程与管理学报，2014，31（1）：91-95.

[34] 曹洋，苏振民，李娜. 基于区块链的建筑供应链信息共享管理系统架构研究[J]. 建筑经济，2019，40（5）：69-74.

[35] Zhai Y, Zhong R Y, Huang G Q. Buffer Space Hedging and Coordination in Prefabricated Construction Supply Chain Management[J]. International Journal of Production Economics，2018，200：192-206.

[36] Wang X, Huang J. The Relationships between Key Stakeholders'Project Performance and Project Success：Perceptions of Chinese Construction Supervising Engineers[J]. International Journal of Project Management，2006，24（3）：253-260.

[37] Cheng J C, Law K H, Bjornsson H, et al. Modeling and Monitoring of Construction Supply Chains[J]. Advanced Engineering Informatics，2010，24（4）：435-455.

[38] Minchin Jr R E, Cui S, Walters R C, et al. Sino-American Opinions and Perceptions of Counterfeiting in the Construction Supply Chain[J]. Journal of Construction Engineering and Management，2013，139（1）：1-8.

[39] Sako M. Price, Quality and Trust：Inter-Firm Relations in Britain and Japan[M]. Cambridge University Press，1992.

[40] Sawin J L, Sverrisson F, Seyboth K, et al. Renewables 2017 Global Status Report[J]. 2016.

[41] 刘菁，刘伊生，杨柳，等. 全产业链视角下中国建筑碳排放测算研究[J]. 城市发展研究，2017，24（12）：152-156.

[42] Kawasaki T, Yamada T, Itsubo N, et al. Multi Criteria Simulation Model for Lead Times, Costs and CO_2 Emissions in a Low-Carbon Supply Chain Network[J]. Procedia Cirp，2015，26：329-334.

[43] 黄利莹. 顺应低碳趋势的绿色供应链绩效评价研究[D]. 武汉：武汉科技大学，2010.

[44] 杨文佳. 基于投入产出分析的供应链碳排放评价研究[D]. 北京：北京交通大学，2011.

[45] 王能民. 打造绿色供应链之绿色标准建设[J]. 物流技术与应用，2015，20（8）：92-94.

[46] Kuo T C, Tseng M L, Chen H M, et al. Design and Analysis of Supply Chain Networks with Low Carbon Emissions[J]. Computational Economics，2018，52（4）：1353-1374.

[47] Qi L I, Bai X. The Measurement and Control of Carbon Footprint of Supply Chain[J]. China Business & Market，2013，27（12）：37-44.

[48] Sundarakani B, Souza R D, Goh M, et al. Modeling Carbon Footprints across the Supply Chain[J]. International Journal of Production Economics，2011，128（1）：43-50.

[49] Shaw K, Shankar R, Yadav S S, et al. Supplier Selection Using Fuzzy Ahp and Fuzzy Multi-Objective Linear Programming for Developing Low Carbon Supply Chain[J]. Expert Systems with Applications An International Journal，2012，39（9）：8182-8192.

[50] Prosman E J, Sacchi R. New Environmental Supplier Selection Criteria for Circular Supply Chains：

Lessons from a Consequential Lca Study on Waste Recovery[J]. Journal of Cleaner Production, 2017, 172: 2782-2792.

[51] Lamba K, Singh S P. Dynamic Supplier Selection and Lot-Sizing Problem Considering Carbon Emissions in a Big Data Environment[J]. Technological Forecasting and Social Change, 2019, 144: 573-584.

[52] Alhaj M A, Svetinovic D, Diabat A. Retracted: A Carbon-Sensitive Two-Echelon-Inventory Supply Chain Model with Stochastic Demand[J]. Resources, Conservation and Recycling, 2016, 108: 82-87.

[53] Chen X, Zhang R, Huang W, et al. Study on Two-Level Supply Chain Inventory Management Collaboration Strategies under Carbon Emission Caps[J]. DEStech Transactions on Engineering and Technology Research, 2016: 446-451.

[54] Benjaafar S, Li Y, Daskin M. Carbon Footprint and the Management of Supply Chains: Insights from Simple Models[J]. IEEE Transactions on Automation Science and Engineering, 2013, 10 (1): 99-116.

[55] Glock C H, Kim T. Coordinating a Supply Chain with a Heterogeneous Vehicle Fleet under Greenhouse Gas Emissions[J]. The International Journal of Logistics Management, 2015, 26 (3): 494-516.

[56] Gurtu A, Searcy C, Jaber M Y. Emissions from International Transport in Global Supply Chains[J]. Management Research Review, 2017, 40 (1): 53-74.

[57] Rahmani D, Mahoodian V. Strategic and Operational Supply Chain Network Design to Reduce Carbon Emission Considering Reliability and Robustness[J]. Journal of Cleaner Production, 2017, 149: 607-620.

[58] Kostin A, Guillén-Gosálbez G, Jiménez L. Dimensionality Reduction Applied to the Simultaneous Optimization of the Economic and Life Cycle Environmental Performance of Supply Chains[J]. International Journal of Production Economics, 2015, 159: 223-232.

[59] Pishvaee M S, Torabi S A, Razmi J. Credibility-Based Fuzzy Mathematical Programming Model for Green Logistics Design under Uncertainty[J]. Computers & Industrial Engineering, 2012, 62 (2): 624-632.

[60] Yang L, Zhang Q, Ji J. Pricing and Carbon Emission Reduction Decisions in Supply Chains with Vertical and Horizontal Cooperation[J]. International Journal of Production Economics, 2017, 191: 286-297.

[61] Qi Q, Wang J, Bai Q. Pricing Decision of a Two-Echelon Supply Chain with One Supplier and Two Retailers under a Carbon Cap Regulation[J]. Journal of Cleaner Production, 2017, 151: 286-302.

[62] Jiang W, Chen X. Optimal Strategies for Manufacturer with Strategic Customer Behavior under Carbon Emissions-Sensitive Random Demand[J]. Industrial Management & Data Systems, 2016, 116 (4): 759-776.

[63] Liu Z L, Anderson T D, Cruz J M. Consumer Environmental Awareness and Competition in Two-Stage Supply Chains[J]. European Journal of Operational Research, 2012, 218 (3): 602-613.

[64] Crawford R H. Improving the Environmental Performance of the Construction Supply Chain[J]. Smart

and Sustainable Built Environments, 2013: 192.

[65] Chenga J. A Web Service Framework for Measuring and Monitoring Environmental and Carbon Footprint in Construction Supply Chains[J]. Procedia Engineering, 2011, 14: 141-147.

[66] Ghani N M A M A, Egilmez G, Kucukvar M, et al. From Green Buildings to Green Supply Chains: An Integrated Input-Output Life Cycle Assessment and Optimization Framework for Carbon Footprint Reduction Policy Making[J]. Management of Environmental Quality: An International Journal, 2017, 28（4）: 532-548.

[67] Shadram F, Johansson T D, Lu W, et al. An Integrated Bim-Based Framework for Minimizing Embodied Energy During Building Design[J]. Energy and Buildings, 2016, 128: 592-604.

[68] Dadhich P, Genovese A, Kumar N, et al. Developing Sustainable Supply Chains in the Uk Construction Industry: A Case Study[J]. International Journal of Production Economics, 2015, 164: 271-284.

[69] Seo S, Kim J, Yum K-K, et al. Embodied Carbon of Building Products During Their Supply Chains: Case Study of Aluminium Window in Australia[J]. Resources, Conservation and Recycling, 2015, 105: 160-166.

[70] Dong Y H, Jaillon L, Chu P, et al. Comparing Carbon Emissions of Precast and Cast-in-Situ Construction Methods-a Case Study of High-Rise Private Building[J]. Construction and Building Materials, 2015, 99: 39-53.

[71] Kucukvar M, Egilmez G, Tatari O. Evaluating Environmental Impacts of Alternative Construction Waste Management Approaches Using Supply-Chain-Linked Life-Cycle Analysis[J]. Waste Management & Research, 2014, 32（6）: 500-508.

[72] Marzuki P F, Abduh M, Driejana R. The Sustainable Infrastructure through the Construction Supply Chain Carbon Footprint Approach[J]. Procedia Engineering, 2017, 171: 312-322.

[73] Zhu M Q. Research on Green Supply Chain Management and Enterprise's Green Degree Evaluation Model[J]. Advanced Materials Research, 2013, 664: 37-41.

[74] Kusi-Sarpong S, Sarkis J, Wang X. Assessing Green Supply Chain Practices in the Ghanaian Mining Industry: A Framework and Evaluation[J]. International Journal of Production Economics, 2016, 181: 325-341.

[75] Doan D T, Ghaffarianhoseini A, Naismith N, et al. A Critical Comparison of Green Building Rating Systems[J]. Building and Environment, 2017, 123: 243-260.

[76] 潘海泽, 陈梦捷, 缪玮, 等. 美国 Leed 绿色建筑评价标准与我国绿色建筑评价标准的比较分析[J]. 建筑经济, 2016, 37（1）: 88-92.

[77] 库丽宏, 闫萍, 徐炜. 基于低碳供应链理念的供应商选择优化研究[J]. 现代经济信息, 2016,（1）: 155.

[78] 尹政平. 开放经济背景下低碳供应商的选择[J]. 中国流通经济, 2014, 28（4）: 56-60.

[79] 杨传明. 低碳供应链环境下供应商评价与选择研究[J]. 生态经济, 2017, 33（4）: 73-79.

[80] 赵道致, 原白云, 徐春明. 低碳供应链纵向合作减排的动态优化[J]. 控制与决策, 2014, 29（7）: 1340-1344.

[81] 杨仕辉, 肖导东. 两级低碳供应链渠道选择与协调[J]. 软科学, 2017, 31（3）: 92-98.

[82] 王彦春，冯耕中，王能民．制造商主导的低碳供应链减排策略分析[J]．商业经济研究，2017，（12）：72-75．

[83] 朱莹，朱怀念，方小林．基于随机微分博弈的低碳供应链协同技术创新[J]．企业经济，2017，36（2）：29-36．

[84] 刘名武，万谧宇，付红．碳交易和低碳偏好下供应链低碳技术选择研究[J]．中国管理科学，2018，26（1）：152-162．

[85] 曹二保，胡畔．基于时间偏好不一致的供应链碳减排动态投资决策研究[J]．软科学，2018，32（3）：77-83．

[86] 张捷，张斌斌．内蒙古煤炭行业低碳供应链构建研究初探[J]．内蒙古科技与经济，2016，（10）：15-16．

[87] 徐丽群．低碳供应链构建中的碳减排责任划分与成本分摊[J]．软科学，2013，27（12）：104-108．

[88] 杨长兴．绿色建筑供应链绩效评价的意义及发展建议[J]．住宅与房地产，2017，（23）：12-13．

[89] 陈伟伟，张云宁，欧阳红祥．基于改进型 Bsc 法绿色建筑供应链绩效评价研究[J]．工程管理学报，2014，28（3）：37-41．

[90] 绿色建筑产业链系统模型的构建[J]．住宅与房地产，2017，14-16．

[91] 阮连法，陈佳玲．基于模糊 VIKOR 方法的绿色建筑供应商选择[J]．统计与决策，2011（21）：62-65．

[92] 曹小琳，刘仁海．绿色建筑供应链管理系统运作机制研究[J]．科技管理研究，2009，29（12）：352-354．

[93] 张新．低碳供应链初探[J]．物流工程与管理，2011，33（8）：80-82．

[94] 唐凡，汪传雷，邱灿华．供应链管理的绿色度评价实证研究——基于安徽省企业的统计分析[J]．科技进步与对策，2009，26（18）：121-128．

[95] 梁艳艳．H 公司绿色供应链构建及绿色度评价研究[D]．哈尔滨：哈尔滨理工大学，2017．

[96] 张明珠．供应链"绿色度"评价研究[D]．广州：广东工业大学，2015．

[97] 中华人民共和国住房和城乡建设部．绿色建筑评价标准：GB/T 50378—2019[S]．北京：中国建筑工业出版社，2019．

[98] 曹馨匀．基于三角模糊层次分析法的重庆地区建筑低碳化评价指标体系研究[D]．重庆：重庆大学，2014．

[99] 温日琨，祁神军．基于社会碳成本理论的不同结构住宅碳排放流评价[J]．生态经济，2016，32（5）：84-88．

[100] Li H, Hartmann T. Computing Advances Applied for Building Design, Operation, Retrofit and Supply Chain Information Processing[J]. Advanced Engineering Informatics，2017，31：1．

[101] Volf, Martin, Lupisek, et al. Application of Building Design Strategies to Create an Environmentally Friendly Building Envelope for Nearly Zero-Energy Buildings in the Central European Climate[J]. Energy and Buildings，2018，165：35-46．

[102] 周敏．我国传统民居建筑的通风设计研究——以南京老街为例[J]．城市发展研究，2015，22（12）：13-18．

[103] Chi D A, Moreno D, Navarro J. Correlating Daylight Availability Metric with Lighting, Heating

and Cooling Energy Consumptions[J]. Building & Environment, 2018, 132: 170–180.

[104] 曹象明, 王超. 基于风环境的西安市高层建筑区规划布局策略——以曲江新区为例[J]. 城市发展研究, 2017, 24 (8): 20–26.

[105] 王伟强, 李建. 住区密度与家庭能耗碳排放相关性研究——以上海曹杨新村为例[J]. 城市规划, 2017, 41 (6): 83–91.

[106] Gagnon R, Gosselin L, Decker S. Sensitivity Analysis of Energy Performance and Thermal Comfort Throughout Building Design Process[J]. Energy and Buildings, 2018, 164: 278–294.

[107] A. U, Din, L., et al. Uk Apartment Construction Impact on Carbon Life Cycle Calculations[J]. Energy Procedia, 2017, 122: 15–20.

[108] 肖雅心, 杨建新. 北京市住宅建筑生命周期碳足迹[J]. 生态学报, 2016, 36 (18): 5949–5955.

[109] Oke A E, Aigbavboa C O, Semenya K. Energy Savings and Sustainable Construction: Examining the Advantages of Nanotechnology[J]. Energy Procedia, 2017, 142: 3839–3843.

[110] Kaur H, Singh S P. Modeling Low Carbon Procurement and Logistics in Supply Chain: A Key Towards Sustainable Production[J]. Sustainable Production and Consumption, 2017, 11: 5–17.

[111] 朱庆华. 可持续供应链协同管理与创新研究[J]. 管理学报, 2017, 14 (5): 775–780.

[112] 王连月. 基于物联网的建筑供应链协同管理研究[J]. 建筑经济, 2014, 35 (6): 104–106.

[113] 许杰峰, 雷星晖. 基于建筑信息模型的建筑供应链信息共享机制研究[J]. 中国科技论坛, 2014, (11): 62–68.

[114] 磊杨. 碳信息不对称下的供应链谎报决策与协调研究[J]. 中国管理科学, 2016, 24 (4): 111–120.

[115] 亓莱滨. 李克特量表的统计学分析与模糊综合评判[J]. 山东科学, 2006, 19 (2): 18–23.

[116] Darren George, Paul Mallery. SPSS 统计分析简明教程[M]. 北京: 电子工业出版社, 2011.

[117] 吴明隆. 问卷统计分析实务: SPSS 操作与应用[M]. 重庆: 重庆大学出版社, 2010.

[118] 程启月. 评测指标权重确定的结构熵权法[J]. 系统工程理论与实践, 2010, 30 (7): 1225–1228.

[119] 曾瑛, 朱文红. 基于结构熵权法的电力ICT通信网可靠性的评估方法[J]. 华东电力, 2014, 42 (1): 97–100.

[120] 程乾生. 属性识别理论模型及其应用[J]. 北京大学学报: 自然科学版, 1997, (1): 14–22.

[121] 李晓星, 杜军凯, 傅尧. 基于结构熵权-模糊综合评价的企业环境绩效审计模型构建[J]. 企业经济, 2018, 37 (2): 102–107.

[122] Ling F, Sui P L, Wang S Q, et al. Models for Predicting Project Performance in China Using Project Management Practices Adopted by Foreign Aec Firms[J]. Journal of Construction Engineering & Management, 2008, 134 (12): 983–990.

[123] Lee P, Humphreys P K. The Role of Guanxi in Supply Management Practices[J]. International Journal of Production Economics, 2007, 106 (2): 450–467.

[124] Meng X. Assessment Framework for Construction Supply Chain Relationships: Development and Evaluation[J]. International Journal of Project Management, 2010, 28 (7): 695–707.

[125] Meng Xianhai. The Effect of Relationship Management on Project Performance in Construction[J].

International Journal of Project Management, 2012, 30（2）: 188-198.

[126] Fynes B, Búrca S, Marshall D. Environmental Uncertainty, Supply Chain Relationship Quality and Performance[J]. Journal of Purchasing and Supply Management, 2004, 10（4-5）: 179-190.

[127] Fynes B, Burca S D. The Effects of Design Quality on Quality Performance[J]. International Journal of Production Economics, 2005, 96（1）: 1-14.

[128] Qin S, Song Y T, Li Z, et al. The Impact of Supply Chain Relationship Quality on Cooperative Strategy[J]. Journal of Purchasing & Supply Management, 2008, 14（4）: 263-272.

[129] 宋永涛，苏秦，李钊，等. 供应链关系质量对合作行为影响的实证研究[J]. 预测，2009，28（3）: 27-33.

[130] 许劲，任玉珑. 项目关系质量，项目绩效及其影响关系实证研究[J]. 预测，2010，29（1）: 71-75.

[131] 瞿富强，颜伟，陈初一. 装配式建筑供应链协同绩效评价指标体系的构建研究[J]. 建筑经济，2019，40（10）: 97-102.

[132] Gransberg D D, Dillon W D, Reynolds L, et al. Quantitative Analysis of Partnered Project Performance[J]. Journal of Construction Engineering and Management, 1999, 125（3）: 161-166.

[133] Ping C, Partington D. An Interpretive Comparison of Chinese and Western Conceptions of Relationships in Construction Project Management Work[J]. International Journal of Project Management, 2004, 22（5）: 397-406.

[134] Jin X H, Ling F. Key Relationship-Based Determinants of Project Performance in China[J]. Building & Environment, 2006, 41（7）: 915-925.

[135] Eriksson P E, Westerberg M. Effects of Cooperative Procurement Procedures on Construction Project Performance: A Conceptual Framework[J]. International Journal of Project Management, 2011, 29（2）: 197-208.

[136] Huntley J K. Conceptualization and Measurement of Relationship Quality: Linking Relationship Quality to Actual Sales and Recommendation Intention[J]. Industrial Marketing Management, 2006, 35（6）: 703-714.

[137] Gummesson E. The New Marketing-Developing Long-Term Interactive Relationships[J]. Long Range Planning, 1987, 20（4）: 10-20.

[138] Crosby L A, Evans K R, Cowles D. Relationship Quality in Services Selling: An Interpersonal Influence Perspective[J]. Journal of Marketing, 1990, 54（3）: 68-81.

[139] Hennig Thurau T, Klee A. The Impact of Customer Satisfaction and Relationship Quality on Customer Retention: A Critical Reassessment and Model Development[J]. Psychology & Marketing, 1997, 14（8）: 737-764.

[140] 刘人怀，姚作为. 关系质量研究述评[J]. 外国经济与管理，2005，27（1）: 27-33.

[141] Holmlund M. The D&D Model-Dimensions and Domains of Relationship Quality Perceptions[J]. Service Industries Journal, 2001, 21（3）: 13-36.

[142] Smith J B. Buyer-Seller Relationships: Similarity, Relationship Management, and Quality[J]. Psychology & Marketing, 1998, 15（1）: 3-21.

[143] Johnson J L. Strategic Integration in Industrial Distribution Channels: Managing the Interfirm

Relationship as a Strategic Asset[J]. Journal of the Academy of Marketing Science, 1999, 27 (1): 4-18.

[144] De Wulf K, Odekerken-Schröder G, Iacobucci D. Investments in Consumer Relationships: A Cross-Country and Cross-Industry Exploration[J]. Journal of Marketing, 2001, 65 (4): 33-50.

[145] 张涑贤, 苏秦, 宋永涛, 等. 认证机构服务质量对关系质量影响实证研究[J]. 科研管理, 2011, 32 (3): 43-50.

[146] 崔艳武. 情节价值、关系价值与客户忠诚的影响关系研究[D]. 西安：西安交通大学, 2008.

[147] Woo K S, Ennew C T. Business-to-Business Relationship Quality: An Imp Interaction-Based Conceptualization and Measurement[J]. European Journal of Marketing, 2004, 38 (9-10): 1252-1271.

[148] Morgan R M, Hunt S D. The Commitment-Trust Theory of Relationship Marketing[J]. Journal of Marketing, 1994, 58 (3): 20-38.

[149] Oliver R L. Whence Consumer Loyalty?[J]. Journal of Marketing, 1999, 63 (4_suppl1): 33-44.

[150] Clift R, Wright L. Relationships between Environmental Impacts and Added Value Along the Supply Chain[J]. Technological Forecasting and Social Change, 2000, 65 (3): 281-295.

[151] 金玉芳, 亓慧, 刘晟楠, 等. 网站质量对关系质量的影响研究[J]. 管理科学, 2008, 21 (2): 44-50.

[152] Hsieh Y-C, Hiang S-T. A Study of the Impacts of Service Quality on Relationship Quality in Search-Experience-Credence Services[J]. Total Quality Management & Business Excellence, 2004, 15 (1): 43-58.

[153] Lagace R R, Dahlstrom R, Gassenheimer J B. The Relevance of Ethical Salesperson Behavior on Relationship Quality: The Pharmaceutical Industry[J]. Journal of Personal Selling & Sales Management, 1991, 11 (4): 39-47.

[154] Roberts K, Varki S, Brodie R. Measuring the Quality of Relationships in Consumer Services: An Empirical Study[J]. European Journal of Marketing, 2003, 37 (1/2): 169-196.

[155] Håkansson H, Snehota I. No Business Is an Island: The Network Concept of Business Strategy[J]. Scandinavian Journal of Management, 1989, 5 (3): 187-200.

[156] 徐翼, 苏秦, 李钊. B2B下的客户服务与关系质量实证研究[J]. 管理科学, 2007, 20 (2): 67-73.

[157] Dorsch M J, Swanson S R, Kelley S W. The Role of Relationship Quality in the Stratification of Vendors as Perceived by Customers[J]. Journal of the Academy of Marketing Science, 1998, 26 (2): 128-142.

[158] Lages C, Lages C R, Lages L F. The Relqual Scale: A Measure of Relationship Quality in Export Market Ventures[J]. Journal of Business Research, 2005, 58 (8): 1040-1048.

[159] Rauyruen P, Miller K E. Relationship Quality as a Predictor of B2b Customer Loyalty[J]. Journal of Business Research, 2007, 60 (1): 21-31.

[160] Cannon J P, Perreault Jr W D. Buyer-Seller Relationships in Business Markets[J]. Journal of Marketing Research, 1999, 36 (4): 439-460.

[161] Young J A, Gilbert F W, McIntyre F S. An Investigation of Relationalism across a Range of

Marketing Relationships and Alliances[J]. Journal of Business Research, 1996, 35 (2): 139-151.

[162] Heide J B, John G. Alliances in Industrial Purchasing: The Determinants of Joint Action in Buyer-Supplier Relationships[J]. Journal of Marketing Research, 1990, 27 (1): 24-36.

[163] 武志伟, 陈莹. 企业间关系质量的测度与绩效分析——基于近关系理论的研究 [J]. 预测, 2007, 26 (2): 8-13.

[164] 张涑贤, 苏秦, 宋永涛, 等. B2B 下服务质量对关系质量的影响研究 [J]. 管理学报, 2010, (10): 1514-1519.

[165] 徐翼. 基于服务链的客户服务与关系质量实证研究 [D]. 西安: 西安交通大学, 2006.

[166] Gounaris S P. Trust and Commitment Influences on Customer Retention: Insights from Business-to-Business Services[J]. Journal of Business Research, 2005, 58 (2): 126-140.

[167] Shankar V, Urban G L, Sultan F. Online Trust: A Stakeholder Perspective, Concepts, Implications, and Future Directions[J]. The Journal of Strategic Information Systems, 2002, 11(3-4): 325-344.

[168] Wolfinbarger M, Gilly M C. Etailq: Dimensionalizing, Measuring and Predicting Etail Quality[J]. Journal of Retailing, 2003, 79 (3): 183-198.

[169] Fynes B, De Burca S, Mangan J. The Effect of Relationship Characteristics on Relationship Quality and Performance[J]. International Journal of Production Economics, 2008, 111 (1): 56-69.

[170] 曹忠鹏, 周庭锐, 陈淑青. 关系质量对顾客忠诚及口碑影响效果的实证分析 [J]. 预测, 2009, 28 (2): 9-15.

[171] Zeithaml V A, Berry L L, Parasuraman A. The Behavioral Consequences of Service Quality[J]. Journal of Marketing, 1996, 60 (2): 31-46.

[172] Zeithaml V A. Consumer Perceptions of Price, Quality, and Value: A Means-End Model and Synthesis of Evidence[J]. Journal of Marketing, 1988, 52 (3): 2-22.

[173] Chaston I. Internal Customer Management and Service Gaps within the Uk Manufacturing Sector[J]. International Journal of Operations & Production Management, 1994, 14 (9): 45-56.

[174] Parasuraman A, Zeithaml V A, Berry L. Servqual: A Multiple-Item Scale for Measuring Consumer Perceptions of Service Quality[J]. 1988, 64 (1): 12-40.

[175] Brady M K, Cronin Jr J J. Customer Orientation: Effects on Customer Service Perceptions and Outcome Behaviors[J]. Journal of Service Research, 2001, 3 (3): 241-251.

[176] 黄培伦, 黄珣, 陈健. 企业内部服务质量, 关系质量对内部顾客忠诚的影响机制: 基于内部营销视角的实证研究 [J]. 南开管理评论, 2008, (6): 10-17.

[177] 武志伟, 陈莹. 关系专用性投资, 关系质量与合作绩效 [J]. 预测, 2008, 27 (5): 33-37.

[178] 张首魁, 党兴华. 关系结构, 关系质量对合作创新企业间知识转移的影响研究 [J]. 研究与发展管理, 2009, 21 (3): 1-7.

[179] 罗珉. 组织间关系理论研究的深度与解释力辨析 [J]. 外国经济与管理, 2008, 30 (1): 23-30.

[180] Anderson J C, Narus J A. A Model of Distributor Firm and Manufacturer Firm Working Partnerships[J]. Journal of Marketing, 1990, 54 (1): 42-58.

[181] 叶飞, 徐学军. 供应链伙伴关系间信任与关系承诺对信息共享与运营绩效的影响 [J]. 系统工

程理论与实践，2009，29（8）：36-49.

[182] Fynes B，Voss C，De Búrca S. The Impact of Supply Chain Relationship Quality on Quality Performance[J]. International Journal of Production Economics，2005，96（3）：339-354.

[183] Li H，Cao J，Castro-Lacouture D，et al. A Framework for Developing a Unified B2b E-Trading Construction Marketplace[J]. Automation in Construction，2003，12（2）：201-211.

[184] Castro-Lacouture D，Medaglia A L，Skibniewski M. Supply Chain Optimization Tool for Purchasing Decisions in B2b Construction Marketplaces[J]. Automation in Construction，2007，16（5）：569-575.

[185] Proverbs D G，Holt G D. Reducing Construction Costs：European Best Practice Supply Chain Implications[J]. European Journal of Purchasing & Supply Management，2000，6（3-4）：149-158.

[186] Pheng L S，Chuan Q T. Environmental Factors and Work Performance of Project Managers in the Construction Industry[J]. International Journal of Project Management，2006，24（1）：24-37.

[187] Baker B N，Murphy D C，Fisher D. Factors Affecting Project Success[M]. Project Management Handbook，1983.

[188] Freeman M，Beale P. Measuring Project Success[J]. Project Management Journal，1992，23（1）：8-17.

[189] Wateridge J. How Can Is/It Projects Be Measured for Success?[J]. International Journal of Project Management，1998，16（1）：59-63.

[190] Liu A M，Walker A. Evaluation of Project Outcomes[J]. Construction Management & Economics，1998，16（2）：209-219.

[191] 陈艳，安海宁，徐占功. 基于标杆法的精益建筑供应链绩效评价[J]. 企业经济，2013，（1）：59-62.

[192] Lim C，Mohamed M Z. Criteria of Project Success：An Exploratory Re-Examination[J]. International Journal of Project Management，1999，17（4）：243-248.

[193] Sidwell A C. A Critical Study of Project Team Organisational Forms within the Building Process[D]. Birmingham：Aston University，1982.

[194] Morris P，Hough G H. Preconditions of Success and Failure in Major Projects（Technical Paper No. 3）[M]. Oxford：Major Projects Association，1986.

[195] Jeffrey K P，Dennis P S. Critical Success Factors in Effective Project Implementation[M]. Project Management Handbook New York，NY：Van，1984.

[196] Wateridge J. It Projects：A Basis for Success[J]. International Journal of Project Management，1995，13（3）：169-172.

[197] Shrnhur A J，Levy O，Dvir D. Mapping the Dimensions of Project Success[J]. Project Management Journal，1997，28（2）：5-13.

[198] Shenhar A J，Dvir D，Levy O，et al. Project Success：A Multidimensional Strategic Concept[J]. Long Range Planning，2001，34（6）：699-725.

[199] Westerveld E. The Project Excellence Model：Linking Success Criteria and Critical Success Factors[J]. International Journal of Project Management，2003，21（6）：411-418.

[200] Ling F Y Y. Key Determinants of Performance of Design-Bid-Build Projects in Singapore[J]. Building Research & Information，2004，32（2）：128-139.

[201] Angus G Y, Flett P D, Bowers J A. Developing a Value-Centred Proposal for Assessing Project Success[J]. International Journal of Project Management, 2005, 23 (6): 428-436.

[202] Tsang E W. Can Guanxi Be a Source of Sustained Competitive Advantage for Doing Business in China?[J]. Academy of Management Perspectives, 1998, 12 (2): 64-73.

[203] Ling F Y Y, Low S P, Wang S Q, et al. Key Project Management Practices Affecting Singaporean Firms'Project Performance in China[J]. International Journal of Project Management, 2009, 27 (1): 59-71.

[204] Doloi H, Iyer K, Sawhney A. Structural Equation Model for Assessing Impacts of Contractor's Performance on Project Success[J]. International Journal of Project Management, 2011, 29 (6): 687-695.

[205] Chen H L. An Empirical Examination of Project Contractors' Supply-Chain Cash Flow Performance and Owners' Payment Patterns[J]. International Journal of Project Management, 2011, 29 (5): 604-614.

[206] Konchar M, Sanvido V. Comparison of Us Project Delivery Systems[J]. Journal of Construction Engineering and Management, 1998, 124 (6): 435-444.

[207] Chan E H, Chan A T. Imposing ISO 9000 Quality Assurance System on Statutory Agents in Hong Kong[J]. Journal of Construction Engineering and Management, 1999, 125 (4): 285-291.

[208] Odusami K, Iyagba R, Omirin M. The Relationship between Project Leadership, Team Composition and Construction Project Performance in Nigeria[J]. International Journal of Project Management, 2003, 21 (7): 519-527.

[209] Cheung S O, Suen H C, Cheung K K. Ppms: A Web-Based Construction Project Performance Monitoring System[J]. Automation in Construction, 2004, 13 (3): 361-376.

[210] Ling F Y Y, Chan S L, Chong E, et al. Predicting Performance of Design-Build and Design-Bid-Build Projects[J]. Journal of Construction Engineering and Management, 2004, 130 (1): 75-83.

[211] Barraza G A, Back W E, Mata F. Probabilistic Forecasting of Project Performance Using Stochastic S Curves[J]. Journal of Construction Engineering and Management, 2004, 130 (1): 25-32.

[212] Cho K, Hong T, Hyun C. Effect of Project Characteristics on Project Performance in Construction Projects Based on Structural Equation Model[J]. Expert Systems with Applications, 2009, 36 (7): 10461-10470.

[213] Kim D Y, Han S H, Kim H, et al. Structuring the Prediction Model of Project Performance for International Construction Projects: A Comparative Analysis[J]. Expert Systems with Applications, 2009, 36 (2): 1961-1971.

[214] Tam V W, Shen L, Kong J S. Impacts of Multi-Layer Chain Subcontracting on Project Management Performance[J]. International Journal of Project Management, 2011, 29 (1): 108-116.

[215] Din S, Abd-Hamid Z, Bryde D J. ISO 9000 Certification and Construction Project Performance: The Malaysian Experience[J]. International Journal of Project Management, 2011, 29 (8): 1044-1056.

[216] Ling F Y Y. How Project Managers Can Better Control the Performance of Design-Build Projects[J]. International Journal of Project Management, 2004, 22 (6): 477-488.

[217] Iyer K, Jha K. Factors Affecting Cost Performance: Evidence from Indian Construction Projects[J]. International Journal of Project Management, 2005, 23 (4): 283–295.

[218] Leu S S, Lin Y C. Project Performance Evaluation Based on Statistical Process Control Techniques[J]. Journal of Construction Engineering and Management, 2008, 134 (10): 813–819.

[219] Chan A P, Chan D W. Developing a Benchmark Model for Project Construction Time Performance in Hong Kong[J]. Building and Environment, 2004, 39 (3): 339–349.

[220] Aksorn T, Hadikusumo B H. Critical Success Factors Influencing Safety Program Performance in Thai Construction Projects[J]. Safety Science, 2008, 46 (4): 709–727.

[221] Dulaimi M F, Langford D. Job Behavior of Construction Project Managers: Determinants and Assessment[J]. Journal of Construction Engineering and Management, 1999, 125 (4): 256–264.

[222] Brown A, Adams J. Measuring the Effect of Project Management on Construction Outputs: A New Approach[J]. International Journal of Project Management, 2000, 18 (5): 327–335.

[223] Wang E T, Wei H L, Jiang J J, et al. User Diversity Impact on Project Performance in an Environment with Organizational Technology Learning and Management Review Processes[J]. International Journal of Project Management, 2006, 24 (5): 405–411.

[224] Chandler MK S L. Managing Large Systems[M]. New York: Harper & Row. 1971.

[225] MARTIN C. Project Management: How to Make It Work (Book) [M]. New York, AMACOM, 1976.

[226] Morris P W, Hough G H. The Anatomy of Major Projects: A Study of the Reality of Project Management[M]. 1987.

[227] De Wit A. Measurement of Project Success[J]. International Journal of Project Management, 1988, 6 (3): 164–170.

[228] Belassi W, Tukel O I. A New Framework for Determining Critical Success/Failure Factors in Projects[J]. International Journal of Project Management, 1996, 14 (3): 141–151.

[229] 许婷. 工程项目采购供应链中的竞合博弈 [J]. 中国管理科学, 2009, 17 (1): 83–88.

[230] 王红春, 刘帅. 大数据环境下建筑供应链采购模型及仿真研究 [J]. 工程管理学报, 2017, 31 (6): 11–16.

[231] Liu Q, Xu J, Zhang Z. Construction Supply Chain-Based Dynamic Optimisation for the Purchasing and Inventory in a Large Scale Construction Project[J]. European Journal of Industrial Engineering, 2015, 9 (6): 839–865.

[232] Fynes B, Voss C, Burca S D. The Impact of Supply Chain Relationship Dynamics on Manufacturing Performance[J]. International Journal of Operations & Production Management, 2005, 25 (1): 6–19.

[233] Cassivi, Luc. Collaboration Planning in a Supply Chain[J]. Supply Chain Management, 2006, 11 (3): 249–258.

[234] Woo K S, Ennew C T. Measuring Business-to-Business Professional Service Quality and Its Consequences[J]. Journal of Business Research, 2005, 58 (9): 1178–1185.

[235] Louise C, Young, et al. The Space Between: Towards a Typology of Interfirm Relations[J]. Journal of Business-to-Business Marketing, 1998, 4 (2): 53–97.

[236] Hallen L, Johanson J, Seyed-Mohamed N. Interfirm Adaptation in Business Relationships[J].

Journal of Marketing, 1991, 55 (2): 29–37.

[237] Brennan D R, Turnbull P W, Wilson D T. Dyadic Adaptation in Business-to-Business Markets[J]. European Journal of Marketing, 2003, 37 (11/12): 1636–1665.

[238] Zhang K. Reforging Construction Supply Chains: : A Source Selection Perspective[J]. European Journal of Purchasing & Supply Management, 2001, 7 (3): 165–178.

[239] 孙亚琪, 田源. 基于复杂网络理论的装配式建筑供应链关键风险研究[J]. 建筑经济, 2020, 41 (11): 5.

[240] 李启明, 申立银. 基础设施 BOT 项目特许权期的决策模型[J]. 管理工程学报, 2000, 14(1): 4.

[241] Sudong Y E, Tiong R L K. The Effect of Concession Period Design on Completion Risk Management of BOT Projects[J]. Construction Management & Economics, 2003, 21 (5): 471–482.

[242] Ye S, Tiong R. NPV-at-Risk Method in Infrastructure Project Investment Evaluation[J]. Journal of Construction Engineering and Management, 2000, 126 (3): 227–233.

[243] Obayi R, Ebrahimi S N. A Neo-Institutional View of the Transaction Cost Drivers of Construction Supply Chain Risk Management[J]. Supply Chain Management: An International Journal, 2021.

[244] 杨宏伟, 何建敏, 周晶. 在 BOT 模式下收费道路定价和投资的博弈决策模型[J]. 中国管理科学, 2003 (2): 31–34.

[245] 杨宏伟, 周晶, 何建敏. 基于博弈论的交通 BOT 项目特许权期的决策模型[J]. 管理工程学报, 2003, 17 (3): 93–95.

[246] Brickley J A, Misra S, Horn R V. Contract Duration: Evidence from Franchise Contracts[J]. Social Science Electronic Publishing. 2006, 49 (1): 173–196.

[247] 于国安. 基础设施特许经营中特许权期的决策分析[J]. 商业研究, 2006, (11): 5.

[248] 石磊, 王东波, 戴大双. 利益外部性和 BOT 模式的有效性[J]. 中国管理科学, 2008, 16(4): 7.

[249] 周晶, 陈星光, 杨宏伟. BOT 模式下的收费道路价格控制机制[J]. 系统工程理论与实践, 2008, 28 (2): 6.

[250] 王东波, 宋金波, 戴大双, 等. BOT 项目特许期决策方法研究评述[J]. 预测, 2009, 28 (3): 1–8.

[251] 亓霞, 柯永建, 王守清. 基于案例的中国 PPP 项目的主要风险因素分析[J]. 中国软科学, 2009 (5): 107–113.

[252] Henry E, Brothers H S. Cost Analysis between Saber and Design Bid Build Contracting Methods[J]. Journal of Construction Engineering and Management, 2001, 127 (5): 359–366.

[253] 安凯歌, 王晓维, 廖小青. EPC 模式下装配式建筑供应链交易成本研究[J]. 建筑经济, 2020, 41 (9): 49–53.

[254] Hale D R, Shrestha P P, Gibson G E, et al. Empirical Comparison of Design/Build and Design/Bid/Build Project Delivery Methods[J]. Journal of Construction Engineering & Management, 2009, 135 (7): 579–587.

[255] Hall M, Holt R, Graves A. Private Finance, Public Roads: Configuring the Supply Chain in Pfi Highway Construction[J]. European Journal of Purchasing & Supply Management, 2000, 6 (3–4): 227–235.

[256] 白新文, 陈毅文. 测量等价性的概念及其判定条件[J]. 心理科学进展, 2004, 12 (2): 9.

[257] Tsui A S. Contextualization in Chinese Management Research[Z]. Wiley Online Library. 2006: 1–13.

[258] Moon S, Zekavat P R, Bernold L E. Dynamic Control of Construction Supply Chain to Improve Labor Performance[J]. Journal of Construction Engineering and Management, 2015, 141（6）: 05015002.

[259] 崔艳武, 苏秦, 李钊. 电子商务环境下顾客的关系利益实证研究 [J]. 南开管理评论, 2006（4）: 96–103.

[260] Song X Y, Lee S Y. Bayesian Analysis of Structural Equation Models with Nonlinear Covariates and Latent Variables[J]. Multivariate Behavioral Research, 2006, 41（3）: 337–365.

[261] Gupta S, Kim H W. Linking Structural Equation Modeling to Bayesian Networks: Decision Support for Customer Retention in Virtual Communities[J]. European Journal of Operational Research, 2008, 190（3）: 818–833.

[262] Baron R M, Kenny D A. The Moderator–Mediator Variable Distinction in Social Psychological Research: Conceptual, Strategic, and Statistical Considerations[J]. Journal of Personality and Social Psychology, 1986, 51（6）: 1173–1182.

[263] Cohen P, West S G, Aiken L S. Applied Multiple Regression/Correlation Analysis for the Behavioral Sciences[M]. Psychology Press, 2014.

[264] 温忠麟, 侯杰泰, 张雷. 调节效应与中介效应的比较和应用 [J]. 心理学报, 2005（2）: 268–274.

[265] Cleary P D, Kessler R C. The Estimation and Interpretation of Modifier Effects[J]. Journal of Health and Social Behavior, 1982: 159–169.

[266] 温忠麟, 侯杰泰, 马什赫伯特. 潜变量交互效应分析方法 [J]. 心理科学进展, 2003（5）: 593–599.

[267] Bollen K A, Paxton P. Two-Stage Least Squares Estimation of Interaction Effects[M]. London: Routledge, 2017.

[268] Jöreskog K G, Sörbom D, Du Toit S. Lisrel 8: New Statistical Features[M]. Scientific Software International, 2001.

[269] Algina J, Moulder B C. A Note on Estimating the Jöreskog-Yang Model for Latent Variable Interaction Using Lisrel 8.3[J]. Structural Equation Modeling, 2001, 8（1）: 40–52.

[270] Kenny D A, Judd C M. Estimating the Nonlinear and Interactive Effects of Latent Variables[J]. Psychological Bulletin, 1984, 96（1）: 201.

[271] Jöreskog K G, Yang F, Marcoulides G, et al. Nonlinear Structural Equation Models: The Kenny-Judd Model with Interaction Effects[J]. Advanced Structural Equation Modeling: Issues and Techniques, 1996, 3: 57–88.

[272] Podsakoff P M, MacKenzie S B, Lee J Y, et al. Common Method Biases in Behavioral Research: A Critical Review of the Literature and Recommended Remedies[J]. Journal of Applied Psychology, 2003, 88（5）: 879.

[273] 周浩, 龙立荣. 共同方法偏差的统计检验与控制方法 [J]. 心理科学进展, 2004, 12（6）: 942–950.

[274] Malhotra N K, Kim S S, Patil A. Common Method Variance in Is Research[J]. Management

Science, 2006. 52（12）: 1865–1883.

[275] Harris S G, Mossholder K W. The Affective Implications of Perceived Congruence with Culture Dimensions During Organizational Transformation[J]. Journal of Management, 1996, 22（4）: 527–547.

[276] O' Leary-Kelly S W, Vokurka R J. The Empirical Assessment of Construct Validity[J]. 1998. 16（4）: 387–405.

[277] 申文果. 电子与传统服务质量对顾客信任感和忠诚感的影响研究 [M]. 中山: 中山大学出版社, 2006.

[278] Jolliffe I T. Multivariate Data Analysis with Readings[J]. Journal of the Royal Statistical Society: Series A（Statistics in Society）, 1988, 151（3）.

[279] Chin W W. Commentary: Issues and Opinion on Structural Equation Modeling[Z]. JSTOR. 1998: vii–xvi.

[280] Churchill Jr G A. A Paradigm for Developing Better Measures of Marketing Constructs[J]. Journal of Marketing Research, 1979, 16（1）: 64–73.

[281] Emory C W. Business Research Methods, Rev. Ed. Homewood, Il: Richard D. Irwin[Z]. Inc. 1980.

[282] Bagozzi R P, Yi Y, Phillips L W. Assessing Construct Validity in Organizational Research[J]. Administrative Science Quarterly, 1991: 421–458.

[283] Fornell C, Larcker D F. Evaluating Structural Equation Models with Unobservable Variables and Measurement Error[J]. Journal of Marketing Research, 1981, 18（1）: 39–50.

[284] Hair J F, Anderson R, Tatham R, et al. Factor Analysis. Multivariate Data Analysis[J]. NJ Prentice-Hall, 1998, 3: 98–99.

[285] Anderson J C, Gerbing D W. Structural Equation Modeling in Practice: A Review and Recommended Two-Step Approach[J]. Psychological Bulletin, 1988, 103（3）: 411.

[286] Lytle R S, Hom P W, Mokwa M P. Serv* Or: A Managerial Measure of Organizational Service-Orientation[J]. Journal of Retailing, 1998, 74（4）: 455–489.

[287] 程碧华, 汪霄. 基于合同性质的PPP项目中社会资本的救济途径[J]. 工程管理学报, 2016, 30（4）: 74–78.

[288] 何毅君. 兰州威立雅水务（集团）有限责任公司欠缴水资源费的调查报告[J]. 财政监督, 2014,（22）: 30–32.

[289] 吴淑莲, 陈炳泉, 许叶林, 等. 公私合营（PPP）项目市场需求风险分担研究[J]. 建筑经济, 2014, 35（10）: 26–29.

[290] 吴正泓, 陈通, 张保银. 间接互惠下公共文化PPP项目机会主义行为[J]. 北京理工大学学报（社会科学版）, 2016, 18（6）: 80–84.

[291] 陈菡. 中国情境下的PPP项目治理机制——正式契约与关系契约整合视角[J]. 开发研究, 2016（2）: 64–66.

[292] 张艳茹, 陈通, 汪勇杰. 公共文化PPP项目中承包商机会主义行为奖惩机制演化博弈[J]. 河北工业科技, 2014, 31（6）: 469–473.

[293] Domingues S, Zlatkovic D. Renegotiating PPP Contracts: Reinforcing the 'P' in Partnership[J]. Transport Reviews, 2015, 35（2）: 204–225.

[294] Gold S, Seuring S, Beske P. Sustainable Supply Chain Management and Inter-Organizational Resources: A Literature Review[J]. Corporate social Responsibility and Environmental Management, 2010, 17（4）: 230-245.

[295] 娄黎星. 基础设施 PPP 项目再谈判影响因素及其治理研究 [J]. 综合运输, 2016, 38（4）: 18-24.

[296] 孙元欣, 于茂荐. 关系契约理论研究述评 [J]. 学术交流, 2010（8）: 117-123.

[297] Liu Y, Luo Y, Liu T. Governing Buyer-Supplier Relationships through Transactional and Relational Mechanisms: Evidence from China[J]. Journal of Operations Management, 2009, 27（4）: 294-309.

[298] Griffith D A, Myers M B. The Performance Implications of Strategic Fit of Relational Norm Governance Strategies in Global Supply Chain Relationships[J]. Journal of International Business Studies, 2005, 36（3）: 254-269.

[299] Crosno J L, Dahlstrom R. Examining the Nomological Network of Opportunism: A Meta-Analysis[J]. Journal of Marketing Channels, 2010, 17（3）: 177-190.

[300] Williamson O E. The Theory of the Firm as Governance Structure: From Choice to Contract[J]. Journal of Economic Perspectives, 2002, 16（3）: 171-195.

[301] 王俊豪, 金暄暄. PPP 模式下政府和民营企业的契约关系及其治理——以中国城市基础设施 PPP 为例 [J]. 经济与管理研究, 2016, 37（3）: 62-68.

[302] 于茂荐, 孙元欣. 基于关系契约的专用性投资治理研究 [J]. 兰州商学院学报, 2012, 28（1）: 95-100.

[303] Claro D P, Hagelaar G, Omta O. The Determinants of Relational Governance and Performance: How to Manage Business Relationships?[J]. Industrial Marketing Management, 2003, 32（8）: 703-716.

[304] 薛卫, 雷家骕, 易难. 关系资本、组织学习与研发联盟绩效关系的实证研究 [J]. 中国工业经济, 2010,（4）: 89-99.

[305] 张闯, 张涛, 庄贵军. 渠道关系强度对渠道权力应用的影响——关系嵌入的视角 [J]. 管理科学, 2012, 25（3）: 56-68.

[306] 陈灿. 国外关系治理研究最新进展探析 [J]. 外国经济与管理, 2012, 34（10）: 74-81.

[307] Goles T. The Impact of the Client/Vendor Relationship on Outsourcing Success[J]. Unpublished Ph D Dissertation, University of Houston, Houston, TX, 2001.

[308] 严敏, 严玲, 邓娇娇. 行业惯例、关系规范与合作行为基于建设项目组织的研究 [J]. 华东经济管理, 2015, 29（8）: 165-174.

[309] Suprapto M, Bakker H L, Mooi H G, et al. Sorting out the Essence of Owner-Contractor Collaboration in Capital Project Delivery[J]. International Journal of Project Management, 2015, 33（3）: 664-683.

[310] Poppo L, Zenger T. Do Formal Contracts and Relational Governance Function as Substitutes or Complements?[J]. Strategic Management Journal, 2002, 23（8）: 707-725.

[311] Lu P, Guo S, Qian L, et al. The Effectiveness of Contractual and Relational Governances in Construction Projects in China[J]. International Journal of Project Management, 2015, 33（1）:

212-222.

[312] Benítez-Ávila C, Hartmann A, Dewulf G, et al. Interplay of Relational and Contractual Governance in Public-Private Partnerships: The Mediating Role of Relational Norms, Trust and Partners' Contribution[J]. International Journal of Project Management, 2018, 36 (3): 429-443.

[313] 武立东, 王凯, 黄海昕. 组织外部环境不确定性的研究述评——基于效率机制与合法性机制的双重视角; proceedings of the 第六届（2011）中国管理学年会——组织与战略分会场, 中国四川成都[C]. 2011.

[314] 马迎贤. 组织间关系资源依赖视角的研究综述[J]. 管理评论, 2005 (2): 55-62, 64.

[315] 邱泽奇. 在工厂化和网络化的背后——组织理论的发展与困境[J]. 社会学研究, 1999 (4): 3-27.

[316] Gulati R, Sytch M. Dependence Asymmetry and Joint Dependence in Interorganizational Relationships: Effects of Embeddedness on a Manufacturer's Performance in Procurement Relationships[J]. Administrative Science Quarterly, 2007, 52 (1): 32-69.

[317] Lui S S, Wong Y Y, Liu W. Asset Specificity Roles in Interfirm Cooperation: Reducing Opportunistic Behavior or Increasing Cooperative Behavior?[J]. Journal of Business Research, 2009, 62 (11): 1214-1219.

[318] 王节祥, 盛亚, 蔡宁. 合作创新中资产专用性与机会主义行为的关系[J]. 科学研究, 2015, 33 (8): 1251-1260.

[319] 王颖, 王方华. 关系治理中关系规范的形成及治理机理研究[J]. 软科学, 2007 (2): 67-70.

[320] 陈灿. 当前国外关系契约研究浅析[J]. 外国经济与管理, 2004 (12): 10-14.

[321] Xue J, Yuan H, Shi B. Impact of Contextual Variables on Effectiveness of Partnership Governance Mechanisms in Megaprojects: Case of Guanxi[J]. Journal of Management in Engineering, 2017, 33 (1): 04016034.

[322] Rufin C, Rivera-Santos M. Between Commonweal and Competition: Understanding the Governance of Public-Private Partnerships[J]. Journal of Management, 2012, 38 (5): 1634-1654.

[323] Ning Y, Ling F Y Y. Reducing Hindrances to Adoption of Relational Behaviors in Public Construction Projects[J]. Journal of Construction Engineering and Management, 2013, 139 (11): 04013017.

[324] Smyth H, Gustafsson M, Ganskau E. The Value of Trust in Project Business[J]. International Journal of Project Management, 2010, 28 (2): 117-129.

[325] Tang L, Shen Q, Cheng E W. A Review of Studies on Public-Private Partnership Projects in the Construction Industry[J]. International Journal of Project Management, 2010, 28 (7): 683-694.

[326] 尹贻林, 徐志超, 孙春玲. 信任与控制对项目绩效改善作用的研究[J]. 技术经济与管理研究, 2013, (12): 3-8.

[327] 陈莉平, 石嘉婧. 联盟企业间关系治理行为对合作绩效影响的实证研究——以信任为中介变量[J]. 软科学, 2013, 27 (4): 54-60.

[328] 杜亚灵, 李会玲, 柯洪. 工程项目中业主初始信任对合作的影响研究承包商公平感知的中介作用[J]. 管理学报, 2014, 11 (10): 1542-1551.

[329] Badenfelt U. I Trust You, I Trust You Not: A Longitudinal Study of Control Mechanisms in

Incentive Contracts[J]. Construction Management and Economics, 2010, 28 (3): 301–310.

[330] Arino A, De la Torre J, Ring P S. Relational Quality and Inter-Personal Trust in Strategic Alliances[J]. European Management Review, 2005, 2 (1): 15–27.

[331] Wong W K, Cheung S O, Yiu T W, et al. A Framework for Trust in Construction Contracting[J]. International Journal of Project Management, 2008, 26 (8): 821–829.

[332] Yang L, Shuai C. Trust, Contract Control and Project Performance in Construction Projects: An Empirical Study in China[J]. Advances in Information Sciences and Service Sciences, 2012, 4 (7).

[333] 胡振, 王秀婧, 张学清. PPP 项目中信任与政府绩效相关性的理论模型[J]. 建筑经济, 2014, 35 (6): 107–109.

[334] 姜翰, 杨鑫, 金占明. 战略模式选择对企业关系治理行为影响的实证研究——从关系强度角度出发[J]. 管理世界, 2008 (3): 115–125, 164.

[335] Zou W, Kumaraswamy M, Chung J, et al. Identifying the Critical Success Factors for Relationship Management in PPP Projects[J]. International Journal of Project Management, 2014, 32 (2): 265–274.

[336] Dubois A, Gadde L E. The Construction Industry as a Loosely Coupled System: Implications for Productivity and Innovation[J]. Construction Management & Economics, 2002, 20 (7): 621–631.

[337] 谈毅, 慕继丰. 论合同治理和关系治理的互补性与有效性[J]. 公共管理学报, 2008 (3): 56–62, 124.

[338] 任星耀, 廖隽安, 钱丽萍. 相互依赖不对称总是降低关系质量吗[J]. 管理世界, 2009 (12): 92–105, 136, 187–188.

[339] Rokkan A I, Heide J B, Wathne K H. Specific Investments in Marketing Relationships: Expropriation and Bonding Effects[J]. Journal of Marketing Research, 2003, 40 (2): 210–224.

[340] Handley S M, Angst C M. The Impact of Culture on the Relationship between Governance and Opportunism in Outsourcing Relationships[J]. Strategic Management Journal, 2015, 36 (9): 1412–1434.

[341] Pinto J K, Slevin D P, English B. Trust in Projects: An Empirical Assessment of Owner/Contractor Relationships[J]. International Journal of Project Management, 2009, 27 (6): 638–648.

[342] 陈叶烽, 叶航, 汪丁丁. 信任水平的测度及其对合作的影响——来自一组实验微观数据的证据[J]. 管理世界, 2010, (4): 54–64.

[343] 严兴全, 周庭锐, 李雁晨. 信任、承诺、关系行为与关系绩效买方的视角[J]. 管理评论, 2011, 23 (3): 71–81.

[344] Suprapto M, Bakker H L, Mooi H G, et al. How Do Contract Types and Incentives Matter to Project Performance?[J]. International Journal of Project Management, 2016, 34 (6): 1071–1087.

[345] Wang H K, Tseng J F, Yen Y F. How Do Institutional Norms and Trust Influence Knowledge Sharing? An Institutional Theory[J]. Innovation, 2014, 16 (3): 374–391.

[346] Yang Z, Su C, Fam K S. Dealing with Institutional Distances in International Marketing Channels: Governance Strategies That Engender Legitimacy and Efficiency[J]. Journal of Marketing, 2012, 76 (3): 41–55.

[347] Müller R, Jugdev K. Critical Success Factors in Projects: Pinto, Slevin, and Prescott – the

Elucidation of Project Success[J]. International Journal of Managing Projects in Business, 2012.

[348] 李连英, 郭锦墉. 蔬菜流通渠道信任、承诺、关系行为与合作绩效——基于零售商的视角[J]. 农业技术经济, 2017 (3): 25-32.

[349] 林曦. 基于关系行为与网络结构维度融合的利益相关者管理研究[J]. 商业研究, 2013 (2): 87-92.

[350] 尹贻林, 徐志超. 工程项目中信任、合作与项目管理绩效的关系——基于关系治理视角[J]. 北京理工大学学报（社会科学版）, 2014, 16 (6): 41-51.

[351] 李晓光, 郝生跃, 任旭. 关系治理对 PPP 项目控制权影响的实证研究[J]. 北京理工大学学报（社会科学版）, 2018, 20 (3): 52-59.

[352] Loasby B J. The External Control of Organizations. A Resource Dependence Perspective[Z]. New York: Oxford University Press, 1979.

[353] Daft R L, Sormunen J, Parks D. Chief Executive Scanning, Environmental Characteristics, and Company Performance: An Empirical Study[J]. Strategic Management Journal, 1988, 9 (2): 123-139.

[354] 李梓涵昕, 王侃, 李昌文. 新产品开发视角下高管结构型社会资本对组织学习的影响——基于外部环境不确定性的调节作用研究[J]. 科学学与科学技术管理, 2018, 39 (8): 69-81.

[355] 叶晓甦, 石世英, 刘李红. PPP 项目伙伴主体、合作环境与公共产品供给的关系研究——基于结构方程模型的分析[J]. 北京交通大学学报（社会科学版）, 2017, 16 (1): 45-54.

[356] 张旭梅, 陈伟. 供应链企业间基于信任的知识获取和合作绩效实证研究[J]. 科技管理研究, 2009, 29 (2): 174-176, 185.

[357] 李瑶, 张磊楠, 陶蕾. 如何利用社会关系来有效控制机会主义行为——基于外部环境不确定性的调节作用研究[J]. 商业经济与管理, 2015 (6): 5-14.

[358] 王莲乔, 马汉阳, 孙大鑫, 等. PPP 项目财务风险融资结构和宏观环境的联合调节效应[J]. 系统管理学报, 2018, 27 (1): 83-92.

[359] 骆亚卓, 李新春, 谭上飞. 契约、关系及机会主义防御资产专用性、不确定性与建设项目治理选择[J]. 经济与管理, 2018, 32 (4): 41-46.

[360] 李文新, 彭文敏, 史本山. 基础设施项目融资中政府担保的套牢问题研究[J]. 技术经济与管理研究, 2013 (9): 70-75.

[361] Buvik A, Grønhaug K. Inter-Firm Dependence, Environmental Uncertainty and Vertical Co-Ordination in Industrial Buyer-Seller Relationships[J]. Omega, 2000, 28 (4): 445-454.

[362] Dyer J H, Chu W. The Role of Trustworthiness in Reducing Transaction Costs and Improving Performance: Empirical Evidence from the United States, Japan, and Korea[J]. Organization Science, 2003, 14 (1): 57-68.

[363] 董俊武, 陈震红. 从关系资本理论看战略联盟的伙伴关系管理[J]. 财经科学, 2003 (5): 81-85.

[364] 菅新月. 社会稳定风险评估指标权重赋值研究——基于层次分析法[J]. 经济论坛, 2013 (6): 139-142.

[365] 张水波, 陈俊颖, 胡振宇. 工程合同对承包方合作行为的影响研究信任的中介作用[J]. 工程管理学报, 2015, 29 (4): 6-11.

[366] Srinivasan M, Mukherjee D, Gaur A S. Buyer-Supplier Partnership Quality and Supply Chain Performance: Moderating Role of Risks, and Environmental Uncertainty[J]. European Management Journal, 2011, 29 (4): 260–271.

[367] 魏旭光, 康凯, 张志颖, 等. 生产型企业间信任对合作满意度的影响研究——关系专用性投资的中介作用 [J]. 预测, 2013, 32 (2): 42–48.

[368] 潘旭亮, 贾康. PPP 模式不完全合约治理结构的选择 [J]. 地方财政研究, 2018 (5): 79–84.

[369] 邓春平, 毛基业. 关系契约治理与外包合作绩效——对日离岸软件外包项目的实证研究 [J]. 南开管理评论, 2008 (4): 25–33.

[370] Ling F Y Y, Ong S Y, Ke Y, et al. Drivers and Barriers to Adopting Relational Contracting Practices in Public Projects: Comparative Study of Beijing and Sydney[J]. International Journal of Project Management, 2014, 32 (2): 275–285.

[371] Ke Y, Ling F Y, Ning Y. Public Construction Project Delivery Process in Singapore, Beijing, Hong Kong and Sydney[J]. Journal of Financial Management of Property and Construction, 2013.

[372] Zhou Y, Zhang X, Zhuang G, et al. Relational Norms and Collaborative Activities: Roles in Reducing Opportunism in Marketing Channels[J]. Industrial Marketing Management, 2015, 46: 147–159.

[373] Cruz C O, Marques R C. Flexible Contracts to Cope with Uncertainty in Public-Private Partnerships[J]. International Journal of Project Management, 2013, 31 (3): 473–483.

[374] Lee Y, Cavusgil S T. Enhancing Alliance Performance: The Effects of Contractual-Based Versus Relational-Based Governance[J]. Journal of Business Research, 2006, 59 (8): 896–905.

[375] Sahay B S. Understanding Trust in Supply Chain Relationships[J]. Industrial Management & Data Systems, 2003, 103 (8): 553–563.

[376] Bygballe L E, Dewulf G, Levitt R E. The Interplay between Formal and Informal Contracting in Integrated Project Delivery[J]. Engineering Project Organization Journal, 2015, 5 (1): 22–35.

[377] Henderson L S, Stackman R W, Lindekilde R. The Centrality of Communication Norm Alignment, Role Clarity, and Trust in Global Project Teams[J]. International Journal of Project Management, 2016, 34 (8): 1717–1730.

[378] 任志涛, 郝文静, 于昕. 基于 SNA 的 PPP 项目中信任影响因素研究 [J]. 科技进步与对策, 2016, 33 (16): 67–72.

[379] Malhotra D, Lumineau F. Trust and Collaboration in the Aftermath of Conflict: The Effects of Contract Structure[J]. Academy of management Journal, 2011, 54 (5): 981–998.

[380] Ke H, Cui Z, Govindan K, et al. The Impact of Contractual Governance and Trust on EPC Projects in Construction Supply Chain Performance[J]. Engineering Economics, 2015, 26 (4): 349–363.

[381] Meng X, Sun M, Jones M. Maturity Model for Supply Chain Relationships in Construction[J]. Journal of Management in Engineering, 2011, 27 (2): 97–105.

[382] 曹玉玲, 李随成. 企业间信任的影响因素模型及实证研究 [J]. 科研管理, 2011, 32 (1): 137–146.

[383] Schilke O, Cook K S. Sources of Alliance Partner Trustworthiness: Integrating Calculative and Relational Perspectives[J]. Strategic Management Journal, 2015, 36 (2): 276–297.

[384] Wu A, Wang Z, Chen S. Impact of Specific Investments, Governance Mechanisms and Behaviors on the Performance of Cooperative Innovation Projects[J]. International Journal of Project Management, 2017, 35 (3): 504–515.

[385] Wu G, Zhao X, Zuo J. Relationship between Project's Added Value and the Trust-Conflict Interaction among Project Teams[J]. Journal of Management in Engineering, 2017, 33 (4): 04017011.

[386] Boyd B. Corporate Linkages and Organizational Environment: A Test of the Resource Dependence Model[J]. Strategic Management Journal, 1990, 11 (6): 419–430.

[387] Ma H, Zeng S, Shen G Q, et al. International Diversification and Corporate Social Responsibility: An Empirical Study of Chinese Contractors[J]. Management Decision, 2016.

[388] Claro D P, De Oliveira Claro P B, Hagelaar G. Coordinating Collaborative Joint Efforts with Suppliers: The Effects of Trust, Transaction Specific Investment and Information Network in the Dutch Flower Industry[J]. Supply Chain Management: An International Journal, 2006, 11 (3): 216–224.

[389] 梁玉勤, 张可, 杨圣涛. 资产专用视角下 PPP 项目控制权均衡分配[J]. 水利经济, 2017, 35 (2): 31–35, 40, 76–77.

[390] Ittner C D, Larcker D F, Nagar V, et al. Supplier Selection, Monitoring Practices, and Firm Performance[J]. Journal of Accounting and Public Policy, 1999, 18 (3): 253–281.

[391] Henry Xie Y, Suh T, Kwon I W G. Do the Magnitude and Asymmetry of Specific Asset Investments Matter in the Supplier-Buyer Relationship?[J]. Journal of Marketing Management, 2010, 26 (9–10): 858–877.

[392] Fink M, Kessler A. Cooperation, Trust and Performance-Empirical Results from Three Countries[J]. British Journal of Management, 2010, 21 (2): 469–483.

[393] Griffith D A, Zhao Y. Contract Specificity, Contract Violation, and Relationship Performance in International Buyer-Supplier Relationships[J]. Journal of International Marketing, 2015, 23 (3): 22–40.

[394] Klijn E H, Koppenjan J. The Impact of Contract Characteristics on the Performance of Public-Private Partnerships (PPPs)[J]. Public Money & Management, 2016, 36 (6): 455–462.

[395] McAllister D J. Affect and Cognition-Based Trust as Foundations for Interpersonal Cooperation in Organizations[J]. Academy of Management Journal, 1995, 38 (1): 24–59.

[396] 曾宇容, 杨静. 组织间信任、社会互动、知识获取对组织创新绩效的影响研究——以浙江企业为例[J]. 科技管理研究, 2013, 33 (13): 154–158.

[397] Carson S J, Madhok A, Wu T. Uncertainty, Opportunism, and Governance: The Effects of Volatility and Ambiguity on Formal and Relational Contracting[J]. Academy of Management Journal, 2006, 49 (5): 1058–1077.

[398] Priem R L, Love L G, Shaffer M A. Executives' Perceptions of Uncertainty Sources: A Numerical Taxonomy and Underlying Dimensions[J]. Journal of Management, 2002, 28 (6): 725–746.

[399] Bourgeois Ⅲ L J. Strategy and Environment: A Conceptual Integration[J]. Academy of Management Review, 1980, 5 (1): 25–39.

[400] Sheng S, Zhou K Z, Li J J. The Effects of Business and Political Ties on Firm Performance: Evidence from China[J]. Journal of Marketing, 2011, 75(1): 1-15.

[401] Zhang S, Gao Y, Feng Z, et al. PPP Application in Infrastructure Development in China: Institutional Analysis and Implications[J]. International Journal of Project Management, 2015, 33(3): 497-509.

[402] Percoco M. Quality of Institutions and Private Participation in Transport Infrastructure Investment: Evidence from Developing Countries[J]. Transportation Research Part A: Policy and Practice, 2014, 70: 50-58.

[403] Haynes S N, Richard D, Kubany E S. Content Validity in Psychological Assessment: A Functional Approach to Concepts and Methods[J]. Psychological Assessment, 1995, 7(3): 238.

[404] 丛中, 安莉娟. 安全感量表的初步编制及信度、效度检验[J]. 中国心理卫生杂志, 2004(2): 97-99.

[405] 张水波, 康飞. 工程项目经理胜任特征测量模型构建及效度检验[J]. 软科学, 2014, 28(3): 73-77.

[406] Barki H, Hartwick J. Interpersonal Conflict and Its Management in Information System Development[J]. MIS Quarterly, 2001: 195-228.

[407] 刘敏, 余江龙, 黄勇. 感知被上级信任如何促进员工建言行为心理安全感、自我效能感和权力距离的作用[J]. 中国人力资源开发, 2018, 35(12): 18-27.

[408] 吴明隆. 结构方程模型: Amos 的操作与应用[M]. 重庆: 重庆大学出版社, 2009.

[409] 温忠麟, 张雷, 侯杰泰, 等. 中介效应检验程序及其应用[J]. 心理学报, 2004(5): 614-620.

[410] Hayes A F, Preacher K J. Conditional Process Modeling: Using Structural Equation Modeling to Examine Contingent Causal Processes[J]. 2013.

[411] Xiong W, Zhao X, Wang H. Information Asymmetry in Renegotiation of Public-Private Partnership Projects[J]. Journal of Computing in Civil Engineering, 2018, 32(4): 04018028.

[412] Klijn E H, Edelenbos J, Hughes M. Public-Private Partnership: A Two-Headed Reform. A Comparison of PPP in England and the Netherlands[M]. Springer. 2007: 71-89.

[413] 刘力达, 蔡礼强. 发达国家支持社会组织参与对外援助的主要政策工具研究——基于美英德日法五国的比较分析[J]. 国外社会科学, 2021(1): 44-61, 157-158.

[414] Han S, Lee S, Pena-Mora F. Identification and Quantification of Non-Value-Adding Effort from Errors and Changes in Design and Construction Projects[J]. Journal of Construction Engineering and Management, 2012, 138(1): 98-109.

[415] Reus T H, Liu Y. Rhyme and Reason: Emotional Capability and the Performance of Knowledge-Intensive Work Groups[J]. Human Performance, 2004, 17(2): 245-266.

[416] Akgün A E, Keskin H, Byrne J. Organizational Emotional Capability, Product and Process Innovation, and Firm Performance: An Empirical Analysis[J]. Journal of Engineering and Technology Management, 2009, 26(3): 103-130.

[417] 李树文, 罗瑾琏, 孙锐. 组织情绪能力概念、测量、前因与后果[J]. 外国经济与管理, 2019, 41(6): 59-70.

[418] 常洁, 唐朝永, 牛冲槐. 组织情绪能力与组织创新关系心理安全及失败学习的链式中介模

型[J]. 科技进步与对策, 2020, 37 (18): 10-17.

[419] 王建廷, 余强. 多条绿色建筑供应链下供应商的选择分析——基于AMP-Promethee模型[J]. 工程管理学报, 2016, 30 (6): 27-32.

[420] Weiss H M. Deconstructing Job Satisfaction: Separating Evaluations, Beliefs and Affective Experiences[J]. Human Resource Management Review, 2002, 12 (2): 173-194.

[421] 刘刚, 王岚. 公平感知、关系质量与研发合作关系价值研究[J]. 科研管理, 2014, 35 (8): 25-33.

[422] 王丽平, 栾慧明. 组织距离、价值共创与产学研合作创新绩效[J]. 管理学报, 2019, 16 (5): 704-711.

[423] 于贵芳, 温珂, 方新. 信任水平、合作关系与创新行为社会交换理论视角下公立科研机构创新行为的影响因素研究[J]. 科学学与科学技术管理, 2020, 41 (2): 78-93.

[424] 孙锐, 张文勤. 企业创新中的组织情绪能力问题研究[J]. 科学学与科学技术管理, 2015, 36 (12): 70-78.

[425] 孙锐. 科技企业组织情绪能力结构测量及对创新的影响[J]. 科研管理, 2017, 38 (9): 43-51.

[426] 尹航, 张雨涵, 刘佳欣. 组织距离、知识流动对联盟企业突破式创新的影响[J]. 科研管理, 2019, 40 (1): 22-31.

[427] Sarker R I, Kaplan S, Mailer M, et al. Applying Affective Event Theory to Explain Transit Users' Reactions to Service Disruptions[J]. Transportation Research Part A: Policy and Practice, 2019, 130: 593-605.

[428] Dasborough M T, Ashkanasy N M, Tee E Y, et al. What Goes around Comes Around: How Meso-Level Negative Emotional Contagion Can Ultimately Determine Organizational Attitudes toward Leaders[J]. The Leadership Quarterly, 2009, 20 (4): 571-585.

[429] 翁清雄, 张越. 企业员工情绪研究动态测量、前因与后果[J]. 预测, 2015, 34 (5): 74-80.

[430] Li Y, Ahlstrom D, Ashkanasy N M. A Multilevel Model of Affect and Organizational Commitment[J]. Asia Pacific Journal of Management, 2010, 27 (2): 193-213.

[431] 赵然, 石敏, 叶和旭. 积极情绪对工作绩效的影响组织承诺的中介作用[J]. 中央财经大学学报, 2015 (S1): 104-108.

[432] Thoenig J C. Peter M. Blau, Exchange and Power in Social Life, 1964[J]. Sociologie Du Travail, 1967, 9 (1): 101-102.

[433] Cropanzano R, Anthony E L, Daniels S R, et al. Social Exchange Theory: A Critical Review with Theoretical Remedies[J]. Academy of Management Annals, 2017, 11 (1): 479-516.

[434] Cook K S, Emerson R M. Social Exchange Theory[J]. 1987.

[435] Cook K S, Cheshire C, Rice E R, et al. Social Exchange Theory[M]. Handbook of Social Psychology, Springer, 2013: 61-88.

[436] 王智生, 李慧颖. 基于Stackelberg博弈的R&D联盟知识转移决策模型[J]. 科研管理, 2016, 37 (6): 74-83.

[437] Perlovsky L I. Toward Physics of the Mind: Concepts, Emotions, Consciousness, and Symbols[J]. Physics of Life Reviews, 2006, 3 (1): 23-55.

[438] 张婕，樊耘，张旭.组织变革中的情绪唤起及其影响机制研究[J].管理评论，2016，28（3）：126-138.

[439] Hochschild A R. The Managed Heart[M]. London: Routledge, 2015: 47-54.

[440] 张辉华.个体情绪智力与任务绩效社会网络的视角[J].心理学报，2014，46（11）：1691-1703.

[441] Akgün A E, Keskin H, Byrne J C, et al. Emotional and Learning Capability and Their Impact on Product Innovativeness and Firm Performance[J]. Technovation, 2007, 27（9）: 501-513.

[442] Hareli S, Rafaeli A. Emotion Cycles: On the Social Influence of Emotion in Organizations[J]. Research in Organizational Behavior, 2008, 28: 35-59.

[443] Huy Q N. Emotional Capability, Emotional Intelligence, and Radical Change[J]. Academy of Management Review, 1999, 24（2）: 325-345.

[444] 孙锐，李树文.动态环境下科技企业领导成员交换、组织情绪能力与组织绩效关系研究一个有调节的中介模型[J].科学学与科学技术管理，2017，38（8）：167-180.

[445] 梅强，童金根，孙锐.企业转换型领导、组织情绪能力与组织创造力——一个有调节的中介模型[J].科技进步与对策，2017，34（18）：131-138.

[446] 陈艳艳，赵永乐，孙锐.家长式领导风格对企业创新绩效的影响——基于组织情绪能力中介效应的视角[J].浙江社会科学，2019（5）：33-39，74，156.

[447] 陆欣欣，孙嘉卿.领导-成员交换与情绪枯竭互惠信念和权力距离导向的作用[J].心理学报，2016，48（5）：566-577.

[448] 仲理峰，王震，李梅，等.变革型领导、心理资本对员工工作绩效的影响研究[J].管理学报，2013，10（4）：536-544.

[449] 童金根，梅强，孙锐.企业转换型领导、组织情绪能力与研发人员创新行为——集体主义导向的调节作用[J].科技管理研究，2017，37（18）：15-22.

[450] Akgün A E, Keskin H, Byrne J C, et al. Antecedents and Results of Emotional Capability in Software Development Project Teams[J]. Journal of Product Innovation Management, 2011, 28（6）: 957-973.

[451] Kelly J R, Barsade S G. Mood and Emotions in Small Groups and Work Teams[J]. Organizational Behavior and Human Decision Processes, 2001, 86（1）: 99-130.

[452] 孙锐，赵晨.战略人力资源管理、组织情绪能力与组织创新——高新技术企业部门心理安全的作用[J].科学学研究，2016，34（12）：1905-1915.

[453] 孙锐，赵晨.高新技术企业组织情绪能力、组织学习与创新绩效[J].科研管理，2017，38（2）：93-100.

[454] 李树文，孙锐，梁阜.动态环境下科技企业组织情绪能力对产品创新绩效的影响：一个链式有调节的中介模型[J].管理工程学报，2020，34（2）：50-59.

[455] Liu J, Wang Z, Skitmore M, et al. How Contractor Behavior Affects Engineering Project Value-Added Performance[J]. Journal of Management in Engineering-ASCE, 2019, 35（4）: 040190121-040190112.

[456] Lahiri S, Kedia B L. Determining Quality of Business-to-Business Relationships: A Study of Indian It-Enabled Service Providers[J]. European Management Journal, 2011, 29（1）: 11-24.

[457] 何伟怡,张娉娉.核心企业领导风格与弱稳定性的工程供应链信息共享:关系质量的中介作用[J].南开管理评论,2020,23(1):107-117.

[458] 徐建中,李奉书,李丽,等.企业外部关系质量对低碳技术创新的影响基于知识视角的研究[J].中国软科学,2017(2):183-192.

[459] Kumar N, Scheer L K, Steenkamp J-B E. The Effects of Supplier Fairness on Vulnerable Resellers[J]. Journal of Marketing Research, 1995, 32(1): 54-65.

[460] Hajli M N. The Role of Social Support on Relationship Quality and Social Commerce[J]. Technological Forecasting and Social Change, 2014, 87: 17-27.

[461] 宋喜凤,杜荣,艾时钟.外包中关系质量、知识共享与外包绩效关系研究[J].管理评论,2013,25(1):52-62.

[462] Naudé P, Buttle F. Assessing Relationship Quality[J]. Industrial Marketing Management, 2000, 29(4): 351-361.

[463] Håkansson H, Snehota I. Developing Relationships in Business Networks[M]. London: Routledge, 1995.

[464] Lai C S, Pai D C, Yang C F, et al. The Effects of Market Orientation on Relationship Learning and Relationship Performance in Industrial Marketing: The Dyadic Perspectives[J]. Industrial Marketing Management, 2009, 38(2): 166-172.

[465] Medlin C J, Aurifeille J M, Quester P G. A Collaborative Interest Model of Relational Coordination and Empirical Results[J]. Journal of Business Research, 2005, 58(2): 214-222.

[466] 马鸿佳,马楠,郭海.关系质量、关系学习与双元创新[J].科学学研究,2017,35(6):917-930.

[467] Leonidou L C, Samiee S, Aykol B, et al. Antecedents and Outcomes of Exporter-Importer Relationship Quality: Synthesis, Meta-Analysis, and Directions for Further Research[J]. Journal of International Marketing, 2014, 22(2): 21-46.

[468] Sharma R R. Cultural Intelligence and Institutional Success: The Mediating Role of Relationship Quality[J]. Journal of International Management, 2019, 25(3): 100665.

[469] Schlägel C, Sarstedt M. Assessing the Measurement Invariance of the Four-Dimensional Cultural Intelligence Scale across Countries: A Composite Model Approach[J]. European Management Journal, 2016, 34(6): 633-649.

[470] 王建军,陈思羽.创新、组织学习能力与外包绩效关系研究关系质量的中介作用[J].管理工程学报,2016,30(2):28-37.

[471] Casidy R, Nyadzayo M. Drivers and Outcomes of Relationship Quality with Professional Service Firms: An Sme Owner-Manager Perspective[J]. Industrial Marketing Management, 2019, 78: 27-42.

[472] Swar B, Moon J, Oh J, et al. Determinants of Relationship Quality for Is/It Outsourcing Success in Public Sector[J]. Information Systems Frontiers, 2012, 14(2): 457-475.

[473] 刘伟,邸支艳.关系质量、知识缄默性与外包知识转移——基于接包方视角的实证研究[J].科学学研究,2016,34(12):1865-1874.

[474] Chang M L, Cheng C F, Wu W Y. How Buyer-Seller Relationship Quality Influences Adaptation

and Innovation by Foreign Mncs' Subsidiaries[J]. Industrial Marketing Management, 2012, 41 (7): 1047-1057.

[475] 李明轩, 邱如美. 国家竞争优势 [M]. 北京: 中信出版社, 2012.

[476] Bednarek M, Caple H. 'Value Added': Language, Image and News Values[J]. Discourse, Context & Media, 2012, 1 (2-3): 103-113.

[477] 王竹泉, 高芳. 基于业务流程管理的价值增值报告模式研究 [J]. 会计研究, 2004 (9): 47-52.

[478] Lippman S A, Rumelt R P. A Bargaining Perspective on Resource Advantage[J]. Strategic Management Journal, 2003, 24 (11): 1069-1086.

[479] 韩兵, 刘芳名, 匡海波. 同质化竞争情境下企业价值增值效率评价研究——以我国上市港口企业为例 [J]. 科研管理, 2021, 42 (4): 55-64.

[480] Priem R L. A Consumer Perspective on Value Creation[J]. Academy of Management Review, 2007, 32 (1): 219-235.

[481] 丁士昭. 会展场馆建设如何增值 [J]. 中国会展, 2003 (2): 20-21.

[482] 叶晓甦, 石世英, 刘李红. PPP 项目价值创造驱动要素及其作用机理 [J]. 地方财政研究, 2017 (9): 67-74.

[483] 徐永顺, 陈海涛, 迟铭, 等. PPP 项目中合同柔性对项目价值增值的影响研究 [J]. 管理学报, 2019, 16 (8): 1228-1235.

[484] Gracanin D, Buchmeister B, Lalic B. Using Cost-Time Profile for Value Stream Optimization[J]. Procedia Engineering, 2014, 69: 1225-1231.

[485] Fernandes A S. Assessing the Technology Contribution to Value Added[J]. Technological Forecasting and Social Change, 2012, 79 (2): 281-297.

[486] East E W, Love D R. Value-Added Analysis of the Construction Submittal Process[J]. Automation in Construction, 2011, 20 (8): 1070-1078.

[487] Shi Q. Rethinking the Implementation of Project Management: A Value Adding Path Map Approach[J]. International Journal of Project Management, 2011, 29 (3): 295-302.

[488] Presutti Jr W D. Supply Management and E-Procurement: Creating Value Added in the Supply Chain[J]. Industrial Marketing Management, 2003, 32 (3): 219-226.

[489] 姜琳, 汪智慧, 王向飞. 价值增值工程在 PMC 项目中的应用 [J]. 国际经济合作, 2008 (1): 57-60.

[490] Liu J Y C, Chen H G, Chen C C, et al. Relationships among Interpersonal Conflict, Requirements Uncertainty, and Software Project Performance[J]. International Journal of Project Management, 2011, 29 (5): 547-556.

[491] Giezen M, Salet W, Bertolini L. Adding Value to the Decision-Making Process of Mega Projects: Fostering Strategic Ambiguity, Redundancy, and Resilience[J]. Transport Policy, 2015, 44: 169-178.

[492] Rivera L, Sheffi Y, Knoppen D. Logistics Clusters: The Impact of Further Agglomeration, Training and Firm Size on Collaboration and Value Added Services[J]. International Journal of Production Economics, 2016, 179: 285-294.

[493] 徐惠儿，丰景春. 基于 BIM 的 EPC 项目价值增值研究 [J]. 工程管理学报，2018，32（4）：137-142.

[494] 吴光东，刘聪. 项目导向型供应链知识流对项目价值增值影响的实证研究 [J]. 技术经济，2017，36（2）：29-38.

[495] Wu G, Zhao X, Zuo J. Effects of Inter-Organizational Conflicts on Construction Project Added Value in China[J]. International Journal of Conflict Management，2017.

[496] 覃正，井然哲. 基于泛函分析的组织行为距离测度模型 [J]. 系统工程理论方法应用，2006（1）：90-92，96.

[497] Simonin B L. The Importance of Collaborative Know-How: An Empirical Test of the Learning Organization[J]. Academy of Management Journal，1997，40（5）：1150-1174.

[498] 胡玲，金占明. 跨国公司母子公司战略管理知识的转移机制研究——基于在华子公司样本的实证检验 [J]. 研究与发展管理，2012，24（3）：25-36.

[499] Hsiao Y C, Chen C J, Lin B W, et al. Resource Alignment, Organizational Distance, and Knowledge Transfer Performance: The Contingency Role of Alliance Form[J]. The Journal of Technology Transfer，2017，42（3）：635-653.

[500] Sampath V S, Rahman N. Bribery in Mnes: The Dynamics of Corruption Culture Distance and Organizational Distance to Core Values[J]. Journal of Business Ethics，2019，159（3）：817-835.

[501] 肖小勇，文亚青. 组织间知识转移的主要影响因素 [J]. 情报理论与实践，2005（4）：355-358.

[502] Vesperi W, Melina A M, Ventura M, et al. Organizing Knowledge Transfer between University and Agribusiness Firms[J]. Systems Research and Behavioral Science，2021，38（3）：321-329.

[503] Baughn C C, Denekamp J G, Stevens J H, et al. Protecting Intellectual Capital in International Alliances[J]. Journal of World Business，1997，32（2）：103-117.

[504] 王文亮，郭丁，肖美丹，等. 校企合作创新网络学习机制影响因素实证研究 [J]. 技术经济与管理研究，2014（7）：28-35.

[505] 黄昱方，陈成成，张璇. 虚拟团队交互记忆系统对团队绩效的影响——任务复杂性的调节作用 [J]. 技术经济，2014，33（7）：9-16.

[506] 王涛. 产业集群内企业间知识转移影响因素研究 [D]. 济南：山东大学，2012.

[507] Richards M, De Carolis D M. Joint Venture Research and Development Activity: An Analysis of the International Biotechnology Industry[J]. Journal of International Management，2003，9（1）：33-49.

[508] Pothukuchi V, Damanpour F, Choi J, et al. National and Organizational Culture Differences and International Joint Venture Performance[J]. Journal of International Business Studies，2002，33（2）：243-265.

[509] 王清晓，杨忠. 跨国公司母子公司之间的知识转移研究：一个情境的视角 [J]. 科学学与科学技术管理，2005，81-86.

[510] Bergendahl M, Magnusson M. Creating Ideas for Innovation: Effects of Organizational Distance on Knowledge Creation Processes[J]. Creativity and Innovation Management，2015，24（1）：87-101.

[511] 袁丹，雷宏振. 组织距离对虚拟产业集群内企业创新的影响 [J]. 技术经济，2014，33：49-52.

[512] Dolfsma W, van der Eijk R. Distances in Organizations: Innovation in an R&D Lab[J]. British Journal of Management, 2016, 27 (2): 271-286.

[513] Argyres N. Evidence on the Role of Firm Capabilities in Vertical Integration Decisions[J]. Strategic Management Journal, 1996, 17 (2): 129-150.

[514] Lin B W, Chen C J, Wu H L. Patent Portfolio Diversity, Technology Strategy, and Firm Value[J]. Ieee Transactions on Engineering Management, 2006, 53 (1): 17-26.

[515] Chakrabarti A, Singh K, Mahmood I. Diversification and Performance: Evidence from East Asian Firms[J]. Strategic Management Journal, 2007, 28 (2): 101-120.

[516] Tafvelin S, Schwarz U v T, Hasson H. In Agreement? Leader-Team Perceptual Distance in Organizational Learning Affects Work Performance[J]. Journal of Business Research, 2017, 75: 1-7.

[517] 崔楠,张丽娜,张建.商业模式创新对新产品绩效的影响:资源整合的中介作用[J].中国地质大学学报(社会科学版),2015,15:91-103.

[518] Alegre J, Chiva R. Assessing the Impact of Organizational Learning Capability on Product Innovation Performance: An Empirical Test[J]. Technovation, 2008, 28 (6): 315-326.

[519] 李辉.组织学习能力、开放式创新与创新绩效的转化机制研究——以知识密集型服务企业为样本[J].北京交通大学学报(社会科学版),2019,18:89-97.

[520] 王雪青,赵敏,王丹.政府和社会资本间信任对PPP项目绩效的影响——合作行为的中介作用[J].工程管理学报,2019,33:54-59.

[521] Shepherd D A, Patzelt H, Williams T A. "Moving on or Moving Forward from Project Failure: Rapid Termination, Creeping Death, and Learning" [J]. Academy of Management Annual Meeting Proceedings, 2013 (1): 10698.

[522] 刘咏梅,卫旭华,陈晓红.情绪智力、冲突管理与感知凝聚力关系研究[J].科研管理,2011,32:88-96.

[523] Steijn B, Klijn E H, Edelenbos J. Public Private Partnerships: Added Value by Organizational Form or Management?[J]. Public Administration, 2011, 89 (4): 1235-1252.

[524] 吴光东,施建刚,唐代中.工程项目团队动态特征,冲突维度与项目成功关系实证[J].管理工程学报,2012,26:49-57.

[525] 严玲,史志成,严敏,等.公共项目契约治理与关系治理:替代还是互补?[J].土木工程学报,2016,49:115-128.

[526] Kivleniece I, Quelin B V. Creating and Capturing Value in Public-Private Ties: A Private Actor's Perspective[J]. The Academy of Management Review, 2012, 37 (2): 272-299.

[527] Rhee, Seung-Yoon. Shared Emotions and Group Effectiveness: The Role of Broadening-and-Building Interactions[J]. Academy of Management Annual Meeting Proceedings, 2006 (1): B1-B6.

[528] Tuuli M M. Dynamics of Control in Construction Project Teams[J]. Construction Management & Economics, 2010, 2 (28): 189-202.

[529] 尹贻林,董宇,王垚.工程项目信任对风险分担的影响研究:基于扎根理论的半结构性访谈分析[J].土木工程学报,2015,48:117-128.

[530] Weiss H M, Cropanzano R. Affective Events Theory: A Theoretical Discussion of the Structure,

Causes and Consequences of Affective Experiences at Work[J]. Research in Organizational Behavior, 1996, 18 (3): 1-74.

[531] Cummings J L, Teng B S. Transferring R&D Knowledge: The Key Factors Affecting Knowledge Transfer Success[J]. Journal of Engineering and Technology Management, 2003, 20 (1-2): 39-68.

[532] Edwards J R, Lambert L S. Methods for Integrating Moderation and Mediation: A General Analytical Framework Using Moderated Path Analysis[J]. Psychological Methods, 2007, 12 (1): 1-22.

[533] Preacher K J, Hayes A F. Asymptotic and Resampling Strategies for Assessing and Comparing Indirect Effects in Multiple Mediator Models[J]. Behavior Research Methods, 2008, 40 (3): 879-891.

[534] 戴勇, 胡明溥. 产学研伙伴异质性对知识共享的影响及机制研究[J]. 科学学与科学技术管理, 2016, 37: 66-79.

[535] 蒋卫平, 张谦, 乐云. 基于业主方视角的工程项目中信任的产生与影响[J]. 工程管理学报, 2011, 25: 177-181.

[536] Sarstedt R M. Partial Least Squares Structural Equation Modeling: Rigorous Applications, Better Results and Higher Acceptance[J]. Long Range Planning, 2013.

[537] Cohen J, Cohen P, West S G. Applied Multiple Regression/ Correlation Analysis for the Behavioral Sciences[M]. London: Routledge, 2013.

[538] Bilal M, Oyedele L O, Qadir J, et al. Big Data in the Construction Industry: A Review of Present Status, Opportunities, and Future Trends[J]. Advanced Engineering Informatics, 2016, 30 (3): 500-521.

[539] 杨青, 武高宁, 王丽珍. 大数据: 数据驱动下的工程项目管理新视角[J]. 系统工程理论与实践, 2017, 37: 710-719.

[540] Waller M A, Fawcett S E. Data Science, Predictive Analytics, and Big Data: A Revolution That Will Transform Supply Chain Design and Management[J]. Journal of Business Logistics, 2013, 34(2): 77-84.

[541] Whyte J, Stasis A, Lindkvist C. Managing Change in the Delivery of Complex Projects: Configuration Management, Asset Information and 'Big Data'[J]. International Journal of Project Management, 2016, 34 (2): 339-351.

[542] Jeong S, Rui H, Lynch J P, et al. A Scalable Cloud-Based Cyber Infrastructure for Bridge Monitoring[J]. Structure and Infrastructure Engineering, 2019, 15 (1): 82-102.

[543] Chen, Hung-Ming, Chang, et al. A Cloud-Based System Framework for Performing Online Viewing, Storage, and Analysis on Big Data of Massive Bims[J]. Automation in Construction, 2016, 71: 34-48.

[544] Jing D, Rui L, Issa R. Bim Cloud Score: Benchmarking Bim Performance[J]. Journal of Construction Engineering & Management, 2014, 140 (11): 4014054.

[545] Benchmarking Construction Waste Management Performance Using Big Data[J]. Resources Conservation and Recycling, 2015, 105: 49-58.

[546] Barney J B. Firm Resources and Sustained Competitive Advantage[J]. Advances in Strategic

Management, 1991, 17（1）: 3-10.

[547] Peteraf M, Barney J. Unraveling the Resource-Based Triangle[J]. Managerial and Decision Economics, 2003, 24（4）: 309-323.

[548] Morgan N A, Slotegraaf R J, Vorhies D W. Linking Marketing Capabilities with Profit Growth[J]. International Journal of Research in Marketing, 2009, 26（4）: 284-293.

[549] Ghasemaghaei M, Ebrahimi S, Hassanein K. Data Analytics Competency for Improving Firm Decision Making Performance[J]. Journal of Strategic Information Systems, 2018, 27（1）: 101-113.

[550] 翟元甫. 基于 TOE 框架的政务服务智慧能力影响因素研究 [D]. 成都：电子科技大学, 2020.

[551] 陈奕林. BIM 技术的采纳及创新支持对中国建筑业影响机制研究 [D]. 天津：天津理工大学, 2019.

[552] Ullah F, Qayyum S, Thaheem M J, et al. Risk Management in Sustainable Smart Cities Governance: A Toe Framework[J]. Technological Forecasting and Social Change, 2021, 167.

[553] Teece D J, Pisano G, Shuen A. Dynamic Capabilities and Strategic Management[J]. Strategic Management Journal, 2009, 18（7）: 509-533.

[554] Venkatesh V, Brown S A, Bala M H. Predicting Different Conceptualizations of System Use: The Competing Roles of Behavioral Intention, Facilitating Conditions, and Behavioral Expectation[J]. Mis Quarterly, 2008, 32（3）: 483-502.

[555] Eisenhardt K M, Martin J A. Dynamic Capabilities: What Are They?[J]. Strategic Management Journal, 2000, 21（10-11）: 1105-1121.

[556] Teece, David, J. Dynamic Capabilities as（Workable）Management Systems Theory[J]. Journal of Management & Organisation, 2018, 24（3）: 359-368.

[557] Chowdhury M, Quaddus M A. Supply Chain Sustainability Practices and Governance for Mitigating Sustainability Risk and Improving Market Performance: A Dynamic Capability Perspective[J]. Journal of Cleaner Production, 2020, 278: 123521.

[558] Chen H, Chiang R, Storey V C. Business Intelligence and Analytics: From Big Data to Big Impact[M]. MIS Quarterly, 2012.

[559] Ghasemaghaei M, Hassanein K, Turel O. Increasing Firm Agility through the Use of Data Analytics: The Role of Fit[J]. Decision Support Systems, 2017, 101: 95-105.

[560] Chen D Q, Preston D S, Swink M. How the Use of Big Data Analytics Affects Value Creation in Supply Chain Management[J]. Journal of Management Information Systems, 2015, 32（4）: 4-39.

[561] Kwon O, Lee N, Shin B. Data Quality Management, Data Usage Experience and Acquisition Intention of Big Data Analytics[J]. International Journal of Information Management, 2014, 34（3）: 387-394.

[562] Gillon K, Aral S, Lin C Y, et al. Business Analytics: Radical Shift or Incremental Change?[J]. Communications of the Association for Information Systems, 2014, 34（1）: 287-296.

[563] Baharuden A F, Isaac O, Ameen A. Factors Influencing Big Data & Analytics（Bd & a）Learning Intentions with Transformational Leadership as Moderator Variable: Malaysian Sme Perspective[J]. International Journal of Management and Human Science（IJMHS）, 2019, 3（1）: 10-20.

[564] Sahid N Z, Sani M, Noordin S A, et al. Determinants Factors of Intention to Adopt Big Data Analytics in Malaysian Public Agencies[J]. Journal of Industrial Engineering and Management, 2021, 14 (2): 269-293.

[565] Jn A, Bgh A, Cza B. Factor-Based Big Data and Predictive Analytics Capability Assessment Tool for the Construction Industry - Sciencedirect[J]. Automation in Construction, 2020, 110: 103-112.

[566] Abdul Moktadir M, Mithun Ali S, Kumar Paul S, et al. Barriers to Big Data Analytics in Manufacturing Supply Chains: A Case Study from Bangladesh[J]. Computers & Industrial Engineering, 2018: 128.

[567] Shahbaz M, Gao C, Zhai L, et al. Moderating Effects of Gender and Resistance to Change on the Adoption of Big Data Analytics in Healthcare[J]. Complexity, 2020, 2020: 13.

[568] Ghasemaghaei M. The Effects of Operational and Cognitive Compatibilities on the Big Data Analytics Usage: Firm Distinctive Value Creation[C]. Proceedings of the 23rd Americas Conference on Information Systems Boston, F, 2017.

[569] Ghasemaghaei M. The Role of Positive and Negative Valence Factors on the Impact of Bigness of Data on Big Data Analytics Usage[J]. International Journal of Information Management, 2020, 50 (3): 395-404.

[570] Ghasemaghaei M. Are Firms Ready to Use Big Data Analytics to Create Value? The Role of Structural and Psychological Readiness[J]. Enterprise Information Systems, 2019, 13 (5): 650-674.

[571] Raut R D, Mangla S K, Narwane V S, et al. Linking Big Data Analytics and Operational Sustainability Practices for Sustainable Business Management[J]. Journal of Cleaner Production, 2019, 224: 10-24.

[572] 胡水晶. 基于资源基础观的企业大数据分析技术采用意愿影响因素研究[J]. 情报科学, 2016, 34: 148-152.

[573] 冯叶, 陈盛伟, 宋长青. 农业企业采纳大数据技术影响因素研究——基于ISM模型的实证分析[J]. 技术经济, 2020, 39: 18-26.

[574] Delen D, Demirkan H. Data, Information and Analytics as Services[J]. Decision Support Systems, 2013, 55 (1): 359-363.

[575] Evans J, Lindner C. Business Analytics: The Next Frontier for Decision Sciences. College of Business, University of Cincinnati[J]. Decis Line, 2012, 21 (12): 4-6.

[576] 杨志和, 王要武. 基于建筑产业现代化技术演化的智慧施工推进策略研究[J]. 中国软科学, 2018, 18-30.

[577] Bharadwaj A S. A Resource-Based Perspective on Information Technology Capability and Firm Performance: An Empirical Investigation[J]. Mis Quarterly, 2000, 24 (1): 169-196.

[578] Ghasemaghaei M. Improving Organizational Performance through the Use of Big Data[J]. Journal of Computer Information Systems, 2020, 60 (5): 395-408.

[579] Volberda H W. Toward the Flexible Form: How to Remain Vital in Hypercompetitive Environments[J]. Organization Science, 1996, 7 (4): 359-374.

[580] Dubey R, Gunasekaran A, Childe S J, et al. Empirical Investigation of Data Analytics Capability and Organizational Flexibility as Complements to Supply Chain Resilience[J]. International Journal of Production Research, 2021, 59(1).

[581] Lim B, Ling F, Ibbs C W, et al. Empirical Analysis of the Determinants of Organizational Flexibility in the Construction Business[J]. Journal of Construction Engineering & Management, 2011, 137(3): 225-237.

[582] Lim B, Ling F, Ibbs C W, et al. Mathematical Models for Predicting Organizational Flexibility of Construction Firms in Singapore[J]. Journal of Construction Engineering & Management, 2012, 138(3): 361-375.

[583] Broekaert W, Andries P, Debackere K. Innovation Processes in Family Firms: The Relevance of Organizational Flexibility[J]. Small Business Economics, 2016, 47(3): 771-785.

[584] Dubey R, Gunasekaran A, Childe S J. Big Data Analytics Capability in Supply Chain Agility: The Moderating Effect of Organizational Flexibility[J]. Management Decision, 2019, 57(8).

[585] 熊胜绪,李婷. 组织柔性对企业创新绩效的影响[J]. 中南财经政法大学学报, 2019, 138-146.

[586] 蒋峦,李忠顺,谢卫红,等. 组织柔性与环境动态性下时间节奏对创新绩效的影响[J]. 管理学报, 2015, 12: 1337-1342.

[587] 赵晓煜,高云飞,孙梦迪. 制造企业组织柔性、动态服务创新能力与服务创新绩效[J]. 科技进步与对策, 2020, 37: 62-69.

[588] Lepak D P, Smith K G. Value Creation and Value Capture: A Multilevel Perspective[J]. The Academy of Management Review, 2007, 32(1): 180-194.

[589] Zeng J, Glaister K W. Value Creation from Big Data: Looking inside the Black Box[J]. Strategic Organization, 2018, 16(2): 105-140.

[590] Pagani M. Digital Business Strategy and Value Creation: Framing the Dynamic Cycle of Control Points[J]. Society for Information Management and The Management Information Systems Research Center, 2013, 37(2): 617-632.

[591] Bowman C, Ambrosini V. Value Creation Versus Value Capture: Towards a Coherent Definition of Value in Strategy[J]. British Journal of Management, 2000, 11(1): 1-15.

[592] Elia G, Polimeno G, Solazzo G, et al. A Multi-Dimension Framework for Value Creation through Big Data[J]. Industrial Marketing Management, 2020, 90: 617-632.

[593] Davenport T H, Patil D J. Data Scientist: The Sexiest Job of the 21st Century[J]. Harvard Business Review, 2012, 90(10): 70-76.

[594] Saggi M K, Jain S. A Survey Towards an Integration of Big Data Analytics to Big Insights for Value-Creation[J]. Information Processing & Management, 2018, 54(5): 758-790.

[595] Grover V, Chiang R H L, Liang T P, et al. Creating Strategic Business Value from Big Data Analytics: A Research Framework[J]. Journal of Management Information Systems, 2018, 35(2): 388-423.

[596] Urbinati A, Bogers M, Chiesa V, et al. Creating and Capturing Value from Big Data: A Multiple-Case Study Analysis of Provider Companies[J]. Technovation, 2019, 84-85: 21-36.

[597] Shamim S, Zeng J, Choksy U S, et al. Connecting Big Data Management Capabilities with Employee Ambidexterity in Chinese Multinational Enterprises through the Mediation of Big Data Value Creation at the Employee Level[J]. International Business Review, 2020, 29（6）.

[598] Mb A, Ag B, Sfw C. Firm-Level Capabilities Towards Big Data Value Creation[J]. Journal of Business Research, 2020.

[599] Porter M E, Millar V E. How Information Gives You Competitive Advantage[J]. Harvard Business Review, 1985, 63（4）: 149-174.

[600] Glazer, R. Measuring the Value of Information: The Information-Intensive Organization[J]. IBM Systems Journal, 1993, 32（1）: 99-110.

[601] Apte U M, Mason R O. Global Disaggregation of Information-Intensive Services[J]. Management Science, 1995, 41（7）: 1250-1262.

[602] King W R, Teo T. Integration between Business Planning and Information Systems Planning: An Evolutionary-Contingency Perspective[J]. Journal of Management Information Systems, 1997, 14（2）: 185-214.

[603] Mithas J S. Is the World Flat or Spiky? Information Intensity, Skills, and Global Service Disaggregation[J]. Information Systems Research, 2007, 18（3）: 237-259.

[604] Chandra A, Calderon T G. Information Intensity, Control Deficiency Risk, and Materiality[J]. Managerial Auditing Journal, 2009, 24（3）: 220-232.

[605] Zhao X. Does Information Intensity Matter for Stock Returns? Evidence from Form 8-K Filings[J]. Management Science, 2017, 63（5）: 1382-1404.

[606] Glazer R. Marketing in an Information Intensive Environment[J]. Journal of Marketing, 1991, 55（4）: 1.

[607] 陈红斌, 黄卫伟. 运营模式与信息强度[J]. 中国人民大学学报, 2003, 95-102.

[608] 韩红桂, 乔俊飞, 薄迎春. 基于信息强度的RBF神经网络结构设计研究[J]. 自动化学报, 2012, 38: 1083-1090.

[609] 王晓梅, 邹彩霞, 郑全全. 信息传播过程中身份转变和信息强度对行为意图的影响; 第十七届全国心理学学术会议论文摘要集, 中国背景[C]. 中国心理学会, 2014.

[610] Melgin T. Increasing Information Intensity in Industrial Services: Towards Industrial Internet and Industrie 4.0 Servitizing Industrial Oems: Dissertação De Mestrado; proceedings of the Universidade Aalto[C]. 2015.

[611] 刘育良, 陈志刚, 孙大兴, 等. 磁头-磁盘接触作用力对磁记录层信息强度影响规律的定量研究[J]. 物理学报, 2015, 64: 290-299.

[612] Mao H, Liu S, Zhang J. How the Effects of It and Knowledge Capability on Organizational Agility Are Contingent on Environmental Uncertainty and Information Intensity[J]. Information Development, 2015, 31（4）: 358-382.

[613] 苗虹, 孙金生, 葛世伦, 等. ERP分步云化的选择方法: 信息强度视角[J]. 系统工程理论与实践, 2016, 36: 750-759.

[614] Neirotti P, Pesce D. Ict-Based Innovation and Its Competitive Outcome: The Role of Information Intensity[J]. European Journal of Innovation Management, 2019, 22（2）: 383-404.

[615] Nandy M, Seetharaman P. Interorganizational Processes in Buyer‐Supplier Dyads: An Information Intensity Perspective[J]. Journal of Organizational Computing and Electronic Commerce, 2019, 29（2）: 96-114.

[616] Mao H, Liu S, Zhang J, et al. Information Technology Competency and Organizational Agility: Roles of Absorptive Capacity and Information Intensity[J]. Information Technology & People, 2020, 34（1）: 421-451.

[617] 金秀, 姜尚伟, 苑莹. 考虑信息强度的因子定价模型及其实证研究[J]. 管理评论, 2020, 32: 14-25.

[618] 刘柏, 琚涛, 蒋成功. 异质信息强度对股价暴跌与信息错报双重风险的交互影响[J]. 西安交通大学学报（社会科学版）, 2021, 41（2）: 19-32.

[619] Murphy K J. Corporate Performance and Managerial Remuneration: An Empirical Analysis[J]. Journal of Accounting and Economics, 1985, 7（1-3）: 11-42.

[620] Razmdoost K, Mills G. Towards a Service-Led Relationship in Project-Based Firms[J]. Construction Management & Economics, 2016, 34（4-5）: 317-334.

[621] Berssaneti F T, Carvalho M M. Identification of Variables That Impact Project Success in Brazilian Companies[J]. International Journal of Project Management, 2015, 33（3）: 638-649.

[622] Toor S, Ogunlana S O. Beyond the 'Iron Triangle': Stakeholder Perception of Key Performance Indicators（Kpis）for Large-Scale Public Sector Development Projects[J]. International Journal of Project Management, 2010, 28（3）: 228-236.

[623] Zaman U, Jabbar Z, Nawaz S, et al. Understanding the Soft Side of Software Projects: An Empirical Study on the Interactive Effects of Social Skills and Political Skills on Complexity-Performance Relationship[J]. International Journal of Project Management, 2019, 37（3）: 444-460.

[624] Cox R F, Issa R, Ahrens D. Management's Perception of Key Performance Indicators for Construction[J]. Journal of Construction Engineering & Management, 2003, 129（2）: 142-151.

[625] Thompson R L, Smith H J, Iacovou C L. The Linkage between Reporting Quality and Performance in Is Projects[J]. Information & Management, 2007, 44（2）: 196-205.

[626] Gruden N, Stare A. The Influence of Behavioral Competencies on Project Performance[J]. Project Management Journal, 2018, 49（3）: 98-109.

[627] Haq S U, Liang C, Gu D, et al. Project Governance, Project Performance, and the Mediating Role of Project Quality and Project Management Risk: An Agency Theory Perspective[J]. Engineering Management Journal, 2018, 30（4）: 274-292.

[628] 张秀东, 王基铭. 大型石化项目风险管理与项目绩效的关系[J]. 北京理工大学学报（社会科学版）, 2021, 23: 41-52.

[629] Ahmed R, Anantatmula V S. Empirical Study of Project Managers Leadership Competence and Project Performance[J]. Engineering Management Journal, 2017, 29（3）: 189-205.

[630] 杜占河, 魏泽龙, 谷盟. 大数据环境特征对IT外包项目绩效的影响——基于资源编排理论视角[J]. 科技进步与对策, 2017, 34: 23-30.

[631] Zhu J, Mostafavi A. Discovering Complexity and Emergent Properties in Project Systems: A New

Approach to Understanding Project Performance[J]. International Journal of Project Management, 2017, 35（1）: 1-12.

[632] Ps A, Vcg B, Rqc C, et al. Relationships between Project Governance and Information Technology Governance and Their Impact on Project Performance[J]. International Journal of Project Management, 2018, 36（2）: 287-300.

[633] Marzouk M, Enaba M. Analyzing Project Data in Bim with Descriptive Analytics to Improve Project Performance[J]. Built Environment Project and Asset Management, 2019, 9（4）: 476-488.

[634] 赵延超, 李鹏, 吴涛, 等. 基于合同柔性的 PPP 项目信任对项目绩效影响的机理 [J]. 土木工程与管理学报, 2019, 36: 161-169.

[635] Lu P, Cai X, Wei Z, et al. Quality Management Practices and Inter-Organizational Project Performance: Moderating Effect of Governance Mechanisms[J]. International Journal of Project Management, 2019, 37（6）: 855-869.

[636] Yussef A, Gibson G E, Asmar M E, et al. Quantifying Feed Maturity and Its Impact on Project Performance in Large Industrial Projects[J]. Journal of Management in Engineering, 2019, 35（5）.

[637] 王德东, 李凯丽. 关系管理对 IPD 项目绩效的影响 [J]. 土木工程与管理学报, 2019, 36: 81-89.

[638] Huang Y, Shi Q, Pena-Mora F, et al. Exploring the Impact of Information and Communication Technology on Team Social Capital and Construction Project Performance[J]. Journal of Management in Engineering, 2020, 36（5）.

[639] 殷国鹏, 陈禹. 企业信息技术能力及其对信息化成功影响的实证研究——基于 RBV 理论视角 [J]. 南开管理评论, 2009, 12（4）: 152-160.

[640] 刘秋生, 叶贤. 基于 RBV 视角和 DEMATEL 方法的企业 IT 能力影响因素分析 [J]. 科技与管理, 2010, 12（5）: 91-93.

[641] 温祺. 工程项目经理能力与组织使能因素匹配研究 [D]. 北京: 清华大学, 2019.

[642] 刘洪磊, 宋久乐, 王广斌, 等. BIM 使用者满意度及其影响因素研究 [J]. 土木工程学报, 2019, 52: 118-128.

[643] Maroufkhani P, Tseng M-L, Iranmanesh M, et al. Big Data Analytics Adoption: Determinants and Performances among Small to Medium-Sized Enterprises[J]. International Journal of Information Management, 2020, 54.

[644] Schüll A, Maslan N. On the Adoption of Big Data Analytics: Interdependencies of Contextual Factors; proceedings of the 20th International Conference on Enterprise Information Systems[C]. 2018.

[645] Park J H, Kim Y B. Factors Activating Big Data Adoption by Korean Firms[J]. Journal of Computer Information Systems, 2021, 61（3）: 285-293.

[646] Haleem A. Big Data Usage Intentionusing Toe Framework: Sri Lankan Context[J]. Journal of Contemporary Issues in Business and Government Vol, 2021, 27（1）: 454-471.

[647] Sun S, Hall D J, Cegielski C G. Organizational Intention to Adopt Big Data in the B2b Context: An Integrated View[J]. Industrial Marketing Management, 2019, 86（3）.

[648] 谭海波. 技术管理能力、注意力分配与地方政府网站建设——一项基于 TOE 框架的组态分析 [J]. 管理世界, 2019, 35: 81-94.

[649] Lycett M. 'Datafication': Making Sense of (Big) Data in a Complex World[J]. European Journal of Information Systems, 2013, 22 (4): 381-386.

[650] Onukwugha, Eberechukwu. Big Data and Its Role in Health Economics and Outcomes Research: A Collection of Perspectives on Data Sources, Measurement, and Analysis[J]. Pharmaco Economics, 2016, 34 (2): 91-93.

[651] Chen C L P, Zhang C Y. Data-Intensive Applications, Challenges, Techniques and Technologies: A Survey on Big Data[J]. Information Sciences, 2014, 275.

[652] Fernández A, Río S D, López V, et al. Big Data with Cloud Computing: An Insight on the Computing Environment, Mapreduce, and Programming Frameworks[J]. Wiley Interdisciplinary Reviews Data Mining & Knowledge Discovery, 2014, 4 (5): 380-409.

[653] 陈国青, 张瑾, 王聪, 等. "大数据—小数据"问题: 以小见大的洞察[J]. 管理世界, 2021, 37: 203-213.

[654] Grange C, Benbasat I, Burton-Jones A. With a Little Help from My Friends: Cultivating Serendipity in Online Shopping Environments[J]. Information & Management, 2018, 56 (2): 225-235.

[655] Ertemel A V. Consumer Insight as Competitive Advantage Using Big Data and Analytics[J]. International Journal of Commerce and Finance, 2015, 1 (1): 45-51.

[656] Wendt D. Value of Information for Decisions[J]. Journal of Mathematical Psychology, 1969, 6 (3): 430-443.

[657] Wang R Y, Strong D M. Beyond Accuracy: What Data Quality Means to Data Consumers[J]. Journal of Management Information Systems, 1996, 12 (4): 5-33.

[658] 高蔚. BIM和大数据在建筑工程质量管理中的应用[J]. 居舍, 2020, 102-103.

[659] Cegielski C G, Allison J L. Knowledge, Skills, and Abilities for Entry-Level Business Analytics Positions: A Multi-Method Study[J]. Decision Sciences Journal of Innovative Education, 2016, 14 (1): 91-118.

[660] Son, K, Lam, et al. Leveraging Frontline Employees' Small Data and Firm-Level Big Data in Frontline Management[J]. Journal of Service Research, 2017, 20 (1): 12-28.

[661] Katal A, Wazid M, Goudar R H. Big Data: Issues, Challenges, Tools and Good Practices; proceedings of the IEEE[C]. 2013.

[662] Ayyagari R, Grover V, Purvis R. Technostress: Technological Antecedents and Implications[J]. MIS Quarterly, 2011, 35 (4): 831-858.

[663] Lyu H, Zhang Z. Incentives for Knowledge Sharing: Impact of Organisational Culture and Information Technology[J]. Enterprise Information Systems, 2017, 11 (9): 1416-1435.

[664] Wamba S F, Akter S, Edwards A, et al. How 'Big Data' can Make Big Impact: Findings from a Systematic Review and a Longitudinal Case Study[J]. International Journal of Production Economics, 2015, 165: 234-246.

[665] McAfee A, Brynjolfsson E, Davenport T H, et al. Big Data: The Management Revolution[J]. Harvard Business Review, 2012, 90 (10): 60-68.

[666] Aboelmaged M G. Predicting E-Readiness at Firm-Level: An Analysis of Technological,

Organizational and Environmental (Toe) Effects on E-Maintenance Readiness in Manufacturing Firms[J]. International Journal of Information Management, 2014, 34 (5): 639-651.

[667] Tornatzky L G, Klein K J. Innovation Characteristics and Innovation Adoption-Implementation: A Meta-Analysis of Findings[J]. Engineering Management IEEE Transactions on, 1982, 29 (1): 28-45.

[668] Rogers E M. Diffusion of Innovations[M]. Free Press, 1983.

[669] 赵正龙, 陈忠, 孙武军, 等. 中小企业模仿战略下的技术兼容性分析[J]. 中国管理科学, 2005, 139-143.

[670] Sanders N R. Pattern of Information Technology Use: The Impact on Buyer-Suppler Coordination and Performance[J]. Journal of Operations Management, 2008, 26 (3): 349-367.

[671] Liang H, Saraf N, Xue H Y. Assimilation of Enterprise Systems: The Effect of Institutional Pressures and the Mediating Role of Top Management[J]. Mis Quarterly, 2007, 31 (1): 59-87.

[672] Karahanna E, Preston D S. The Effect of Social Capital of the Relationship between the Cio and Top Management Team on Firm Performance[J]. Journal of Management Information Systems, 2013, 30 (1): 15-56.

[673] Kearns G S, Sabherwal R. Strategic Alignment between Business and Information Technology: A Knowledge-Based View of Behaviors, Outcome, and Consequences[J]. Journal of Management Information Systems, 2006, 23 (3): 129-162.

[674] Armstrong C P, Sambamurthy V. Information Technology Assimilation in Firms: The Influence of Senior Leadership and It Infrastructures[J]. Information Systems Research, 1999, 10 (4): 304-327.

[675] Chatterjee D, Grewal R, Sambamurthy V. Shaping Up for E-Commerce: Institutional Enablers of the Organizational Assimilation of Web Technologies[J]. MIS Quarterly, 2002, 26 (2): 65-89.

[676] Davenport T H. Competing on Analytics[J]. Harvard Business School Press, 2006, 84 (1): 98-107.

[677] Kiron D, Shockley R. Creating Business Value with Analytics[J]. MIT Sloan Management Review, 2011, 53 (1): 57-63.

[678] Ross J W, Beath C M, Quaadgras A. You May Not Need Big Data after All[J]. Harvard Business Review, 2013, 91 (12): 90-98.

[679] Cao G, Duan Y. The Affordances of Business Analytics for Strategic Decision-Making and Their Impact on Organisational Performance[J]. PACIS, 2015, 255.

[680] Hopkins M S. Big Data, Analytics and the Path from Insights to Value[J]. MIT Sloan Management Review, 2011, 52 (2): 21-32.

[681] Kotter J P. Leading Change: Why Transformation Efforts Fail[J]. Harvard Business Review, 1995, 35 (3): 42-48.

[682] Zhu K, Kraemer K L, Xu S. The Process of Innovation Assimilation by Firms in Different Countries: A Technology Diffusion Perspective on E-Business[J]. Management Science, 2006, 52 (10): 1557-1576.

[683] Chwelos P, Dexter B. Research Report: Empirical Test of an Edi Adoption Model[J]. Information

Systems Research, 2001, 12 (3): 304-321.

[684] Iacovou C L, Benbasat I, Dexter A S. Electronic Data Interchange and Small Organizations[J]. MIS Quarterly, 1995, 19 (4): 465-485.

[685] Xiaotong L I. Managerial Entrenchment with Strategic Information Technology: A Dynamic Perspective[J]. Journal of Management Information Systems, 2009, 25 (4): 183-204.

[686] Venkatesh V, Bala H. Adoption and Impacts of Interorganizational Business Process Standards: Role of Partnering Synergy[J]. Information Systems Research, 2012, 23 (4): 1131-1157.

[687] 刘阳国, 黄宇. 大数据时代建筑企业信息化建设探究[J]. 建筑技术开发, 2020, 47: 83-84.

[688] Afuah A. Dynamic Boundaries of the Firm: Are Firms Better Off Being Vertically Integrated in the Face of a Technological Change?[J]. Academy of Management journal, 2001, 44 (6): 1211-1228.

[689] Droge C, Jayaram J, Vickery S K. The Effects of Internal Versus External Integration Practices on Time-Based Performance and Overall Firm Performance[J]. Journal of Operations Management, 2004, 22 (6): 557-573.

[690] Song M, Droge C, Hanvanich S, et al. Marketing and Technology Resource Complementarity: An Analysis of Their Interaction Effect in Two Environmental Contexts[J]. Strategic Management Journal, 2005, 26 (3): 259-276.

[691] Albert A Cannella, et al. Top Management Team Functional Background Diversity and Firm Performance: Examining the Roles of Team Member Colocation and Environmental Uncertainty[J]. The Academy of Management Journal, 2008, 51 (4): 768-784.

[692] Qian C, Cao Q, Takeuchi R. Top Management Team Functional Diversity and Organizational Innovation in China: The Moderating Effects of Environment[J]. Strategic Management Journal, 2012, 34 (1): 110-120.

[693] Adeleke A Q, Bahaudin A Y, Kamaruddeen A M, et al. The Influence of Organizational External Factors on Construction Risk Management among Nigerian Construction Companies[J]. Safety and Health at Work, 2018, 9 (1): 115-124.

[694] Ansell J, Wharton F, Wiley J. Risk: Analysis, Assessment and Management[J]. John Wiley & Sons, 1992, 44 (9): 955-956.

[695] Kangari R, Riggs L S. Construction Risk Assessment by Linguistics[J]. IEEE Transactions on Engineering Management, 1989, 36 (2): 126-131.

[696] Gupta M, George J F. Toward the Development of a Big Data Analytics Capability[J]. Information & Management, 2016, 53 (8): 1049-1064.

[697] Chae B, Olson D L. Business Analytics for Supply Chain: A Dynamic-Capabilities Framework[J]. International Journal of Information Technology & Decision Making, 2013, 12 (1): 9-26.

[698] 蒋学惠. 大数据时代建筑企业绩效考核与评价体系的建立[J]. 人才资源开发, 2020, 83-84.

[699] 冯鹏程. 大数据时代的组织演化研究[J]. 经济学家, 2018, 57-62.

[700] Srinivasan R, Swink M. An Investigation of Visibility and Flexibility as Complements to Supply Chain Analytics: An Organizational Information Processing Theory Perspective[J]. Production and Operations Management, 2017, 27 (10): 1849-1867.

[701] Sanchez R. Strategic Flexibility, Firm Organization and Managerial Work in Dynamic Markets: A

Strategic Options Perspective[J]. Advances in Strategic Management, 1993, 9 (1): 251-291.

[702] Sanchez R. Strategic Flexibility in Product Competition[J]. Strategic Entrepreneurship Journal, 1995, 16 (51): 135-139.

[703] Braunscheidel M J, Suresh N C. The Organizational Antecedents of a Firm's Supply Chain Agility for Risk Mitigation and Response[J]. Journal of Operations Management, 2009, 27 (2).

[704] Yusuf Y Y, Gunasekaran A, Musa A, et al. A Relational Study of Supply Chain Agility, Competitiveness and Business Performance in the Oil and Gas Industry[J]. International Journal of Production Economics, 2014, 147: 531-543.

[705] Yang W L, Strong D M. Knowing-Why About Data Processes and Data Quality[J]. Journal of Management Information Systems, 2004, 20 (3): 13-39.

[706] Ghasemaghaei M, Calic G. Can Big Data Improve Firm Decision Quality? The Role of Data Quality and Data Diagnosticity[J]. Decision Support Systems, 2019, 120: 38-49.

[707] Jeble S, Dubey R, Childe S, et al. Impact of Big Data and Predictive Analytics Capability on Supply Chain Sustainability[J]. The International Journal of Logistics Management, 2018, 29 (2).

[708] Zhu K, Kraemer K L, Dedrick J. Information Technology Payoff in E-Business Environments: An International Perspective on Value Creation of E-Business in the Financial Services Industry[J]. Journal of Management Information Systems, 2004, 21 (1).

[709] Sharma S, Durand R M, Gur-Arie O. Identification and Analysis of Moderator Variables[J]. Journal of Marketing Research, 1981, 18 (3): 291-300.

[710] Brown B, Chui M, Manyika J. Are You Ready for the Era of Big Data?[J]. Intermedia, 2011 (4): 24-35.

[711] Omran B A, Chen Q. Trend on the Implementation of Analytical Techniques for Big Data in Construction Research (2000-2014); Proceedings of the Construction Research Congress[C]. 2016.

[712] Schoenherr T, Swink M. Revisiting the Arcs of Integration: Cross-Validations and Extensions[J]. Journal of Operations Management, 2012, 30 (1-2): 99-115.

[713] Zeng J, Khan Z. Value Creation through Big Data in Emerging Economies: The Role of Resource Orchestration and Entrepreneurial Orientation[J]. Management Decision, 2018, 57 (8): 1818-1838.

[714] 马国丰, 江俊. 基于大数据的工程项目目标控制平台设计研究 [J]. 科技管理研究, 2018, 38: 209-214.

[715] Hartmann P M, Zaki M, Feldmann N, et al. Capturing Value from Big Data-a Taxonomy of Data-Driven Business Models Used by Start-up Firms[J]. International Journal of Operations & Production Management, 2016, 36 (10): 1382-1406.

[716] Zhong R Y, Peng Y, Xue F, et al. Prefabricated Construction Enabled by the Internet-of-Things[J]. Automation in Construction, 2017, 76: 59-70.

[717] Shi Q, Ding X, Zuo J, et al. Mobile Internet Based Construction Supply Chain Management: A Critical Review[J]. Automation in Construction, 2016, 72 (2): 143-154.

[718] Guo S, Luo H, Yong L. A Big Data-Based Workers Behavior Observation in China Metro Construction[J]. Procedia Engineering, 2015, 123: 190-197.

[719] Zhang Y, Luo H, He Y. A System for Tender Price Evaluation of Construction Project Based on Big Data[J]. Procedia Engineering, 2015, 123: 606-614.

[720] Wang Y, Hajli N. Exploring the Path to Big Data Analytics Success in Healthcare[J]. Journal of Business Research, 2017, 70: 287-299.

[721] Pantelis K, Aija L. Understanding the Value of (Big) Data; proceedings of the IEEE International Conference on Big Data[C]. 2013.

[722] 包慧敏, 孙剑. 基于citespace的大数据技术在工程管理领域研究综述[J]. 土木工程与管理学报, 2020, 37: 131-137.

[723] Elgendy N, Elragal A. Big Data Analytics in Support of the Decision Making Process[J]. Procedia Computer Science, 2016, 100: 1071-1084.

[724] Jukic N, Sharma A, Nestorov S, et al. Augmenting Data Warehouses with Big Data[J]. Journal of Information Systems Management, 2015, 32 (3-4): 200-209.

[725] Storey V C, Song I Y. Big Data Technologies and Management: What Conceptual Modeling Can Do[J]. Data & Knowledge Engineering, 2017, 108: 50-67.

[726] Lu Y, Li Y, Skibniewski M, et al. Information and Communication Technology Applications in Architecture, Engineering, and Construction Oraanizations: A 15-Year Review[J]. Journal of Management in Engineering, 2015, 31 (1).

[727] 苏菊宁, 蒋昌盛, 陈菊红. 考虑质量失误的建筑供应链质量控制协调研究[J]. 运筹与管理, 2009, 18 (5): 91-96.